NATIVITAS

ASTROLOGICAL STUDIES

VOLUME III

JAMES MARTIN HARVEY

NATIVITAS

ASTROLOGICAL STUDIES

VOLUME III

TRIOM

Centro de Estudos Marina e Martin Harvey
Editorial e Comercial Ltda.

1ª edição

São Paulo
1997

• Revisão Técnica: Rodrigo Araês Caldas Farias e Vitória Mendonça de Barros

• Revisão Gráfica: Adriana C. L. da Cunha Cintra

• Editoração e Fotolitos: Casa de Tipos Bureau e Editora

• Ornatos com signos do Zodíaco utilizados na capa e nas ilustrações internas:
Levy Pinotti e Marco Rossi

Dados Internacionais de Catalogação na Publicação (CIP)
(Câmara Brasileira do Livro, SP, Brasil)

Harvey, James Martin, 1904 - 1993
Nativitas : astrological studies, v. 3 / James Martin Harvey; | tradução (translation) Helena Wanderley Ribeiro |. – São Paulo: TRIOM, 1997.

"Reprodução em fac-simile de mapas natais levantados pelo autor, organizada por Renata Carvalho Lima Ramos e Ruth C. L. da Cunha Cintra".
"A fac-simile reproduction of natal charts researched by the author, compiled by Renata Carvalho Lima Ramos and Ruth C. L. da Cunha Cintra".
ISBN 85-85464-13-5
1. Astrologia 2. Horóscopos I. Título. II. Título: Astrological studies.

97-5081 CDD-133.54

Índices para catálogo sistemático:
1. Horóscopos : Astrologia 133.54
2. Mapas natais: Astrologia 133.54

Reservada e exclusiva a titularidade e propriedade desta edição para
TRIOM - Centro de Estudos Marina e Martin Harvey
Editorial e Comercial Ltda.
Rua Araçari, 208 - 01453-020 - São Paulo - SP
Tel: 0055 11 820-8380 / Fax: 820-0966
Email: cetriom@ibm.net

Impresso no Brasil
Printed in Brasil

JAMES MARTIN HARVEY

NATIVITAS

ASTROLOGICAL STUDIES

VOLUME III

A fac-simile reproduction of natal charts researched
by the author, compiled by Renata Carvalho Lima Ramos
and Ruth C. L. de Cunha Cintra

*Reprodução em fac-simile de mapas natais levantados
pelo autor, organizada por Renata Carvalho Lima Ramos
e Ruth C. L. da Cunha Cintra*

TRIOM

Centro de Estudos Marina e Martin Harvey
Editorial e Comercial Ltda.

For many years Mr. Martin wrote articles for reknown astrological magazines in Europe and the United States and two of these articles, published by *The Astrological Journal*, London, appear in this volume. Once again they show the author's passion for the precisiveness of the time of birth on astrological charts.

Nativitas - Astrological Studies, volume III, brings the third and last series of Historical Nativities researched by James Martin Harvey and spans the period between the years 1600 and 1911.

Durante muitos anos Mr. Martin foi colaborador de renomadas revistas astrológicas da Europa e dos Estados Unidos e os dois artigos que constam deste volume foram publicados em The Astrological Journal, *de Londres. Esses artigos demonstram, mais uma vez, a paixão do autor pela exatidão dos horários nas cartas natais.*

Nativitas - Astrological Studies, volume III, *traz a terceira e última série de Natividades Históricas pesquisadas por James Martin Harvey e cobre o período de 1600 a 1911.*

INDEX

ÍNDICE

ΓΕΝΕΘΛΙΑΛΟΓΙΑ·

OR,

The DOCTRINE OF NATIVITIES,

Containing

The whole Art of DIRECTIONS, AND ANNUAL REVOLUTIONS:

Whereby, any man (even of an Ordinary Capacity) may be enabled to discover the most Remarkable and Occult Accidents of his Life, as they shall occur unto him in the whole Course thereof, either for Good or Evil.

ALSO,

TABLES

For Calculating the Planets Places for any time, either *Past*, *Present*, or *To come*.

TOGETHER WITH

The DOCTRINE of

Horarie QUESTIONS;

Which (in the absence of a Nativity) is sufficient to inform any one of all manner of Contingencies necessary to be known.

By JOHN GADBURY, Φιλομαθηματικός.

Ἀνέγνων ἐν ταῖς πλαξὶ τοῦ οὐρανοῦ, ὅσα συμβήσεται ὑμῖν καὶ τοῖς υἱοῖς ὑμῶν. (*i. e.*) I have read (saith *Jacob*, speaking in the person of *Joseph*) in *The Tables of Heaven*, whatsoever things shall befal both you and your children. *Orig. tom. in Gen. apud Euseb. præp. lib. 6. c. 9.*

Cœlum instar libelli expansi est, notis Syderum omnia futura in se scripta continentis. Origen.

Potest qui sciens est, multos Stellarum effectus avertere, quando naturam earum noverit, ac se ipsum ante illorum eventum præparare. Ptol. cent. Aphor. 5.

LONDON:

Printed by JA: COTTREL, for *Giles Calvert*, at the black Spread-Eagle neer the West-end of *Pauls*; *William Larnar*, at the Blackmoor neer Fleet-bridge, and *Daniel White*, at the seven Stars in S. *Paul's* Church-yard. 1658.

HISTORICAL NATIVITIES

A summary of findings from many years of work on historical nativities and a warning to give all birth evidence.
(published in the Astrological Journal, London, XXVI 1.3.145)

Writing to his friend John Partridge in 1697, Sir Edward Dering mentioned 'How many false Genitures are given about... The voluminous number of Genitures in Junctine, in Origanus, Garcaeous and others, I perfectly believe not a tenth part true, and some hundreds published by our modern Authors, most took upon trust...'. And today the same complacency towards basic data is all too prevalent. Junctinus, Gauricus, Cardan and Placidus are represented by nearly 150 specimens in *1001 Notable Nativities* and John Gadbury by more than 50. All of them used faulty tables; rarely or never do they vouchsafe authority for their data or disclose the 'estimate time'; and invariably their rectified figures are proven by contemporary documents (where such exist) to be no more than fantasy.

NATIVIDADES HISTÓRICAS

Um resumo das descobertas de muitos anos de trabalho sobre Natividades históricas e um alerta para que sejam dadas todas as evidências de nascimento.
(artigo publicado na edição XXVI.3.145 de The Astrological Journal, *Londres)*

Em uma carta de 1697 para seu amigo John Partridge, Sir Edward Dering mencionou: "Quantas Genituras falsas são difundidas... O número volumoso de Genituras em Juntine, em Origano, Garco e outros, acredito plenamente não terem dez por cento de verdade e alguns outros autores de nosso tempo publicaram centenas de informações baseadas em pura confiança..." Hoje em dia, ainda prevalece a mesma complacência em relação a informações fundamentais. Em 1001 Natividades Notáveis *são apresentados quase 150 exemplos de Junctinus, Gauricus, Cardan e Placidus e mais de 50 de John Gadbury. Todos eles usaram tábuas com erros; raramente ou nunca dão a origem da informação ou revelam 'o horário estimado'; além do mais, invariavelmente suas cartas retificadas foram comprovadas por documentos contemporâneos (quando existem) como erradas, não mais que uma fantasia.*

Placidus & Gadbury

Nearest to us are Placidus and Gadbury who were writing in the middle of the xvii century. In his *Thirty Remarkable Nativities* (1657), Placidus has Francis I of France born at 10h.37m. p.m. although the mother wrote 'à Cognac enuiron 10. heures apres midy'; *Heury IV of France* is delivered at 2h.13m. a.m. whereas the register of births and deaths of the princes of Béarn says that it was between one and two a. m.; *Sebastian of Portugal*, whose folly ended his dynasty and betrayed his people, appears with 1h.48m. a.m., but an authorized chronicler of his grandfather's reign, after describing that anxious night in detail, informs us that birth took place at 8 a.m. Placidus explains his examples as having been chosen in order 'that no one might condemn them, either as false or selected; in preference to any casually taken, to suit my purpose, I have extracted them from the most approved authors, and such only wherein not the horoscope (ascendant), which may, with a small variation of time, be very easily adapted to the aspects of the stars, but the luminaries become the moderators of life...'.

Yet Gadbury lacks even this shadowy excuse, for his excesses extend to his own time and doorstep. In an Appendix to *The Nativity Of the late King Charls* (1659), he writes

Placidus e Gadbury

Os mais próximos de nós são Placidus e Gadbury, que escreveram em meados do século 17. Em seu Trinta Natividades Notáveis *(1657), Placidus coloca o nascimento de* Francisco I de França *às 22:37hs, porém sua mãe escreveu 'à Cognac enuiron 10. heures après midi.'* Henrique IV de França *teria nascido às 2:13hs, enquanto que no registro de nascimentos e mortes de príncipes de Béarn consta o horário entre uma e duas da madrugada.* Sebastião de Portugal, *cujas loucuras acabaram com sua dinastia e traíram seu povo, aparece como tendo nascido à 1:48hs, porém um cronista oficial do reino de seu avô, após descrever os detalhes daquela noite cheia de ansiedade, informa-nos que o nascimento aconteceu às 8hs da manhã. Placidus justifica seus exemplos como tendo sido escolhidos para 'que ninguém pudesse julgá-los falsos ou selecionados; ao invés de pegar ao acaso, eu os extraí, para meu propósito, dos mais renomados autores e, assim mesmo, sem considerar o horóscopo (o ascendente), que pode, com uma pequena variação de tempo, ser facilmente adaptado aos aspectos dos astros, mas as luminárias tornam-se os moderadores da vida...'*

Contudo, Gadbury falha até nessa desculpa escusa, pois seus excessos se esten-

of the future *Charles II*, 'I have seen several Nativities, that have been reported to be this Princely Native's true one. But one more especially, that all our London-Astrologers rest securely confident is the right. Which gives the time of birth to be, in the year of our Lord 1630. May the 29.30m. P.M. or afternoon. Now we know there can be but one Truth...'. This turns out to be ('as I have rectified it') more than two hours earlier, or at 10h.21m. a.m. The actual time of birth was just before midday.

John Partridge

Not that Gadbury was alone in his fantasies. The second edition of Henry Coley's 760 – page text-book for students, *Clavis Astrologiae Elimata* (1676), rectifies an example nativity from an estimate time of 6h.30m. a.m. by 155 minutes to 9h.5m.8s. a.m. – concerning which, John Partridge had much fun in his *Defectio Geniturarum* (1697).

Partridge is the only XVII century astrologer known to me whose approach was critical in a modern sense. In his preface to the book just mentioned he writes:

dem ao seu próprio tempo e proximidade. Em um apêndice de A Natividade do falecido Rei Charls *(1659), ele diz do futuro Carlos II : 'Eu já vi diversas Natividades atribuídas ao príncipe como a verdadeira. Porém, uma, em especial, é de total confiança dos astrólogos de Londres. Esta reporta a data do nascimento como sendo 29 de maio de 1630, a 30 minutos após o meio-dia. Ora, sabemos que só pode haver uma Verdade...' Isto, na realidade, veio a acontecer (como eu mesmo retifiquei) mais de duas horas antes, ou seja, às 10:21hs. Na verdade a hora certa foi antes de meio-dia.*

John Partridge

Não que Gadbury estivesse sozinho em suas fantasias. A segunda edição do texto de 760 páginas de Henry Coley para estudantes, Clavis Astrologiae Elimata *(1676) retifica um exemplo de natividade de um tempo estimado às 6:30hs em 155 minutos, considerando a hora exata 9:05:08hs - o que foi motivo de pilhéria de John Partridge em seu* Defectio Geniturarum *(1697).*

Partridge é o único astrológo do século 17, que eu conheço, cujo enfoque encerra uma crítica moderna, em termos atuais. Em seu prefácio do livro mencionado acima, ele diz:

"I intend also to give the world a few Nativities, perhaps an Hundred or Two, in a way different to all that have gone before me; and in all that I Print, I will take care to give the true Estimate Time, which all the Authors on that subject have hitherto omitted: It is the want of that which hinders our examining those already printed, and so prevents not only me, but all men else to endeavour a Correction of them. It is too arbitrary to impose upon mankind such Nativities that we have corrected, and neither give Reason, nor the Estimate Time thereof, to assist them that come after; some differing Three Hours from the Estimate, but commonly half an Hour, or an Hour: so that all that have been done hitherto, are of no use but to stare upon, and that with a doubtful Eye too."

His collection remained unpublished. Perhaps here one should mention a misconception by Partridge regarding *Oliver Cromwell's* birth, important because it appears in *1001 N.N.* as No.68. His *Opus Reformatum* (1693) has a full analysis of the Lord Protector's birth beginning: 'The time of this Great Man's birth, according as he gave it himself, was on St. Mark's day in the year 1599. *Summo Mane*, at Huntingdon, whose Latitude

"Eu pretendo também dar ao mundo algumas Natividades, talvez uma centena ou duas, porém, de forma diferente dos que me antecederam; e, em todas elas que eu publique, tomarei cuidado em dar a verdadeira hora estimada, fato esse que todos os autores até agora, omitiram. É esta falha que atrapalha o exame das natividades até aqui publicadas, assim prejudicando, não só a mim, mas a todos que tentam corrigí-las. É muito arbitrário impor-se à humanidade tais Natividades corrigidas sem deixar para os sucessores uma boa razão, nem a estimativa da hora; algumas diferem em três horas da estimativa, porém o mais comum é que difiram em meia hora, ou uma hora; da maneira que aquelas que foram feitas até aqui são inúteis e deve-se manter os olhos bem abertos e críticos."

Sua coleção nunca foi publicada. Talvez devêssemos mencionar uma percepção errônea de Partridge em relação ao nascimento de Oliver Cromwell, *que é importante por aparecer em* 1001 N. N. *com o número 68. Em seu* Opus Reformatum *(1693) há uma análise completa do início do nascimento do Lorde Protetor: "O momento do nascimento do* Grande Homem, *segundo ele mesmo, foi no dia de São Marcos, no ano de 1599.* Summo Mane, *em Huntingdon, cuja latitude é 52 graus e alguns minutos; e*

is 52 deg. and a few minutes; and this is the estimate time given.' Here was an excellent opening and possibly the Latin had been found by Cromwell in the family Bible. But *summo mane* was new to Partridge. He discussed it at length and concluded: 'I can take it in no other sence but this that I have already given, The top of the Morning, and the time pitched upon, is at about 5 minutes after one of the Clock.'

Where checks were possible, I have known one or two cases in which *summo mane* implied daybreak, and so it would seem here. In his practice-book for 1655-1656 (MS. Ashm.183 f.373), the astrologer John Booker (admired by William Lilly) noted the Lord Protector's birth as 3.am., which approximates to 'nautical dawn', or early twilight, at Huntingdon on St. Mark's day in 1599. Incidentally, if Booker's estimate time is that which emerged later as 3h.46m.19s. a.m. in Gadbury's *Collectio Geniturarum* (1662), the latter's search after Truth was indeed beginning to demonstrate remarkable restraint.

essa é a hora estimada que ele dá". Aqui estava uma grande abertura e o latim, provavelmente foi descoberto por Cromwell na Bíblia da família. Porém, summo mane *era possivelmente um termo latino desconhecido por Partridge. Após discutir longamente sobre o termo, concluiu: "Só posso entender a expressão como 'O Topo da Manhã', e a hora precisa seriam cinco minutos após a uma hora da tarde, como já revelei".*

Onde foi possível averiguar, deparei com um ou dois casos nos quais a expressão summo mane *queria dizer nascer do dia, como nesse caso também parece ser. Em seu livro de exercícios de 1655-1656 (MS. Ashm.[1] 183 f. 373), o astrólogo John Booker (muito admirado por William Lilly), diz que o nascimento de Cromwell deu-se às três da madrugada, o que o aproxima mais da 'aurora náutica', ou nascer do sol, em Huntingdon, no dia de São Marcos, em 1599. A propósito, se a hora estimada por Booker é aquela que aparece mais tarde como 3:46:19hs no* Collectio Geniturarum *(1662) de Gadbury, fica claro que sua posterior busca pela verdade já mostrava limitações de monta.*

[1]*MS = manuscrito, Ashm = Ashmole*

The Genitures of Princes

However, before leaving the Golden Age, it would be fair to remember that students in those days worked (unless under royal patronage) at a disadvantage when casting the figures of important people. William Camden suggested the possibility of Elizabeth Tudor and Robert Dudley being close by reason of 'the hidden consent of the starres at the houre of his birth, and thereby a most straight conjunction of their mindes'; and Bishop Quadra, writing from London to Spain in 1561, says that 'they also degraded five or six clergymen as wizards and necromancers, in whose possession were found calculations of the nativity of the Queen and Lord Robert'. Nearly 100 years later, Gadbury complained in *The Nativity of the late King Charls*:

> "I know it is accounted a curiosity of the first magnitude, to intermeddle with the Genitures of Princes. And am not ignorant that by the greatest Polititians, and our chief Masters in Astrologie, we are prohibited such inspections."

Nevertheless, now that the public and many private archives are open to inspection, and accurate astronomical tables are available, nothing excuses the use or publication of 'traditional nativities' except as museum pieces.

As Genituras dos Príncipes

Antes de deixar a Idade do Ouro, devemos nos lembrar que os estudantes daquela época trabalhavam em desvantagem (a não ser que tivessem patrocínio real) quando levantavam os dados de pessoas importantes. William Camden sugere a possibilidade de uma ligação de Elizabeth Tudor com Robert Dudley pela simples razão que "os astros na casa do nascimento dele propiciavam um consentimento oculto, mostrando uma grande proximidade de mentes"; o Bispo Quadra, escrevendo para a Espanha de Londres, onde se encontrava em 1561, diz que "haviam degradado cinco ou seis clérigos por prática de feitiçaria e necromancia, pois haviam encontrado em suas posses os cálculos das natividades da Rainha e de Lorde Robert". Quase 100 anos depois, Gadbury se queixa em A Natividade do Falecido Rei Charles:

> *"Eu sei que é considerado de curiosidade malsã intrometer-se nas genituras dos príncipes. E não desconheço a proibição que pesa sobre as investigações, imposta pelos políticos e pelos Mestres Astrólogos."*

Ainda assim, hoje, quando muitos arquivos públicos e particulares estão abertos à inspeção e tabelas astronômicas são facilmente encontráveis, não se justifica o uso ou a publicação de 'natividades tradicionais' a não ser como peças de museu.

Neither is it wise to copy from xix century Artists, even men as highly esteemed as Robert Cross, alias R.C. Cross, alias The Straggling Astrologer, alias The Astrologer of the Nineteenth Century, alias Merlinus Anglicus Junior (borrowed from William Lilly), alias Raphael (first of that name). He was born at Bristol in 1795, became a carpenter before turning astrologer, married at 25, and published eight titles (apart from the ephemerides which still bear his final pseudonym). The first of these, dealing with geomancy, came out in 1822. Before he died in 1832 he had turned to magic. Two examples of Raphael's work, useful at first sight because they present an ill-matched couple, are George IV, No612 in *1001 N.N.*, and Queen Caroline, republished by Maurice Wemyss in *Famous Nativities* as No155. Let us compare them with the official record.

George IV of Great Britain & Ireland

The Tabulations in *Notable Nativities* show that No612 was drawn for around 8h.8m. a.m. apparent time. But *The London Gazette* (Extraordinary) of 12 August 1762 announced from St. James's: 'This Morning, at Half an Hour past Seven, the Queen was happily delivered of a Prince.' Cross could have consulted also a cirumstantial and more precise account of the birth in *Memoirs of George The Third. By Rob.'Huish Esq.'* (1821) at page 269:

Tampouco seria sensato copiar-se de artistas do século 19, mesmo dos mais afamados como Robert Cross, que usou de pseudônimos como R.C. Cross, ou O Astrólogo Extraviado, ou ainda O Astrólogo do Século 19, ou Merlinus Anglicus Junior (emprestado de William Lilly), ou mesmo Raphael (seu primeiro prenome). Nascido em Bristol em 1795, foi carpinteiro antes de se tornar astrólogo, casou-se aos 25 anos e publicou oito títulos (além das efemérides que trazem seu último pseudônimo). Seu primeiro livro saiu em 1822 e tratava da geomancia. Antes de falecer em 1832, dedicou-se à magia. Dois exemplos do trabalho de Raphael, que podem ser úteis por tratarem de casais incompatíveis, são Jorge IV, nº 612 em 1001 N.N., *e rainha Caroline, reeditados por Maurice Wemyss em* Natividades Famosas *como nº 155. Vamos compará-los com os registros oficiais.*

Jorge IV da Grã-Bretanha e Irlanda

As tabulações em Natividades Notáveis *mostram no número 612 a hora aparente calculada a aproximadamente às 8:08hs. Porém* The London Gazette *(edição extraordinária) de 12 de agosto de 1762 anunciou as novas de St. James: 'Esta manhã, à meia hora passada das sete, a Rainha deu a luz, com sucesso, a um príncipe'. Cross também poderia ter consultado uma fonte mais circunstancial e precisa sobre o nascimento em* Memórias de Jorge, o Terceiro, *de Rob. 'Huish Esq.' (1821), pag. 269:*

"On the 12th of August, at twenty-four minutes after seven o'clock, her majesty was brought to bed of a prince, after being in labour somewhat above two hours. Her majesty found herself unwell about two o'clock, and at three notice was sent to her royal highness the princess of Wales, that the queen was not well; upon which her royal highness hastened to St. James's, and was there by four o'clock. About five, orders were sent to the great officers of state to attend, and there were present...(ten names), and all the ladies of the bed-chamber, and the maids of honour. The queen was delivered by Mrs. Draper: Dr. Hunter was in waiting, in case of his help being wanted. The archbishop was in the room; and the lords in a room adjoining, with the door open into the queen's apartment.

It is something remarkable, that his royal highness was born on the anniversary of his illustrious family's accession to the imperial throne of these kingdoms, and about the hour of the day on which that accession took place; for queen Anne died on a Sunday morning, at about half an hour after seven o'clock, being the first of August, 1714, O.S., so that it was forty-eight years, almost to a minute, since George I ascended the throne."

"Aos 12 de agosto, vinte e quatro minutos depois das sete, Sua Majestade deu à luz um príncipe, depois de um trabalho de parto de mais de duas horas. Sua Majestade iniciou os trabalhos de parto às duas da manhã e às três Sua Alteza, o Príncipe de Gales foi avisado. Assim que soube da notícia, este correu para St. James, lá chegando por volta das quatro horas. Pelas cinco, foram avisados os grandes oficiais de estado, estando presentes ao acontecimento... (dez nomes), além das camareiras e damas de honra. A parteira que assistiu à rainha foi a Sra. Draper; o Dr. Hunter ficou a postos, para um caso de necessidade. O arcebispo estava no quarto; no quarto ao lado ficaram os lordes, com a porta aberta para o apartamento da rainha.

É, de certa forma, notável que sua alteza tenha nascido no dia do aniversário da ascenção de sua ilustre família ao trono imperial desses reinos e quase na mesma hora em que esta aconteceu; a rainha Anne morreu em uma manhã de domingo, meia hora passada das sete, no dia primeiro de agosto de 1714, no dia exato em que se comemorava 48 anos, de ascenção de Jorge I ao trono."

As a rule, it is imprudent to accept a biographer's evidence unsupported, but Huish had access to official and royal documents, his account is so meticulous that its veracity can hardly be doubted, and in addition we have the comparative paragraph concerning Queen Anne. Robert Cross was therefore wrong by 44 minutes.

Princess Carolina Amalia Elisabeth of Brunswick

Queen Caroline was the daughter of Carl Wilhelm Ferdinand, hereditary prince of Brunswick-Lüneburg, and of his wife Augusta, Princess Royal of England and sister of George III. *Famous Nativities* gives her 'born in Lat. 52°47'N. (longitude not stated), on 17th May, 1768, at 4.30 a.m., according to *Raphael's Manual* (1828).' The time resembles an announcement and I might have accepted it as such but for the great kindness of the *Niedersachsisches Staatsarchiv* at Wolfenbüttel, whence I obtained (under 22.1.1951) an extract from the register of the Lutheran Church of St. Blasius in Brunswick (vol.2, p. 415, No13, 1768):

Via de regra, não se deve aceitar evidências de um biógrafo sem comprovação, porém Huish tinha acesso aos documentos reais e oficiais, e seu relato é tão exato e meticuloso que fica difícil duvidar de sua veracidade; além do mais, temos o parágrafo sobre a rainha Anne usado como comparação. Portanto, Robert Cross errou por 44m.

Princesa Carolina Amalia Elisabeth de Brunswick

A rainha Carolina era filha de Carl Wilhelm Ferdinand, príncipe herdeiro de Brunswick-Lüneburg e de sua esposa Augusta, princesa real da Inglaterra e irmã de Jorge III. Natividades Famosas *registra seu nascimento na Lat. 52°47'N. (a longitude não foi registrada), no dia 17 de maio de 1768 às 4:30hs da manhã, segundo as* Manual de Raphael *(1828). A hora parecia um anúncio do evento e eu poderia tê-la aceitado não fosse pela gentileza de* Niedersachsisches Staatsarchiv *em Wolfenbüttel, onde obtive (no dia 22.1.1951) um extrato do registro da Igreja Luterana de St. Blasius em Brunswick (vol.2, p. 415, nº 13, 1768):*

"den 17ten May des Nachmittags um 4 Uhr seynd des durchlauchtigsten Fürsten und Herrn, Herrn Carl Wilhelm Ferdinand, Erbprinzen zu Braunschweig und Lüneburg etc. Frau Gemahlin, Frau Augusta Friederica Louse geb. königl. Prinzesin von Gross-Britannien von einer jungen Prinzessin durch des Höchsten Gute zure höchstinnigsten Freeude des sämtl. hochfürstl. durchl. Hauses und ganzen Landes glücklich entbunden worden. Diese neugeborene Prinzessin wurde den 19ten ejusd. nachmittags um 5 Uhr alhier in Braunschweig auf den fürstl. Schlosse in Gegenwart der samtl. durchl. hochsten Herrschaft und gesamter Noblesse durch den Hn. Domprediger Degner getauft und dem Buche des Lebens einverleibet. Die Namen Welche gedachter Prinzessin beygeleget worden, sind *Carolina Amalia Elisabeth*." (The names of the seven godparents follow).

Thus, she was born at four in the afternoon of (Tuesday) 17 May 1768, and baptized two days later in the palace (Residenzschloss) at Brunswick; and her birth was recorded in the *Buche des Lebens*. This shows Robert Cross to have been misinformed by more than twelve hours – and it was not his first attempt, because three years earlier he had issued a scheme for 10h.49m. a.m. in *The Astrologer of the Nineteenth Century*.

"den 17ten May des Nachmittags um 4 Uhr seynd des durchlauchtigsten Fürsten und Herrn, Herrn Carl Wilhelm Ferdinand, Erbprinzen zu Braunschweig und Lüneburg etc. Frau Gemahlin, Frau Augusta Friederica Louse geb. königl. Prinzesin von Gross-Britannien von einer jungen Prinzessin durch des Höchsten Gute zure höchstinnigsten Freeude des sämtl. hochfürstl. durchl. Hauses und ganzen Landes glücklich entbuden worden. Diese neugeborene Prinzessin wurde den 19tem ejusd, nachmittags um 5 Uhr alhier in Braunschweig auf den fürstl. Schlosse in Gegenwart der samtl. durchl. Hochsten Herrschaft und gesamter Noblesse durch den Hn. Domprediger Degner getauft und dem Buche des Lebens einverleibet. Die Namen Welche gedachter Prinzessin beygeleget worden, sind Carolina Amalia Elisabeth.*" (Seguem-se os nomes dos sete padrinhos).*

Portanto, ela nasceu às quatro horas da tarde do dia 17 de maio de 1768 (terça-feira) e foi batizada dois dias depois no palácio (Residenzschloss) em Brunswick; e seu nascimento foi registrado no Buche des Lebens. *Isto prova que Robert Cross enganou-se em mais de doze horas – e não foi sua primeira tentativa, pois três anos antes ele havia lançado um mapa considerando 10:49hs em* O Astrólogo do Século 19.

Trustworthy Nativities

Enough should have been said to prove the unsuitability of 'traditional' nativities either for private use or to decorate articles. Similar reasoning extends to figures unsupported by sound evidence from sources qualified to know the facts. Bald statements tagged to some undescribed MS., or referred to periodicals and books impossible to consult, are not evidence deserving of notice. To me, it always seems illogical when much time is spent on superstructures in second of arc or of the clock, while little or none is given to documented foundations.

Sidereal workers can find in historical nativities a fixed field for comparison with the changing one, and a chance to bring Alcyone, Alderberan, Pollux, Regulus, Spica Virginis and Antares back into astrological circulation on a comparative basis. My own collection of historical nativities nearly always gives advantage to the constellations: that is, where a decision is possible on the assumption that signs are signatures of the planets said to rule them – setting aside the newcomers. Moreover, by concentration on public figures, one is aided by a wealth of material in letters, memoirs and biographies written from differing points of view.

Natividades Confiáveis

Mais poderia ser dito desaprovando as natividades 'tradicionais', tanto para uso particular quanto para ilustração de artigos. O mesmo raciocínio pode ser usado para figuras que não sejam apoiados em evidência sólida provinda de fontes sabidamente idôneas. Afirmações inócuas fundamentadas em algum manuscrito não identificado ou referenciado a periódicos e livros impossíveis de se consultar não configuram evidência digna de nota. Em minha opinião, parece ilógico devotar-se muito tempo a super-estruturas, como determinar-se o caminho dos astros ou das horas, enquanto se dá pouca ou nenhuma informação sobre fundamentos documentados.

Quem trabalha com astrologia sideral pode encontrar nas natividades históricas um campo fixo para comparação com o mutável e tem a oportunidade de usar a circulação astrológica de Alcione, Aldebarã, Pollux, Regulus, Spica Virginis e Antares para servir de comparação. Minha coleção particular de natividades históricas quase sempre é mais vantajosa para as constelações: isto é, quando for possível tomar uma decisão baseada no fato de que os signos são assinaturas dos planetas que os regem – deixando de lado os novos. Acima de tudo, quando se concentra em figuras públicas, sempre há a grande ajuda da riqueza de materiais representados por cartas, memórias e biografias escritas sob pontos de vistas diferentes.

Might I suggest that the publication of one or two hundred Trustworthy Nativities, extending back over some five centuries (in Schoch's tables prior to 1650), and accompanied by sound evidence for the data and critical notes where necessary, might do much to further our knowledge of the two zodiacs.

Finally, as an ironical footnote to this article, I must confess that I found Raphael's 4h.30m a.m. for Queen Caroline more suggestive than the official 4h. p.m. Another negative factor in these genitures of George IV and his wife is lack of any striking indication of mutual revulsion: unless we consider his Saturn and Uranus astride her descendant, which in my view is insufficent. But these problems do not come within the terms of reference of an observer-however sympathetic.

Eu gostaria de sugerir a publicação de cem ou duzentas Natividades Confiáveis, que remontassem a cinco séculos (nas tabelas de Schoch de antes de 1650) e que fossem acompanhadas de evidência sólida das informações e anotações críticas, quando necessário, pois isso poderia desenvolver em muito nosso conhecimento dos dois zodíacos.

Finalmente, terminando com uma ponta de ironia, devo confessar que achei a hora 4:30hs encontrada por Raphael para a Rainha Caroline muita mais sugestiva do que a hora oficial, 16:00hs. Um outro fator negativo nessas genituras de Jorge IV e sua esposa é a falta de qualquer indicação marcante de mútua repulsa: a não ser que consideremos o Saturno e o Urano dele na cúspide do descendente dela, o que, em minha opinião, é muito pouco. Porém esses problemas não fazem parte do raio de observação de um pesquisador - não importa quão simpático ele seja à causa.

PREDICTIVE ASTROLOGY IN THE GOLDEN AGE

(published in the Astrological Journal,
London, X.4.5 and XI.1.9)

ELIAS ASHMOLE (1617-1692), *His Autobiographical and Historical Notes, his Correspondence, and other Contemporary Sources Relating to his Life and Work.* Edited, with a *Biographical Introduction*, by C. H. JOSTEN, was published by the Oxford University Press in 1966. This is a timeless book, by Dr. C.H. Josten, M.A. (Oxon.), describes an Englishman as remarkable to this present age as he was to his own. Royalist officer, historian of the Order of the Garter, herald and genealogist; numismatist, epigraphist. connoisseur and collector of antiquities; advocate of the new emphasis on experiment, yet a firm believer in magic, astrology and alchemy: his learning was immense. Ashmole became a founder-member of the Royal Society; Oxford made him a Doctor of Medicine. The Ashmolean Museum was the first public museum in Britain, and long remained the centre of scientific studies at Oxford. And today his Old Ashmolean building, in Broad Street, houses the incomparable Museum of the History of Science, of which, until recently, Dr C. H. Josten was Curator: the first in a long line of curators in that place to

PREVISÃO ASTROLÓGICA NA ÉPOCA DOURADA

(artigo publicado em duas partes nas edições X.4.5 e XI.1.9
de The Astrological Journal, Londres)

A obra Elias Ashmole *(1617-1692),* Suas Notas Autobiográficas e Históricas, Sua Correspondência e Outras Fontes Contemporâneas Relativas à Sua Vida e Trabalho, *editada com uma* Introdução Biográfica, *de C. H. Josten, foi publicada pela Oxford University Press em 1966, e descreve um inglês notável, tanto hoje quanto o fora em seu tempo. Dignatário da realeza, historiador da Ordem da Jarreteira, um precursor da heráldica e genealólogo; numismata, epigrafista, conhecedor e colecionador de antiguidades; defensor da ênfase nas experiências, ainda assim um firme adepto da mágica, astrologia e alquimia: seus conhecimentos eram incontáveis. Ashmole tornou-se um membro fundador da Royal Society e Oxford fez dele um Doutor em Medicina. O Ashmolean Museum foi o primeiro museu público na Grã-Bretanha e por muito tempo permaneceu como um grande centro de estudos científicos em Oxford. E hoje, o prédio do velho Ahsmolean, na Broad St., abriga o incomparável museu de História da Ciência, cujo curador, até recentemente, era Dr. C.H. Josten, o primeiro de uma longa linhagem a receber o título de* Curator Emeritus *outorgado pela*

receive from Congregation the title of *Curator Emeritus*. Dr Josten's monument to Ashmole, a labour of love for well over ten years, is as remarkable as its subject.

There are five volumes: a biography, three volumes of documents illustrating the biography, and an index: the whole occupying 2,065 pages. To achieve this, Dr Josten had to work through many hundreds of volumes profusely annotated or written in cipher – the key to which he himself discovered. This cipher was, in fact, an Elizabethan shorthand known as compendious writing; but although Ashmole's familiarity with cipher dated from the Parliament troubles, his continued use of it probably reflects a desire for compactness rather than secrecy.

These notes will concern themselves exclusively with Ashmole's astrological activities, which began some three or four years after his first wife's death. Interest never waned. Many years later, his closest friend, William Lilly, was to write that 'the Natiue Ashmole beeing from his Infancy very studious in all ingenious Arts, took this tyme and year 1644 to initiate himself in Astrology, but since that hee is grown a good Proficient therein though its not his total study, but only for Recreation' – by which that most famous astrologer undoubtedly implied

Congregação. A obra do Dr. Josten consagrada a Ashmole, um trabalho de amor que se estendeu por mais de dez anos, é tão notável quanto a do seu agraciado.

Foram cinco volumes: uma biografia, três volumes de documentos ilustrativos da biografia e um índice, formando um conjunto de 2.065 páginas. Para esse intento, Dr. Josten teve que trabalhar com centenas de volumes profusamente anotados ou escritos em código, que ele mesmo decifrou. Este código, na realidade, era uma estenografia dos tempos elizabetanos conhecida como Escrita de Compêndio; porém, ainda que a familiaridade de Ashmole com o código cifrado datasse dos tempos turbulentos do Parlamento, seu uso sistemático reflete, provavelmente, mais um desejo de tornar suas notas compactas do que propriamente secretas.

Estas notas se referem exclusivamente às atividades astrológicas de Ashmole que começaram três ou quatro anos depois da morte de sua primeira esposa. Seu interesse nunca arrefeceu. Muitos anos depois, seu amigo mais chegado, William Lilly, escreveu: "Ashmole foi desde a mais tenra infância um grande estudioso de todas as artes. Tomou a si, nesse ano (1644), a tarefa de iniciar-se em Astrologia e, desde então, tornou-se um

'amateur status', because Ashmole's stellar conversations were occupied almost entirely with urgent Questions regarding his own material welfare. His attitude towards the Art, as he himself noted in cipher in his copy of William Lilly's *Christian Astrology* (1647), was this:

> The order, beauty and perfection of the world requireth that in the universe should be events of all sorts / some necessary, some free, & some contingent. / Some events work without deliberation / which are necessary events / Some events with deliberation / which are free events / And some events work and we know not how / and their effects we call contingent / (page 23).

Ashmole became a freemason in October 1646, and a month later was introduced to Lilly. He too may have been one, judging from papers of his seen by me; but although their introduction probably owed nothing to this, fraternal ties would have helped to strengthen a long and dedicated friendship. Ashmole was a Royalist, and thirty years later his Roundhead friend was still signing letters: 'no Tory – but your old freiend old William'. This

perito na matéria à guisa de pura recreação" - fato pelo qual os astrólogos mais eminentes o considerariam como trabalho amadorístico, já que Ashmole se ocupava primariamente com questões mundanas referentes a seu bem estar material. Sua atitude em relação a esta arte, como ele mesmo anotou em código em sua cópia de Christian Astrology *(1647), de William Lilly, era:*

> *A ordem, a beleza e a perfeição do mundo denotam um universo pleno de eventos de toda sorte. Alguns necessários, outros livres e outros contigentes. Alguns eventos acontecem sem deliberação, que são os necessários. Alguns deliberados, que são os livres. E alguns eventos funcionam de forma por nós desconhecida e chamamos a seus efeitos de eventuais. (página 23)*

Ashmole tornou-se maçon em outubro de 1646 e um mês depois foi apresentado a Lilly. A julgar por papéis de autoria deste último, estudados por mim, Lilly também seria maçon e, embora seja improvável que seu encontro tenha sido devido ao fato de ambos pertencerem a Maçonaria, o fato é que uma ligação fraternal ajudou a reforçar uma longa e dedicada amizade. Ashmole era um partidário da realeza e trinta anos

is one of the earliest uses of that political epithet, and Dr Josten thinks it applied to the Court party. Lilly's numerous letters to Ashmole are delightfully whimsical, full of affection; and one or two replies from Ashmole (few survive) strike the same note. The bonds between them could not have been closer.

Ashmole left many hundreds of personal figures, including genitures of friends, wives or prospective wives; one or two elections, and solar revolutions. But the vast majority are horary questions concerning eligible women, the collection of rents, legal cases, illnesses, prospective offices or appointments, politics, parliamentary speeches (some of these at the request of Charles II), and so on. These horary figures were often referred back to the current solar revolution, or to the nativity, and use was made from time to time of leading fixed stars. Here then is ample opportunity to study the horary and related arts as practised in astrology's Golden Age.

depois seu amigo Cabeça Redonda (partidário de Cromwell) ainda assinava as cartas: 'não Tory *– porém seu velho amigo velho William'. Este é dos mais antigos usos do epíteto e Dr. Josten acredita que se aplicava ao partido da Corte. As numerosas cartas de Lilly para Ashmole eram deliciosamente fantasiosas, cheias de afeto e uma ou duas respostas de Ashmole (poucas sobrevivem) têm o mesmo tom. A ligação entre eles não poderia ter sido mais chegada.*

Ashmole deixou centenas de cartas de pessoas, inclusive de nascimentos de amigos, esposas ou esposas em perspectiva; uma ou duas eleições e revoluções solares. Porém, a vasta maioria é de questões horárias em conexão com mulheres casadouras, uma coleção de aluguéis, casos legais, doenças, cargos ou empregos em perspectiva, política, discursos no Parlamento (alguns sob requisição de Charles II) etc. Essas cartas horárias, muitas vezes, eram conferidas com a revolução solar do momento ou com a natividade e, esporadicamente, fazia uso das estrelas fixas principais. Temos aqui, assim, uma grande oportunidade de estudar a astrologia horária e suas artes correlatas como eram praticadas na idade de ouro da astrologia.

The Thornborough ladies

Let us begin with the annual or solar revolution of a girl of nineteen named Bridget Thornborough, for 1645/1646 – in reality for 1646/1647. At that time, Ashmole was paying his addresses not only to this girl but also to her mother, Lady Thornborough, a woman of forty.

> § the 17: of June when Mars was in the 17° 46' of Taurus (which is but a degree beyond the place of Venus in this revolution) / she came to our house – and I called her wife first / Sun in the ascendant in the birth and in the 2 in this revolution signified that she shall gather substance / Sun lord of Fortuna beholding it with a trine signifies that she shall gain wealth / Jupiter lord of the house of substance applying to the sextile of Saturn lord of the ascendant. It signifies that she shall get wealth. / Mars in the 2d threatens hindrance in such things as are signified by him / and loss / Venus lady of the 2: house near caput Medusae a fixed star which was in the ascendant of the native signifies some disease in the throat this year / Mars in the revolution if he staine the place of Venus in the radix signifies that she shall fall into sickness / either of too much eating or too much lechery. (P. 358).

As Senhoras de Thurnborough

Vamos começar com a revolução anual ou solar de uma moça de dezenove anos chamada Bridget Thurnborough, no período de 1645/1646 - na realidade 1646/1647. Àquele tempo, Ashmole estava cortejando não só a mocinha como também à sua mãe, Lady Thurnborough, uma mulher de quarenta anos.

> *No 17 de junho, quando Marte estava a 17°46'de Touro (que está um grau além do lugar de Vênus nesta revolução) / ela veio à nossa casa - e eu a chamei primeiro esposa / O Sol no ascendente no Mapa Natal e na 2 nesta revolução significa que ela juntará riquezas / O Sol regente da Roda da Fortuna à sua frente com um trígono significa que ela ganhará posses / Júpiter regente da casa das posses entrando em sextil com Saturno regente do ascendente: significa que ela receberá bens / Marte na 2 ameaça atrapalhar nos assuntos que lhe são afins / perda / Vênus regente da 2 perto de Algol, uma estrela fixa que estava no ascendente do mapa natal, significa alguma doença na garganta este ano / Marte na revolução, se macular o local de Vênus no mapa raiz significa que ela pode cair doente / ou de excesso alimentar ou de demasiada devassidão. (pag. 358)*

Mars indeed occupied Taurus 17° 46' on 17 June (*Eichstadius*: noon), but the year was 1646, not 1645. The label is wrong. Ashmole's judgment confirms her natus on 24 March 1626/7, with the early degrees of Aries rising; and likewise confirms the revolution on her birthday in 1646/7, with mid-Capricorn rising and Venus hi Taurus 16° 46' (near Caput Medusae in Taurus 21° 11') exactly one degree from Mars' place on 17 June. Sun throws a close trine to Fortuna in Leo. All is as he says, though he considers Jupiter in orbs of a sextile to Saturn as valid, even though Sun and Mercury conjoined Saturn before the sextile from Jupiter became exact.

Bridget's revolution should therefore be brought to p. 385, to join the other notes (pp.379-387) concerning Lady Thornborough and her daughter: to the day on which Ashmole wrote a love poem for Lady Thornborough. Incidentally, he might have offered that to the daughter as well, because the concluding couplet could fit:

You are the Sun; and in the various Years. –
Does the true Emblem of my Selfe appeare.

*Marte, na verdade, estava em Touro a 17°46' no dia 17 de junho (*Eichstadius*: meio-dia) porém, o ano era 1646 e não 1645. O rótulo está errado. O cálculo de Ashmole confirma seu nascimento no dia 24 de março 1626/7, com ascendente nos primeiros graus de Áries; da mesma forma que confirma a revolução no seu aniversário de 1646/7, com o meio de Capricórnio no ascendente e Vênus em Touro a 16°46' (perto de Algol em Touro a 21°11') exatamente um grau de Marte no dia 17 de junho. O Sol faz um trígono fechado com a Roda da Fortuna em Leão. Tudo conforme ele disse, embora ele tivesse considerado válido Júpiter em órbita de um sextil com Saturno, ainda que o Sol e Mercúrio estivessem em conjunção com Saturno antes de que o sextil com Júpiter se tornasse exato.*

A revolução de Bridget deveria, portanto, ser levada para a página 385, junto com as outras notas (pag. 379-387) referentes a Lady Thurnborough e sua filha, no dia em que Ashmole escreveu um poema de amor à Lady Thurnborough. Aliás, ele poderia ter oferecido o poema também à filha, já que a parelha de versos final bem se aplica.

Você é o Sol; e em vários anos. –
Pode assim, meu verdadeiro emblema do ser aparecer.

In Bridget's nativity, Sun and Mercury (Ashmole's Emblem) rise in almost partile conjunction. Nevertheless, Bridget turned him down and the mother remained unimpressed.

Fortune with a wife

In the autumn of 1646, Ashmole wrote against his own revolution *(Figure 1)* a note having biographical as well as technical interest:

> § 18 Sept: in the morning about 8 o clock / I first felt a pain in my right knee among the sinews, which made me halt [i.e. lame] / about this day Mars who beholds the 6: house with an opposition in this revolution comes to the 18 degrees of Cancer in perfect square to the Cuspe of the 6: house / Jupiter lord of the 7: house applying to the sextile

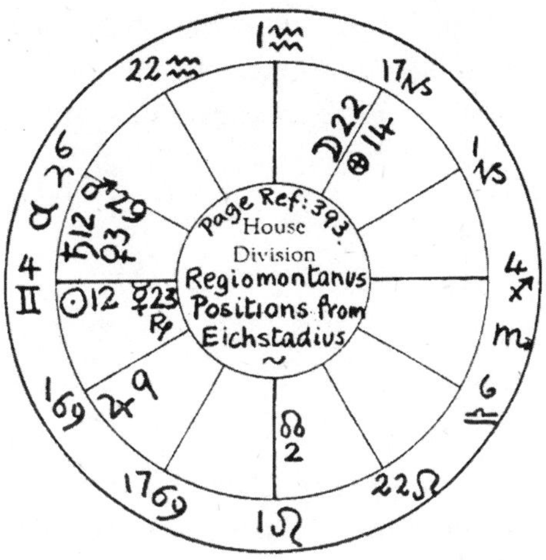

Figura 1

No mapa natal de Bridget, o Sol e Mercúrio (Emblema de Ashmole) aparecem em conjunção parcial. Não obstante, Bridget recusou-o e a mãe não se deixou tampouco impressionar por ele.

Boa Fortuna em relação a uma Esposa

No outono de 1646, Ashmole escreveu em sua própria revolução (figura 1) *uma nota de interesse biográfico e técnico:*

> *18 de setembro, de manhã, cerca de 8 horas / Primeiro senti uma dor no joelho direito, entre os tendões, que me fez parar (isto é, fiquei manco) / Neste dia, Marte, que confronta a 6ª casa, com uma oposição nesta revolução, vem para 18° de Câncer em perfeita quadratura para a cúspide da 6ª casa / Júpiter, regente da 7ª casa, aplicando um sextil a Saturno, regente da casa 8: (casa do dinheiro da mulher) evidên-*

of Saturn lord of the 8: (the house of women's substance) shews that I shall labour for a fortune with a wife and get it / Also Mars (partly lord of the 8) applying to Jupiter by sextile shews I shall get a fortune by a wife without pains and easily. (P. 393/4)

Mars came to Cancer 18 on 18 September, 1646, confirming the date; but he makes no aspect to the 6th cusp, although Mars is indeed in the middle of 12 in the revolution – which I suppose is what Ashmole meant by 'beholds the 6'. As for the more important matter of 'women's substance', one notes with surprise that Venus and Mars conjoined Saturn respectively on 7 and 9 June, before Jupiter completed his sextile on 19 June. Perhaps this is why he took three more years to get 'a fortune with a wife'. Another curious detail is that Saturn is only part lord of the 8th, and Mars has no lordship there: only his exaltation.

At that time Ashmole was thinking no doubt of two women he met in Oxford late in 1645: Mrs Elizabeth March, a widow who permitted liberties but no wedding; and Lady Manwaring, aged forty-nine, an heiress who had just lost her third husband. Despite intimacy and otherwise honourable intentions with Mrs March, Ashmole engaged himself in astrological and legal assistance to Lady Manwaring; and on 30 July 1646:

cia que lutarei pela riqueza de uma mulher e serei bem sucedido / Também Marte, (senhor parcial da casa 8) aproximando-se de um sextil com Júpiter, mostra que terei riqueza através de a uma esposa sem fazer muito esforço. (pag. 393/4)

Marte chegou a 18° de Câncer a 18 de setembro, confirmando, assim, a data; porém não faz aspecto com a cúspide da 6ª, embora Marte realmente estivesse no meio da 12 na revolução - suponho que isso seja o que Ashmole quisesse dizer por 'em frente da 6'. Em relação à parte mais importante do 'dinheiro da mulher', nota-se, com surpresa, que Vênus e Marte fazem conjunção com Saturno nos dias 7 e 9 de junho, respectivamente, antes de Júpiter completar um sextil no 19 de junho. Talvez seja por essa razão que três anos se passaram antes que ele 'tivesse sorte com uma esposa'. Um outro detalhe curioso é que Saturno é somente um regente parcial da 8ª e Marte está simplesmente em exaltação.

Àquele tempo, Ashmole, sem dúvida, estava pensando em duas mulheres que tinha conhecido no fim de 1645: Sra. Elizabeth March, uma viúva que permitia liberdades, mas não pensava em casamento, e Lady Manwaring, de quarenta e nove anos, uma herdeira que

§ about 2H P.M. (as I afterwards told) Mr. Humfry Stafford, the Lady Manwarings 2d son, (suspecting I should marry his Mother) broke into my Chamber & had like to haue kild me, but Christ: Smith withheld him by force, for which all persons exceedingly blamed him, in regard it was thought I was neere death, & knew no body. God be blessed for this deliverance.

This accident I believe came from the square of Saturn and Mercury (who were in conjunction in the revolution) and when the moon carried light from the opposition of Saturn to the square of Mercury &c. then fell out / (p. 457).

In the revolution *(Figure 2)*, Saturn and Mercury were respectively in 24° 14' and 24° 40' of Taurus. Just after 7 o'clock on the morning of 30 July, Moon, passing through

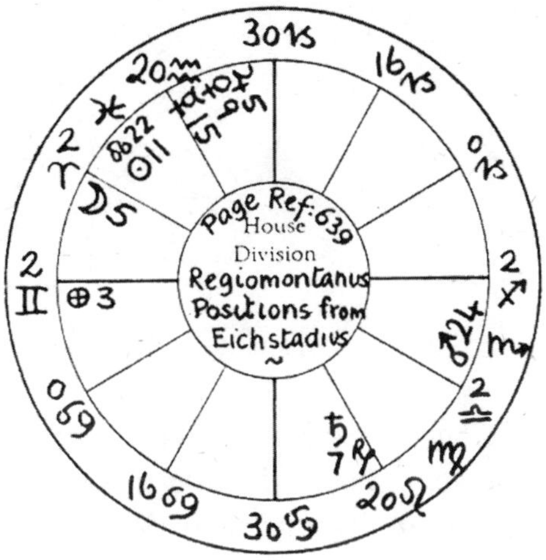

Figura 2

havia recentemente perdido o terceiro marido. A despeito da intimidade e intenções honradas em relação a Sra. March, Ashmole também se ocupava em buscar assistência legal e astrológica em relação a Lady Manwaring; assim, no dia 30 de julho de 1646 escreveu:

Cerca de 2 hrs da tarde, (como me foi relatado depois) o Sr. Humfry Stafford, segundo filho de Lady Manwaring, (suspeitando que eu quisesse casar-me com sua mãe) forçou a entrada em meus aposentos e por pouco não me mata, não fora por Cristo, Smith conteve-o à força e todas as pessoas o acusaram severamente, pensava-se que eu tivesse visto a morte de perto. Agradeço a Deus por essa providência.

Acredito que esse incidente adveio da quadratura de Saturno com Mercúrio (que estavam em conjunção na revolução) e quando a Lua trouxe luz da oposição de Saturno para a quadratura com Mercúrio, saindo logo após./ (pag. 457).

Sagittarius, came square to Mercury in Virgo 8° 42', having been in opposition to Saturn in Gemini 1° 7' at 5 o'clock on the previous afternoon.

The second marriage

In November 1649, he being thirty-two and she twenty years older, Ashmole married Lady Manwaring at a time by him elected – though, as Dr Josten observes, 'with doubtful success', and Lilly afterwards recalled that 'the stars were not favourably disposed'. Nevertheless, Anthony Wood, who entertained little enthusiasm for alchemy, was not far wrong when he referred to Lady Manwaring's lands and jointures as 'the best elixir that he [Ashmole] enjoyed, which was the foundation of his riches, wherewith he purchased books, rarities and other things'. (p.62)

Three months later, his brother-in-law, Sir Humphrey Forster, began to make trouble about rents; but the figure cast for 10 a.m. on 27 March 1650 was reassuring:

Na revolução (Figura 2), Saturno e Mercúrio estavam respectivamente a 24°14' e 24°40' de Touro. Logo depois das 7 horas da manhã de 30 de julho, a Lua, passando por Sagitário, fez quadratura com Mercúrio em Virgem à 8°42', tendo estado em oposição a Saturno em Gêmeos a 1°7' às 5 hrs da tarde anterior.

O segundo casamento

Em novembro de 1649, ele com trinta e dois e ela vinte anos mais velha, Ashmole casou-se com Lady Manwaring na hora elegida por ele - embora, como Dr. Josten observa, 'com sucesso duvidoso', depois Lilly relembra que 'os astros não estavam em disposição favorável'. Ainda assim, Anthony Wood, que nutria pouco entusiasmo pela alquimia, não errou ao dizer que as terras e o quinhão herdados por Lady Manwaring foram 'o melhor elixir que Ashmole pode usufruir, já que foi a fundação de sua riqueza, que lhe permitia adquirir livros, raridades e outras coisas'. (pag.62)

Três meses depois seu cunhado, Sir Humphrey Forster, começou a dar trabalho acerca de aluguéis; porém os cálculos levantados para as 10 hrs da manhã do dia 27 de março de 1650 eram auspiciosos:

§ Mercury disposer of the Moon is affected by the square of Saturn / He is lord of the 4 therefore the trouble should concern me little / but Mercury becoming direct and not touching Saturn's square 'tis but a vapour and nothing of hurt to me / Saturn is lord of the 7 and 9 which truly shows my public enemies and wife's brother. (p 512)

In the outcome, Sir Humphrey brought an action and lost. Under two horary figures about this case, Ashmole wrote: 'the lord of the 10 in my 2, the judge will take bribes'. Whence we discern that the planetary Masters are practical people. Another helpful figure concerning rents was cast at 7.45 a.m. on 28 March:

§ Moon in the ascendant shows I should receive some / so doth Saturn lord of the 8. Jupiter retrograde and Cauda in the 6 shew some of them knavish / and Lord of the 7 (their 2) in the 6 shows they have their rents but will not pay / The 29 day Moon going to the square of Venus Sun and Mars hindered my receiving money, but the next day I did. (p. 513)

Mercúrio dispositor da Lua está influenciado pela quadratura com Saturno / Ele é o regente da 4, portanto o problema afetar-me-á muito pouco / porém Mercúrio tornando-se direto e não chegando a encostar na quadratura 'é como um tênue vapor, sem possibilidade de queimar. Saturno é senhor da 7 e da 9 que verdadeiramente mostra meus inimigos públicos e o irmão de minha esposa. (pag. 512)

O resultado final foi que Sir Humphrey entrou com uma ação e perdeu. Com os cartas horárias sobre esse caso, Ashmole escreveu: 'o regente da 10 em minha casa 2, o juiz pode receber suborno'. Assim, podemos entender que os Mestres dos Planetários são pessoas práticas. Outro cálculo útil referente a aluguéis foi levantado para as 7.45 da manhã do dia 28 de março:

A Lua no ascendente mostra que eu devo receber algum / assim como Saturno, regente da 8. Júpiter retrógrado e a Cauda na 6 demonstram alguma patifaria / e o regente da 7 (a 2 deles) na 6 demonstra que eles estão de posse do valor do aluguel, porém não pagarão / A Lua de 29º dia entrando em quadratura com Vênus, Sol e Marte impediram que recebesse meu dinheiro, porém no dia seguinte, consegui. (pag. 513)

Decumbiture

Ashmole's wife was taken ill on 19 February 1652/3 and remained so until after Easter. He cast a figure for 9.15 that morning to know 'Whether [my wife] shall die of this sickness or not /' (*Figure 3)*

> § Jupiter opposition to Saturn / Moon not afflicted / The Moon here in the place of the Sun in the eclipse of the Moon / which now operates / Moon hurts more in her increase than in her decrease. Jupiter beholds the 7 with a sextile, good / and casts a sextile to the 6: good / Moon going to the lord of the ascendant by sextile and clear of misfortune / good / Lord of the ascendant in opposition to the [part] lord of the 4: bad / and placed in the 4 / bad / Antares [Sagittarius 4° 47'] upon the 7 / bad / (p. 639)

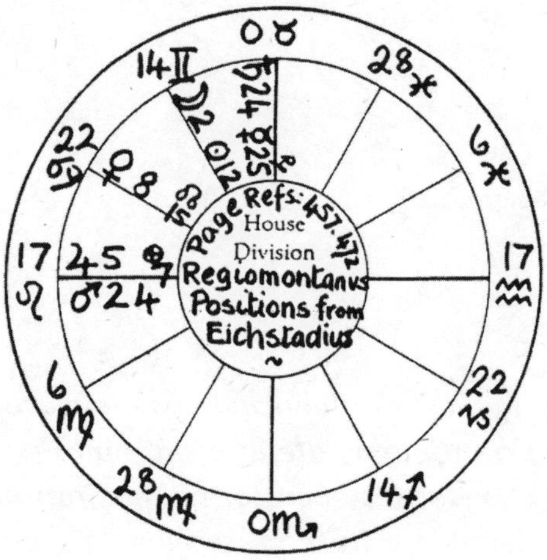

Figura 3

Decumbente

A esposa de Ashmole caiu doente no dia 19 de fevereiro de 1652/53 e assim permaneceu até depois da Páscoa. Ele desenvolveu cálculos para as 9:15 daquela manhã para saber 'se minha esposa morrerá desta doença ou não /' (Figura 3)

> *Júpiter em oposição a Saturno / Lua não afligida / A Lua aqui no lugar do Sol na eclipse da Lua / agora em operação / A Lua tem uma influência nociva maior quando cresce do que quando mingua. Júpiter está na 7 com um sextil, bom / e lança um sextil para a 6: bom / A Lua se dirigindo para o regente do ascendente formando sextil e livre de infortúnios / bom / Regente do ascendente em oposição ao (em parte) regente da 4 / mau / e colocado na 4 / mau / Antares (Sagitário 4°47') sobre a 7 / mau / (pag. 639)*

The solar eclipse had been in Pisces 9° 45', two days before, when the Sun lay just below the twelvth house cusp as Moon does in the decumbiture: 'the place of the Sun' could only be mundane. Jupiter, in sextile to the cusp of 7, casts a trine to 6. From another figure done four days later, we could almost think that he suspected a fatal illness: but the second Mrs Ashmole lasted ten years more.

Money, investments, hidden treasure

Money and the like provided a frequent source of enquiry in Ashmolean astrology. Here are three particularly interesting examples. The first concerns transits in his 1647/1648 revolution, cast on 21 February 1648. *(Figure 2)*

> § I received from [Lady Manwaring] 13£ 4 hours 20' afternoon / Mercury lord of the 2: in the revolution going to the opposition of Jupiter / and though both in their fall / and Jupiter retrograde and Mercury in detriment / yet they brought [Ashmole] this money because of their reception of houses [in the transits] / but not so much as he should have

O eclipse solar tinha sido em 9°45', dois dias antes, quando o Sol estava bem abaixo da cúspede da casa 12 como faz a Lua nesse tipo de horóscopo para doenças: 'o lugar do Sol' só podia ser mundano. Júpiter, em sextil com a cúspide da 7, faz um trígono com a 6. Por um novo cálculo feito quatro dias depois, pode-se pensar que ele suspeitava de uma doença fatal: porém, a segunda Sra. Ashmole ainda duraria mais dez anos.

Dinheiro, investimentos, tesouro escondido

Dinheiro e similares foram sempre uma fonte de pesquisas na astrologia ashmoleana. Aqui vão três exemplos particularmente interessantes. O primeiro se refere a trânsitos de sua revolução de 1647/1648 calculados a 21 de fevereiro de 1648. (Figura 2)

> *Eu recebi 13£ de [Lady Manwaring] às 4 horas e 20 minutos da tarde / Mercúrio regente da 2: na revolução entrando em oposição a Júpiter / e, embora ambos estejam em queda / e Júpiter retrógrado e Mercúrio em detrimento / mesmo assim o dinheiro chegou, por causa da receptividade das casas [nos trânsitos] / porém, não tanto quan-*

had, if it had come after / for he should have had 20£ / Moon then going to the sextile of Jupiter and trine to Mercury / (p. 472).

His figure was cast on a Monday. Mercury came to opposition Jupiter (lord of women's money in the revolution), from Pisces to Virgo, at about 9 o'clock on Tuesday morning. And on Wednesday, Moon sextiled Jupiter at 3.30 a.m. and trined Mercury at 10.30 a.m. How the Moon could have turned £13 into an estimated £20 does not appear.

Our second case concerns investments. In 1678, Ashmole sent a Question to Lilly drawn for 11 a.m. on 12 October *(Figure 4)*, saying: 'I have a considerable summe of money lyes at Interest in the Excise Office: whether I had best let it lye so still, or tourne it into Gold, & keepe it by me'. Lilly replied:

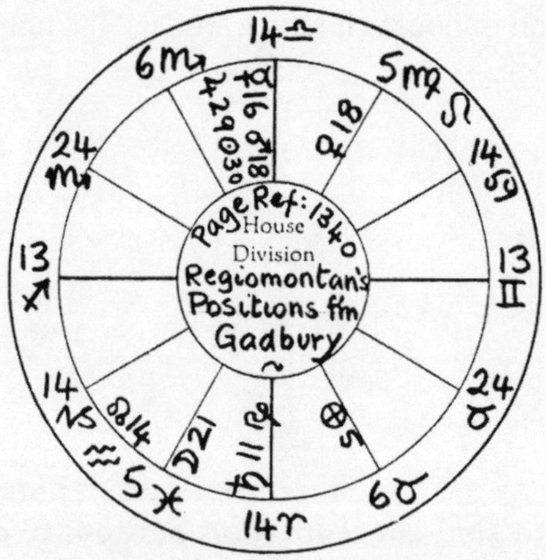

Figura 4

to deveria se tivesse vindo mais tarde / pois ele teria recebido 20£ / A Lua, então estaria se enca-minhando para um sextil com Júpiter e trígono com Mercúrio / (pag. 472).

Seu cálculo foi levantado numa segunda-feira. Mercúrio ficou em oposição a Júpiter (regente do dinheiro da mulher na revolução), vindo de Peixes para Virgem, às 9 horas da manhã de terça-feira. E na quarta-feira, a Lua entrou em sextil com Júpiter às 3:30 da madrugada e em trígono com Mercúrio às 10:30. Como a Lua poderia transformar 13£ nas estimadas 20£ não foi explicado.

Nosso segundo caso refere-se a investimentos. Em 1678, Ashmole enviou a Lilly uma questão levantada para as 11 horas da manhã do dia 12 de outubro (figura 4) na qual dizia: "Tenho uma considerável quantia de dinheiro investido no Excise Office; devo aí deixá-la ou melhor convertê-la em ouro e conservá-lo comigo." Lilly respondeu:

§ Moon in Pisces, though vacua cursu, is good / Caput fixed in Aquarius good. Fortuna fixed good / Saturn Lord of the 2. retrograde lately in opposition of Jupiter / and Mars / argue you fear more than you need / Mars dispositor of Saturn and Saturn receiving Mars in exaltation, it's good, your money remain / 4 planets in the 10th / that house signifies the Office Ergo good / ther's 3 superior planets in the 10th. / ergo good / Venus lady of the 10th. aspects the cusp of ye second house / good / Saturn Lord of Capricorn retrograde if it were in your own hands / you would either Squander it away / or Convert it to less purpose / than now it is – Saturn in Aries is square to Capricorn / but its in signes of short ascentions / its no harm to let ye money ly where it is. (p. 1340)

Here we see the professional. The third case was worked by Ashmole for 5.40 p.m. on 29 September 1650 in answer to a Question from an unrecorded source: 'Whether Adleston Well near Boldron in Yorkshire, have any treasure in it or not'.

Lua em Peixes, ainda que fora de curso, é bom / Cabeça de Dragão fixa em Aquário, é bom. Roda da Fortuna está fixa, é bom / Saturno regente da 2, ultimamente retrógrado em oposição a Júpiter / e Marte / afirma que temes mais do que deverias / Marte dispositor de Saturno e Saturno recebendo Marte em exaltação, é bom, teu dinheiro permanece / 4 planetas na 10 / esta casa significa o Office Ergo é bom / há 3 planetas superiores na 10 / ergo bom / Vênus regente da 10 faz aspecto com a cúspide de tua casa 2 / bom / Saturno regente de Capricórnio, retrógrado, se ficar em tuas mãos / ou tu desperdiças tudo / ou converte tudo em um propósito menor / do que o de agora - Saturno em Áries está em quadratura com Capricórnio / todavia está em signo de curta ascenção / não haverá prejuízo em deixar o dinheiro permanecer onde está. (pag. 1340)

Aqui vemos o profissional. O terceiro caso foi levantado por Ashmole para as 5:40 da tarde do dia 29 de setembro de 1650 em resposta à questão de fonte desconhecida: "Se Adleston Well, perto de Boldron, em Yorkshire, tem um tesouro oculto ou não."

The positions are as follows: Sun 16 Libra, Moon 17 Aries, Mercury 5 Scorpio, Venus 17 Scorpio, Mars 24 Leo, Jupiter 13 Scorpio, Saturn 15 Cancer, N. Node 9 Taurus, Fortuna 24 Libra. Regiomontanus cusps: X: 9 Capricorn, XI: 24 Capricorn, XII: 22 Aquarius, I: 24 Aries, II: 7 Gemini, III 26 Gemini. Positions from Eichstadius (p.551). Ashmole wrote:

> § Not unlike but the queerent may get what is hid there / because Moon lady of the 4: applies to Mars by trine lord of the ascendant / but Saturn in the 4 shews there is nothing of value / and a long time before Moon come to the trine being 7 degrees from him / the lord of the 2 near Cauda and shortly after growing retrograde / nor any good planet beholding the 2: house / He shall waste and spend much about it and get nothing / Sun in his fall, Mars peregrine / the quaerent gets nothing by it / and Venus partly lady of the ascendant in her fall / and she and Jupiter dispose of Fortuna both in their fall / I judge that what there is the quaerent may get / but I advise him not to search, for he shall find nothing that will recompense his charges and pains /. (p. 551)

As posições são as seguintes: Sol em Libra, Lua a 17° de Áries, Mercúrio a 5° de Escorpião, Vênus a 17° de Escorpião, Marte a 24° de Leão, Júpiter a 13° de Escorpião, Saturno a 15° de Câncer, Nódulo N. a 9° de Touro, Roda da Fortuna a 24° de Libra, Cúspides Regiomontanus: X: 9° de Capricórnio, XI: 24° de Capricórnio, XII: 22° de Aquário, I: 24° de Áries, II: 7° de Gêmeos, III: 26° de Gêmeos. Posições de Eichstadius (pag. 551). Ashmole escreveu:

> *Não é improvável que o querelente possa obter aquilo que está escondido / pois a Lua regente da 4 está ligada por um trígono a Marte regente do ascendente / todavia, Saturno na 4 mostra que não há nada de grande valor / e demorará muito até que a Lua venha a fazer um trígono com ele a 7° / o regente da casa 2 perto da Cauda e logo depois de ficar retrógrada / nenhum planeta auspicioso em frente da 2 / Muito tempo e dinheiro gastos por pouco. / Sol em queda, Marte peregrino / o querelente não consegue nada por seu intermédio / e Vênus regente, em parte, do ascendente, em queda / ela e Júpiter dispositores da Fortuna, ambos em queda / Julgo que há o que buscar, todavia não é aconselhável pois que não irá encontrar nada que o recompense pelas despesas e trabalho /. (pag. 551)*

Concerning treasure trove, James Wilson wrote in his *Dictionary* (p. 253): 'This seems a very silly question, and one that will never do the artist any credit. When treasure is suspected to be hidden any where, the best way is to look for it, for this must be done after all.' However. Wilson does supply rules that would come to much the same judgment as Ashmole's, and his at least spared the querent some trouble – if he believed it.

Subjective problems

Letters received could also be used to guard against impostors, as in a figure for 8.30 a.m. on 16 October 1684, labelled: 'The time I received a letter from Mr. W. Y. Quaere whether it will turn to my advantage / and he be a philosopher' – a term which Dr Josten defines as 'true alchemist'.

§ Mars Lord of both of the ascendant and hour / Moon in Gemini / her dispositor [Mercury] retrograde peregrine / combust / and in the 12 house / Saturn lord of his 9 is angular but peregrine / and Mercury his dispositor afflicted as before / and in square

Em relação a tesouros, James Wilson escreveu em seu Dicionário *(pag. 253): "Esta parece uma questão muito tola e que nunca dará crédito a seu autor. Quando se suspeita de que há algum tesouro escondido, o melhor a fazer é procurá-lo, pois isso é o que deve afinal ser feito." Entretanto, Wilson faz algumas observações que são muito semelhantes às de Ashmole e pouparia ao querelente o trabalho - se ele acreditasse.*

Problemas Subjetivos

As cartas podiam também ser usadas para se resguardar contra impostores, como no cálculo para 8:30 da manhã de 16 de outubro de 1684, denominada: "Hora em que recebi uma carta do Sr. W. Y. Questionar se me será vantajoso e se ele é um filósofo genuíno" - um termo que Dr. Josten definia como um 'verdadeiro alquimista'.

Marte regente tanto do ascendente quanto desta hora / Lua em Gêmeos / Mercúrio, seu dispositor, peregrino retrógrado / em combustão / e na casa 12 / Saturno, regente da sua casa 9 é angular, todavia, peregrino / e Mercúrio, seu dispositor está afligido como antes / e em quadratura com meu Mercúrio / conjunção com Marte e Vênus na

to my Mercury / conjunction Mars Venus in my 10 house / Mars lord of the ascendant and partly of his 9: / Venus lady of his ascendant and Saturn lord of his 9: having been lately in conjunction /. (p. 1748)

As Dr Josten suggests: 'The stars could hardly have been less promising'. The man was in fact an impostor.

On other occasions Ashmole used astrology to account for his own actions; for example, with regard to the index for Lilly's *Christian Astrology*, which he compiled in addition to 'the forme and fashions of severall Scheames'.

§ 25 June 1647. About 10: after noon I began to make the index of this book Aquarius ascending Moon applying to the sextile of Mercury who was lord of the hour / she being in the 7 house / Mercury descending into the 5. / Moon separating from the square of

minha casa 10 / Marte regente do ascendente e parcialmente de sua 9 / Vênus regente de seu ascendente e Saturno regente da sua casa 9: tendo ambos estado em conjunção ultimamente /. (pag. 1748)

Como o Dr. Josten sugere: "Os astros não poderiam ser menos propícios." O homem, de fato, era um impostor.

Em outras ocasiões Ashmole usou a astrologia para fundamentar suas próprias ações; por exemplo, em relação ao índice de Christian Astrology, *de Lilly, que ele compilou conforme 'formas e modas de vários esquemas':*

25 de junho de 1647. Cerca de 10 horas: depois do meio-dia, comecei a fazer o índice deste livro. Aquário no ascendente Lua entrando em sextil com Mercúrio que era o regente da hora / Ela na casa 7 / Mercúrio descendente entrando na 5. / Lua se separando de uma quadratura com Saturno regente do ascendente e fazendo aspecto com

Saturn lord of the ascendant and applies to Mercury. I had been long in determining to do this but did not go about it till now / But now Moon entering Virgo and being slow in motion, and reception between Mercury and her, and he very slow, I believe I shall go through it speedily. (p. 450/1)

Evidently he did, because the book was published at the end of September. 'This book was printed when the mid-heaven [of Lilly's nativity] came [by direction] to the term of Mercury in Leo he being lord of the mid-heaven in the radix.' (p. 451)

Lilly's prophecies

William Lilly's fame today rests largely on his prophecies concerning the plague (1665) and the great fire (1666) of London, found at the end of *Monarchy or No Monarchy in England* (1651)[2]. Actually, these are merely four pages of woodcuts (among many) accompanied by no more than a brief statement beginning:

Mercúrio. Há muito que pensava em fazer isso mas só agora comecei / Todavia, Lua entrando em Virgem e estando com movimento lento e também a comunicação entre ela e Mercúrio, também lenta, creio que poderei terminar rapidamente. (pag. 450/1)

E assim o fez, pois o livro foi publicado no fim de setembro. "Este livro foi impresso quando o meio-do-céu (do mapa natal de Lilly) chegou (por direção) ao lugar de Mercúrio em Leão, regente do meio-do-céu no mapa natal." (pag. 451)

As Profecias de Lilly

A fama de William Lilly, hoje, se baseia principalmente em suas profecias quanto à peste (1665) e ao grande incêndio de Londres (1666), que são encontradas ao fim de Monarquia ou Não Monarquia na Inglaterra *(1651)[2]. Na verdade, trata-se de apenas quatro páginas de xilogravuras (entre muitas) acompanhadas de breves comentários que começam assim:*

[2]The reproduction of these drawings appear in Nativitas - Astrological Studies, volume II, pages 276, 277 and 278.
As reproduções destas gravuras aparecem em Nativitas - Astrological Studies, volume II, páginas 276, 277 e 278.

§ Had the curtesie of the present Times deserved it at my hands, thou hadst seene Explanation of the sixteen Pages following, which in Aenigmaticall Types, Formes, Figures, Shapes, doth perfectly represent the future condition of the English Nation and Commonwealth for many hundred of years yet to come.

They must have seemed harmless enough to the owner of my copy for he tore out two leaves promising the Downfall of Episcopal Power, yet let these bide. But fortunately for Lilly, he had been taught to be cautions. In the autumn of 1666, he was summoned before a Committee of Parliament on no better evidence than these 'Hieroglyphicks', to answer a charge of having had some responsibility in the Great Fire. His original caution allowed of a reasonable defence; but some of the Committee disliked him, and his position might have become unpleasant but for the vigorous intervention of Elias Ashmole.

Lilly had likewise been discreet, though more outspoken, in *England's Propheticall Merline* (1644), when foretelling 'the Actions depending upon the influence of the Conjunction of Saturn and Jupiter, 1642/3.' Here (p. 113), at the end of '1647', is a note saying:

"Recebesse eu uma graça, vós teríeis a explicação das dezesseis páginas seguintes, que deveriam representar com perfeição, nos tipos, figuras e formas enigmáticas, a futura condição da nação inglesa e da Comunidade Britânica por muitas centenas de anos."

Essas profecias devem ter parecido inofensivas ao possuidor do exemplar do livro que hoje é meu, pois ele deixou de fora duas folhas que anunciavam a queda do poder episcopal; enfim, vamos esperar pelo momento propício e ver se elas se realizam. Porém, felizmente para Lilly, ele havia aprendido a ser cauteloso. No outono de 1666, ele foi convocado para responder ao Comitê do Parlamento se tinha alguma parcela de responsabilidade no Grande Incêndio de Londres, acusação essa baseada tão somente naqueles 'Hieroglifos'. Sua precaução original permitiu-lhe uma defesa razoável mas algumas pessoas do Comitê não gostavam dele e sua posição poderia ter ficado bastante delicada, não fosse pela intervenção decisiva de Elias Ashmole.

Lilly, em Merlin, Profeta da Inglaterra *(1644), quando prevê as "Ações derivadas da influência da conjunção de Saturno e Júpiter, 1642/3", é um pouco menos discreto do que em outras obras. Ele diz (pag. 113) no fim de '1647' em uma pequena nota:*

Wo is me, a very great man comes to untimely end: a rot of sheep and men: Is any Nobleman beheaded? What if many be? Let Justice take place. (p. 466)

But this ominous forecast, according to a cipher note in Ashmole's copy, was pre-dated:

> This prediction is grounded from the eclipse of the 19: of Nov. 48: which happened in the 8:44' of Gemini / now the Sun. in the King's nativity was in 8.3' of Sagittarius / and this month eclipsed in the opposite degree / The King was beheaded the 30 of Jan: following 2H after noon / Hamilton, Holland and Capel, all 3 upon the [9 March.] (p. 466).

And from a further cipher note regarding a total eclipse on 3 December 1648, we learn:

> § This eclipse of the 3d of Decem: / happened in the place of Venus in King Charles his nativity / and though not visible yet Mr. Lilly was of opinion it was the cause of his beheading. (p. 466)

"Grande infortúnio; um grande homem morre antes do tempo; tempos difíceis para ovelhas e homens. Será a cabeça de algum nobre decepada? E se forem muitos? Que a Justiça se faça." (pag. 466)

Essa previsão sinistra, de acordo com uma nota em código em uma cópia de Ashmole, foi datada previamente:

> *Esta previsão se baseia no eclipse de 19 de novembro de 48, que aconteceu a 8.44' de Gêmeos / assim, o Sol no nascimento do rei estava a 8.3' de Sagitário / e nesse mês se eclipsou no grau de oposição / O Rei foi decapitado a 20 de janeiro, duas horas depois do meio-dia / Hamilton, Holland e Capel, todos três a [9 de março] (pag. 466).*

E, de uma posterior nota cifrada, tomamos conhecimento de um eclipse total no dia 3 de dezembro de 1648:

> *Esse eclipse de 3 de dezembro: / aconteceu no lugar em que Vênus se encontrava na natividade de Rei Charles / e, ainda que não visível, o Sr. Lilly era de opinião de que essa foi a causa da decapitação. (pag.466)*

Looking through my own copy, I notice that the only year to which attention is called outstandingly was 1649: 'A terrible year by reason of two Eclipses of the Moon, and one of the Sun'. Yet nothing in the text confirms misfortune.

On the other hand, I find that Lilly wrote against a Sun / Saturn conjunction in 22 Libra on 4 October 1658: 'Some great one deposed, he may be a King: or in danger of losing a Kingdome'. What a shame that Oliver Cromwell should die in his bed on 3 September – just one month too soon!

Political Questions

In 1673, Ashmole's astrological advice began to be sought in Questions of high policy, the first coming from the Lord Treasurer being timed 8.15 p.m. on 15 January. He replied with the help of Lilly: following up with figures drawn for speeches, the interpretation of transits, and notes on Parliamentary affairs in general: more than two dozen between 4 February and 25 March. They make fascinating reading and would repay an astrological monograph based on *The Journals of the House of Commons.*

Dando um olhada no meu próprio exemplar, percebi que o único ano que era mencionado extensivamente era o de 1649: "Um ano terrível em decorrência de dois eclipses da Lua e um do Sol". Ainda assim, nada no texto confirma desgraça.

Por outro lado, encontrei nos escritos de Lilly, referência desfavorável em relação a uma conjunção de Sol e Saturno a 22 de Libra em 4 de outubro de 1658: "Alguém importante será deposto, pode ser um rei: ou alguém pode estar correndo o perigo de perder um reinado". Pena que Oliver Cromwell tivesse morrido em seu leito a 3 de setembro – um mês antes do tempo!

Questões Políticas

Em 1673, os conselhos astrológicos de Ashmole começaram a ser procurados para questões de alta política, tendo sido a primeira delas da parte do Lorde do Tesouro, que foi registrada às 20:15hs do dia 15 de janeiro. Ele respondeu com a ajuda de Lilly com cartas astrológicas para os discursos, interpretação de trânsitos e observações sobre os assuntos gerais do Parlamento: mais de 24 entre 4 de fevereiro e 25 de março. São de leitura fascinante e fariam uma interessantíssima monografia baseada nos Diários da Casa dos Comuns.

No less interesting is a Question put to him on 13 October at 1 p.m. by Sir Robert Howard, formerly Secretary of the Lords Commissioners of the Treasury and now Auditor of the Receipt. But the most important consultant was the King, who wanted to know the effects of a speech he made to the House of Commons at 10.50 a.m. on 27 October 1673: *Figure 5*. Ashmole sent a draft of his reply to Lilly who returned this comment:

> Charissime Patrone, et Ptolemee / I have seriously waighed and considered your profound judgment, uppon the figure sent mee, and I am very glad of the honor his Majesty did you, but more satisfied at your prudent and well grounded answer about the success – which certanly will correspond with your graue judgment. Mars on the cusp of M. C. will asperse his honour – and because bee disposeth of Fortuna: they will be ill satisfied with the dispose of monyes, etc. Moon and Mercury are for the Parl: the most

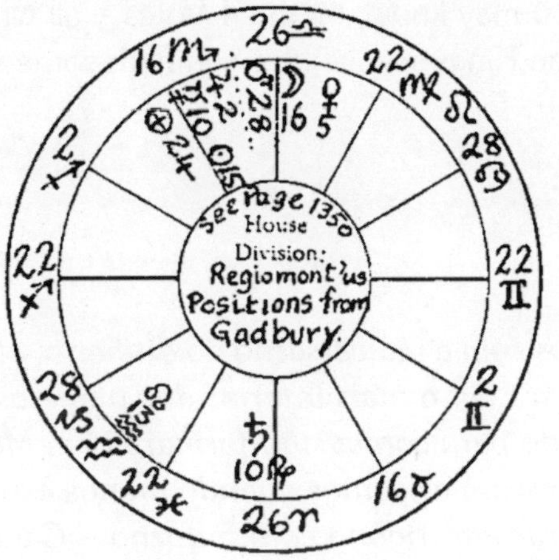

Figura 5

Não menos interessante é a questão colocada a ele pelo antigo Secretário do Comitê dos Lordes do Tesouro, Sir Robert Howard, então Auditor da Receita, no dia 13 de outubro às 13 hs. Contudo, a consulta mais importante foi feita pelo rei, que queria saber o resultado do discurso feito por ele na Casa dos Comuns às 10.50 do dia 27 de outubro de 1673: (figura 5). *Ashmole enviou a Lilly um rascunho de sua resposta, que Lilly assim comentou:*

> *Charissime Patrone, et Ptolemee / Sopesei sua análise profunda de acordo com o que me foi enviado e sinto-me muito feliz com a honra concedida ao senhor por Sua Majestade, porém, fiquei ainda mais satisfeito com sua resposta abalizada e prudente sobre o sucesso - que certamente irá corresponder ao seu parecer sério. Marte na cúspide do M.C. irá denegrir sua honra - e por estar destituído da Fortuna: eles*

inferior planets Moon in via combust. – Mercury sub radiis, going to combustion. trine Saturn, and Mars. Saturn retrograde will pass the bill when least expected. or when Sun Lord of the 8. comes to trine of Saturn – Sun beeing Lord of the 8. – Cauda in the 8. they will not giue plentifully but plead poverty of the subject. (p. 1350-1)

Mercury trined Saturn on 13 November; Sun trined Saturn on 19 November, and Mars trined Saturn on 26 December. But Parliament was prorogued from 4 November until 7 January (note at p. 1352).

Nevertheless the friends disagreed on one important point, for on 19 November Lilly wrote again:

Docte patrone... you mistake the Significator of the King – had the Chauncellor onely spoke, you had been right – himself speaking hath no other Significator but the Lord of the ascendant which you may know, by the 4 Votes – all which reflect on his Majesty's honor etc., its true, when Kings speake, the Sun hath some signification – but the main,

ficarão pouco satisfeitos com a malversação do dinheiro, etc. A Lua e Mercúrio representam o Parlamento: a Lua, o mais inferior dos planetas, em rota de combustão – Mercúrio no radical indo para combustão formará com Marte trígono com Saturno. Saturno retrógrado aprovará as contas quando menos esperado, ou quando o Sol, o regente da Casa 8 entrar em trígono com Saturno – Cauda do Dragão na casa 8 – não trarão abundância, mas levarão o sujeito à pobreza. (pág. 1350-1)

Mercúrio entrou em trígono com Saturno no dia 13 de novembro; o Sol entrou em trígono com Saturno no dia 19 de novembro; Marte entrou em trígono com Saturno no dia 26 de dezembro. Porém o Parlamento ficou fechado de 4 de novembro a 7 de janeiro (nota na pag. 1352).

No entanto, os amigos divergiram em um ponto importante, pois em 19 de novembro Lilly escreveu novamente:

Docte patrone... o senhor se enganou quanto ao astro representante do Rei - se unicamente o Chanceler tivesse discursado, o senhor estaria correto - pois o Rei, por ter ele mesmo falado em público, não pode ter outro astro representante a não ser o regente do ascendente e, como o senhor sabe, pelos 4 votos - todos se refletindo na honra e em

is still the Asc. and his Lords – and this is Naturall – well: I hope well, and am positiue for his Majesty in all conferences – assured, that thes prophetick spirits who long since hinted at him, haue delivered nothing, but Divine oracles, which shall in fullness of tyme bee verified.: but syth the tymes are so ticklish, I shall acquiess – Oh Saturn in Aries – and the late Comet therein / but syth, wee may not bee publiq, wee will bee silent in private – however great judgments are impending... (p. 1353)

Ashmole was still casting figures for parliamentary activities in 1678.

Ashmole stands for Parliament

Early in November 1677, John Rawlins, Town Clerk of Litchfield (Ashmole's birthplace), invited him to stand at a by-election in that city. He declined. However, in December he received letters from Rawlins concerning electoral developments in Litchfield, and misconstrued them as encouragement, particularly one to hand on 17 December:

outros predicados de Sua Majestade – realmente, quando Reis falam, o Sol tem algum significado. Mas o principal é ainda o que o Ascendente e seus regentes indicam – o que é natural – bem, eu espero o melhor para Sua Majestade em todos seus pronunciamentos – isto é, que os espíritos proféticos que há muito tempo se insinuaram a ele, nada trouxeram a não ser oráculos divinos que serão verificados no momento aprazado. No entanto, dado que os tempos são tão instáveis, eu concordarei – Ó Saturno em Áries – e a passagem do último cometa nesse ponto – não podemos abrir-nos publicamente; precisamos ser reservados – no entanto, grandes julgamentos estão pendentes... (pag 1353)

Em 1678, Ashmole ainda continuava a fazer os cálculos para as atividades parlamentares.

Ashmole se candidata ao Parlamento

No início de novembro de 1677, John Rawlins, funcionário da prefeitura de Litchfield (local de nascimento de Ashmole), convidou-o para candidatar-se por aquela cidade. Ele declinou do convite. Entretanto, em dezembro, ele recebeu cartas de Rawlins referentes a alguns acontecimentos eleitorais em Litchfield e interpretou erroneamente o fato como sendo um estímulo, particularmente em uma nota do dia 17 de dezembro:

§ I received from him very great encouragement to be a Burgess / Moon going from a conjunction of Venus to Jupiter (who were both going to conjunction).

N.B. That in this year's revolution Venus is lady of the ascendant and Jupiter of the 10. Both of them (23 Decem.) came to conjunction in the place of Jupiter in my revolution / which stirred up this business again / though I had before refused it. (p. 1504)

Moon conjoined Venus at 10 minutes after noon on 17 December, and conjoined Jupiter at midnight: Venus and Jupiter met in conjunction at 14 hours p.m. on 23 December (i.e. 2 hours a.m. on 24 December). Moon confirms the date, but use of the past tense in the 'N.B.' is odd, unless this note was added later.

'Blasted hopes'

From a letter he wrote on 18 December, it is clear that Ashmole was aware of two strong candidates already in the field; though on the previous day he had written to his

Recebi dele grande encorajamento para me tornar um Burgomestre / A Lua está saindo de uma conjunção com Vênus para uma com Júpiter (ambos também entrando em conjunção).

Nota: Na revolução deste ano Vênus é a regente do ascendente e Júpiter da casa 10. Ambos entraram em conjunção (23 de dezembro) no lugar de Júpiter em minha revolução / o que motivou esse episódio novamente / ainda que eu tivesse recusado antes. (pag. 1504)

A Lua entrou em conjunção com Vênus aos 10 minutos depois do meio-dia no dia 17 de dezembro e com Júpiter à meia-noite; Vênus e Júpiter encontraram-se conjuntos às 14hrs. depois do meio dia de 23 de dezembro (isto é, 2 horas da manhã de 24 de dezembro). A Lua confirma esta data, porém o uso do tempo pretérito na 'nota' é estranho, a não ser que ela tivesse sido acrescentada depois.

'Esperanças Malogradas'

Fica claro, por uma carta escrita por Ashmole em 18 de dezembro, que ele sabia da existência de dois fortes candidatos em campo, embora no dia anterior tivesse escrito

cousin Smaldridge in Litchfield that he felt 'inclined to be their Burgess / but spake not plaint/' On 20 December, at 11 a.m., he enquired of the stars 'Whether I had best stand to be a Parliament man for Lichfield / and shall carry it': whence he judged that his party was stronger than the opposition, 'but Cauda in the place of my Moon in my nativity / Great expense about this business, and the common people may perhaps fail me'. An additional note seemed to confirm this:

> § conjunction Jupiter Venus 23 Dec: near the place of my Caput in my 11 house / shewts much affection from friends. Cauda in the place of my [natal] Moon in the 2 / shews I shall waste my estate by this honour. (p. 1509)

That same day he wrote to Thomas Smaldridge in Litchfield 'that I would accept of the place'. Meanwhile, the Town Clerk remained silent. On 31 December at 7.30 p.m., Ashmole asked 'Whether Mr. Rawlins letters to mine from Lichfield be miscarried, or whether I shall hear from thence.' The answer *(Figure 6)* was disappointing:

a seu primo Smaldridge de Litchfield que se sentia "inclinado a ser um Burgomestre / porém, sei das dificuldades". No dia 20 de dezembro, às 11 hs, ele consultou as estrelas 'Será bom eu me candidatar a Burgomestre representando Litchfield / e será que serei eleito'; da consulta ele extraiu que seu partido era mais forte do que a oposição, 'porém a Cauda do Dragão está no local de minha Lua natal / Grandes dificuldades nesta empreitada / e o povo pode falhar-me'. Uma observação adicional parece confirmar essa suspeita:

> *Conjunção de Júpiter e Vênus a 23 de dezembro, perto do local de minha Cabeça do Dragão na minha casa 11 / mostra grande afetividade da parte de meus amigos. A Cauda do Dragão no lugar de minha Lua [natal] na casa 2 / mostra que perderei minhas propriedades por causa desse assunto. (pag. 1509)*

No mesmo dia, ele escreveu a Thomas Smaldridge em Litchfield dizendo que "iria aceitar a colocação". Nesse ínterim, o Secretário da Câmara permaneceu em silêncio. No dia 31 de dezembro às 19:30hs, Ashmole consultou "Se porventura as cartas do Senhor Rawlins de Litchfield para mim foram extraviadas, ou porventura ainda receberei alguma notícia." A resposta (figura 6) *foi decepcionante:*

§ The lady of the 10 is in the 7 house / My public enemies have got the magistrates from me / Moon in the 12 / My private enemies disposed to the peace. / Jupiter lord of the 7: going into Pisces and Venus there / shew they that stand / will overpower me. / Cauda and Saturn in the 10/ shew my hopes are blasted. / Moon applies to conjunction Jupiter / lord of the 7 She carries all from Mercury by Saturn to Jupiter / Venus the lady of the 2d / who being in the 7: Mr. Rawlins: my friend is gone over to the other party. (p. 1518)

All this was true. But he was not so exact about the letters: that they would arrive when Moon came to the ascendant; or when Moon trined Mars lord of the 4th; or when Moon trined Mercury. When Moon came next day to the ascendant, he did hear from Smaldridge, and had another from him some nine hours before the trine with Mercury on 3 January; but the letter from Rawlins did not arrive until 5 January, about two hours after Moon had *squared* Mars – though written on 2 January when Moon had *trined* / him.

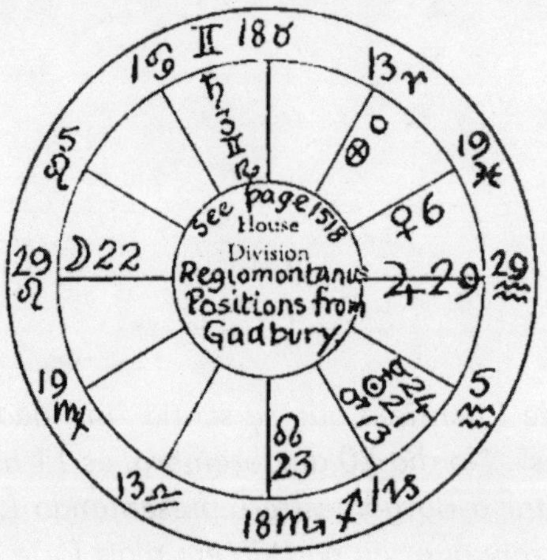

Figura 6

O regente da casa 10 está na casa 7 / Meus inimigos públicos colocaram os magistrados contra mim / Lua na 12 / Meus inimigos particulares estão propensos à paz / Júpiter regente da 7: entrando em Peixes, com Vênus lá / prova que os outros candidatos irão me derrotar / Cauda do Dragão e Saturno na 10 / demonstram que minhas esperanças serão em vão. / A Lua vai entrar em conjunção com Júpiter, regente da 7 Ela leva tudo de Mercúrio, via Saturno para Júpiter / Vênus, a regente da casa 2 / estando na 7: Senhor Rawlins: meu amigo bandeou-se para outro partido. (pag.1518)

Tudo isso era verdade. Porém ele não acertou em relação às cartas: que elas chegariam quando a Lua estivesse no seu ascendente; ou quando a Lua entrasse em trígono com Marte, regente da casa 4; ou quando a Lua entrasse em trígono com Mercúrio. Quando a Lua, no dia seguinte, chegou ao ascendente, ele recebeu uma carta de

Nevertheless, as late as 9.45 a.m. on 29 January 1673, he set down 'A new question whether I shall be Parliament man for Lichfield or not'. The judgment is long but sufficiently illustrated by two items:

> § Mars lord of the ascendant / and Saturn lord of the 10, were both in trine lately / shew there was liklihood of having the place / but now the time is past / Cauda in the ascendant / I shall get nothing but disgraces by stirring. (p. 1565)

He had, in fact, hardly stirred all along: he never even considered going to Litchfield himself. One can hardly blame Rawlins for 'going over'. Indeed, Ashmole's lack; of resolution must have tried his friends sorely: Thomas Smaldridge actually 'fell into a frenzy' and died. Characteristically, Ashmole then took care of the young Smaldridge, maintaining him at Westminster School and later at Christ Church, Oxford: eventually he became Bishop of Bristol.

Smaldridge e uma outra nove horas antes do trígono com Mercúrio, no dia 3 de janeiro; porém a carta de Rawlins só chegou no dia 5 de janeiro, cerca de duas horas depois da Lua entrar em quadratura com Marte - embora tivesse sido escrita quando a Lua estava em trígono com ele, a 2 de janeiro.

Apesar de tudo, ele colocou, às 9:45 hs do dia 29 de janeiro de 1673, uma "nova questão: se serei Membro do Parlamento por Litchfield ou não". A análise é longa, porém dois pontos a ilustram perfeitamente:

> *Marte, regente do ascendente / e Saturno, regente da 10, ambos em trígono, ultimamente / mostravam possibilidade de conseguir o posto / mas agora passou o momento / Cauda do Dragão no ascendente / Nada conseguirei se tentar, a não ser descrédito. (pag. 1565)*

Na realidade, ele não havia tentado nada: nem tinha considerado a idéia de ir pessoalmente a Litchfield. Nem se pode culpar Rawlins por ter se 'bandeado'. Na verdade, a falta de resolução de Ashmole deve ter desgastado seus amigos profundamente; de

Ashmole as artist

Ashmole practised the horary art, together with annual revolutions, for nearly fifty years: by and large, the results must have satisfied him: while others (including the King) sought his skill in matters of moment. Dr. Josten observantly draws attention (p. 469) to notes which 'prove that it took Ashmole between seven minutes and a quarter of an hour to calculate a horoscope'. He was, of course, partly assisted in this by apparent time, and no doubt he often followed the advice of his friend Lilly, when calculating positions. After explaining how to find the planets' places exactly, Lilly had declared (*Christian Astrology*, p.47):

> We that set many Figures, never care for this exactness, but use this generall rule; In the motion of the Sun Venus and Mercury, if the Figure be set six or seven hours after noon, we adde about 15m. to their places at noon, and so allowing for every six hours 15 min. motion.

fato, Thomas Smaldridge 'caiu em surto' e morreu. Caracteristicamente, Ashmole tomou conta do filho de Smaldridge, mantendo-o na Escola de Westminster e, mais tarde, em Christ Church, Oxford; o rapaz se tornou mais tarde Bispo de Bristol.

Ashmole - o artista

*Ashmole praticou a arte horária, assim como a revolução anual, por cerca de cinquenta anos; no todo, os resultados devem tê-lo deixado satisfeito, já que, entre outros, até o rei buscava seus conselhos. O Dr. Josten observa que as notas (pag 469) "provam que Ashmole levava de sete minutos a um quarto de hora para levantar um horóscopo". Ele foi certamente ajudado, em parte, nessa questão de tempo e, sem dúvida, contava com os conselhos de seu amigo Lilly quando calculava as posições. Depois de ter explicado como encontrar o lugar exato dos planetas, Lilly declarou (*Astrologia Cristã, *pag. 47):*

> *Nós, que trabalhamos com cartas horárias, nunca nos ocupamos com exatidão, porém use esta regra geral: Nos movimentos do Sol, de Vênus e de Mercúrio, se a carta for fixada em seis ou sete horas depois do meio-dia, acrescentamos cerca de*

Because the Moon goeth 12, 13 or 14 degr. in one day, we constantly adde to her place at noon 3 dear. for every six hours, and some min. over; doe so with the other Planets according to their diurne motion: He that would doe them more exact, may work them by multiplication and division, or procure some old Ephemeris, wherein there is usually a large proportionall Tables concerning this business.

But Ashmole did not (apparently) always follow Lilly's rules in horary questions. He paid no attention to 'faces' and 'terms'. At times he seems to overlook impediments such as 'frustration' of 'prohibition'. And two of the five horary figures included here are not 'radical' by the traditional rule rejecting an ascendant in the early or late degrees of a sign. Yet it is true that Lilly himself ignored this rule (p. 122) when 'the Figure be set for a time certaine, viz. a man went away or fled at such a time precise; here you may judge, because it's no propounded question'. *(ibidem)*

15 minutos às suas posições ao meio-dia, assim admitindo uma variação de 15 minutos para cada 6 horas.

Pelo fato da Lua mover-se 12, 13 ou 14 graus em um dia, frequentemente nós acrescentamos três graus a ela a partir de sua posição ao meio-dia, para cada seis horas e alguns minutos; a mesma coisa deve ser feita em relação aos outros planetas de acordo com seus movimentos diurnos. Quem quiser o momento mais exato deve usar a multiplicação ou divisão, ou ainda, encontrar alguma Efeméride, onde geralmente se acham as Tabelas proporcionais.

Entretanto, aparentemente, Ashmole nem sempre seguia as regras de Lilly quanto aos horários. Ele não dava muita atenção a fases e períodos. Às vezes, ele parece passar por cima de impedimentos como as 'frustrações' da 'proibição'. E duas das cinco cartas horárias incluídas aqui não são 'radicais' como ditam as regras tradicionais, rejeitando um ascendente nos primeiros ou nos últimos graus de um signo. Ainda assim, é bem verdade que o próprio Lilly ignorava esta regra (pag.122), quando "os cálculos forem assentados para um tempo preciso, por exemplo: um homem partiu ou fugiu em uma hora precisa; nesse caso, você pode usar seu julgamento por não se tratar do assunto em questão". (ibidem)

This last could perhaps apply to *Figure 7*; but we are not so certain of *Figure 2*, because there is nothing to stow that it was the actual moment when Mrs Ashmole took to her bed. However, the ascendant does reproduce Ashmole's own ascendant – which he may have accepted as himself as querent and thus radical.

Whether my examples testify to Ashmole's success, I am not qualified to judge, being no practitioner. Selection was guided by human interest and variety more than by anything else. At best, they are only a slender sample drawn from this abundance collected by Dr Josten – to whom every student of horary astrology should remain for ever grateful. Yet even these few provide a small primer on the subject.

These things being so, certain questions arise. Ashmole and every contemporary in that great age of horary art, erected the mundane houses by the Rational system of Regiomontanus. Any other system can provide different lords and ladies for minor cusps, thus bringing about a different judgment. Moreover, Ashmole achieved (to him) satisfactory

Este último conceito poderia talvez ser aplicado à Figura 7; porém, não temos tanta certeza quanto à Figura 2, porque nada comprova ter sido esse o momento em que a Sra. Ashmole foi dormir. Contudo, o ascendente realmente reproduz o próprio ascendente de Ashmole - o qual ele pode ter aceito para representar a si mesmo como consulente e portanto, como base de cálculos.

Como não sou um praticante da astrologia, não me sinto apto a julgar o mérito de meus exemplos para elucidação da causa do sucesso de Ashmole. A seleção foi guiada mais pelo interesse humano e pela variedade do que por qualquer outra coisa. Na melhor das hipóteses, eles são uma parca amostragem da abundância coligida pelo Dr. Josten - a quem todo estudante de astrologia horária deve ser sempre grato. Mesmo assim, esses poucos exemplos servem como um pequeno manual do assunto.

Algumas perguntas surgem dessa discussão. Ashmole e seus contemporâneos que se destacaram nessa época gloriosa da arte horária, levantavam as casas mundanas pelo sistema Racional de Regiomontanus. Qualquer outro sistema pode prover regentes diferentes para cúspides de menos importância, redundando, assim, em uma análise diferente. Além disso, Ashmole conseguiu resultados (para ele) satisfatórios com sete

results with only seven rulers; and they, after all, are the sole actors. James Wilson, a firm believer in the horary art, devoted 110 pages to it in his *Dictionary* (1819), but used Placidus. However, he rejected Uranus as a lord – as I too would do, along with his later companions. Any answer must depend, I think, on one's understanding of what horary astrology is.

The horary art

John Gadbury (*Doctrine of Nativities*, p. 284) was of opinion that 'Horary Questions are onely substituted in the room or place of a Nativity: But, if the Nativity be once discovered, the Question must give place unto it'. Two hundred and fifty years later Alan Leo wrote at the beginning of his Manual on the subject: 'Divination by means of Horary Astrology, then, is a mere matter of fact, and is indeed largely practised, with surprising success, by many who are too ignorant or too superficial to probe the mysteries of Natal Astrology.' And again, lower down: 'It requires very little skill to become a successful Horary Astrologer, and it will often happen that those who would shrink from the more abstruse study of Natal Astrology may become experts in divination by the aid of horary figures.'

regentes apenas; e, afinal de contas, eles são os atores principais. James Wilson, que acreditava firmemente na astrologia horária, devotou a ela 110 páginas de seu Dicionário *(1819), usando, porém, Plácido. Entretanto, rejeitou Urano como regente - como eu também teria feito, assim como seus companheiros que vieram mais tarde. Qualquer resposta deve depender, penso eu, do entendimento do que seja a astrologia horária.*

Arte da Astrologia Horária

*John Gadbury (*A Doutrina das Natividades, *pag.284) era de opinião que "as Questões Horárias são simplesmente substituíveis na casa ou no lugar no mapa natal. Entretanto, se a hora natal for conhecida, a Questão deve, então, basear-se nela". Duzentos e cinquenta anos depois, Alan Leo escreveu sobre o assunto na abertura de seu Manual: "A adivinhação por meio da Astrologia Horária, assim, se torna uma coisa trivial e, de fato, tem sido largamente praticada com bastante sucesso por muitos que são ou muito ignorantes ou muito superficiais para se aventurarem nas profundezas da astrologia natal". E mais adiante ele diz: "É necessário muito pouca habilidade para tornar-se um bem sucedido astrólogo de horário e vai acontecer que os que se encolheriam ante as dificuldades do estudo da Astrologia Natal podem se tornar bons especialistas em adivinhação com a ajuda das cartas horárias".*

Robert Cross, the sixth Raphael, had already stated the position in 1883: '*Horary Astrology*, unlike its sister *Genethliacal*, contains many stereotyped rules, to which there is but *one* interpretation: rules which mean *such a thing*, and *only* that thing.' An horary scheme is thus (almost) a mechanical thing, wherein the planets are so many puppets handled by an artist with his eye on the script – though perhaps given to some improvisation and involuntary lapses. I myself do not think that horary interpretation can be quite as easy as Raphael or Leo say, otherwise Lilly and Ashmole would not have disagreed over *Figure 6*.

As usual, the best guidance comes from James Wilson (*Dictionary* pp. 160-271): 'the whole is the effect of that sympathy which is the fundamental principle of all divination under whatever form practised, where the querent and the artist are sincere. To propose a horary question is an act as indifferent in itself as to ask what it is o'clock: it contains nothing supernatural, for it is nature itself, operating in its usual way. Only one rational objection can be made to this, namely, why this kind of divination is not more correct, or, in fact, why it is not infallible: for this many reasons may be given. Much depends on the artist: for in

Robert Cross, o sexto Raphael, já em 1883 havia se colocado sobre a questão: "A Astrologia Horária, *diferente de sua irmã a* Astrologia Natal, *contém muitas regras estereotipadas, para as quais só há* uma *interpretação: regras que significam* algo e apenas isso"*. Um mapa horário é, assim, quase uma coisa mecânica, onde os planetas são como muitos bonecos manuseados por um artista de olho no texto - embora às vezes, acometendo-se de improvisações e lapsos involuntários. De minha parte devo dizer que não acho a* Astrologia Horária *tão fácil como diziam Raphael e Leo, pois se assim o fosse, Lilly e Ashmole não teriam divergido tanto na interpretação da figura 6.*

*Como sempre, a melhor orientação vem de James Wilson (*Dicionário *pags.160-271): "o resultado do todo é o efeito da empatia que é o princípio fundamental de toda profetização, qualquer que seja a forma usada, onde o consulente e o artista são sinceros... Propor-se uma questão horária é um ato tão neutro quanto perguntar-se que horas são: não há nada de sobrenatural pois, na realidade, trata-se da natureza em si mesma, operando no seu modo usual... Somente uma objeção racional pode ser colocada: por que este tipo de oráculo não é mais preciso, ou melhor, por que não é infalível? Por muitas razões.*

this science, the most extensive practice must be united with sound judgment, quick penetration, and a strong memory: he must be a person of cool habits, no ambition, unlimited patience, and one who will rigidly adhere only to the truth: few possess those qualities.'

And in his Introduction (p. xxi) Wilson had said: 'There is no part of judicial astrology so easily and so perfectly attainable as the power of solving horary questions, where nature, if proper attention be paid to her impulses, will be found to accommodate herself to every emergency, whereas in nativities the qualities and fate of an animal being regulated by the same fixed, uniform, unerring laws as the other phenomena of nature, the causes are too numerous, too complicated, and too remote, ever to be wholly comprehended by any stretch of human intellect, and the greater must always overcome the less.'

Wilson separated horary from natal astrology completely, and deplored the application of horary techniques (which he used) to natal figures. *Fortuna* was 'that

Muito depende do artista: pois, nesta ciência, é preciso haver uma combinação de extensa prática com um sólido tirocínio, mais uma percepção rápida e ótima memória: é necessário ser calmo, sem ambições, de paciência ilimitada e que se atenha rigidamente à verdade: poucos possuem essas qualidades."

E na Introdução (pag. XXI) Wilson diz: "Não há nada na astrologia mais fácil de se conseguir com perfeição do que a resolução de questões colocadas à Astrologia Horária, onde a natureza, se se atentar com precisão aos seus impulsos, se adapta a qualquer emergência, ao passo que, em mapas natais, as qualidades e destino de um ser regido pelas mesmas leis fixas, uniformes e precisas que regem outros fenômenos da natureza, resultam em tão numerosas causas, tão complicadas e remotas que se torna quase impossível ao intelecto humano abarcar o todo, de maneira que aquilo que for maior sempre supera o menor."

Wilson separava completamente a Astrologia Natal da Astrologia Horária e deplorava o uso de técnicas horárias (embora as utilizasse) em cartas natais. A Roda da Fortuna *era 'aquele ponto sem significado' (pag.127). Sobre a* Cabeça *e a* Cauda do Dragão*: "Eu*

unmeaning point' (p 127); *Caput and Cauda*: 'I wish these silly points had never been heard of', (p. 208); 'I have no confidence in *essential dignities* of any kind, so far as relates to nativities. In horary questions they are equally symbolical with the rest.' (p. 207); 'the *houses* in themselves have no effect, except in horary questions as symbols' (p. 110); 'The Sun is in his *exaltation*, but of this I think nothing, and also *succedent*, of which I think as little [in Nativities]'. (p. 112)

To a greater or lesser extent, all the authorities just quoted agree upon a fundamental division between natal and horary astrology, although some might find it difficult to differentiate as precisely as does James Wilson (who, incidentally, is admired by Dr. Josten). But even the learned Vivian E. Robson, B.Sc., whose reading of the nativity of Henrietta Wentworth (preserved by Ashmole) was published by the late Allan Fea, with admiration, in his *The Loyal Wentworths* (1928), obviously mixes the two systems, and with success. How then shall a layman like myself differentiate? Only by sayin, that I agree entirely with James Wilson in principle, because I think like that.

teria preferido nunca ouvir falar desses pontos tolos". (pag.208) "Não tenho confiança em dignidades fundamentais *de espécie alguma, principalmente relacionadas aos mapas natais. Em questões horárias são também igualmente simbólicas como todo o resto" (pag.207). "*As casas, *em si, não têm nenhum efeito, exceto nas questões horárias como símbolos". (pag.110) "'O Sol está* exaltado*': para mim isto não significa nada.* 'Em queda' *tampouco significa alguma coisa" (nas Natividades). (pag.112)*

Em grau maior ou menor, todas as autoridades citadas concordam sobre a divisão fundamental entre as astrologias natal e horária, embora algumas encontrem dificuldades em diferenciá-las com tanta precisão quanto James Wilson (que, por sinal, é muito admirado pelo Dr. Josten). Porém, mesmo a culta Vivian E. Robson, Bacharel em Ciências, cuja leitura do mapa de Henrietta Wentworth (que Ashmole guardou) foi publicada pelo falecido Allan Fea, com admiração, em seu 'Os Leais Wentworth' *(1928), claramente misturou os dois sistemas, com sucesso. Como poderia um leigo, como eu, diferenciá-los? Somente dizendo que concordo plenamente com James Wilson, em princípio, porque também penso assim.*

Technical references

Not having the MSS. before me, I have reconstructed the figures herewith from the *Ephemerides Brandenburgicae* (1595-1655) of *David Origanus,* Frankfurt-am-Oder, 1609 (3 vols.); *Ephemeridum novarum et motuum coelestium* (1636-1650), Stettin, 1634; and the same, (1651-1665), Amsterdam, 1644, both by *Laurentius Eichstadius*; and *Ephemerides of the Celestial Motions for X. Years: Beginning Anno 1672 (where the Industrious Mr Wings expired) and ending An. 1681. by John Gadbury,* 1672. I have also consulted the text books of William Lilly (1647), John Gadbury, (1658), William Salmon (1679), John Partridge (1679), as well as various of William Lilly's pamphlets. The houses are those of John Gadbury (*op. cit.*) for London, where Ashmole may be presumed to have been when most, or all, of the figures were erected. In any event, the difference would be slight.

Referências técnicas

Não tendo comigo os manuscritos, refiz as cartas aqui, baseando-me nas Efemérides de Brandenburgo *(1595-1655) de* David Origamus, *Frankfurt-am-Oder, 1609 (3 volumes):* Ephemeridum novarum et motuum coelestium *(1636-1650), Stettin, 1634; e na mesma, (1651-1665), Amsterdam, 1644, ambas de* Laurentius Eichstadius; *e nas* Efemérides dos Movimentos Celestes para X anos, começando no ano 1672 (quando morreu o dedicado Sr. Wings) e terminando no ano 1681, por John Gadbury, *1672. Também consultei os livros de William Lilly (1647), John Gadbury (1658), William Salmon (1679), John Partridge (1679), bem como vários folhetos de William Lilly. As casas são as consideradas por John Gadbury (opus cit.) para Londres, onde Ashmole parece ter estado quando a maior parte, ou até mesmo todas as cartas foram levantadas. Em qualquer evento, a diferença deve ser muito pequena.*

FAC-SIMILE

Since the author used only standard calculating methods, the results presented in these charts may be improved with the use of current available tecnology.

The listed charts not included in this book may be ordered directly from:
TRIOM - Centro de Estudos Marina e Martin Harvey.

Posto que o autor utilizou somente métodos convencionais de cálculo, os resultados apresentados nestes mapas poderão ser aperfeiçoados por meio da tecnologia atualmente disponível.

Os mapas listados que não constam deste volume poderão ser solicitados diretamente a TRIOM - Centro de Estudos Marina e Martin Harvey.

Monarchs of Britain

- Charles I 1600
- Charles II 1630
- James II 1633
- William III 1650
- Mary II 1662
- Anne 1665
- George I 1660
- James III 1688

Queens Consort

- Henriette Marie de France 1609
- Catarina de Bragança 1638

Kings of France

- Lewis XIII 1601
- Lewis XIV 1638

Kings of Portugal

- D. Afonso VI 1643
- D. Pedro II 1648
- D. João V 1649

Queen of Sweden

- Christina 1626

Child of James I

- Mary, died young 1605

Children of Charles I

- Charles (died at birth) 1629
- Mary, Princess Royal mother of William III 1631
- Elizabeth 1635
- Anne 1637
- Henry of Oatlands 1640
- Henrietta, duchess of Orleans, Minette 1644

Palatine family

- Rupert of the Rhine 1619
- Maurice of the Rhine 1621
- Sophia, electress Hanover 1630

Guelph

- Ernst August, elector of Hanover, m. Sophia q.v. 1629

French royal family

- Elizabeth, m. Felipe IV of Spain 1602
- Cretienne, Madame Royale duchess of Savoy 1606
- Monsieur, died young 1607
- Gaston Jean-Baptiste d'Orléans 1608
- Anne Marie Louise Duchesse de Montpensier 1627
- Philippe d'Anjou m. Henrietta of England 1640
- Mlle. de la Vallière 1644
- Philippe d'Orléans II le Régent 1674
- Louis XIV 1638

Charles II's women

- Barbara Villiers 1641
- Mary Davis 1645
- Frances Teresa Stewart 1647
- Nell Gwyn 1650
- Mme. Carewell 1646

Civil War generals

- Oliver Cromwell 1599
- George Monk 1608
- James Butler (Ormonde) 1610
- John Lambert 1619

Statesmen

- Edward Hyde 1609
- Anthony Ashley Cooper 1621
- Geo. Villiers (2nd Bucks) 1628

Writers

- Sir Kenelm Digby 1603
- John Milton 1608
- Rev. Richard Baxter 1615
- John Aubrey 1626
- Anthony Wood 1632
- John Dryden 1631
- Charles Sackville 1643

Astrologers

- William Lilly 1602
- John Gadbury 1627
- John Partridge
- George Parker 1654

Women

- Ruth Needham, Lilly's wife 1628
- ~~Eliz.~~ Hester. Davenport, actress 1642
- Anna Maria Brudenell 1642
- Gadbury's mistress 1645
- Jane Bickerton, duchess of Norfolk ?1645
- Ann Scott, duchess of Monmouth 1651
- Sarah Jennimgs 1660
- Henrietta Wentworth 1660
- Madam Taylor, money 1664
- Jane Bickerton, duchess of Norfolk 1646

Sundry

- John Pell, linguist 1611
- Dr. Francis Bernard 1628
- Dr. Charles Bernard
- Arthur Coga, transfusion 1640
- Grinling Gibbons 1648
- Chas. Pamphlin, thief 1649
- Matthew Tindal, deist 1655

- Admiral Sir Ed. Montagu K.G. 1625
- Cornet George Joyce 1618
- Mrs John Gadbury 1628
- John Booker 1601
- Henry Howard, 6th duke of Norfolk 1628

JAMES VI. OF SCOTLAND, ANNA OF DENMARK, & THEIR CHILDREN.
Background to several nativities.

James Stuart is thought of as timid: he was not so when he married in 1589: James being then in his 24th year, Anna in her 15th. The marriage by proxy took place in Cronenburg in Zealand on 20 August, the King being represented by the Earl Marshal of Scotland. In September, the Danish squadron with Anna sighted Scotland, but was driven back to the Norwegan coast, where her ship put into Upslo to winter.

Upslo, the site of Christiania, was then wild & miserable. When James received a letter from Anna telling him what had happened, he resolved to fetch her himself, despite the time of year & having no ship larger than 120 tons. Sir Peter Young, one of his captains, tells the story.

"On the 20th of October, his majesty James VI. embarked secretly at Leith, about eleven o'clock at night, on a voyage to Norway & Denmark (then one Kingdom); being driven back by contrary winds, he came to anchor near St. Monane. Sailing thence on the night of the 23 of October, he made Fleison, a port of Norway, piloted by Bambarrow and me; when, waiting a few days more for a favourable wind, on Friday the 7th of November, after he had dined on board our ship, he ordered us to set sail. The following day, about noon, we reached Lungesward, where, leaving our ship and travelling ty Tonsberg and Asloa, partly on horse-back, partly in sledges, and partly in boats we arrived on (Wednesday the 19th) of November." The Princess Anna "little looked for his majesty's coming in sic a tempestuous time of the year."

Four days later they married, on Sunday 23 November 1589, in the French language known to them both, the minister being Mr. Davie Lindsay, James's favourite chaplain. After a brief honeymoon in dismal Upslo, they left at the beginning of December to travel to Denmark through Sweden in mid-winter, a hard journey. They crossed the Sound to Cronenburg on 21 January 1590, & were made to marry a third time according to Lutheran rites. James & Anna eventually reached Leith on Friday, 1 May 1690.

Elizabeth of England died on 24 March 1602/3, & on the same day James was proclaimed in London. He was proclaimed in Edinburgh on 31 March & left that city on 5 April, to arrive in London on 7 May; being crowned in Westminster Abbey on 25 July 1603, "James the First, King of England, Scotland, France, and Ireland."

Anna died on 2 March 1618/9 in her 44th year; James died on 27 March 1625 in his 59th year. They had seven children: <u>Henry Frederick</u> (1594 q.v.) who died in his 19th year; <u>Elizabeth (1596 q.v.)</u> who died in her 66th year; <u>Margaret (1598)</u> who died in infancy; <u>**Charles**</u> (1600 q.v.) who succeeded his father & was

executed in 1649 in his 49th year; Robert (1603) who lived four months; Mary (1605 q.v.) who died in her 3rd year; & Sophia (1606) who lived one day. The first five were born in Scotland, Mary & Sophia in England.

Of the four short-lived children, I retain only Mary's natus in the Collection: to illustrate oddly conflicting reports. The 3rd child & 2nd daughter, Margaret, was born in the castle of Dalkeith on Sunday, 24 December 1598 (David Calderwood in his "History of the Kirk of Scotland"); the 5th child & 3rd son Robert was born at Dunfermline on Monday, 18 January 1601/2 (Sir Archibald H. Dunbar in his "Scottish Kings"); Sophia, the 7th child & 4th daughter was born at Greenwich on Sunday, 22 June 1606, at 3h.0m. a.m. apparent time, according to Edmund's Howes's Continuation of Stow's Annales of England, & Dr. Thomas Fuller's "Worthies of England".

Margaret's nativity shows the seven old planets in square & opposition (including Sun-Mercury-Mars in conjunction), except for Venus which has no aspect. Robert's nativity is disjointed, with few aspects. Sophia had the Sun about to rise in opposition to Saturn setting. Pluto, Venus, Uranus, Moon, Mercury (the last named just above the horizon) are in 12th house, with Venus & Uranus in opposition to Mars in 6th; Moon is in square to Neptune on the cusp of 5th; Jupiter in 10th in sextile to Saturn & Pluto.

James VI. & I. is not recorded as having any illegitimate children & appears to have been a good father according to his lights.

CHARLES STUART 1600.11.19
"The Martyr"

4th child & 2nd son of JAMES I. OF GREAT BRITAIN, whom he succeeded as CAROLUS Dei gratia Anglie Scotie Francie et Hibernie REX Fidei Defensor, "Anglie" being replaced in 1640 by "Magne Britannie". Shortly before his coronation he had married Henrietta Maria, youngest daughter of Henri IV of France and Marie de Medicis, in 1625. Outstanding events include his abandonment of Strafford to execution in 1641; the setting up of his standard at Nottingham in July 1642 to confront Parliament; and the execution of Archbishop Laud in 1645. He himself was executed on 30 January 1648/9 in London.

Calculated for Dunfermline, 56N6 3W28, Wednesday, 19 November 1600, 11h.15m. p.m. apparent time, from Schoch & Foelsch with the solar refinement of James Hynes.

Tropical zodiac
VP: 10º43′
Campanus houses
RA MC: 55º7′
☊: ♑14.0

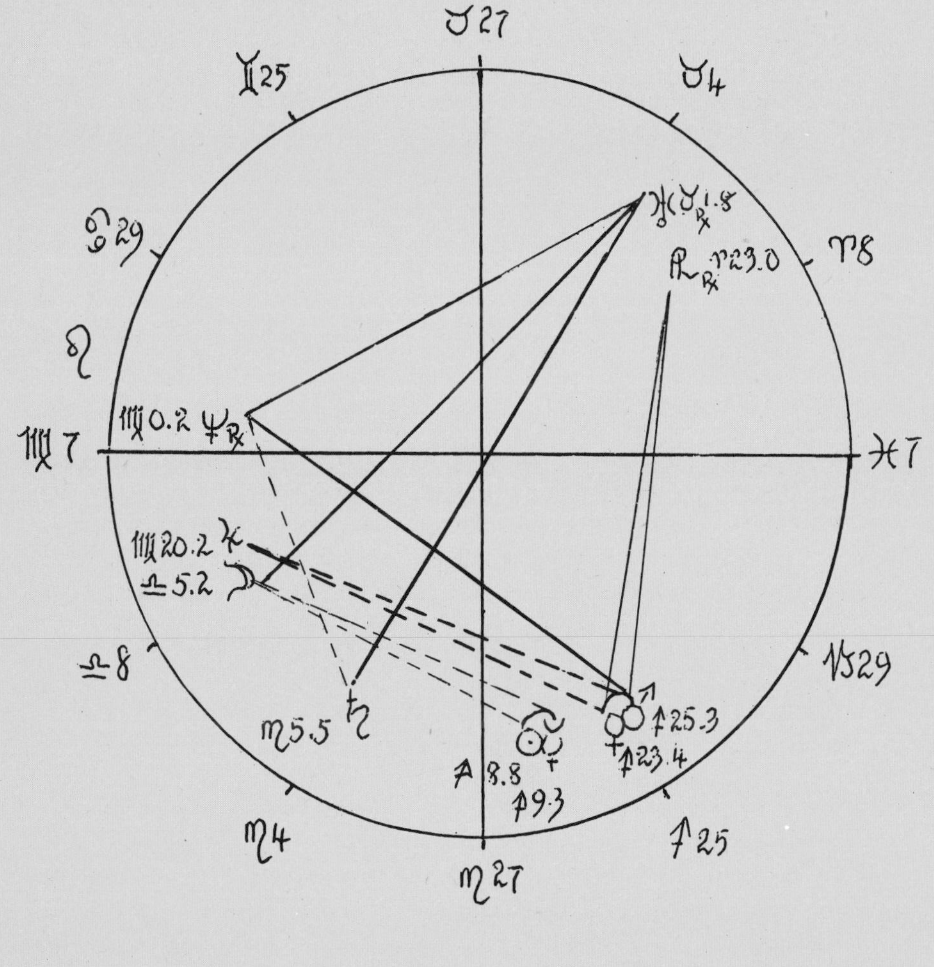

Account of the Birth and Baptism of King Charles I. Copied from a manuscript in the Lyon's office at Edinburgh; written by John Blinsele, Ilay Herald, who assisted at the Baptism.

Upon Wednesday, betwixt eleven and twelve hours at even, the 19th day of November, 1600, the Queen's Majesty was delivered within the palace of Dumfermling of a man-child. God of his mercy make him his servant; give him long and prosperous days to live, both to God's glory and to the welfare of the country.

Lloyd's Evening Post and British Chronicle
Vol. XI. Numb.793
From Wednesday, August 11, to Friday 13, 1762.

King Charles was borne upon the 19. of Novemb. (1600) about eleven hours at night, the same day that Gourie & his Brothers carcasses were dismembred.

The True History of the Church of Scotland
From the beginning of the Reformation, unto the end of the Reigne of King James VI. Written by That learned and laborious Servant of Christ Mr. David Calderwood. At the Appointment of the General Assembly. 1678.

Dr. Napier in his diary 24 Feb: 1623 hath set down two Scheames of this King's Nativity: one hath 11.3' ♍ Ascend[g]/ the other 8.19' ♍ Ascend[g] /

Bodley MS. Ashm. 313: an interleaved printed book, Ashmole's copy of Englands Propheticall Mealine (&c.) By William Lilly, Student in Astrologie. London. 1644. It is written on interleaf 21.v., within a discussion of the great conjunctions of Saturn & Jupiter, with figures for a number of rulers of England.

Charls late King of England, born 1600. Nov. 19 d. 10 h. 2.m. 35 s. P.M. Sub Lat. 56 deg. à vac. ad ✶ ☉.

King Charls, the most unfortunate of Princes, was born at Dumferlin in Scotland, in the yeer of our Lord God, 1600. on November the 19th, 10 h. 2 m. 35 sec. P.M. The Latitude of which place is 56 degrees North...

The Nativity Of the late King Charls Astrologically and Faithfully performed; with Reasons in Art, Of the Various Success, and Mis-fortune of His whole Life. Being (occasionally) a brief History of our late unhappy Wars. Unto which is added (by way of Appendix) the Genitures of the late Queen, Prince, &c. And their sympathy, or antipathy with this illustrious Nativity compared. By John Gadbury. London, Printed by James Cottrel. 1659.

The MC is ♉9.17.25: the AS is ♌24.59.20.

John Partridge, who had a poor opinion of Gadbury, wrote a long criticism of the figure for King Charles I as published by him, saying: "I must believe this to be a very doubtful Nativity, as well as his Father's."

Defectio Genitvrarvm / Being an Essay toward the Reviving and Proving the true Old Principles of Astrology, hitherto neglected, Dr, at leastwise, not Observed or Understood. (&c.) By John Partridge. London. 1697.

MARY STUART

who died in infancy

but tests the witnesses

1605.4.8

6th child & 3rd daughter of James I. & Anne of Denmark, of whom Thomas Fuller, D.D. wrote in his <u>The Worthies of England</u> (1662):

> King James was wont pleasantly to say, "that he would not pray <u>to</u> the Virgin Mary, but he would pray <u>for</u> the Virgin Mary", meaning his own Daughter. But it seems his prayers prevailed not (Divine Providence having otherwise determined it) for her long life, who expired in her infancy and lies buried at Westminster.

Interest lies in differences about the birth hour. <u>The Venetian ambassador</u> reported officially on 10 April 1605 (English style) that she was born at <u>two o'clock</u> on the previous morning, but did not say where..

<u>Edmond Howes</u> (1614), continuator of Stow's <u>Annales of England</u> (1600), says at Greenwich "about xi. or xii. of the clock at night" on 8 April 1605. <u>Dr. Thomas Fuller</u> (1662) says Greenwich "about eleven a clock at night", but possibly copied from Howes. Thus a meticulous observer, writing just after the event, has a difference of two or three hours in time, <u>and a different date</u>. Fortunately this birth is of no consequence, but the example makes one think. Whence came the English evidence?

Calculated for Greenwich, 51N29 0:0, Monday, 8 April 1605, at 11h.15m. p.m. apparent time, from Schoch & Foelsch, with the solar refinement of James Hynes.

Tropical zodiac

VP: 10°39′

Campanus houses

RA MC: 195°33′

☊: ♎ 19.0

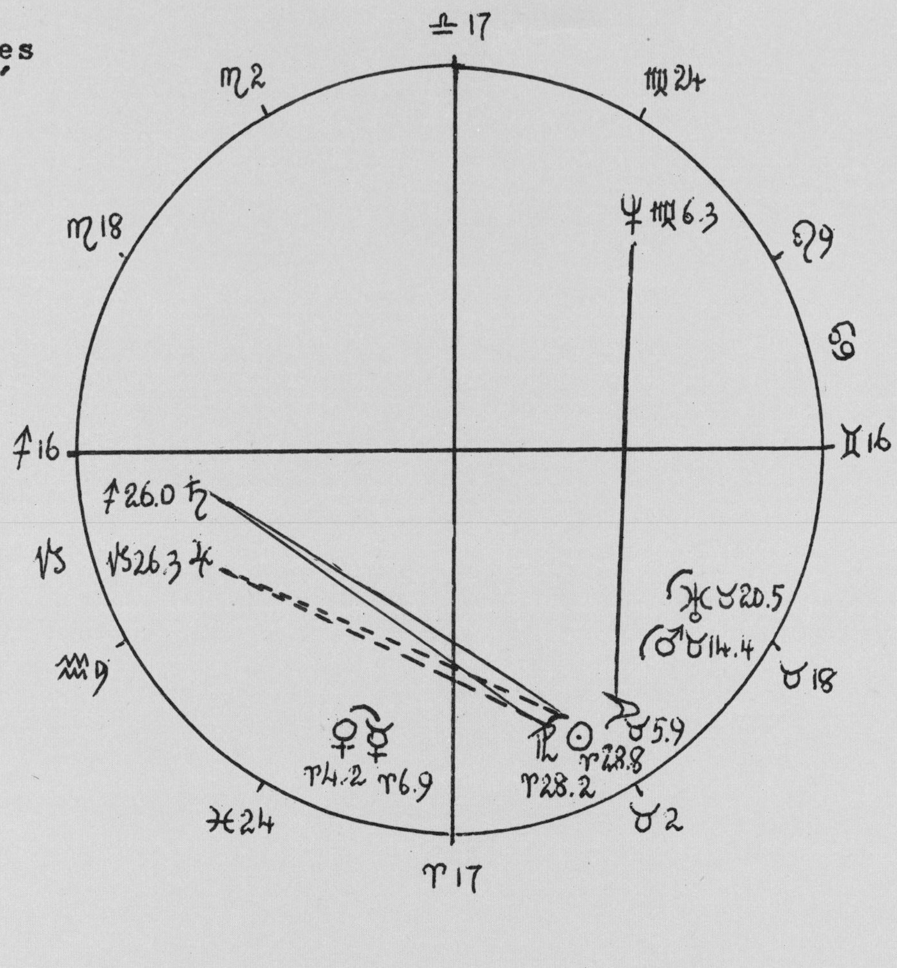

The Venetian ambassador, Nicolo Molin, writing to the Doge and Senate from London on 20 April 1605, N.S.:-

> Yesterday, at two o'clock in the morning, the Queen gave birth to a daughter, contrary to the expectation and desire of the King, who showed great longing for a son.

Transcribed from the original despatch in the Venetian archives, published in P.R.O. Calendar of State Papers, Venetian, 1603 to 1607, p.236, art.363.

The Annales of England, John Stow, with Edmond Howes's continuation, published 1614.

> 1605 The Lady Mary, Borne at Greenewitch upon the eight of Aprill about xi. or xii. of the clock at night.

The History of the Worthies of England: Thomas Fuller, D.D. Originally published 1662. This is from the edition of John Nichols, published in London in 1811.

> Mary, Daughter of King James and Anne of Denmark his Queen, was born at Greenwich, April 8, about eleven a clock at night, and soon after baptized with greater state than the memory of any then alive in England could recover.

Howes published his note nine years after the event, but could have registered it at the time of birth. Fuller might have copied from Howes, but his reference to the baptism suggests that he was based on some contemporary account. Howes & Fuller agree more or less on the time of birth, & on the date; it is therefore hard to imagine how they and Nicolo Molin can differ so widely.

WENCESLAUS HOLLAR 1607.7.14

appointed 'His Majesties Designer' in 1660

'He is y[e] Excellent Grauer'

John Booker

Son of the lawyer Jan Holar of Prague & Margaret von Lowengrin, he claimed Bohemian nobility from a patent of 1660—seen by Aubrey. Persecution of his protestant father & the religious wars caused him to emigrate, turning to art for a living because his legal studies were no longer of use.

At Cologne in 1636, his work impressed 'the father of vertu in England', Sir Thomas Howard, K.G., earl of Arundel, then on a mission to the Emperor in Vionna. When Sir Thomas returned to Arundel House in 1637, he brought Hollar to his household & two years later the artist was giving drawing lessons to Prince Charles. There too he married Mistress Taylor, lady in waiting to the countess of Arundel: they had a daughter whom Aubrey thought "one of the greatest beauties I have seen, & a son born in 1643 who might have rivalled his father, but died of plague in 1665.

In the civil war, Hollar fought for the King, was captured, but escaped to Holland in 1644 & joined the earl of Arundel—who died in 1646. In 1652 he was back in London, working near Temple Bar, & after the Restoration the King appointed him 'Designer'.

Hollar's birth was noted by three interested men who knew him well, yet the date is uncertain. July 13/23 is usually accepted, but in my view July 14/24 has a slightly better basis (though less known) & is shown here in first place.

Calculated for Prague 50N05 14E26, Tuesday 14/24 July 1607, 7h.45m. a.m. apparent time, from Hynes, Schoch, Ebertin.

Tropical zodiac
VP: 10° 38′
Campanus
RA-MC 59° 9′
☊ ♍ 5.2

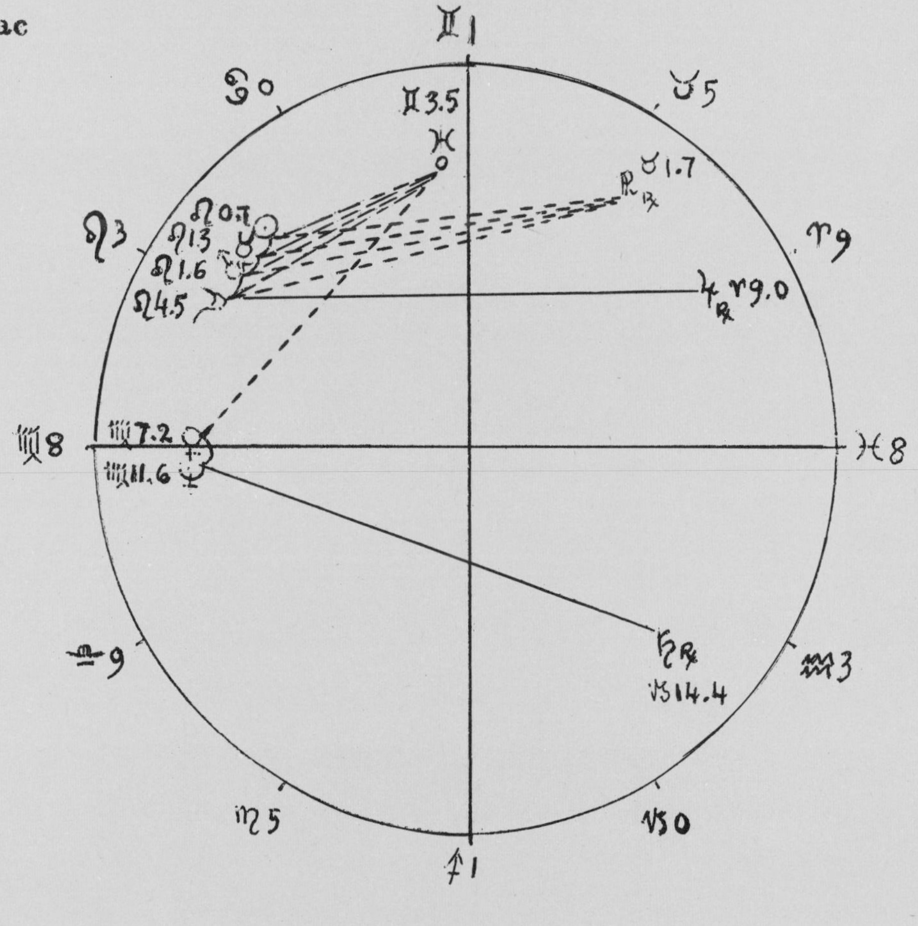

John Aubrey wrote: "His father was a Knight of the Empire: which is by lettres patent under the imperiall seale (as our baronets). I have seen it: the seale is bigger than the broad seal of England: in the middle is the imperiall coate; and round about it are the coates of the Princes Electors. His father was a Protestant, and either for keeping a conventicle, or being taken at one forfeited his estate, and was ruined by the Roman Catholiques.

"He told me that when he was a school-boy he tooke a delight in draweing of mapps; which draughts he kept, and they were pretty. He was designed by his father to have been a lawyer, and was putt to that profession, when his father's troubles, together with the warres, forced him to leave his countrey. So that what he did for his delight and recreation only when a boy, proved to be his livelyhood when a man.

"When the Lord Marshall (Arundel) went ambassador to the Emperor of Germany to Vienna, he travelld with much grandeur; and among others, Mr. Hollar went with him (very well clad) to take viewes, landskapes, buildings, etc. remarqueable in their journey, which wee see now at the print shopps. He hath donne the most in that way that ever any one did. He was very short-sighted and did worke so curiously that the curiosity of his worke is not to be judged without a magnifying-glasse. When he tooke his landskaps, he, then, had a glasse to helpe his sight.

"I remember he told me that when he first came into England (which was a serene time of peace) that the people, both poore and rich, did looke cheerfully, but at his returne, he found the countenances of the people all changed, melancholy, spightfull, as if bewitched.

"I have said before that his father was ruined upon the account of the protestant religion. Winceslaus dyed a Catholique, of which religion, I suppose, he might be ever since he came to Arundel-howse. He was a friendly good-natured man as could be, but shiftlesse as to the world, and dyed not rich. He maried a second wife, 1665, by whom he had severall children." Encyclopaedia Britannica (1911) says that booksellers always took advantage of him and he died in extreme poverty: the bailiffs even tried to take away the bed on which he was dying. Here one might add that The Plague of 1665 took away not only his brilliant son, but alwo his employment. He recovered somewhat at the end of the next year, when sworn "King's Scenographer" & in 1669 went for a year officially to depict that place——Tangier.

Hollar's output was great, including 2740 plates in views, portraits, ships, religious subject, heraldic subjects, landscapes, architectural designs, views of towns, fur, shells, butterflies, and no doubt many other works have been lost or went unrecorded. Among his most famous works (1604) is: "Ornatus Muliebris Anglicanus, or the Severall Habits of English Women from the Nobilitie to the Country Woman, as they are in these times."

He made a map of England (presumably while in Roundhead hands), published in 1644: "The Kingdom of England and Principality of Wales, exactly described with every Sheere, and the small towns in every one of them, in six maps" & known as "the Quartermasters' map".

Pepys noted on 22 Nov. 1666: "my Lord Bruncker did show me Hollar's new print of the City, with a pretty representation of that part which is burnt, very fine indeed; and tells me that the King hath commanded him to go on with his great map of the City, which he was upon before the City was burned, like Gombout of Paris, which I am glad of." He engraved such a map in 1675, 2 years before he died.

NOTES ON THE DAY OF BIRTH OF WENCESLAUS HOLLAR 1607.7.14

The birthday of Wenceslaus or Wenzel or Vaclav Hollar or Holar is as problematical as his name, though recorded by John Aubrey, Elias Ashmole, John Booker. Aubrey got a 'brief life' from the man himself & knew his family. Hollar illustrated Ashmole's "History of the Order of the Garter"(1672). Bocker had his portrait done by Hollar (in Lilly's Life & Times, 1822) & no doubt it was then that he learned not only the Bohemian hour of this great artist's birth, but also the data of his son James, born London at 2 a.m. on Saturday 8 April 1643. It is noteworthy that Hollar included in his portrait of Booker an astrological sigil. Booker died in 1667, Ashmole in 1692, Aubrey in 1697.

Aubrey (MS. Aubr. 23, f.121.v.) wrote "Winceslaus Hollar natus Pragae 23 Julii st.v. 1607 about 8 A.M." Collective evidence indicates "stilo novo": an obvious lapse because he ended his "brief life" saying, "He dyed on our Ladie-day (25 Martii) 1677 ...had he lived till the 13th of July following, he had been just 70 yeares old." Evidently Hollar kept his birthday on 13/23 July, or at least Aubrey thought so.

Ashmole recorded two dates in his own hand. (1) MS. Ashm.243, f.180.v.: "Mr Wineslaus Hollar the famous Etcher borne at Prague 23. July stilo vet: 1607. about 8. H A.M." This looks as though it came from Aubrey. But in (2), in MS. Ashm.332, f.62.v., he writes: "Mr Wineslaus Hollar the famous Etcher 13. July 1607 borne 7-8 A.M. Stilo: Vet. Pragae." This plainly rectifies the former note.

Booker introduces doubt concerning 13/23 July. His notes in MS. Ashm.3, f.12. have: "Wenceslaus Holler nat ♂ 23 July 1607 stilo novo: hor. Bohem 11 a 12: sed(?) Astromic:...(?) 7 et 8 mane apud Pragae. He is ye Excellent Grauer." Unfortunately, I could not decipher this note exactly. Aspects of the Bohemian system are discussed under Rupert 1619.

These three all show 13/23 July 1607, a Monday though Aubrey & Ashmole don't say so. Booker says Tuesday though he uses the same calendar date, reckoning from Sunset on Monday 23 July. On Monday 13/23 July, Sunset was at 7h.21m. p.m. apparent time. Thus 11-12 hours Bohemian time was between 6h.51m. and 7h.51m. a.m. in England on Tuesday morning. Booker translated this as between 7 and 8 a.m. Bohemian reckoning should have been no mystery to any of these three men, because it is mentioned in most Ephemerides & text books of their time; but Booker was a professional astrologer.

Sunset style (used also in Italy) has something in common with the differing Astronomical and Nautical styles counted from Noon. "The Nautical day ran from midday to midday, so that from midday to midnight ships's logs showed a day in advance of civil time. The battle of Trafalgar, which was fought in the afternoon, appears in the Log of the Victory to have been fought on 22 October, whereas it is well known that Trafalgar Day is October 21st." Methods of Chronology, The Historical Association (1933) and Handbook of Dates (1955), Royal Historical Society.

GEORGE MONK, DUKE OF ALBEMARLE, K.G. 1608.12.8

Who restored King Charles II.

Monk's family (anciently le Moyne) of Potheridge in Devon since Henry III's time, had Plantagenet blood. For killing a man, at 16, he fled abroad & became a soldier. Returning to join Charles I. as a Colonel, he was taken by Fairfax at Nantwich in 1644. He suffered privation in the Tower (the King sent him £100), but we know from Aubrey that his sempstress, Anne Ratford née Clarges (1619 q.v.) "was kind to him in a double capacity." When King Charles gave up (1646), Monk compounded with Cromwell & went free. He served Parliament in Ireland & Scotland, & also had command at sea where (1653) be helped to defeat Vantromp the elder. Monk is remembered most as architect of the Restoration. He led his army (Oct. 1659) from Scotland to enter London on 3 Feb. 1660 and restore order. He dissolved Parliament in March; free elections elected another in April; Gracious Letters from Charles II. were read to both Houses on May Day; the King was Proclaimed 7 days later; on 25 May, Monk welcomed King Charles II at Dover. The King entered London on 29 May 1660 with Monk beside him; & on 12 July, George Monk became Duke of Albemarle, K.G., Captain General of H.M. Forces. His last action was at sea, in 1666 against Van Tromp the younger & De Ruyter. He died on 4 January 1669/70, his wife nineteen days later.

Calculated for Potheridge (taken as 3W30 51N00), Tuesday, 6 December 1608, 11h.50m. a.m. apparent time, or "near noon", from Schoch & Foelsch, with the solar refinement of James Hynes.

Tropical zodiac
VP: 10º36′
Campanus houses
RA MC: 262º30′
☊: ♏18.3

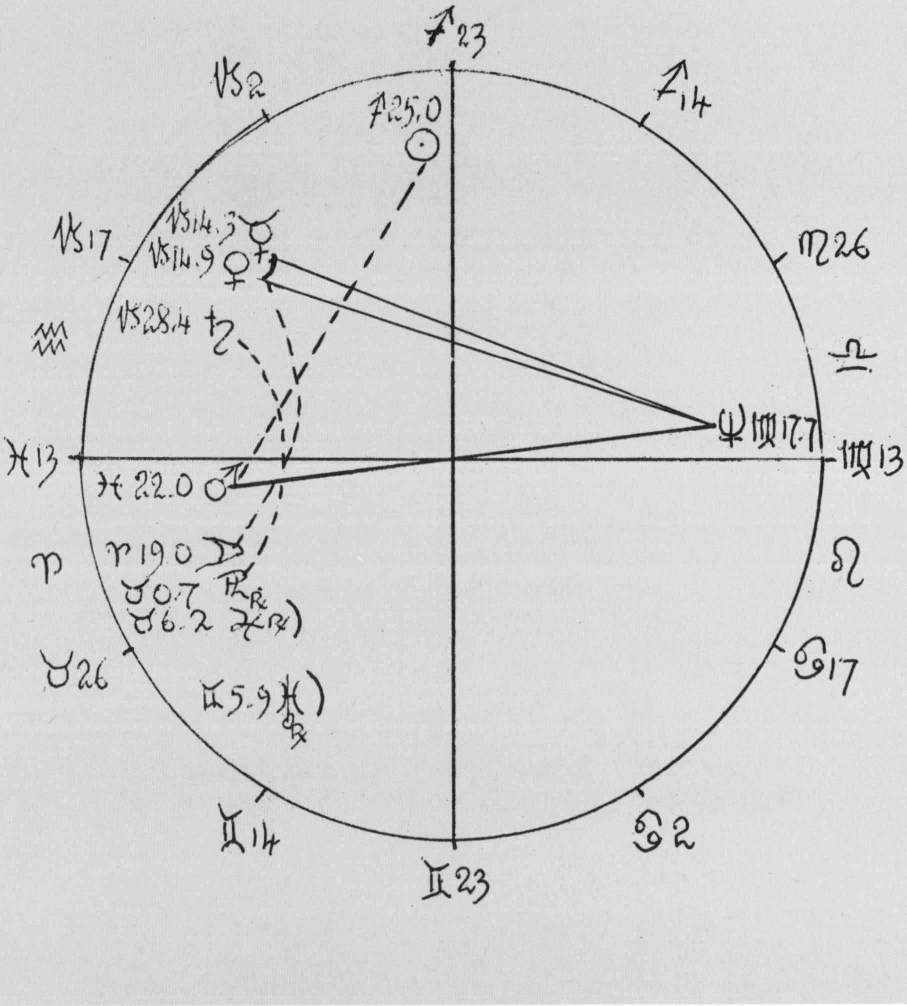

For once, John Gadbury is useful. Collectio Geniturarum (1682) has: "George, Duke of Albemarle, December 6. 1608. 11h.51m. A.M. 51º. This is the Nativity of that renowned person (the Miracle of his Age) the Duke of Albemarle; as I had it communicated to me by a very good friend.

This friend was perhaps Francis Bernard (1628 q.v.) who put "Colonell Monke" at f.50 of Nativities of Eminent Persons with: "Nat: Decemb: 5 1608. Hora Merid: 23 52 PM Poli 51 Lat." Data are similar & "Colonell" suggests early information. Ashmole, who corresponded with Bernard has a figure for "Duke of Albemarle: General Monk's nativity" for 11h.30m. a.m. in Ashm. MS. 332, f.18v.

The "estimate time" from which they worked could be the one shown by Gadbury in Ephemeris or, a Diary...for...1696. London. 1696: "December. On Decemb. the 6th day, 1608, was Born .... George Monk, Duke of Albemarle, near noon."

One of Monk's relatives told John Aubrey that "he was a strong, lusty, well-sett young fellow." Elsewhere he is said to have been of middle stature & hardy, with a good-humoured expression and very acute hearing, but short-sighted. In drawing-rooms he was ungraceful & blunt, though "honest George" to his men. Pepys said: "Though stout and honest to his country, he is the heaviest man in the world." Renowned for courage, yet cautious in undertakings, controlled, seldom ruffled, rigid in discipline, a man of his word, no fanatic, homely in person & manner, cold & deliberate in actions. Brilliant in command on land & sea, he seemed dull in private life: despite great services, he never presumed upon them and after the Restoration was remarkable for taciturnity & apparent meekness. In money matters he was not ingenuous.

Dr. Gilbert Burnet (the sour Bishop) wrote: "As for Monk he deserves not a character so much for his own merit, as for the luck he had, to be so great an instrument in the bringing home (of) the king. He was a good officer, had much desperate courage, but was an illiterate and injudicious man, and was neither a man of religion nor strict virtue; he was by force put on a glorious action after he saw there was nothing else to be done, for the stream run so strong for bringing home the king, that it could not be resisted, so sir Tho. Clarges and his wife put him on to the noble resolution which brought so much wealth and honour on him while alive, and has left so much fame on his name. The king carried himself always with great respect to him, but he had no value for him in his heart." Yet King Charles followed his funeral and insisted on paying for it, though Monk left great wealth.

During the terrible plague which began in London in May 1665, Monk did not fly with the Court to Salisbury but was of the few who stayed: he visited pest-houses, guarded property, comforted the sick, gave aid from his own resources, his main companions being the Archbishop of Canterbury & William, Lord Craven (1608 q.v.) Perhaps that was the most gallant of his many engagements.

In thinking of George Monk, one is reminded of the Soldier of Sir John Suckling: "I Am a Man of War and Might, / And know thus much, that I can fight, / Whether I am i'th'wrong or Right,/ devoutly.

JOHN MILTON 1608.12.9

Poet & Oliver Cromwell's Latin Secretary

Son of a puritanical scrivener in London, Milton took his M.A. at Cambridge, aged 24, excelling in Latin & English. Then he joined his parents in the country, writing poetry & studying arts & music. When his mother died in 1638, he travelled for 15 months abroad before settling in London, where he wrote polemical essays and married a royalist girl named Mary Powell in 1643, he being 35, she 17. She returned hom after on month, but later came back to him to bear three daughters before she died in 1653. An apologist for the King's execution in 1649, Cromwell appointed him Latin Secretary: he began to grow blind, being totally so by 1652; yet he continued, helped by Andrew Marvell, and dictated some of Cromwell's despatches. In 1656, he married again, but soon lost this wife in childbirth. At the Restoration in 1660, he hid to escape hanging, his books being burned by the hangman; but with times more settled, he took a third wife in 1663 & wrote some of his most important work, dying in London on 8 November 1674.

Calculated for London, Friday, 9 December 1608, 6h.30m. a.m. apparent time, from Schoch & Foelsh with the solar refinement of James Hynes.

Tropical zodiac
VP: 10º37′
Campanus houses
RA.MC.: 181º 1′
☊: ♋8.1

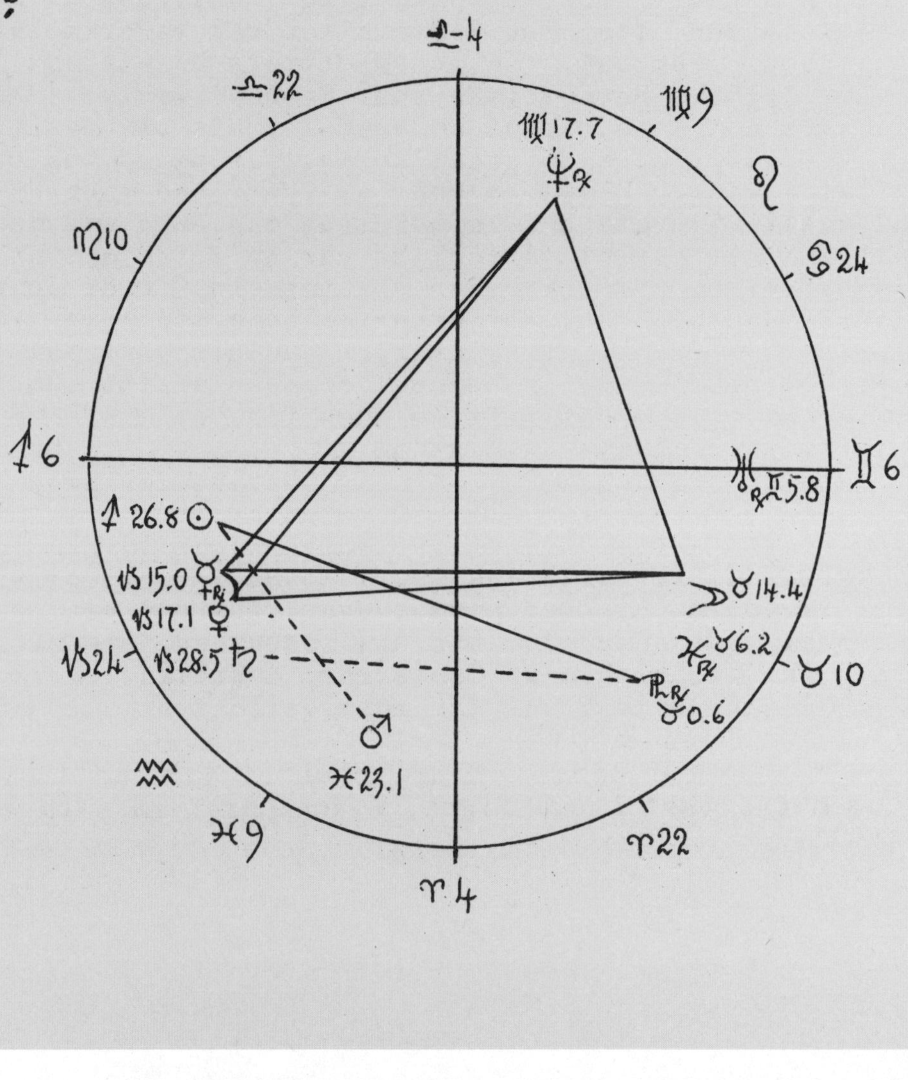

Milton entered the dates of birth of himself and of members of his family in a Bible (now in the British Museum) printed in 1612 by Robert Baker of London. He begins:-

> John Milton was born the 9th of December 1608 die Veneris half an hour after six in the morning.

Edward Hyde 1609.2.18

Earl of Clarendon, Lord Chancellor: his daughter Anne married James duke of York, afterwards James II.

Calculated for Dinton in Wiltshire, 51N15 2W0, Saturday 18 February 1608/9 at 2 a.m. apparent time, from the tables of Hynes, Schoch and Foelsch.

Tropical zodiac
VP: 10°36'
Campanus houses
RA MC: 191°15'
☊: ♌4.3

<u>The hour is very doubtful</u> (see verso) Lilly seems to record it but afterwards he or Ashmole used a figure with RA MC 340°37' and ♓9 at the Midheaven, ♋12 at the ascendant: the planets being merely the noon positions in Origanus:

☉	♓	10.8	♂	♉	10.4
☽	♐	27.14	♃	♉	10.49
☿	♓	8.27	♄	♒	7.16
♀	♈	15.29			

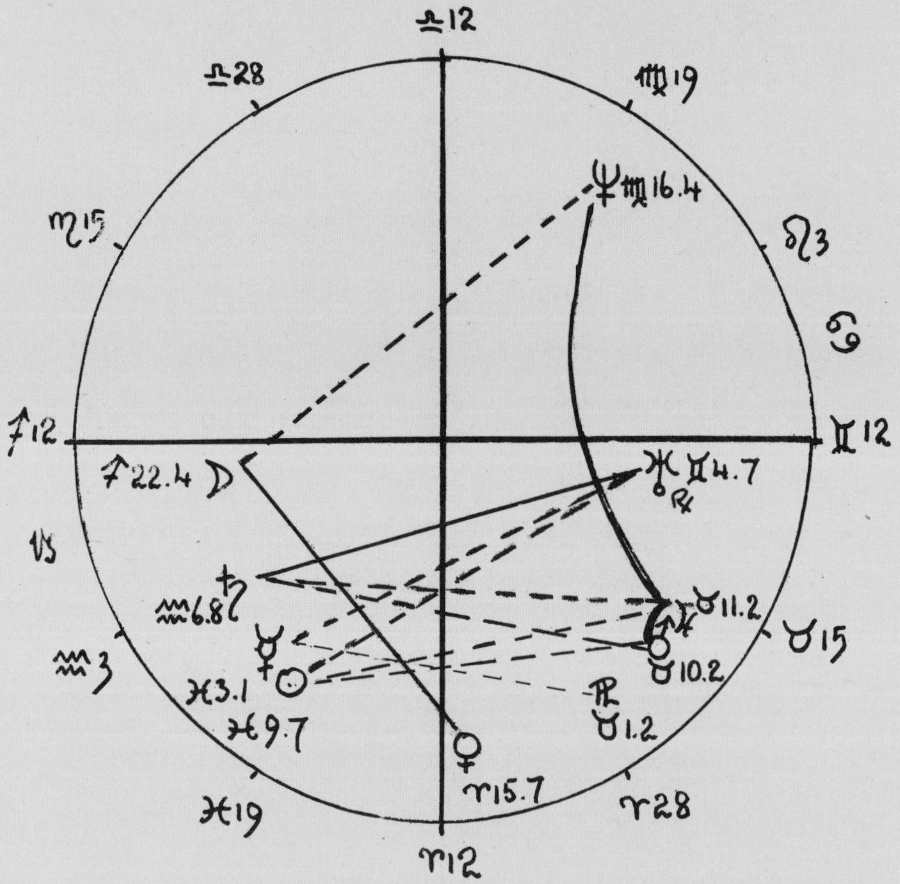

THE LIFE OF EDWARD EARL OF CLARENDON, LORD HIGH CHANCELLOR OF ENGLAND & CHANCELLOR OF THE UNIVERSITY OF OXFORD. (&c.) WRITTEN BY HIMSELF. Oxford: 1759.

> p.4. Edward Hyde, being the third Son of his Father, was born at Dinton upon the eighteenth Day of February in the Year 1608, being the fifth Year of King James... Before the beginning of the Michaelmas Term (which was in the Year 1625), the City being then clear from the Plague, He went from Marlborough after the Quarter Sessions with his Uncle Nicholas Hyde to London, and arrived there the Eve of the Term, being then between sixteen and seventeen Years of Age.

This recording is confused. The fifth year of James I would have been 1607 by normal English reckoning, usually written 1607-8. However, his meaning is claried in the continuation. Had he been born in February 1607-8, he would have been over seventeen years of age in October 1625. The year of his birth was thus 1608/9, or 1609 by modern reckoning.

Confusion also crept in about the date owing to Henry, the 2nd earl telling John Aubrey that it was the sixteenth—the life not being then published.

MS. Ashm. 174 fol.153: there is a note by Lilly "Cancellarius natus 16 feb 1608 / ♄: 14 PM 25 octo. 1661 removed by sea out of the Tower wth H. Vane, Cobbet and Waller / 1662. Aprill brought to tower again / June and July escandalld 1663"

> ♄: 14 PM begins a new line, and it is not clear whether this belongs to the birth or to the removal by sea in 1661. On the face of things it would seem that it belongs to the birth; but 16 February 1608 was a Thursday, whereas 25 October 1661 was a Saturday—though the 14H. would imply early on Sunday morning.

MS. Ashm. 243 fol.160v: there is a complete nativity in Ashmole's hand labelled "Cancellarius 16. Feb: 1608/9 Earle of Clarendon", and there is an identical nativity, also in Ashmole's hand, in MS. Ashm. 332 fol.19v. The places of the planets are are shown beside my own calculations.

MS. Ashm. 240 fol.206v: another identical nativity, but this time with the label "Ld Chancell^{r}: Hyde. 1608/9 18 feb. .♄. Cancellarius" accompanied by numerous scribbed calculations, perhaps by Lilly, but the label is by Ashmole.

Summary: it will be noticed that MSS. Ashm. 243, 332, 240 have no time of birth, and all three have the noon positions for Saturday 18 February 1608/9 taken straight out of Origanus without transposition to England, and despite the fact that two of them are dated 16 February.

As a matter of interest I have accepted the 14 PM shown in Ashm. 174, i.e. 2 a.m., although I have no faith in it. It is just possible that this is an estimate time; the hour seems a strange one to be sent away from the tower, and both Ashmole and Lilly were in a position to consult him.

JAMES BUTLER 1610.10.19

12th Earl & 1st Duke of Ormonde

"so accomplished that he had either no enemies
"or such who were ashamed to profess they were so."
Clarendon - 1651

He was in 1641 Lord General of the Irish army; in 1651 a leading member of the Council-in-exile; in 1661, first Duke of Ormonde, Lord High Steward of England & Lord Lieutenant of Ireland. In 1688 he died. Unhappily, no time of birth has been found, but his noon positions are included in this collection for comparison with contemporaries. The colleague closest to him was Clarendon, whose opinion follows.

After the Restoration "the king brought with him from beyond the seas that council which had always attended him, and whose advice he had always received in his transactions of great importance ... Of the council were the chancellor (Clarendon), the marquis of Ormond, the lord Colepepper, and secretary Nicholas, who lived in great unity and concurrence in the communications of the most secret counsels... The chancellor was the highest in place, and thought to be so in trust, because he was most private with the king ... but the friendship was so entire between the marquis of Ormond and him, that no arts that were used could dissolve it ..."

Noon positions, calculated for London, where he was born, are for Wednesday, 19 October 1610, from Schoch & Foelsch, with the solar refinement of James Hynes.

Tropical zodiac
VP: 10°36′
☊: ♋ 2.1

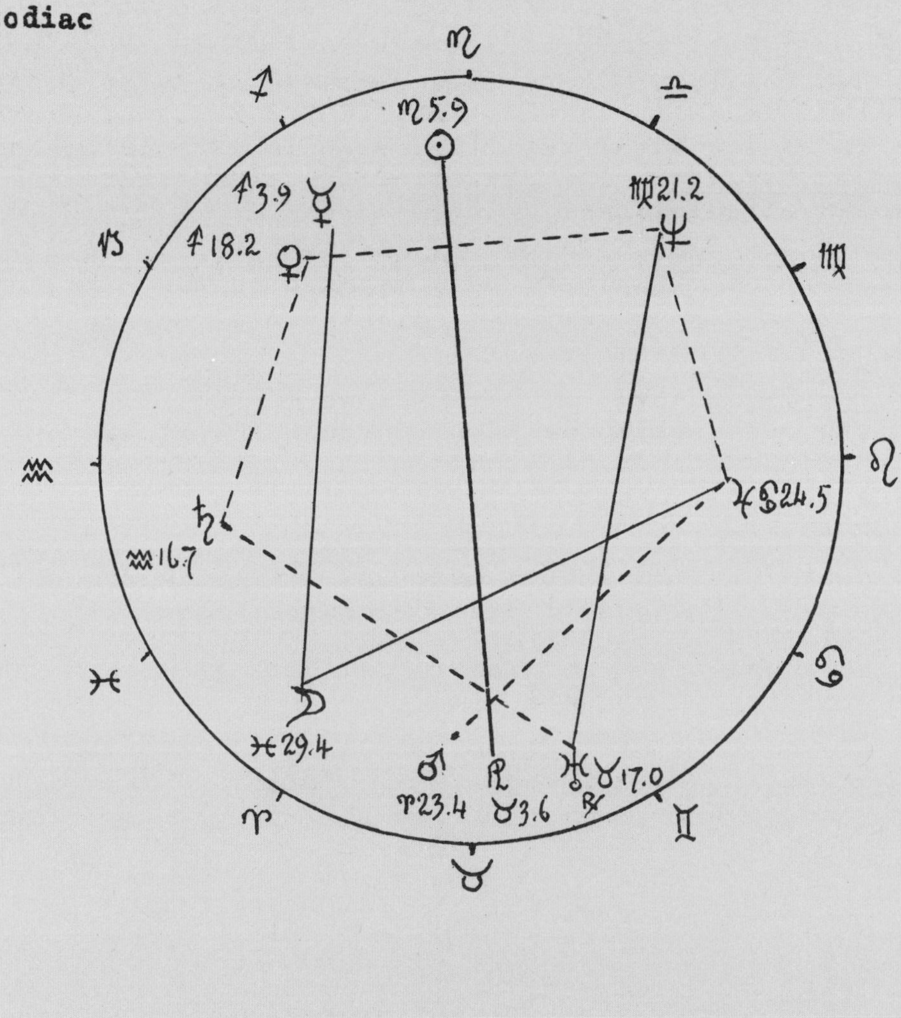

Data from Lady Burghclere's "The Life of James First Duke of Ormonde", John Murray, London, 1912: "he was born in Sir Nicholas Poyntz's house at Clerkenwell on October the 19th 1610."

Clarendon also wrote: "The marquis of Ormond was the person of the greatest quality, estate, and reputation, who had frankly engaged his person and his fortune in the king's service from the first hour of the troubles, and pursued it with that courage and constancy, that when the king was murdered, and he deserted by the Irish, contrary to the articles of the peace which they had made with him (in January 1649) and when he could make no longer defence, he refused all the conditions which Cromwell offered, who would have given him all his vast estate, if he would have been contented to have lived quietly in some of his own houses, without further concerning himself in the quarrel; and transported himself,, without so much as accepting a pass from his authority, in a little weak vessel into France, where he found the king (Charles II.), from whom he never parted till he returned with him into England. And having thus merited as much as a subject can do from a prince, he had much more credit and esteem with the king than any other man: and the lustre the chancellor was in, was no less from the declared friendship the marquis had for him, than from the great trust his majesty reposed in him."

After the Restoration, with Ireland unsettled, Monk advised the King to send Ormonde back there (though Monk, no friend, hitherto advised against this, neither did Ormonde wish to go); but in the end the King & Monk prevailed, "though he saw many dangers with reference to himself, which he knew not how to avoid, and many difficulties with reference to the public, which he had little hope to overcome." Clarendon adds: "the truth is, he was the more disposed to that journey, by the dislike he had of the court, and the necessary exercises which men there were to excel in, for which he was superannuated: and if he did not already discern any lessening of the king's grace towards him, he saw enough to make him believe, that the contrary ought not to be depended upon."

THE REV. RICHARD BAXTER 1615.11.12

"If life lay on it, wouldst thou turn again,
"for the winds blowing or a little rain?"
Baxter's <u>Poetical Fragments</u>

The most eminent English preacher & religious writer of his time with an abiding ideal: "we still profess before men and angels that we own no religion but the Christian religion, nor any church but the Christian church, nor dream of any Catholic Church but one, containing all the true Christians in the world, united in Jesus Christ as the head." He has been called a catholic Puritan as Savonarola was a puritan Catholic; a parliamentarian Royalist who took Cromwell for an ambitious usurper; a nonconformist Episcopalian; an intellectualist, but one who talked in the pulpit about another world as though he had just come from thence. "He towered above most contemporary leaders, but had a fatal gift for dividing his followers and alienating all but a few through-fire-and-water admirers."

Ordained in 1638, he became parish minister at Kidderminster in 1640. In 1645, after Naseby, he accepted chaplaincy in Cromwell's army, withdrawing two years later for ill health; yet upholding monarchy, reviling the King's execution & condemning the election of Cromwell. He accepted chaplain-in-ordinary from Charles II., but declined a bishopric or the headship of a Scottish College. Believing in celibacy, he married at 47 a girl 21 years his junior.

When King Charles died, he was tried for sedition by Judge Jeffreys & imprisoned for nearly two years: released late in 1686 on bond of good behaviour. He died on 6 December 1691, surviving his wife by ten years.

Calculated for Rowton, Shropshire, 52N46 2W32, Sunday 12 November 1615 at 9 a.m. apparent time, from Schoch & Foelsch with the solar refinement of James Hynes.

Tropical zodiac
VP: 10°31′
Campanus houses
RA MC: 192°37′
☊: ♓24.1

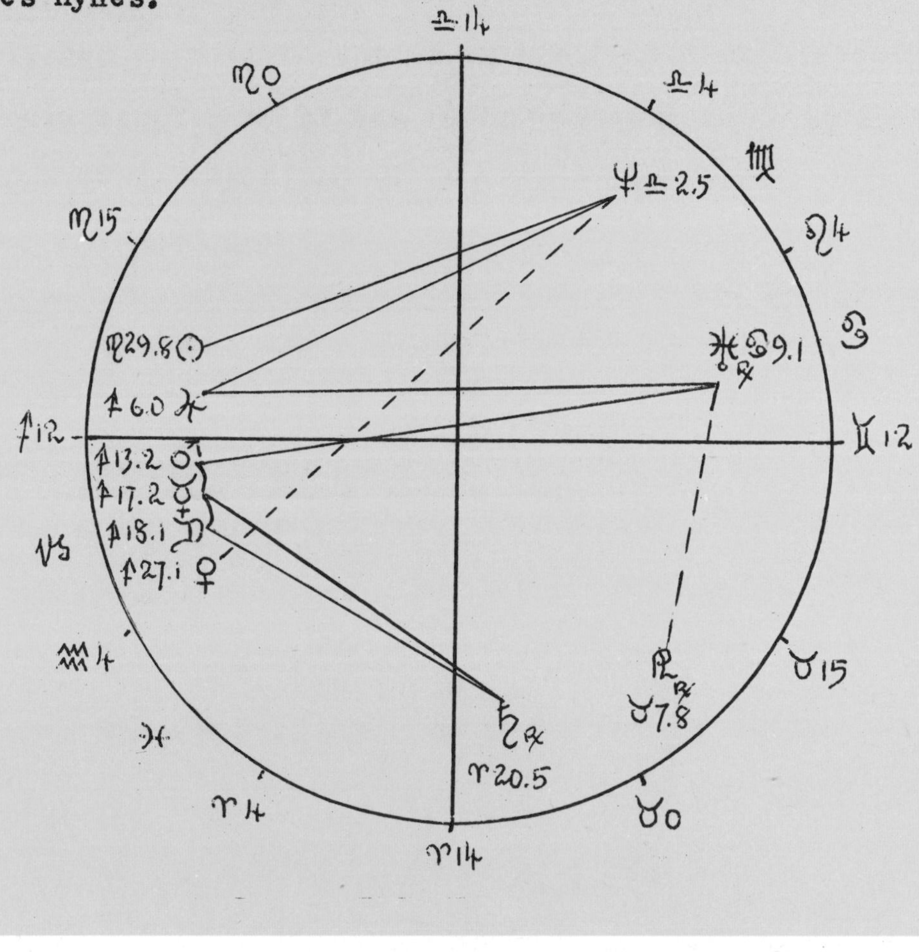

My father's name was Richard (the son of Richard) Baxter: his habitation and estate at a village called Eaton Constantine, a mile from the Wrekin Hill, and above half a mile from Severn River and file miles from Shrewsbury in Shropshire; a village most pleasantly and healthfully situate. My mother's name was Beatrice, the daughter of Richard Adeney of Rowton, a village near High Ercall, the Lord Newport's seat, in the same country. There I was born A.D. 1615, on the 12th of November, being the Lord's day, in the morning at the time of divine worship, and baptised at High Ercall the 19th day following. And there I lived from my parents with my grandfather till I was near ten years of age, and then was taken home.

The Autobiography of Richard Baxter, ed. J.M. Lloyd Thomas, in the Everyman's Library, London, 1931.

As I have been unable to find out the probably hour of divine worship in country districts in the 17th century, I have taken nine o'clock in the morning as an approximate guess. Sunrise on that day was at about half past seven.

Baxter's wife was aristocratic: Margaret Charlton, born in 1636 at Apley Castle near Wellington, & she never quite recovered from the shock of seeing her royalist home stormed in 1644 with many killed. In 1658, she & her mother came to Kidderminster, & Baxter described her as having "great aversion to the poverty and strictness of the people there, glittering herself in costly apparel and delighting in her (books of) romances." They fell in love, resisted, but married in 1662: very happily despite comment. There were no children.

Margaret knew Latin, Greek, Hebrew, & stayed with Richard during his first imprisonment (1670): "I had a large room, and the liberty of walking in a faim garden; and my wife was never so cheerful a companion to me as in prison, and was very much against my seeking to be released, and she had brought so many necessaries that we kept house as contentedly and comfortably as at home, though in a narrower room, and I had the sight of more of my friends in a day than I had at home in half a year."

Bishop Burnet (who knew him well) wrote: "He was a man of great piety, and, if he had not meddled in too many things, he would have been esteemed one of the learned men of the age: he writ near two hundred books: of these, three are large folios." (Dr. S. Johnson told Boswell: "Read any of them, they are all good.") Burnet also wrote: "He was a man of great reading and noted for a special subtilty of arguing: all the arts of sophistry were made use of by him ...as if they had been sound reasoning. He was a man of an innocent life, unweariedly active to very little purpose. He was much set on the reconciling us with popery in some points...(but) he was a very honest, sincere man, though of no sound judgment, and of no prudence in affairs. He was for our conforming in all things to the rules of the primitive church."

According to his editor, he had uncompromising courage, honesty, impatience oftactics, corrosive wit: working all his life for a single, united, broadly comprehensive Church. He loved poetry and music, he defended art and imagination.

CORNET GEORGE JOYCE OF WHALEY'S REGIMENT 1618.7.14
who seized King Charles at Holmby House

Parliament trusted Fairfax but feared Cromwell, who fled from London. "The same morning that Cromwell left London, cornet Joyce, who was one of the agitators in the army, a tailor, a fellow who had two or three years before served in a very inferior employment in Mr. Hollis's house, came with a squadron of fifty horse to Holmby, where the king was, about the break of day (3 June 1647); and without any interruption by the guard of horse or foot which, waited there, came with two or three more, and knocked at the king's chamber door, and said 'he must presently speak with the king.'"

The king rose, half-dressed, and Joyce with two or three more came in uncovered with pistols in their hands. Joyce told the king 'he must go with him', 'to the army', 'to the place where that was', showing his pistol as authority.

"None of the other soldiers spoke a word; and Joyce, saving the bluntness and positiveness of the few words he spoke, behaved himself not rudely."

The Parliamentary committee, as surprised as himself, came at the king's request but got as little satisfaction. Joyce answered them only with negatives: his orders were neither from Parliament nor from Fairfax, he showed his pistol for authority, he said the king must leave at once. Col. Sir Richard Brown got no response from the guards, both on & off duty. The king breakfasted & then left in a coach. No part of the army was within 20 miles.

"Those officers who were of the guard, declared that the squadron which was commanded by Joyce consisted not of soldiers of any one regiment, but were men of several troops, and several regiments, drawn together under him, who was not the proper officer."

Tropical zodiac
VP: 10°28′
Campanus
RA MC: 3° 0′
☊: ♒ 8.5

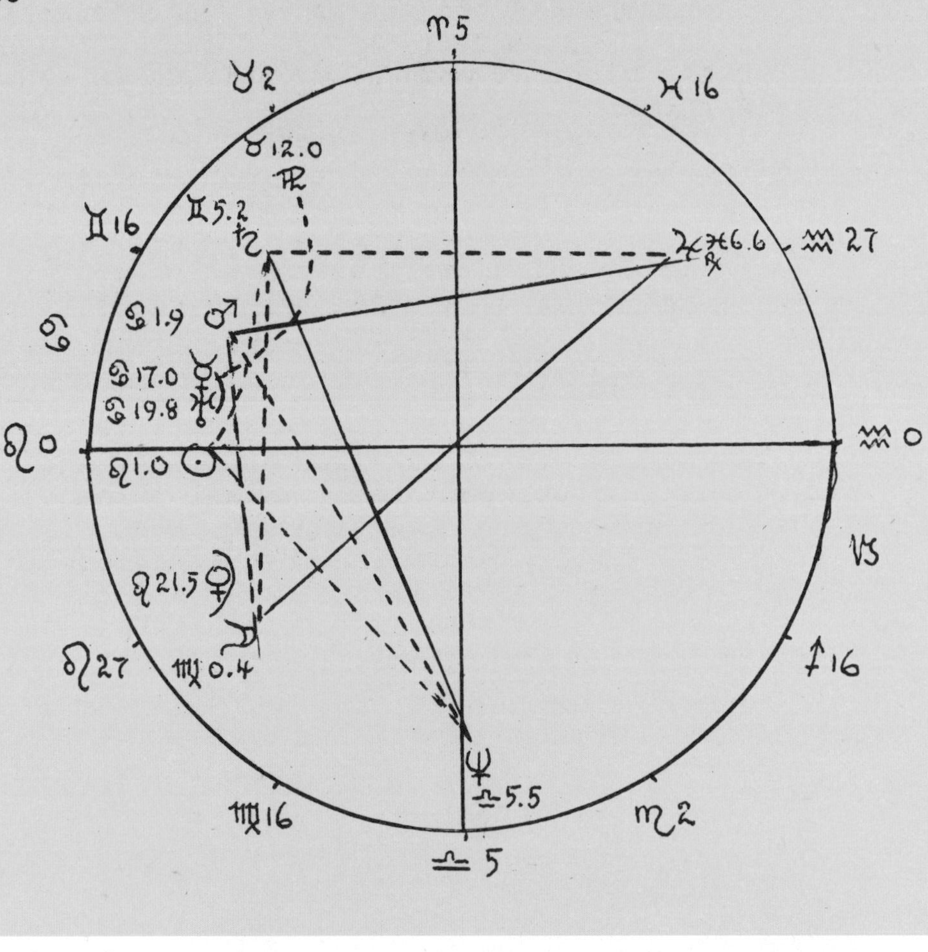

"From that time both Cromwell and Ireton appeared in the council of officers, which they had never before done; and their expostulations with the parliament begun to be more brisk and contumacious than they had been. The king found himself at Newmarket attended by greater troops and superior officers; so that he was presently freed from any subjection to Mr. Joyce; which was no small satisfaction to him; and they who were about him appeared men of better breeding than the former, and paid his majesty all the respect imaginable, and seemed to desire to please him in all things."
<u>Edward Hyde</u>, first earl of Clarendon, in <u>The True Historical Narrattive of the Rebellion and the Civil Wars in England</u>. 1843 edition: 608-614.

Further surprising news appeared in William Lilly's "History of his Life and Times, from the Year 1602 to 1681. Written by Himself in the sixty-sixth year of his age, to his worthy friend Elias Ashmole, Esq." 1822 edition, pp. 199-203, modernized spelling:-

"In June of that year (1660), a new Parliament was called whereunto I was unwillingly invited by two messengers of the Sergeant at Arms... to examine me concerning the person who cut off the King's head, viz. the late King's... At my first appearance, many of the young members affronted me highly, and demanded several scurrilous questions... At last, after almost one hour's tugging, I desired to be fully heard what I could say as to the person who cut Charles the First's head off. Liberty being given me to speak, I related what follows, viz.

That the next Sunday but one after Charles the First was beheaded, Robert Spavin, Secretary unto Lieutenant-General Cromwell at that time, invited himself to dine with me, and brought Anthony Peirson, and several others, along with him to dinner: that their principal discourse all dinner-time was only, who it was that beheaded the Kind; one said it was the common hangman; another Hugh Peters; others also were nominated, but none concluded. Robert Spavin, as soon as dinner was done, took me by the hand, and carried me to the south window: saith he, 'These are all mistaken, they have not named the man that did the fact: it was Lieutenant Colonel JOICE; I was in the room when he fitted himself for the work, stood behind him when he did it; when done, went in again with him: there is no man knows this but my master, viz. Cromwell, Commissary Ireton, and myself.' 'Doth not Mr. Rushworth know it?' said I. 'No, he doth now know it,' saith Spavin. The same thing Spavin since hath often related unto me when we were alone.

Data ex notebooks of <u>Francis Bernard M.D.</u> (q.v. 1628): Sloane MS. 1707 f.11v. "Cornet Joyce July 13 1618 16H PM" and Sloane MS. 1683. f.40v. "Cornet Joyce that seazd on ye King at Holmsby Natus July 13 1618 16^{H} p.m." Perhaps he had it from Lilly, but when I took these notes in 1946, I neglected to follow up in Ashmole's MSS. Lilly does not say whether the Lieut. Col. Joyce of 1649 was the Cornet of 1647, but no doubt he was: in each case the man involved had been chosen by Oliver Cromwell for desperate work against the King's person.

Calculated for London (?), Tuesday 14 July 1618, 4h. a.m. apparent time, from Hynes, Schoch, Foelsch: the figure being adjusted slightly to make Leo 0º ascend: actually the 'estimate time' may have been for Sunrise.

MAJOR-GENERAL JOHN LAMBERT 1619.9.19

"The darling of the Army": Cromwell's sometime friend.

He married Frances Lister in 1638, she, like himself, being of a good Yorkshire family. They had ten children. Lambert was learning law when civil war came & he joined Fairfax to serve with renown: a colonel at Marston Moor (1644), a major-general in Scotland (1650). Apart from gallantry in the field, he was a negotiator at Truro, Exeter, & Oxford; a spokesman for army grievances in 1647; & was praised by news-sheets for "fairness, civility, & moderation" in the reconciliation of quarrels & differences of all kinds.

Lambert was close to Oliver Cromwell for many years, shared most of his opinions, & pressed him to dissolve parliament in 1652. In the following year he became the first president of the new council of state; & he led the council of officers which drew up the instrument of government & offered the post of protector to Cromwell. He remained Oliver's strongest supporter until summer 1657, but by this time their paths were diverging: outside observers looked upon him as seeming to be independent of Cromwell. He was also "the Army's darling."

At 38, Lambert was major-general of the army, colonel of two regiments, prominent in the council, a lord of the Cinque ports, & from these offices enjoyed £6,500 p.a. Previously he had received grants of land from Pontefract worth £300 p.a.; lands in Scotland worth £1000 p.a. voted by parliament in 1651: heavy gratuities in those days. One royalist remarked: "It lies in his power to raise Oliver higher or else to set up in his place." One member of the council said: "He will let this man remain Protector, but will rule him as he pleases." What happened is overleaf.

Calculated for Calton near Malham Tarn 54N3 2W10, Sunday 19 September 1619 at 7h. a.m. apparent time, from Schoch & Foelsch with the solar refinement of James Hynes.

Tropical zodiac
VP: 10°27′
Campanus houses
RA MC: 110°14′
☊: ♑9.6

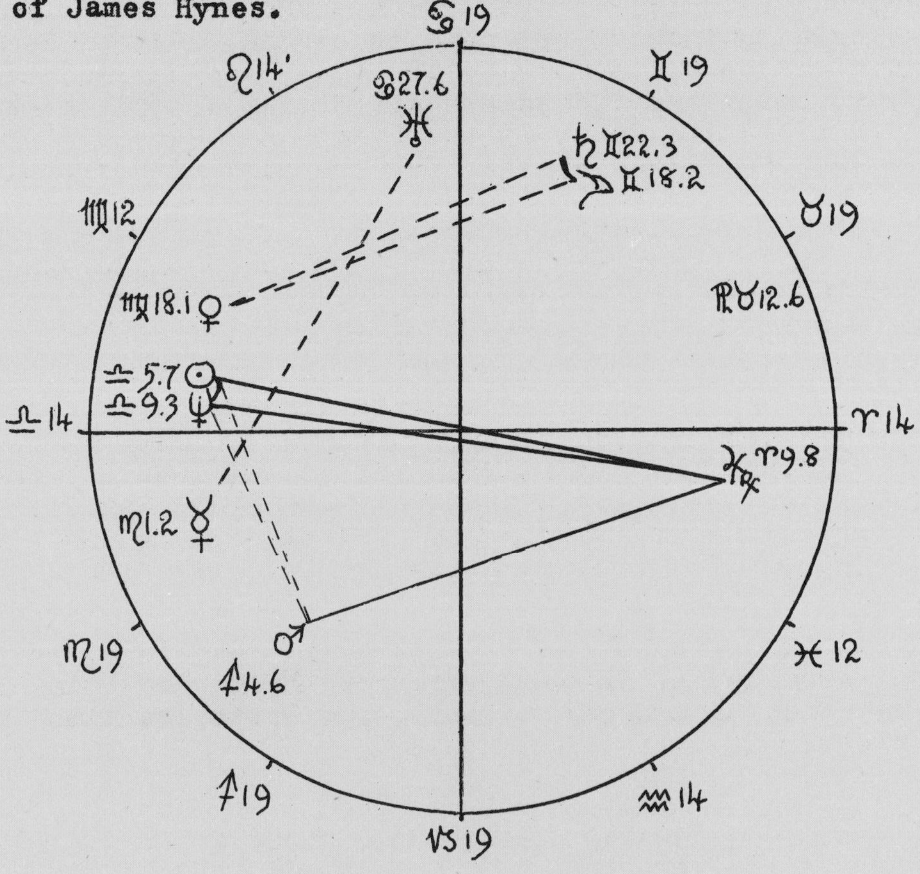

My sole authority is Ashmole's MS. 243 f.160.v.: "Colonell Lambert Sept. 19. 1619 7H: A.M." Army rank does not necessarily mean that data were collected prior to 1650, because the royalists did not recognize major-generals but the collector must have been W. Lilly.

Cromwell & Lambert believed parliamentary powers should be reined in constitutionally; but when Cromwell coyly declined kingship in 1657 but accepted reinstallation as Lord Protector with much pomp, while parliament imposed an oath of obedience, Lambert refused. He was stripped by Cromwell of commissions, though allowed retirement on £2,000 p.a. Nevertheless, Lambert rejected royalist proposals & avoided the military intrigues of late-1658.

In 1659 he entered parliament for Pontefract & supported the bill for Richard Cromwell as protector, & does not seem to have promoted his downfall. Meanwhile, supported by junior officers, he recovered his standing in the army. He regained his colonelcy of two regiments & became chief negotiator for the army in restoration of the Rump. In August that year he crushed Sir. George Booth's royalist rising & received from parliament a jewel worth £1000, though they would not reinstate his rank of major-general. Shortly afterwards, the Army & Parliament disagreeing, he turned the members out, was restored to his rank, & sat on the army's committee of safety.

Seen by royalists as the new protector, they thought of marriage between his daughter & James of York (even Charles), urging: "The race is a very good gentleman's family, & kings have condescended to gentlewomen. The lady is pretty, of an extraordinary sweetness of disposition; the father is of very great parts & noble inclinations."

Monk moved from Scotland. Sent to oppose, Lambert's army melted. He was 40 & would forfeit liberty until he died in 1683 aged 64. Before 5 March 1660, he asked William Lilly whether he should try to escape detention or seek bail. Lilly advised bail & thought any attempt to escape would fail. On 5 March he was refused permission to join the Swedish army & could not produce £20,000 bail. They confined him to the Tower whence he fled on 10 April only to be caught twelve days later. Having taken no part in the regicide, sentence of death was commuted by the King & he was sent to Guernsey with his family. Escape planned in 1666, with the clandestine marriage of his daughter to the Governor's son in 1667, caused his transfer to an island in Plymouth Sound where he died in the winter of 1683.

The DNB speaks of his great personal courage & fame as one of the best generals of his time. But politically he was rash, unstable, shortsighted—though a good speaker & good negotiator. He was known as honest John Lambert, a generous opponent (unlike Cromwell), kind to royalists & prisoners. In private life he was fond of gardening & also of art, being himself a good painter. Contemporaries thought his ambitions fostered by his wife: a woman over-proud, though a sanctimonious puritan ever at her devotions which included, according to some, the person of Oliver Cronwell.

PRINCE RUPERT OF THE RHINE, K.G. 1619.12.17

"No hand more Active, and no sharper Sword
"The Threats of Englands Rebel Hydra gor'd...
"Nor is thy Memory here only Crown"d
"But lives in Arts, as well as Arms renown"d..."

Anonymous biographer, 1683

Count Palatine of the Rhine, duke of Bavaria & Cumberland, earl of Holderness, he was 4th child & 3rd son of Frederick V, Elector & Prince Palatine of the Rhine, & of Elizabeth, sister of Charles I of Gt. Britain; but owing to Bohemian chronology, biographers rarely state his date of birth correctly.

The Bohemian Diet adopted N.S. in January 1584: accepted by Catholics & Protestants alike. Some confusion arose in 1619 with the arrival of Frederick & his Protestants, but legal Czech chronology continued in N.S. The Beginning of Day is more complex. From the mid-1500s until the early 1700s, the Italian style from sunset was used alongside that from midnight.

Professor J.V. Polišenský, Ph.D. of Prague's Caroline University told me these things (letters 25 Aug. & 16 Sep. 1948) & said Czech historians all agree on Rupert's birth as 27/17 December 1619, from midnight. He confirmed from the contemporary Pavel Skála of Zhoř who used this style invariably & is reliable:-

"On the 27th of the same month, on the day of St John the Evangelist, the Lord helped and alleviated the burden of Elizabeth, Queen of Bohemia, when a fair son was born to her in the Castle of Prague, in the evening, between the ninth and tenth hour of the German style."

<u>Historia česká</u>: vol.3, p.422, Kober, Prague, 1867.
Calculated for Prague, 50N5 14E26, Friday 17/27 December 1619, at 9h.30m. pm apparent time, from Hynes, Schoch, Foelsch.

Tropical zodiac
VP: 10º27′
Campanus
RA MC: 58º57′
☊ ♑14.9

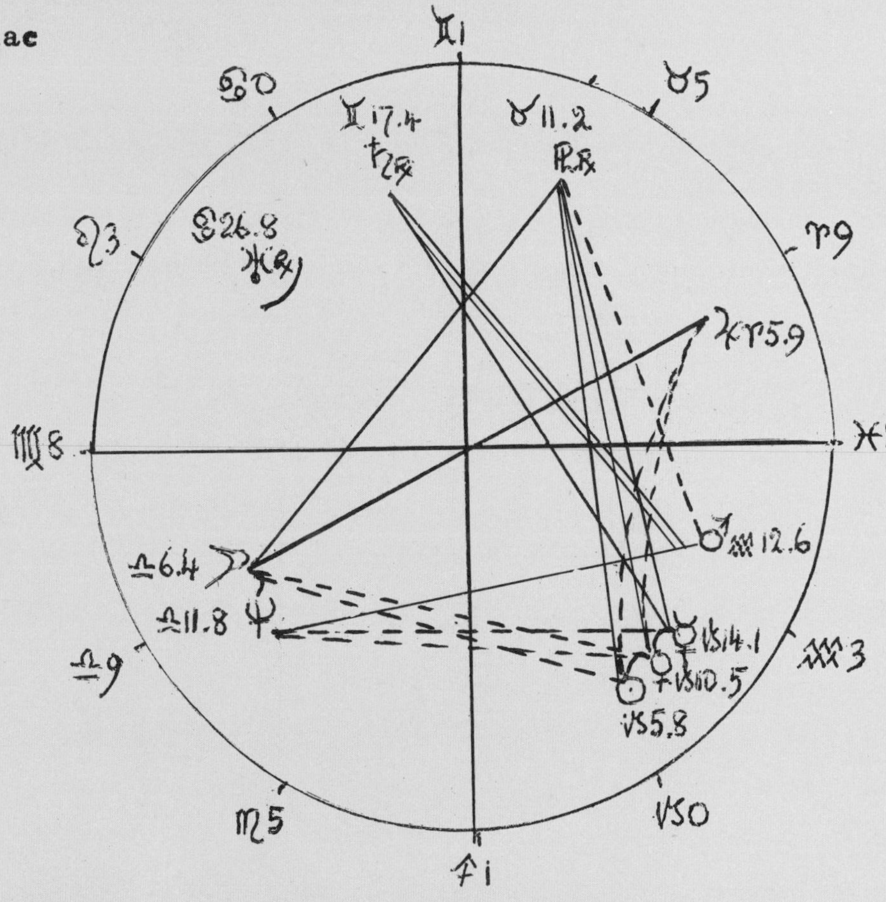

PRINCE MAURICE OF THE RHINE 1621.1.6
Rupert's devoted companion

5th child & 4th son of Frederick V, Elector Palatine of the Rhine and Elizabeth Stuart, sister of Charles I of England, who were married at 16 in 1596, she being thirteen days younger than he. Unwisely, Frederick agreed to become King of Bohemia, ostensible champion of the Protestants in confrontation with Ferdinand, the newly-elected Catholic Emperor. They were 23, when Frederick was crowned in Prague on 4 November 1619; Rupert was born just before Christmas; one year later the Austrian army attacked, took Prague, and the Palatines fled. In the rush, Rupert was forgotten and an official "threw him" into the last coach as it left the courtyard.

Circumstance obliged the couple to separate. Elizabeth sought refuge with Frederick's brother-in-law, the Protestant but politically minded Elector of Brandenburg. He received her coldly but allowed her to stay at Küstrin castle (48 miles from Berlin) for her confinement. Frederick arrived before Christmas and Maurice was born on 6/16 January 1621. "Call him Maurice" said Elizabeth, "because he will have to be a soldier." She thought of the martial Prince Maurice of Orange who had urged them to accept the Bohemian Crown. Ferdinand confiscated the Palatinate and from now on they lived on charity.

The Thirty Years War began symbolically in May 1618 with the Protestant rebellion in Bohemia, but these events were the real start of that dreadful period of devastation.

Calculated for Kustrin, 52N36 14E38, Saturday 6/16 January 1620/1 at 8h. a.m. apparent time, from Hynes, Schoch, & Foelsch.

Tropical zodiac
VP: 10º26′
Campanus
RA MC: 238º32′
☊ ♐ 14.5

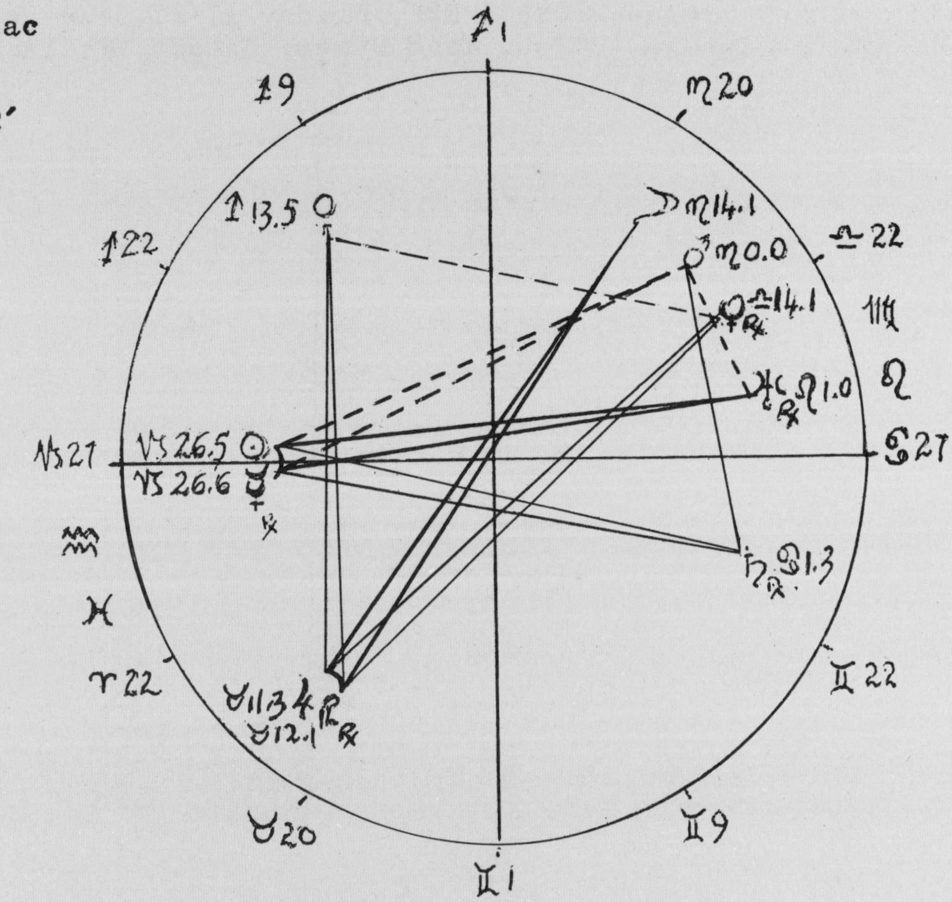

The date is attested in letters from Frederick to James I, and from Elizabeth's secretary Sir Francis Nethersole to James Hay, viscount Doncaster (later earl of Carlisle), both written on the day of birth and contained in PRO German States SP81/20:

> Custrinme 16/6 Janvier 1620 (1620/1) Je crois estre de mon devoir de luy faire scavoir l'heureuse accouchement de ma tres cher compagne et qu'il a pleu a Dieu de luy donner un fils.
>
> 6th Jan. P.M. / Hir Majesty is this morning new delivered of a strong sonne in lesse than two houres travayle...

William Lilly made a list of Palatine children (as far as Charlotte) with estimate times apparently obtained "from beyond-Sea", possibly from Elizabeth herself. Bodley MS. Ashm.243, f.164.v. Where the list can be checked from other sources, data seem correct.

Maurice borne at Custria 6/16 Jan: 1621 8H. A.M. Lat. 52.32
♑ 24.52 Asc.

Francis Bernard has 7 a.m. for "52 32 lat. custrini", but the date is that of Rupert. Though I ignore Bernard here, his time fits roughly with Lilly and Nethersole.

Rupert and Maurice bear depressing witness to biographical carelessness where births are concerned. Mary Anne Everett Green's "Elizabeth Electress Palatine and Queen of Bohemia", London, 1855, Revised by her niece S. C. Lomas in 1909, gives Rupert born on "26 November 1619 O.S. and Maurice correctly. Eva Scott's "Rupert Prince Palatine", London, 1904, has Rupert born on "November 28th, 1619" and Maurice on "January 11th, 1621". Clennell Wilkinson's "Prince Rupert the Cavalier", London, 1934, copied Eva Scott. She herself gave the source as Mrs. Green's "Lives of the Princesses of England" (1855), but it will be noted that her date "28" is two days later than that of the revised edition of Mrs. Green's full length biography of Elizabeth.

Maurice at 18 was described to Charles I by Lord Leicester thus: "He has a body well made, strong, and able to endure hardships, he "hath a mind that will not let it be idle if he can have employment. "He is very temperate, of a grave and solid disposition." Tall he was, athletic, headstrong, rather slapdash, "a sort of Rupert without the steel." He made no effort to adapt himself to English ways; had none of Rupert's ability; he understood little of war "except to fight very stoutly."

Elizabeth had gone from Kustrin to Berlin in Feb. 1621 to leave Charles Lewis, Elizabeth, and Maurice with their grandmother Juliana. Thence she went with Rupert to Holland where the Prince of Orange welcomed them. Her son Henry was already there.

Maurice next saw his mother in 1628 in Holland. He went to Paris to school. In 1640 he joined the Swedes under General Banier. In 1642, he and Rupert went to England to fight for Uncle Charles and during the war was wounded in most engagements though Rupert never was. Twice he was dangerously ill. The brothers left England in July 1646, Rupert to fight in France and Maurice to recover his health in Holland. But Maurice joined Rupert's little fleet in 1648 to roam the high seas in search of enemy prizes to support the royalists in Holland. Just after Witsuntide 1652, he went down with his ship in a storm off the Virgin Islands.

SIR ANTHONY ASHLEY COOPER 1621.7.22
Charles II's "Little Sincerity"

"There was one greater in spirit and capacity than any of these "(of the inner circle), greater even than the powerful and privi- "leged George Villiers: one who pulled the strings and made pup- "pets of the ablest men in England—Anthony Ashley Cooper, Earl "of Shaftesbury and Chancellor of the Exchequer from 1661 to "1672." Hester W. Chapman, "Great Villiers", London, 1949.

At ten his father died & he succeeded to the baronetcy. At Oxford he led a successful revolt against older students; then he studied law at Lincoln's Inn & at nineteen was chosen the representative of Tewkesbury. He began the Civil War a Royalist; changed sides when his plea for "mutual concessions" made him seem suspect; commanded the Parliament's forces in Dorset & took Corfe Castle. After Richard Cromwell's deposition, he threw his influence into the move for Restoration; in 1661 became Baron Ashley & Chancellor of the Exchequer. Eleven years later (at 51) he was created Earl of Shaftesbury & Lord High Chancellor.

On the bench his conduct was able & impartial; but when that office was taken away (some think by the Duke of York) he made himself a powerful leader in opposition. He was prominent in attacks on the Catholicks in 1678; he was President of the Council in 1679 & forced through the Habeas Corpus Act; but in 1681 he faced a charge of high treason, though acquitted. Then he joined the Monmouth party in plots against the Duke of York & had to fly to Holland. He died in Amsterdam on 21 January 1682/3. Ashley Cooper is the <u>Architophel</u> of Dryden's famous satire; he is also the subject of an unflattering "Character" by Bishop Burnet.

Calculated for Wimborne St. Giles, Dorset, 50N54 1W57, on Sunday, 22 July 1621, 2h.0m. a.m. apparent time, from Schoch & Foelsch with the solar refinement of James Hynes.

Tropical zodiac
VP: 10º25′
Campanus houses
☊: ♐4.0

See George Villiers 1628

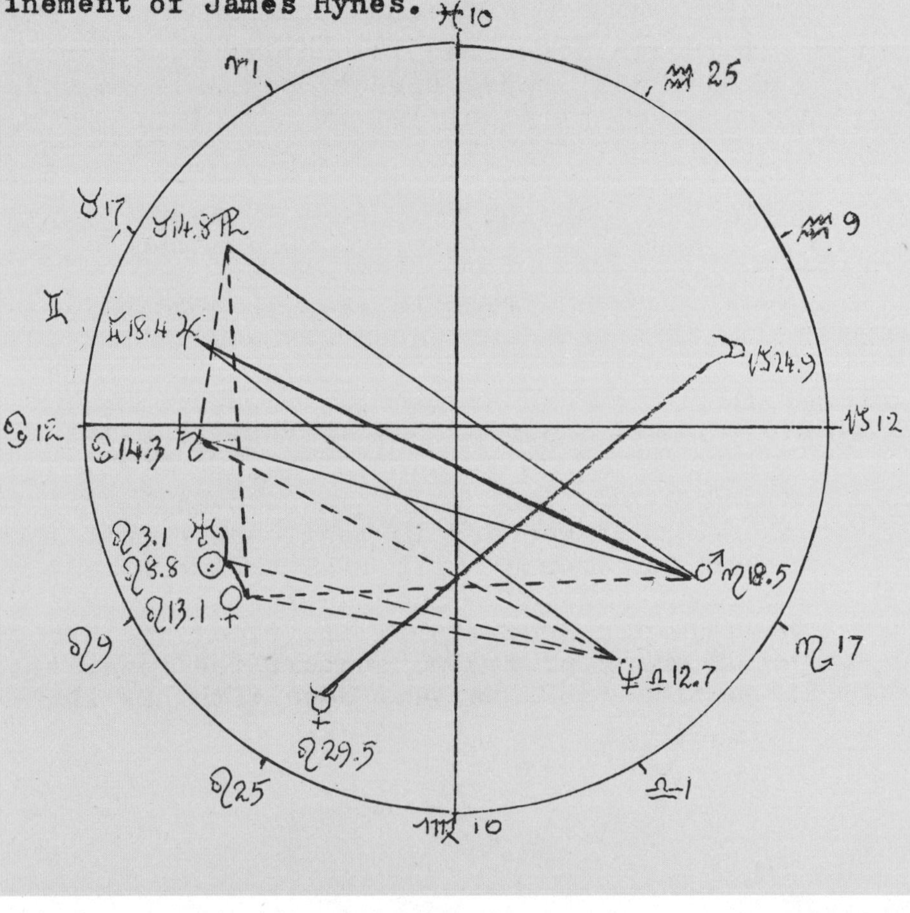

At the end of his "Nativities of Eminent Persons", fol.173 of Sloane MS. 1683, Francis Bernard noted the "estimate time":-

S[r] Anthony Ashly Cooper Nat: July 22 H. 2 Matut: 1621

"Sir" implies pre-1661 data & these are developed at fol.150 in a figure, same title, & "Wimborne St. Giles in Dorsetshire", with H:14.30 P.M. July 21: rectification by half an hour. However, when Ashley Cooper had become "Ld Ashley", Bernard rectified the hour to H 14 13 P.M. at fol.162.v.

Some years later, after the native had become Earl of Shaftesbury & Lord High Chancellor, Charles Bernard repeated his brother's figure for 14h.13m. p.m. at fol.3.v. of Sloane MS. 1684.

An interesting footnote appears in a figure drawn by Henry Coley in Sloane MS. 2282, fol.13, labelled "Comes de Shaftesbury", with the observation: "Some make this Nativity the ♌ sign Ascending about y[e] midst of ♍ w[ch] will represent him better" But the figure, though drawn for 14h.8m. p.m., is for one day later. That by Charles Bernard was labelled "Custos magni sigilli Angliae", so both were drawn at the same late period.

From C.H.Josten's ELIAS ASHMOLE I see that MS. Ashm. 243 has a nativity by Lilly at fol.196. Unhappily I neglected to note this when that MS. was before me.

To recreate the personality of a statesman who seldom gave himself away is impossible. His letters, easy, vivid & succinct, display a wide range but little emotion; his speeches, whether trenchant, dramatic, or bland & formal, impress one as a screen for the man's secret opinions; fragments of conversation show him imperturbable, humorous & ruthless. He is described as a man without ideals, or faith, or honesty; but he had two objectives—the liberty of the English people & his direction of that liberty; for this he sacrificed health, fortune, fame, peace of mind.

Shaftesbury's greatest gift was prophetic intuition; he could alter the shape & colour of his schemes long before change had become inevitable & acceptable to others. He knew instinctively when power begins to corrupt. He set himself against dictatorship in a conscious sense. He could defy Charles I, Cromwell, Clarendon, and Charles II, because he was a very rich & a very able man. But in turning against them, one by one, he always fought the same battle —which his judgment & his intellect eventually told him he must lose. He was without fear, without illusions, without vanity; he struck with whatever weapons came to hand. This tiny, delicate creature, with his huge fair perriwig & elegant dress, his piercing wit & clear soft voice, brought not peace but a sword to the unruly people he had organized, and he taught them how to use it before he died, defeated & alone.

By the time Buckingham (1628 q.v.) became principal Minister, he & Shaftesbury were close allies. Mutual admiration, agreemant, understanding, & convenience, bound them to one another for more than a generation: yet there is no evidence of affection or even of friendship between them.

Shortened from the "Character" of Shaftesbury in Hester Chapman's "Great Villiers, pp. 143-145, London, 1949.

ADMIRAL SIR EDWARD MONTAGU, K.G. 1625.7.27
Earl of Sandwich
who brought The King home
killed in action, 1672

Son of Sir Sidney Montagu of Barnwell & Paulina, daughter of John Pepys of Cottenham; first cousin (one remove) to Samuel Pepys, the diarist, his mother and Samuel's grandfather being sister and brother. His lasting patronage of Samuel did much to ensure his poor kinsman's success in life.

Aged 17, Montagu married Jemima, daughter of John Crewe, later Lord Crewe of Stene. At 18, despite a royalist father, he raised a regiment for Parliament; fought with distinction at Marston Moor, Naseby, Bristol; grew intimate with Cromwell, who in 1653 included him in the Council of State and in 1656 made him a general-at-sea with Blake.

When Cromwell died, he approached Charles II and in 1660 swung the Fleet and fetched the King home: for which he had the Garter and carried the Sceptre at Charles's Coronation. He became Earl of Sandwich in July. Montague later proved himself a competent Ambassador to Portugal and to Spain, and was only in his 47th year when he & his son went down in <u>Royal James</u> (70 guns: 400 men) fighting the Dutch in Southwold bay on 28 May 1672.

Calculated for 52N12 OE7 (v. verso), Wednesday 27 July 1625 at 1h.30m. a.m. apparent time, from Hynes, Schoch, & Foelsch.

Tropical zodiac
VP: 10º23′
Campanus
RA MC: 338º32′

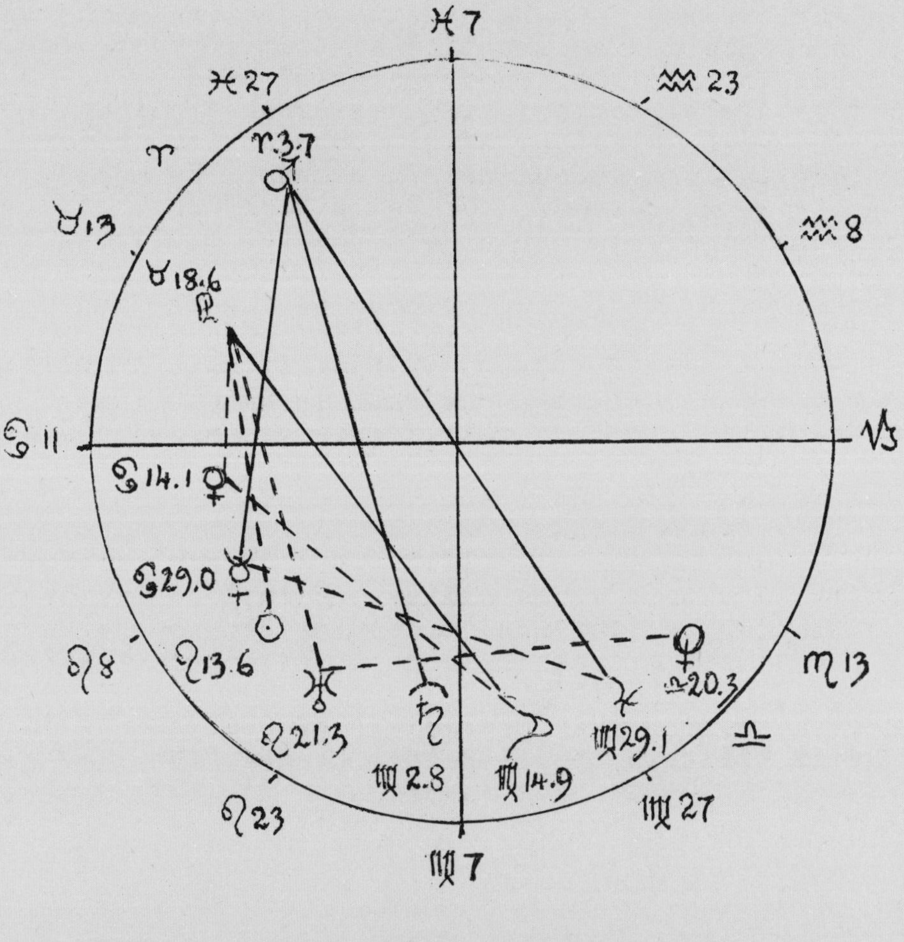

The birthplace illudes me, but his father was Montagu of Barnwell. There is a place of this name 2 miles south of Oundle and another near Cambridge. Both could do but the second is nearer to his mother's home at Cottingham. The later title of Hinchinbroke, near Huntingdon, can be ignored because Edward was two years old when he bought the place from the Cromwells.

Francis Bernard (q.v.) noted at f.122 of Sloane MS. 1708: "Earle of Sandwich Julij 27 ♌11 Asc: 1625 ☽15♍". His brother Charles, at f.4v. of Sloane MS. 1684 drew a natus for 1625 but one day too early and the time 2h.5m. a.m.—according to the label. I forgot to note planetary places. This puts ♓16 at the MC and ♌17 in the ascendant. Under 1661, Pepys confirms 27 July as Montagu's birthday, and indeed the elder Bernard's figure also looks genuine and compares well with Cromwell and the Royal Brothers. Furthermore, F. Bernard's MS. was made early in the 1660s whereas his brother's was done a decade later.

Montagu enjoyed influential uncles, was easy-going, not strait-laced, held broad views on religion. Pepys described him in 1660 as "very indifferent in all matters of religion". He abhorred sermons. Amid greed & corruption, he was never cited except for one charge concerning Dutch prizes—when King Charles supported him. He brought the new Queen to England; got on well with Portuguese & Spaniards; and perhaps it was in those lands that he learned the guitar "which he now commends above all music in the world because it is base enough for a single voice, and is so portable and manageable without much trouble." He affected a Spanish-style beard.

Clarendon blames his wife's family for leaning towards Parliament, which he served as a Colonel throughout the fighting. But he idolized Cromwell and, says Clarendon, "though men looked upon him as devoted to Cromwell's interest, in all other respects he behaved himself with civility to all men, and without the least show of acrimony towards any who had served the king.

His wife bore him 6 sons and 4 daughters; but his affections could wander. He liked women. Pepys reports scandal with the Lady Castlemaine. In August 1663, Pepys deplored his infatuation for Elizabeth Becke of Chelsea, neglecting business and arousing comment. The affair endured. Pepys warned him. But in June 166r, Pepys met the lady, accompanied by her parents, at a party; although he had previously declared her a strumpet, he now described her as "one that hath not a good feature in her face, and yet is a fine lady, of a fine taille, and very well carraged , and mighty discreet. I took all the occasion I could to discourse with the young ladies in her company to give occasion to her to talk, which now and then she did, and that mighty finely, and is, I perceive, a woman of such an ayre, as I wonder the less at my Lord's favour to her, and I dare warrant him she hath brains enough to entangle him."

Bishop Burnet wrote concerning his death: "the earl of Sandwich perished with a great many about him who would not leave him, as he would not leave his ship, by a piece of obstinate courage, to which he was provoked by an indecent reflection the duke (of York) made on an advice he had offered of drawing nearer the shore, and avoiding an engagement, as if in that he took more care of himself than of the king's honour."

ANNE MARIE LOUISE D'ORLÉANS 1627.5.29
Duchesse de Montpensier
La Grande Mademoiselle

Only child of Gaston d'Orléans (1608 q.v.) by his first wife, Marie de Bourbon, duchesse de Montpensier (1605-1627), the richest woman in France & at one time next to the Throne. As daughter of Orléans, "Monsieur", she was "Mademoiselle"; but when Gaston died in 1660, & his nephew Philippe became Orléans, claiming "Mademoiselle" for his own daughter, Anne Marie was called "la Grande Mademoiselle" as a mark of seniority, not to denote her stature.

Though indifferent to public affairs, she took part in the <u>Fronde</u> of 1652, risking "everything she valued, her position, her property, her great fortune, her favour at Court, all the things that meant most to her mundane mind, in suppprt of the people with bits of straw in their hats." She was exiled to St. Fargeau from 1652 until 1657, & spent the time in restoring her chateau.

Suitors were many, including exiled Charles Stuart, but she cared for none. Her only love (at 43) was Lauzun, M. de Puyguilhem, the King's witty favourite Antonin Nompar de Caumont (1633-1723) of an old Gascon family. Their marriage at the Louvre was set for Sunday, 21 December 1670, but the King withdrew his consent on the 18th. How this ended is told overleaf. Anne Marie fell ill of a bladder complaint on 15 March 1693 and died three weeks later. Lauzun, whom she had not seen since 1683 asked to come to her, but she refused. La Grande Mademoiselle had a good memory & much self-respect.

Calculated for Paris, 48N50 2E20, Saturday, 29 May 1627 N.S., at 11h. a.m. apparent time from Schoch & Foelsch with the solar refinement of James Hynes.

Tropical zodiac
VP: 10°21′
Campanus Houses
RA.MC: 50°48′
☊: ♌11.4

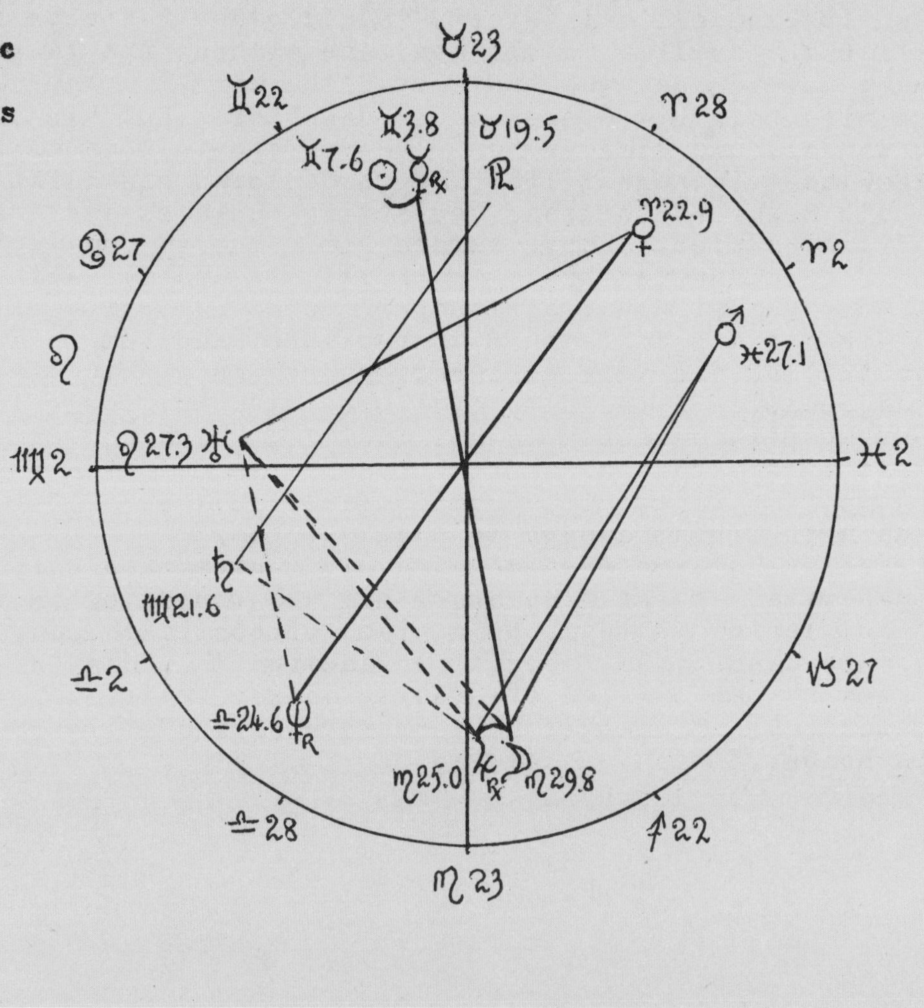

Anne-Marie-Louise d'Orléans, souveraine de Dombes, princesse de la Roche-sur-Yon, dauphine d'Auvergne, duchesse de Montpensier, (&c.) ..née au Louvre à Paris le samedi 29. may 1627. sur les onze heures du matin.. Cette princesse fut connue durant plusieurs années sous le titre de Mademoiselle, puis sous celui de Mademioselle d'Orléans duchesse de Montpensier.

<u>Histoire Généalogique</u> (&c.) par le P. Anselme, Paris 1726. Vol.1.

Biographer V. Sackville-West (<u>Daughter of France</u>: London, 1959) has this from a contemporary: "She is better adapted to handling a weapon than a spindle, she is proud, enterprising, and free in her speech, unwilling to tolerate contradiction, impatient, active ardent, incapable of dissimulation, and says what she thinks without heed." West describes her as warm-hearted, trustful, ingenuous, ready to acknowledge mistakes, not intellectual but loving fun & adventure, & loving children, who loved her too despite her striding ways.

Mademoiselle herself wrote: "No one is less easily bored than I: I can always find some occupation, & can even amuse myself by day-dreaming. I am bored only when with people I don't like, or when I am contradicted. I like being alone. I am not tolerant, although I exact toleration for myself. The violin is my favourite instrument. I hate card-games & I love energetic games, also hunting & riding. I am devoted to my business affairs and am as suspicious there as in all else. I like order & regulations down to every detail. I like ostentation & glamour. I am neither scandalmongering nor mocking, though none is more aware than I how ridiculous people are. As for gallantry, I have no leanings that way, mine is no tender soul. I am the most grateful person in the world. I am no intriguer. I ask for no pity, for I do not like pitying others. I have a very good memory."

The man she loved, Lauzun, always had extraordinary success with women, though West says he was tiny, red-nosed, his eyes usually inflamed, his scanty fair hair (greying at 36) usually greasy and neglected, his person dirty & untidy except on special occasions. But he had a neat straight figure, fine legs, and a charming smile. "Above all, he knew how to make himself feared."

When Lewis XIV forbad their marriage, under pressure from his brother, the Queen, & Madame de Montespan, who wanted Mademoiselle's money for themselves, Lauzun eventually found out that Madame de Montespan, while promising help, was the worst enemy. He called her a liar & "bougresse de putain" to her face, & was at once sent to Pignerol, near Turin, for solitary confinement for life (Nov. 1671). After more than ten years of effort, Mademoiselle at length procured Lauzun's releast through Madame de Montespan, by despoiling herself of her most valuable possessions: only to be tricked by non-fulfilment in the promise of marriage which was part of the bargain. It is said they married secretly; but in any case, Lauzun treated her disgracefully; & when they met casually in 1683 at the Queen's death, he told her that he hoped never to see her again, to which she replied "allez-vous-en."

As Sackville-West remarked (earlier in her book): "It is to Mademoiselle's credit that, brought up in so cynical a world, she should have preserved the virginity of her spirit for as long as she preserved the virginity of her heart and her body."

JOHN GADBURY 1627.1.1
1627/8

1672: "Physician
"to the Queens Most Excellent Majesty."

1680: "Student
"in Physick and Astrology."

William Gadbury, a farmer at Wheatley near Oxford, "made a stolen marriage with a daughter of Sir John Curson of Waterperry", and their son John, sometime apprentice to a tailor in Oxford, became a famous astrologer, the most prodigious author in his profession. As Anthony Wood said to John Aubrey in 1692: "the generality of scholars did formerly take him to have been bred an academian, because he was borne at Oxon, and, so, consequently, not to be much admird, now their eyes being opend and knowing that his education hath been mechanical they esteem him a prodigie of parts and therefore are much desirous that his picture may hang in the public gallery at the schooles."

"His greatest helpes in astrologicall knowledge", said Aubrey, came from Dr. Nicholas Fiske (1575 q.v.), "his honoured Friend and Tutor"; & he owed much to an uncle, Timothy Gadbury, a good mathematician & latinist. From 1652 to 1691, Gadbury wrote at least 33 books, apart from almanacks & a 30-year continuation of Vincent Wing's Ephemerides: in two series, published in <u>1672</u> & in <u>1680</u>: from thence come his professional qualifications, shown with his name above. John Gadbury died on Friday, 24 March 1703/4.

The figure is by his friend George Parker, in <u>The Royal Speculum for 1705</u>, data from J.G.'s example nativity in <u>The Doctrine of Nativities</u> (1658), silently overlooking a grave blunder. Planets are from "Kepler's Ephemerides", houses ex Regiomontanus. The label reads: "Mr. John Gadbury, born Decemb. 31 day, 14h. 30m. P.M. 1627. Lat. 51.46."

Tropical zodiac
VP: 20°21′
<u>Regiomontanus</u> houses
RA MC: 149°19′
☊: ♋ 29.4

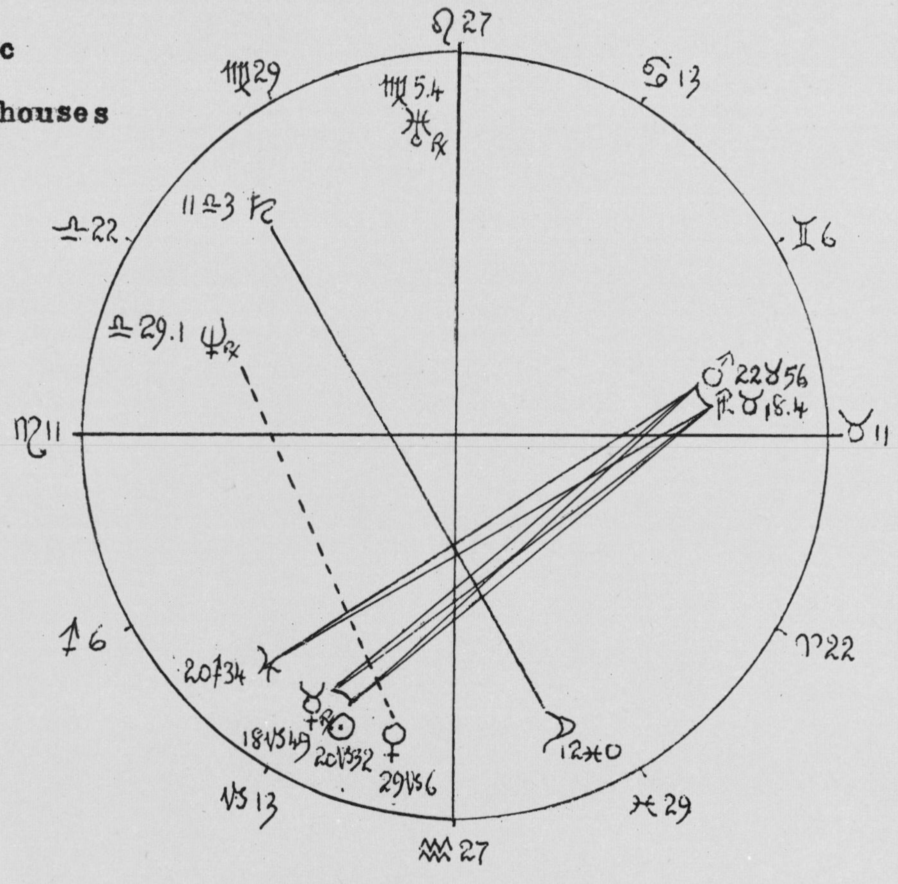

GEORGE VILLIERS 1628.1.30
2nd duke of Buckingham of that name

Calculated for London, Wednesday 30 January 1627/8 at 1h.0m. p.m. on the sundial, from Hynes, Schoch & Foelsch.

Tropical zodiac
VP: 10°21′
Campanus houses
RA.MC. 337°48′
☊ ♋ 27.9

See Anthony Ashley Cooper / 1621

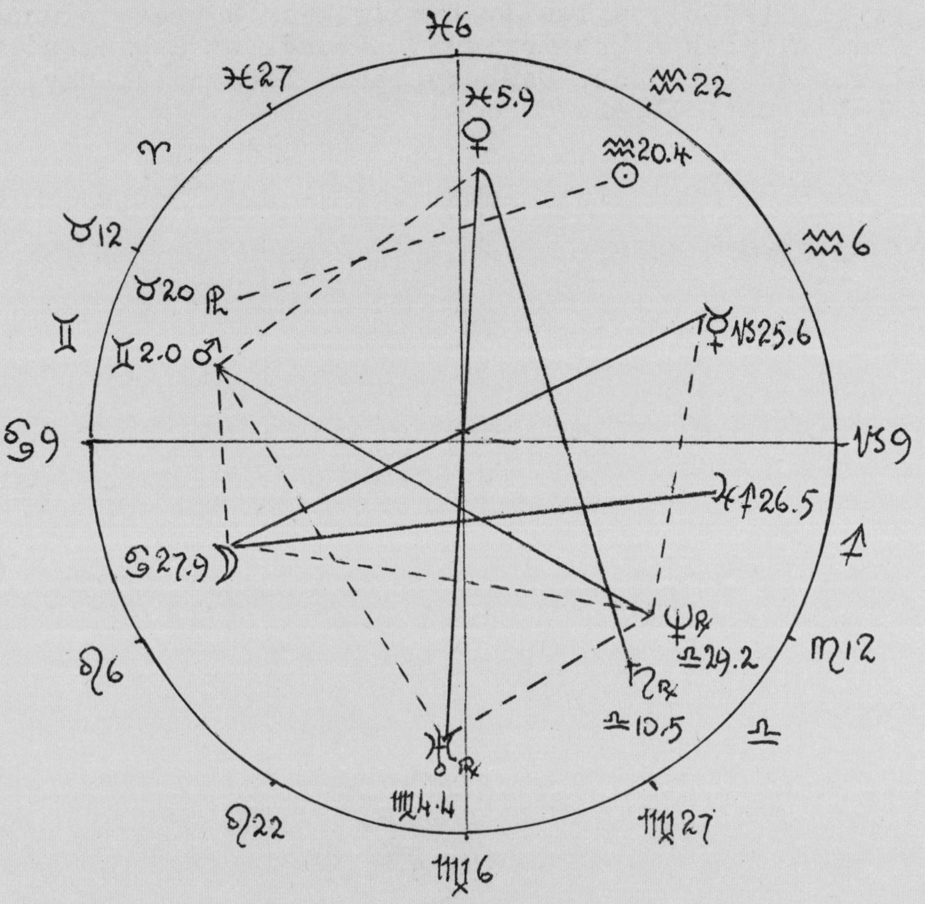

The Bishop of London, William Laud, afterwards Archbishop of Canterbury recorded this birth in his diary, still preserved in St John's College, Oxford. The transcription, as it appears in the Historical Collections (1680) of John Rushworth, is:

> Anno 1628 January 30. Wednesday, my Lord Duke of Buckingham's Son was Born, the Lord George: New Moon die 26.

Dr. ~~Francis~~ Richard Napier entered this birth in his note book two days after the event. This is transcribed in MS. Ashm.423. fol.69.v. following the birth data for his father:

> 1627/8.ii.1 "The Dukes son borne ☿ 30 Han. 1628. 1^{H} p.m. 9♋. Asc."

Dr. Francis Bernard (BM MS. Sloane 1683 f.101.v) and his son Dr. Charles Bernard (BM MS. Sloane 1684 f.3.) both show the time as 10.45 a.m., but Charles writes "incerta genesis".

HENRY HOWARD OF NORFOLK, F.R.S. 1628.7.11
6th Duke of Norfolk
Earl of Norwich & Baron Howard of Castle Rising
Earl Marshal (1677) & Hereditary Earl Marshal

2nd son of Henry Frederick Howard, 3rd earl of Arundel, by the Lady Elizabeth Stuart, daughter of Esmé, 3rd duke of Lennox. Before the Restoration he spent much time abroad, including a visit to the diarist John Evelyn at Padua in 1645; but in 1655 he was settled at Albury in Surrey—where Evelyn admired his fine pictures & curiosities. After the Restoration, he persuaded the King to restore the dukedom of Norfolk, forfeited in 1572 when Thomas, the 4th duke, was beheaded for interesting himself in the Queen of Scots. His elder brother Thomas (1627-1677 q.v.) became the 5th duke in 1664.

Henry had married the Lady Anne Somerset in 1652: she was the elder daughter of the 2nd marquis of Worcester & they had two sons & three daughters; their eldest son Henry becoming the 7th duke. When Anne died in 1662, he fell into deep melancholy.

Nevertheless he eventually found a young mistress & married her in 1668. She was Jane Bickerton (1646-1693 q.v.), aged 21, he being 40: they had seven children, the last posthumous. With her he shared his honours: raised to the peerage as baron Howard of Castle Rising[1] & as such he went to Morocco as ambassador extraordinary; advanced to the earldom of Norwich,[2] with the office of Earl Marshal; in 1677, on the death of his bachelor brother Thomas, he became 6th duke of Norfolk. He died in 1684.

His birth (discussed overleaf) was at "neer ☉ Riseing". The note with this in Ashmole's MS. 243 suggests a moment half way between the first light and sunrise, known as "civil dawn", and my figure is for London, Friday, 11 July 1628, 3h.20m. a.m. apparent time, from Hynes Schoch, Foelsch.

Tropical zodiac
VP: 10°21′
Campanus
RA MC: 350°43′
☊ ♋ 19.1

1. in 1669
2. in 1672

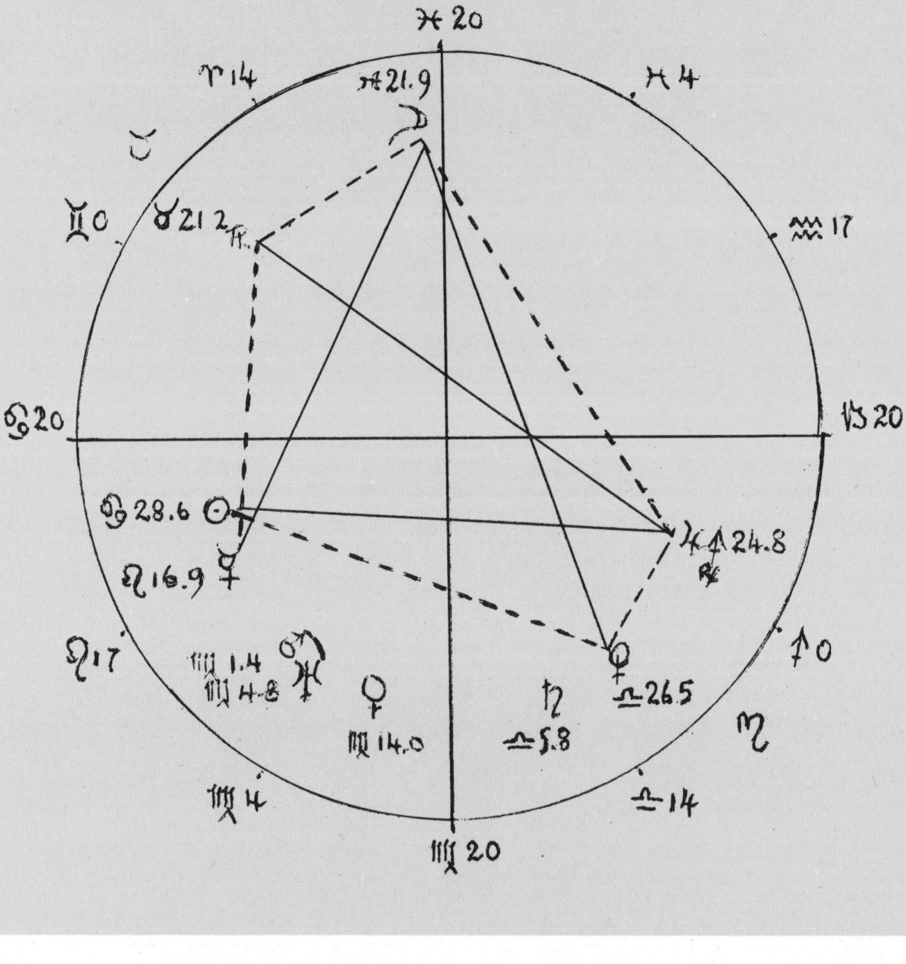

DNB (no source) says of him: "though good natured he was a man of small capacity and rough manners"; on the other hand, his art collections & gifts to Oxford University & the Royal Society show a different side, apart from friendships such as that with john Evelyn. While still a commoner, the Royal Society elected him a member on 28 November 1666, as Pepys tells us:-

> Here was Mr. Henry Howard, that will hereafter be Duke of Norfolke, who is admitted this day into the Society, and being a very proud man, and one who values himself upon his family, writes his name, as he do every where, Henry Howard of Norfolke.

And two months later, 7 January 1666/7, Pepys heard from Lord Brouncker:-

> How Mr. Henry Howard, of Norfolk, hath given our Royal Society all his grandfather's library, which noble gift they value at £1000, and gives them accommodation to meet in, at his house, Arundell House, they being now disturbed at Gresham College.

The printed books of this magnificent library, together with most of the MSS. went to the Society, but some MSS. were given to the Heralds' College. In 1831 the Society's "Arundel MSS." went to the British Museum: they sold the printed books circa 1870.

And he did not stop at this. On 17 January 1667/8, Pepys was told by John Creed "of Mr. Henry Howard's giving the Royal Society a piece of ground next to his house, to build a College on, which is a most generous act. And he tells me he is a very fine person, and understands and speaks well; and no rigid Papist neither, but one that would not have a Protestant servant leave his religion, which he was going to do, thinking to recommend himself to his master; saying that he had rather have an honest Protestant than a knavish Catholique." Pepys noted again on 23 June 1668 that Lord Brouncker had told him of "Mr. Harry Howard's noble offers about ground for our College, and his intentions of building his own house there most nobly."

Incidentally, he seems to have had some regard for Pepys, because when the diarist stood for Parliament in 1669, Lord Howard joined the Duke of York in supporting him, & although Pepys was not successful, he did get elected in 1673 for Castle Riding, the seat of Lord Howard. As Earl Marshal, Henry Howard showed activity, as can been seen, among other things, in his controversy with the Garter King of Arms, Sir Edward Walker, details of which are in <u>Elias Ashmole</u>, by C.H. Josten, M.A. D.Litt. (1966). He died at Arundel House, Strand, on 11 January 1684.

Birth data are in <u>MS. Ashm. 243</u>. f.190.v. "Natus Dux: Norf: ♀ July 11th 1628 hor ☉ neer ☉ Riseing London." MC ♓ 20 AS ♋ 20 ☉ ♋ 29 ☽ ♓ 24. The time was not chosen at haphazard. In round figures, the first light would have been noticed at 2h.30m. (nautical dawn, the sun 12° below the horizon—on that day there was no complete darkness in the latitude of London); sunrise was at 4h. a.m. apparent time. Whoever calculated this figure, chose the mid-point between these two, known now as civil dawn, with the sun 6° below the horizon, actually 3h.20m a.m. apparent time.

MRS. JOHN GADBURY 1628.12.26
first wife of the prominent astrologer
"Hypochondriaca": Francis Bernard, M.D.

Though John Gadbury (q.v. 1628) is well known for his abundant astrological writings, and some of his public life is on record, information about his domestic life is scanty.

The D.N.D. Vol. VII. p.785, says he married "about 1648"; but John Partridge, who analyzed his nativity in Defectio Geniturarum (1697) pp. 324/327, has him married for the first time at 23 years & 3 months, or in April 1651. According to the D.N.B., he was already a widower in 1681. And from Partridge we learn that he "married again" when 59 years & 10 months old, or at the end of 1687.

The data for "Mrs. Gadbury" are from Francis Bernard, M.D.; and his brother, the surgeon Charles Bernard, left us the nativity of Gadbury's mistress, of whom nothing is known, not even her name. As the Bernard brothers were friends of Gadbury their information came no doubt from him; and the girl friend's time of birth looks like a "rectification"—Charles did not know how to do this.

Comparisons between the nativities of John Gadbury and his first wife are most interesting.

Tropical zodiac
VP: 10°20′
Campanus
RA MC: 2° 9′
☊: ♌0.3

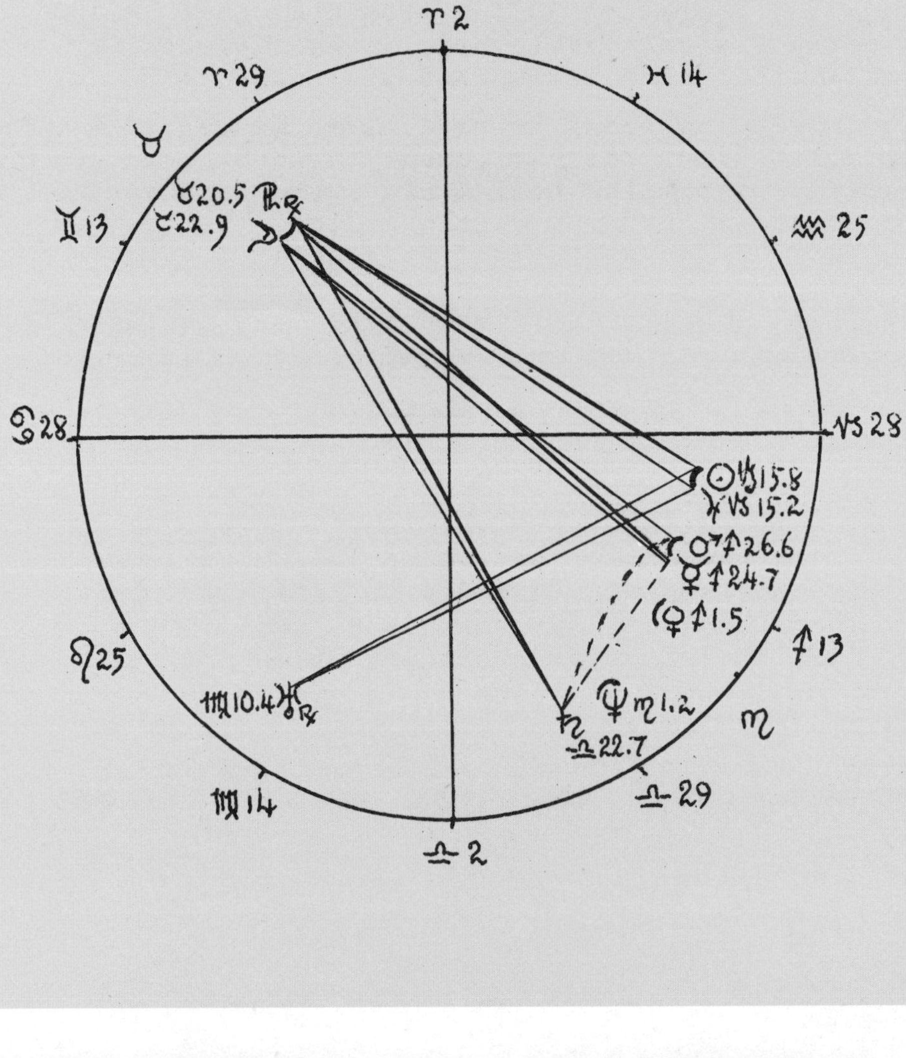

My information is from B.M. MS. Sloane 1683, "F. Bernard Nativities of Eminent Persons", f.176:

> Mrs Gadbury Nata 1628 Dec:26. ☽ in 23: ♉ ♄22 49♎ ♋28 Asc: Hypochrondiaca (sic).

This note was taken by me in 1946 under pressure and I cannot tell whether it represents my own description of a drawn nativity, or a transcription of a note by Bernard himself—I think the latter, because it looks more like his method than mine. The time of birth was found by calculating the Moon's time, from which the Sun could be found, and thence the midheaven and ascendant. The results all agreed with Bernard's data.

NB. Sloane MS. 1683 contained schemes to f. 162, after which, to f. 182, the book contained notes or an index. These data are therefore a transcript of Bernard's notes of some nativities shown to him.

RUTH NEDHAM 1629.4.29

Third wife of William Lilly (1602.5.1)

Calculated for London, Wednesday 29 April 1629, at 11h.28m. p.m. apparent time, from Hynes, Schoch, Foelsch. But from Henry Coley's reading (which follows) it seems that these data may not be reliable either for the date or the hour.

Tropical zodiac
VP: 10°2o'
Campanus houses
RA MC: 218°57'
☊: ♋3.7

This makes a useful check on the tables used by Henry Coley, which were presumably the Rudolphine ones based on Kepler. They are shown here in comparison with Schoch's decimal results. The difference of ☽ must be due to some error by Coley.

	Schoch	Coley
☉	♉ 19°24'	♉ 19°29'
☽	♐ 20°18'	♐ 18°19'
☿	♈ 24°12'	♈ 24°10'
♀	♉ 1°48'	♉ 1°59'
♂	♈ 1°43'	♈ 1°48'
♃	♒ 6°48'	♒ 6°43'
♄	♎ 17°54'	♎ 17°55'

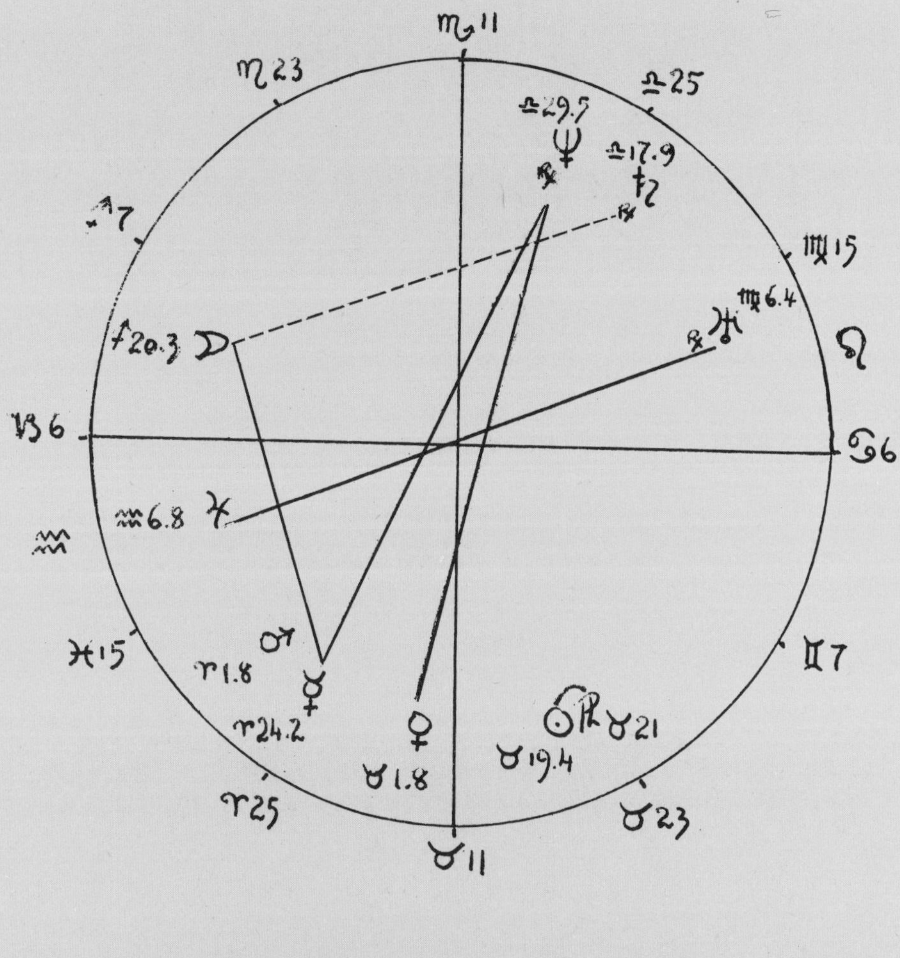

MS. Ashm.698 is a small quarto of 32 leaves, of which the last and fol.24 are torn. Mostly it contains figures and notes by William Lilly. There is some work by Coley, including directions for "the nativity of my hon^{d}. father Mer: Ang:" i.e. Merlinus Anglicus. At the bottom of fol.21.v. is this note:

> ☽ 16. octo. 1654. nuptus tertio ad Ruth Nedham ☽ 11 ♈ — daughter of Cap: Isaac Nedham of Edmonton. I married her for love not for money.

MS. Ashm.421 is "The life of William Lilly student in Astrology. wrote by himselfe in the 66th year of his age, at Hersham in the parish of Walton vppon Thames in the County of Surrey: propria manu. Excellentissimo viro Armigero Elias Ashmole. D.D.D. hos vita meos labores .·. "

> fol.210.v. "In October 1654. I married the third wife, who is signified in my Nativity by Jupiter in Libra: and shee is so totally in her condition, to my great Comfort."

MS. Ashm.394 contains 276 ff. of transcriptions in Ashmole's hand. At fol.109.v. is the following:

> Nativity of Ruth 3^{d} wife of M^{r}. W^{m}. Lilly, with M^{r}. Hen: Coley's Judgm^{t}. thereon. Nata 29. Ap: 1629 11^{H}. 28. p.m. ☽ â ✶ ♄ ad △ ☿ & ☐ ♂ sub Lat. 51°32′ Here follows Coley's figure
>
> Tis very pbable this may be the true position of the Heavens, at the Birth of the Native (or neere it) I shall not be positive in regard the day is not exactly given. The native is moderately well described by the sign ♑ and ♄ in ♎ withe the Virgins Spike, in ✶ to ☽, to which may be added the position of ♃ in ♒. in the Ascendent, wch never fails (in a Naturall Sence) to give a very obliging temper, disposition & deportment: & further I add, that ☿ in ♈. in pfect △ to the ☽, adornes the Intellect, & gives the Native a most sereene understand^{g} aboue the generallity of her Sex (wch is excelently verefied in the Native & this I may boldly affirme without flattery. Now that she may be of a crazy Constitution the ☍ of ♄ & ☿ may very well intimate, as the one being Lord of the Ascend^{t}. & the other of the sixt house, very aptly denote the same. — And for the stricktnes of her Judgm^{t}. in point of Religion the afores^{d}: Configuracōn also the position of ♄. in the 9th house in his Exaltacōn neere so belevolent a fixed Star (ie spica) & Retrograde in my Judgm^{t}. (according to the Rule of second Causes) doth eminently promote the same.
>
> This being premised concerning the Face of Heavin in generall, the Fate of the Native (considering her quality & capacity of Birth) should be very ppitious & happy; for here is no less then three planets in their essential dignities, also ♃ (partly Lord of the seconde) in the Ascend^{t}. & ♄ who has great dignities in the Ascend^{t}. & second House, is not only in ✶ to the ☽, but in △ to the very Cusp of the second House, with many other Arguments wch might be vuged very considerable. Hence the Native neede not doubt but (during lyfe) to live much aboue the frownes of Fortune, very comfortably & in much tranquility, & heere it must be vnderstood, that a Womans Fate is partly included in her Husbande. — Now since there appeares so great Sympathy betweene the Natives Geniture & hir Husbande (as I am well acquainted with) there is no doubt but the Native may continue to the end of her

RUTH NEDHAM (continued)

daies in as great splendor as she will desire, as to the concernes of this world, therefore this mav be something of encouragemt. vnto her that her Fate is Naturally so happy —

11 Aprill 1680

Tis to be observed that ♄ is now neere in ☍ to he (sic) Ascendt. by Transit, & will within few moneths come to the Quartile of his opposite place, wch advises the native to be exceedingly carefull to prserve her health & keep from cold. ♄ in ♋ may afflict the Stomack & consequently the Head, but when he is once pasd out of ♋ into ♌ I hope she wilbe more healthfull, yet rarely so strong in Body as might be wished, yet moderately cheerfull & pleasant to her owne great content, & the satisfaction of her tender Husband, & thus I comit you both to Gods proteccõn, most heartily wishing you both health & long lyfe, & finally eternall felicity hereafter.

H.C.

Henry Coley's Figure
ms. Ashm. 394 f.109.v.

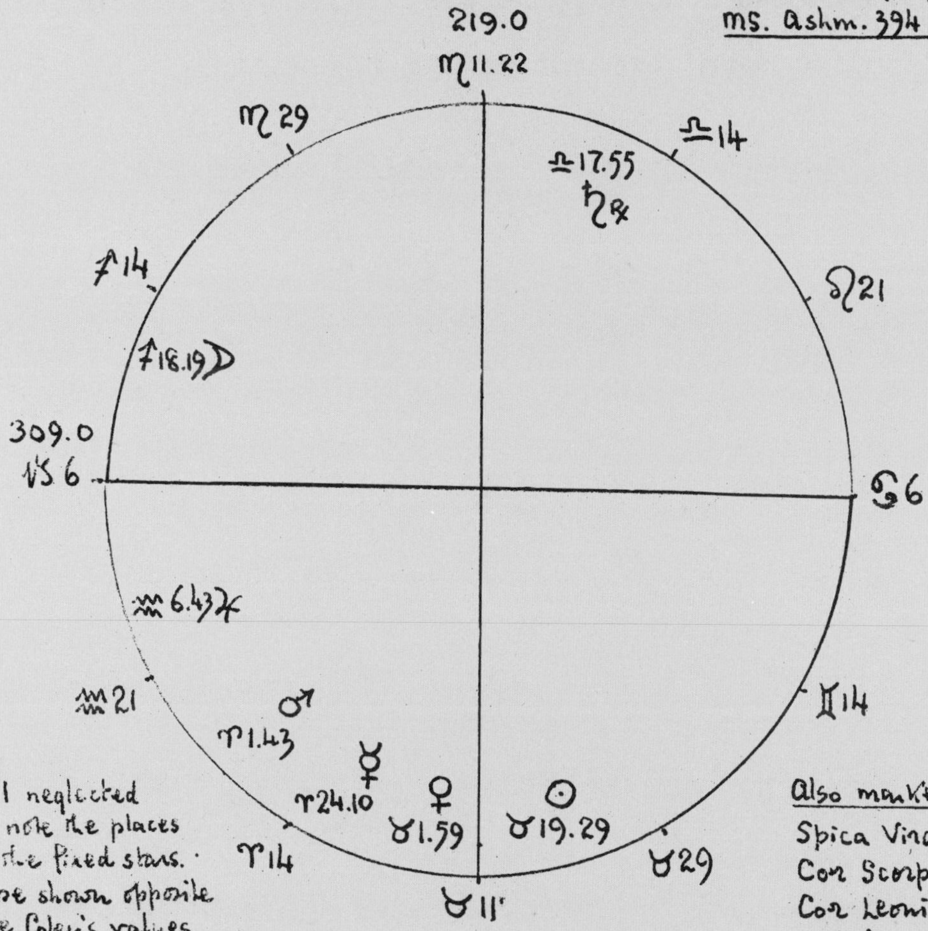

* I neglected to note the places of the fixed stars. Those shown opposite are Coley's values for 1650 in his "Clavis" of 1676. Thus, in 1629, Spica ♍'s was in 18♎41.

Also marked: 1650*

Spica Virg:	18♎58
Cor Scorpij	4♐55
Cor Leonis	24♌59
Aldeberan	4♊54
Pleiades	

CHARLES JAMES STUART 1629.5.13

Firstborn of Charles I. of Gt. Britain
who came & went amid confusion.

Lady Eleanor, wife of the attorney-general Sir John Davys & a daughter of the Earl of Castlehaven, prophesied in & out of season: she even predicted her first husband's death. About two years after her marriage to Charles, the queen asked Lady Eleanor whether she should ever have a son. "Yes" said the prophetess, "in a short time." And being rebuked by the king, who cared for none of these things, she went away & told some maids of honour that a child would be born, christened, & buried, all in one day.

The royal wedding had been in 1625, but the first child was not in evidence until nearly four years later. Henrietta, in her 20th year & pregnant, walked in the gallery at Greenwich palace when a great hound of Lord Dorchester attacked another: one of them seized the queen's gown, filled her with terror, & the birth pangs began. No physician was available, the sage femme sent from France with presents had been captured by a Dunkirk privateer, & all they could do was to bring the Greenwich midwife, but the good woman swooned & had to be carried out. Eventually a son was born at about three in the morning.

Yet trouble continued. The queen's confessor demanded a Roman baptism while the king insisted on an Anglican one: in the end, the king prevailed & his chaplain, Dr. Webb, named the boy CHARLES JAMES. He was buried next day, at Westminster, a little before midnight, by Bishop William Laud.

Such a situation seems present in the figure.

Tropical zodiac
VP: 10°20′
Campanus houses
RA.MC: 284°55′
☊: ♋ 3.0

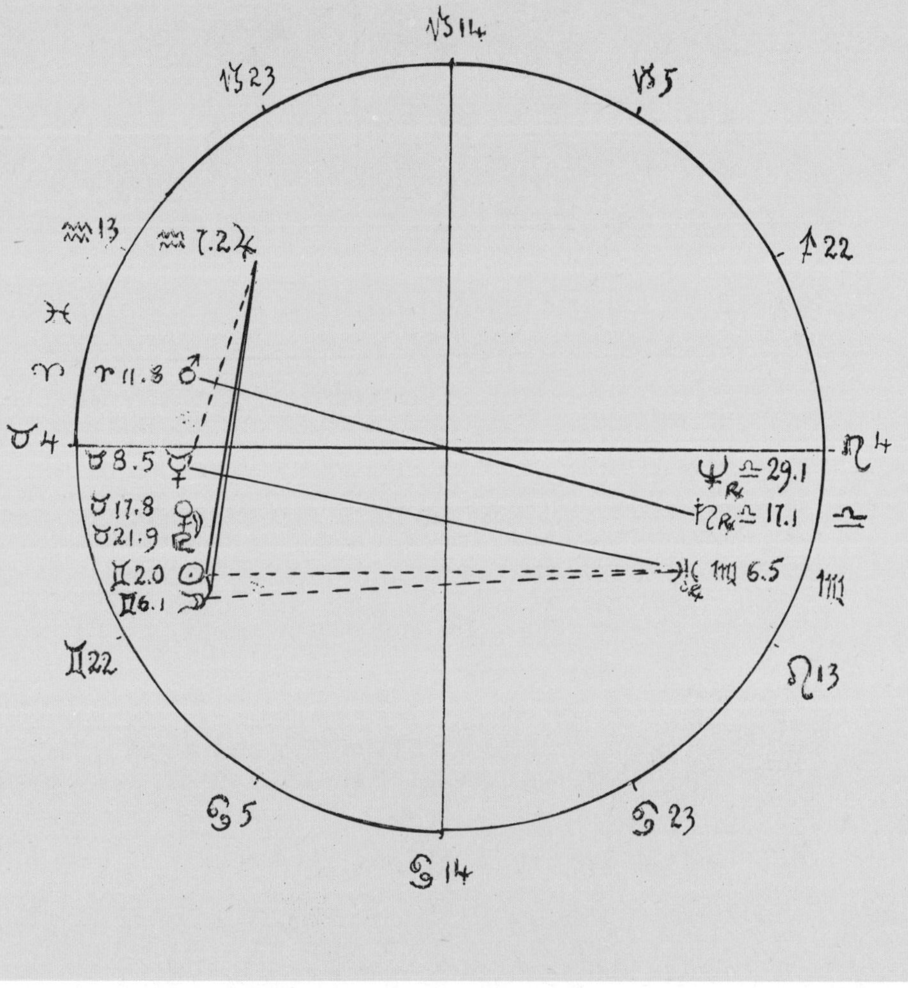

The Life and Death of That Matchless Mirrour of Magnanimity And Heroick Virtues Henrietta Maria De Bourbon, Queen of that blessed King and Martyr Charles the First And Mother to that most magnificent Monarch Charles the second, King of England, Scotland, France, and Ireland (&c.) London. 1669.

> Wednesday, May 13. 1629. her Majesty surprized with some fright, was delivered of a son, before her time, which the King (to prevent others) had Christened by Dr Web, then Chaplain in attendance; and dying an hour after, was buried by Dr. Laud at Westminster.

The diary of William Laud, now in the library of St. John's College, Oxford, sub Anno 1629.

> Maij. 13. Wensdaye, Thiss morninge about 3. of the Clock, the Queene was delivered before hir Time of a Sonne. He was Christened, and Dyed within short space, His Name Charles. This was Ascention Eve. The next Day being Maij. 14. Ascention Day Paulo ante mediam Noctem, I buried him at Westminster. If God repair not this loss I much feare it was Descention daye to thiss State.

British Museum MS. Harleian 6988 ff. 220-1, contains a note in the hand of Princess Elizabeth that her eldest brother was born at Greenwich.

The story (recto) about Lady Eleanor Davys is from Lives of the Queens of England, by Agnes Strickland, London. 1851. Vol. 5, pp. 243-247. Surprisingly, Miss Strickland gives the year as 1628, not 1629.

ERNST AUGUST OF GUELPH 1629.11.20

Secular Bishop of Osnabrück 1662, duke of Hanover 1679, Elector 1692.
4th son of George duke of Hanover and Anne Eleanor of Hesse-Darmstadt; in 1658 he married Sophia, daughter of Frederick V, Elector Palatine and Elizabeth daughter of James I of Great Britain, thus transmitting the throne of Great Britain & Ireland to his son George Lewis (q.v. 1660). He died in 1698.

Calculated for Herzberg (Harz) 51N39 10E20, Friday 20/30 November 1629 at 6h.0m. a.m. apparent time, from Schoch with the solar refinement of Hynes. Pluto from Foelsch.

Tropical zodiac
VP: 10°20′
Campanus houses
RA MC: 156°14′
☊: ♊22.9

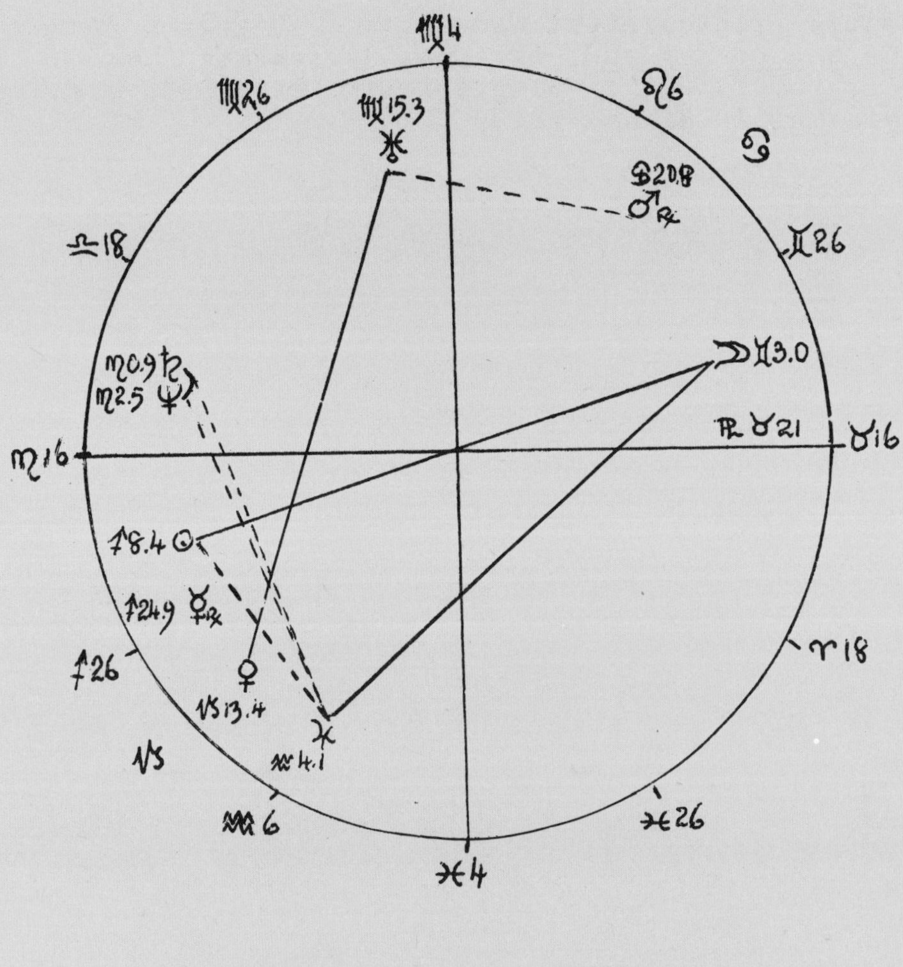

'der nachmalige Kurfürst Ernst August wurde geboren in Herzberg (Harz) am 20. November 1629 (alten Stils), "6 Uhr in der Früh". (Die gleichzeitig begorene Zwillingsschwewter Dorothea Magdalene starb 17. November 1630).'

<u>Letter</u> <u>Niedersächsiches</u> <u>Staatsarchiv</u> <u>St.-A.</u> <u>3940/50</u>: <u>3.2.1951</u>
<u>Hannover</u> <u>from</u> <u>Dr</u>. <u>Schnath</u>, <u>Staatsarchivdirektor</u>.

CHARLES II OF GREAT BRITAIN & IRELAND 1630.5.29
"Delicia humani generis": Charles Bernard, 1674

2nd son of Charles I & Henriette Marie. He watched at Edgehill (1642 Oct.) fought from mid-1644. In Mar. 1645, his father ordered him to the loyal west: to Jersey via the Scilly Iles in Mar. 1646: whence in Sep. 1646 he went to France, his father having surrendered in May. In Paris, his mother moved marriage with her niece, the richest match in France, Anne Marie Louise d'Orleans (1627 q.v.), who thought him "tall for his age, a fine head, black hair, a brown complexion, & passably agreeable in his person... he neither speaks nor understands a word of French." Later she wrote: "Je ne regardais plus le prince de Galles, que comme un object de pitié."

Charles joined Prince Rupert (1619 q.v.) & his small fleet at The Hague in summer 1648. There, Lucy Walter gave him the future Duke of Monmouth, 9 Apr. 1649 (q.v.). When his father died (1649 Jan.) the Scots & Irish proclaimed him; but he was not crowned in Scoone until New Year 1651. He invaded England in August; met defeat at Worcester in September; reached Paris destitute in October. He proposed to Anne Marie d'Orleans in French, but was told he must fetch the Crown himself, with his sword, to be worthy of it.

Humiliations & cold shoulders during the years ahead, built into him those attitudes for which he has been criticized—caricatured by Bishop Burnet. When restored in 1660, parliament proclaimed Charles, de jure, from his father's death, assuming the throne in his 12th regnal year, deemed to begin on 30 Jan. 1660. He married D. Catherina de Bragança, at Portsmouth, on 21 May 1662; & he died in London, of apoplexy, on 6 February 1685.

Calculated for London: Saturday, 29 May 1630, 11h. 55m. p.m. apparent time, fro Schoch & Foelsch, with Hynes's solar refinement.

Tropical zodiac
VP: 10º19′
Campanus houses
RA MC: 75º 5′
☊: ♊12.9

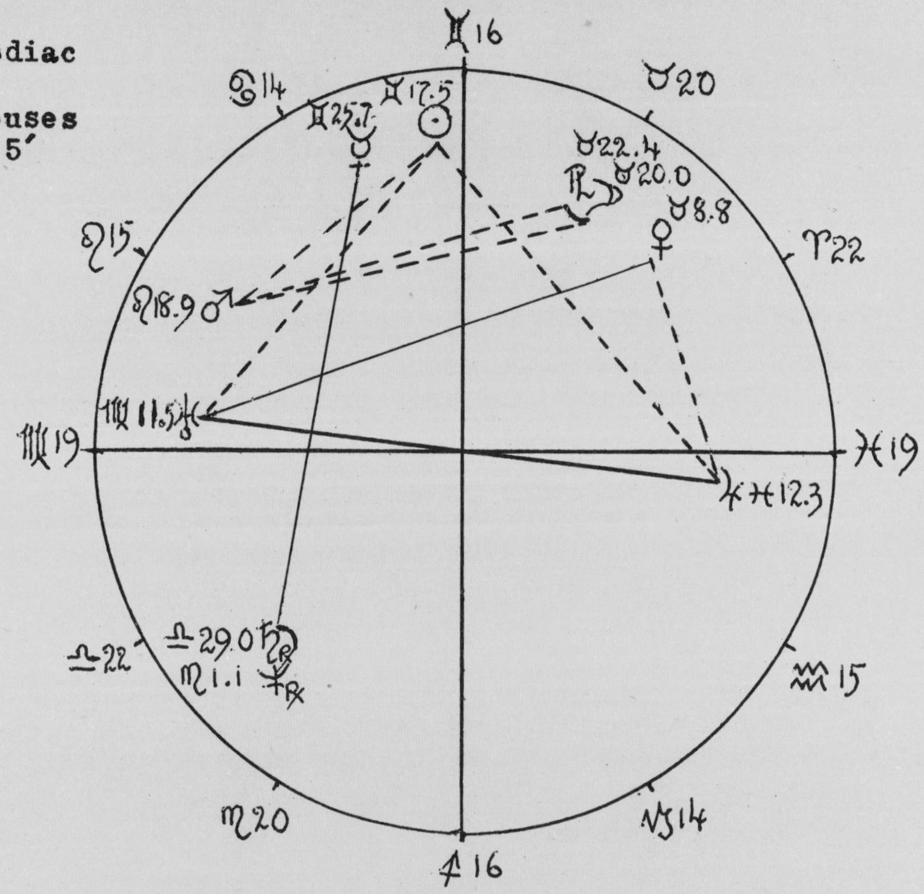

Contemporary figures exist, all of them wrong. Confusion increases with an entry in Archbishop Laud's diary which became known after his death on Tower Hill, 10 Jan. 1644/5. But doubt is swept away by the official announcements of Viscount Dorchester, Dudley Carleton, who became principal Secretary of State in December 1628.

C.S.P. Domestic, Charles I. 1629-1631, p.268, "Secretary Dorchester to the English Ambassadors in Foreign Countries. Minute of a letter announcing that her Majesty falling into travail about 4 of the clock that morning (1630 May 29), was *before noon* (my italics) the happy mother of a Prince of Wales."

Next day, Dorchester wrote a personal letter to the English resident in Paris, De Vic, quoted in full by J.H. Jesse in *Memoirs of The Court of England during the Reign of the Stuarts*, III. p.218, (1840) from *Ellis's Original Letters*, vol. iii, p.262, 2nd series, beginning:

> Yesterday, *at noon* (my italics), the Queen was made the happy mother of a Prince of Wales. Herself, God be thanked, is in good estate, and what a child can promise that reckons yet but two days, is already visible, as a gracious pledge from Heaven of those blessings, which are conveyed and assured to kingdoms in the issue of their Princes..."

C.S.P. Venetian, 1629-1632, p.351, art.432, transcribes a letter from the Venetian ambassador, Giovanni Soranzo, to the Doge & Senate, dated London, 14 June 1630 N.S. (original in the Venetian archives).

> On Saturday last, the 8th inst., the queen happily gave birth to a prince, *about midday* (my italics), and so the King sees his desires fulfilled and the succession established... On the very day the prince was born I made a special effort, as the occasion demanded, although very shaky on my feet, and went to see the Secretary of State to say what I thoughtnecessary in your Serenity's name... On the following day, a Sunday, I asked and obtained audience of his Majesty. (&c.)

The official evidence thus points to a few minutes before noon. There remains Laud's diary, preserved at Oxford in St. John's College library. On 18 April 1947, the librarian, Mr. C.H. Roberts, very kindly sent me a transcription of this entry, with comments on the abbreviations.

> Anno 1630
>
> Maij. 29. Saturdaye. Prince charles was born at S. James. Paulo ante Horam I^{a}. post meridi^{e}. I was in the House 3. howers before, and had the Honour And the Happiness to see the Prince, before he was full one hower old.

The only Fullstops are after "Saturdaye", "James", & "old". One can reconcile Laud's authority with Dorchester's clear statements if one imagines the Archbishop hearing of the Queen's labour (as he would do immediately), going to St. James's; leaving there about 9 a.m. (called away perhaps); & returning a little before 1 p.m., when he saw Charles not yet one hour old. I think Laud had got as far as "A little before one", then remembered he ought to have been present at a birth of such importance, & broke off to add that he had been in attendance several hours before. Hence the confusion of this entry, after all, it was no more than a private note.

This nativity was discussed by me at length in ASTROLOGY (editor, C.E.O. Carter), vol.22, n.4, December 1948. It also appeared, with that of Barbara Villiers, in AMERICAN ASTROLOGY, Vol.28, No. III, May, 1960 (editor Joanne S. Clancy), pp.27-30, under the title (not chosen by me): "Gifted Child of Venus".

SOPHIA Electress of Hanover 1630.10.13

12th child & 5th daughter of Frederick V, Elector of Palatine & King of Bohemia, and Princess Elizabeth, daughter of James I of Great Britain. In 1658 she married Ernst August who became successively Bishop of Osnabrück, Duke of Hanover, and Elector: by him, she became the mother of George I of Great Britain.

Calculated for The Hague 52N4 4E20, Wednesday 13/23 October 1630 at 9h.0m. apparent time, from Schoch with the solar refinement of Hynes. Pluto from Foelsch.

Tropical zodiac
VP: 10°19′
Campanus Houses
RA MC: 343°18′
☊: ♊5.6

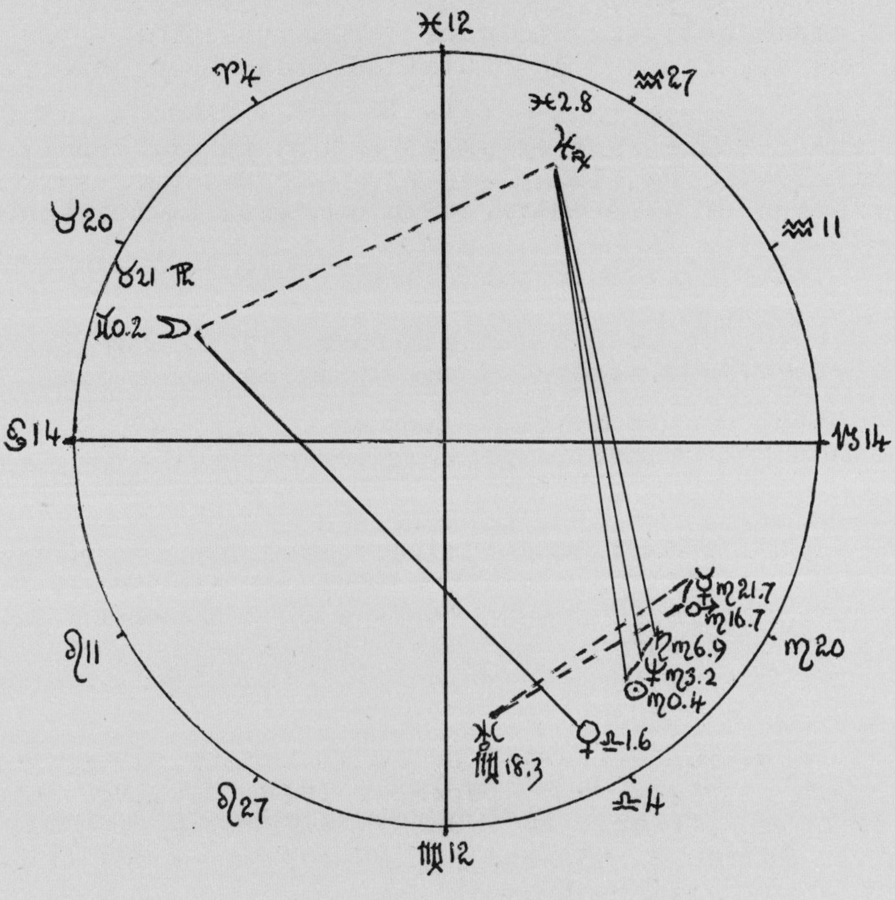

Sir Henry Vane to Lord Dorchester: 'Hage this 13/23 of october 1630. This bearer is despatched from the Kinge of Bohe: to his majestie, to carry the gladd tydings of his sisters beinge safely delivered this night att 9 of the clocke of a goodly Princess.'

Public Record Office SP. 84/142. f.141

Elector Palatine to Dorchester: 'la Haye 13/23 Oct. 1630'and Elector Palatine to Charles I, both confirm the birth without details.

Public Record Office SP. 81/36. f.101 & f.103.

JOHN DRYDEN 1631.8.9

The greatest dramatist & poet of his time, though Bishop Burnet called him "a monster of immodesty and of impurity of all sorts."

Dryden came of an ancient Northamptonshire family & studied at Westminster School & Trinity College, Cambridge. After going down, he became secretary to his cousin Sir Gilbert Pickering, a favourite of Oliver Cromwell, & when the Protector died he wrote Heroic Stanzas about him. Nevertheless, at Restoration, Charles II. was hailed with Astroea Redux & shortly afterwards Dryden began to write for the new theatre. In 1663 he married the Lady Elizabeth Howard, a sister of Sir Robert Howard with whom he collaborated in The Indian Queen; & around 1668, the King appointed him Historiographer Royal & Poet Laureate, at £200 a year. James II. increased this pension when Dryden became a papist (not unnaturally promoting comment); but he lost both offices & pension when James was turned out. Yet in the remaining ten years, Dryden did some of his best work, including admirable translations of the classics. He died on 1 May 1700, in the 69th year of his age, & was buried at Westminster.

Calculated for Titchmarsh, 52N25 OW28, Tuesday, 9 August 1631, 5h.30m. a.m. apparent time, from Schoch & Foelsch, with the solar refinement of James Hynes.

Tropical zodiac
VP: 10°18′
Campanus Houses
RA MC: 231°31′
☊: ♉ 19.7

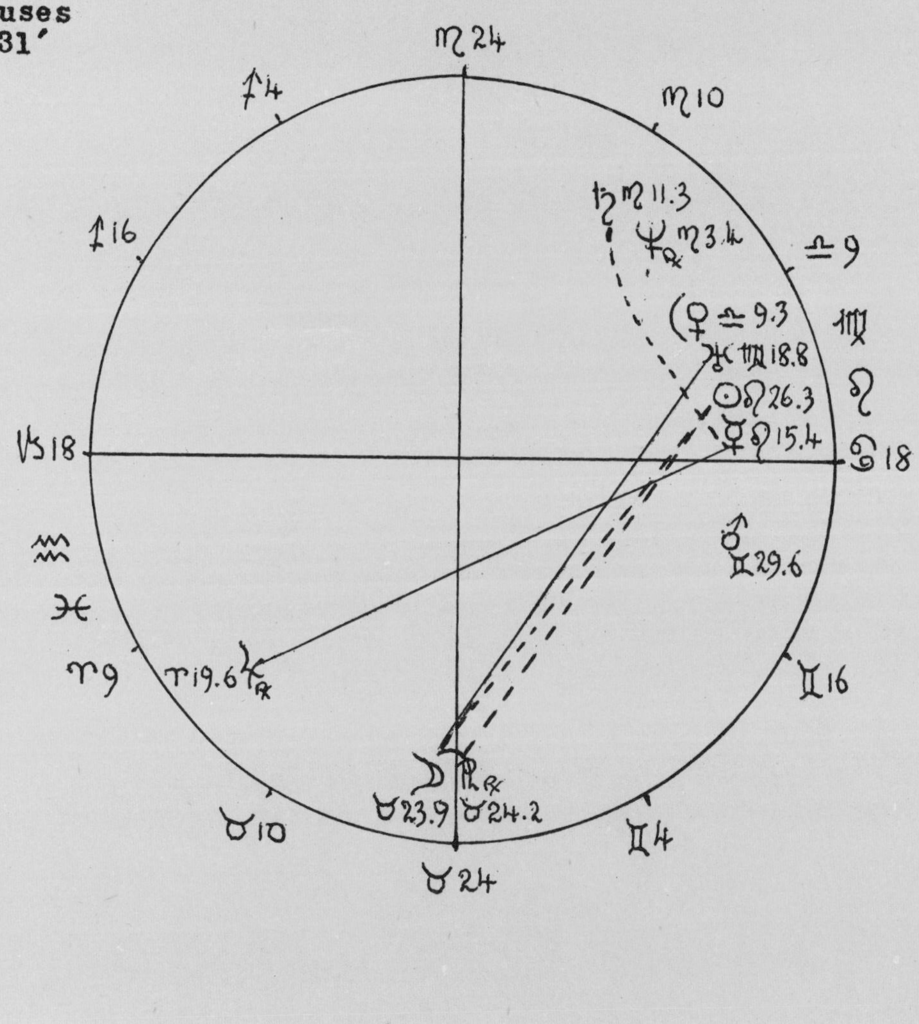

John Aubrey (Vol.1. p.241) has two birth times: (1) ex Dr. R. Napier for 5h.33m.16s. p.m., no place; (2) 5h.53m. p.m. Lat. 52 N.: "This is the nativity of Mr. John Dryden, poet laureat, by Mr. John Gadbury, from whom I had it." In "More Notable Nativities" (1933), Maurice Wemyss shows positions for 5h.33m. 16s. p.m. "According to the data and horoscope in an Asmolean MS. in the Bodleian"—which must be Napier's.* The place is given by Christopher Hollis in his "Dryden", Duckworth, 1933.

Aubrey says that Dryden promised to write a "brief life" of himself, but never did so, & unfortunately A. neglected to get an estimate time from him. This is curious, because the dramatist was skilled in astrology. For obvious reasons I have preferred Richard Napier to Gadbury & take the time as 5h.30m.

Dryden wrote plays for three decades, till 1694 when his Love Triumphant failed & he turned to translating Virgil. A critic has written: "Dryden is unequalled as a satirist among English poets, and the best of his tragedies are unsurpassed by any since written. His poetry as a whole is more remarkable for vigour and energy than beauty, but he did much to improve English verse. He was also an admirable prose writer. Personally he was modest and kindly."

But Rochester, Etheredge, Buckhurst, Sedley, who idolized Ben Jonson, had no use for him, & Buckingham satirized him. There is some reason that one or more of them promoted a barbarous attack on him in Covent Garden in 1679, by "divers men unknown". One account describes him as walking alone at night in Rose Alley; but under Tuesday, 16 December, Anthony Wood noted down: "John Dryden the poet being at Wills coffee-house in Covent "Garden was about 8 at night soundly cudgell'd by 3 men. The "reason, as 'tis supposed, because he had reflected on certaine "persons in his 'Essay on the Satyr'—rather in 'Absalom and "Architophel'."

The Rose Alley account suggests as a reason that Dryden had polished up a gross satire by the Earl of Mulgrave which gave offence to many at court, but the truth has never come out.

Christopher Hollis (op. cit.) prints a long extract from a "Memoirs of Dryden", written by "Corinna" (Elizabeth Thomas, b. 1677) & published by Curll about 1729, She says that Dryden was very skilled in judicial astrology, though few outside his family knew of this. He took great care that the exact moment of birth should be taken for his son Charles: then predicted a violent death for him as he entered his 8th year, or his 23rd, or his 33rd or 34th. Corinna gives full details. He nearly died at the first two dates, & at the third period was drowned at Windsor in August 1704. When Charles was born, Dryden is supposed to have said: "he was born in an evil hour; Jupiter, Venus and the Sun, are all under the earth, and the lord of his ascendant afflicted by a hateful square of Mars and Saturn."

* Bodley MS. Aubr. 23 f.121. "out of Dr. Richard Napier's papers."

MARY STUART, PRINCESS ROYAL 1631.11.4
Princess of Orange
Mother of William III of Gt. Britain

At the Biennenhof Palace of The Hague in 1650, Charles I's eldest daughter gave birth to a posthumous child on her 19th birthday: his father, William II of Orange, had died of small pox 10 days earlier.

Hester Chapman (Mary II, 1953) says she had detested & despised the Dutch ever since her arrival in Holland as a bride of 12, but loved & trusted her husband during the seven years of her married life—he was only 24 when he died. As a miserable & haughty widow of 19, with her nearest relations dead or in exile, she found herself surrounded by enemies: on the one hand, her mother-in-law, & anti-Orangists on the other, both parties seeking control of her son William.

Burnet says: "She lived in her widowhood for some years with great reputation, kept a decent court, and supported her brothers liberally; and yet lived within bounds." But in Paris, her mother schemed to marry her to Louis XIV and Mary went there in the winter of 1656. The errand was fruitless & she ran into debt. Burnet says she sold her jewels, presumably later, for la Grande Mademoiselle wrote that 'the Princess of Orange wore the most beautiful diamond earrings I ever beheld; very fine pearls, clasps, and large diamond bracelets, with splendid rings of the same.'

Mary returned to England in Sep. 1660, only to die there of small pox on 24 December. When her son became William III in 1689, he placed no tablet above his mother's nameless grave at Westminster.

Calculated for London, Friday 4 November 1631, 4 a.m. apparent time, from Hynes, Schcch, Foelsch.

Tropical zodiac
VP: 10°18′
Campanus
RA MC: 109°11′
☊: ♉15.1

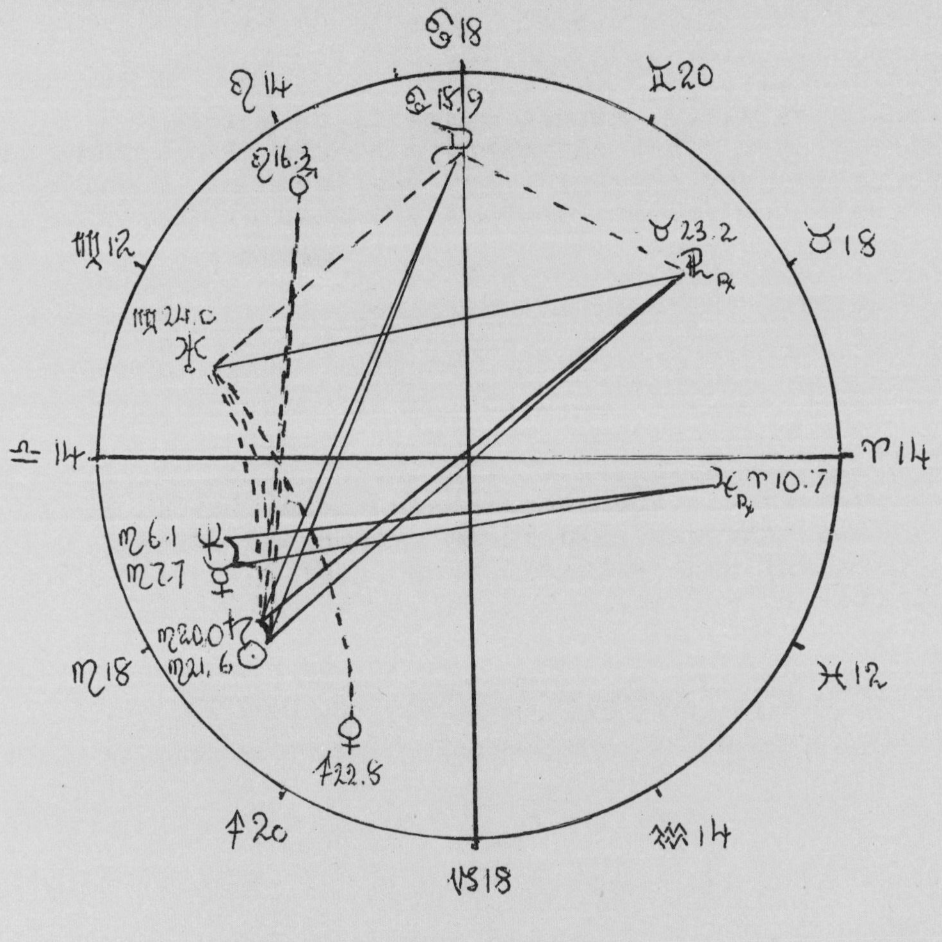

Two times are known: (1) a letter from George Gresley to Sir Thomas Pickering, from Essex House, 9 Nov. 1631, quoted by J.H.Jesse in Memoirs of the Court of England, London, 1840, vol.3, p.245:

> Upon Friday morning, about four of the clock, the Queen was (God be praised) safely delivered of a Princess, who was christened the same morning, by reason it was weak, as some say, it being born three weeks before the time; but I have heard it was done to save charges, and to prevent other christening. The name MARIE; the Countesses of Carlisle and Denbigh godmothers, and the Lord Keeper godfather, the Lady Roxburgh governess, and the nurse one Mrs. Bennet (some say wife to a baker) and daughter to Mrs. Browne that keepeth Somerset House.

Details so complete obliged me to prefer this time of 4 a.m. (shown recto) to that of Archbishop Laud (2) for 5.30 a.m. shown below, from a transcription made for me from his diary on 18.4.1947 by Mr. C. H. Roberts, Librarian of St. John's College, Oxford.

> Anno 1631
>
> Novemb. 4. Friday. The Ladye Marye Princess borne at S. James inter horas quintas & sexta (sic) matutinas. It was thought she was borne three weeks before hir tyme.

Laud has possible support from Giovanni Soranzo, Venetian Ambassador, who reported to the Doge & Senate: "This morning, at the beginning of the day, the queen gave birth to a princess. They immediately christened her with the name Maria, because the birth was premature and the child, consequently, very weak..." C.S.P. Venetian 1629-32, p.562, art. 737. But on 4 November, dawn broke at about 6 a.m. and the sun did not rise until 7.15 a.m. My figure below, ex Laud, is for 5h.30m. a.m. apparent time, from Hynes, Schoch, Foelsch.

Campanus
RA.MC: 131°44′

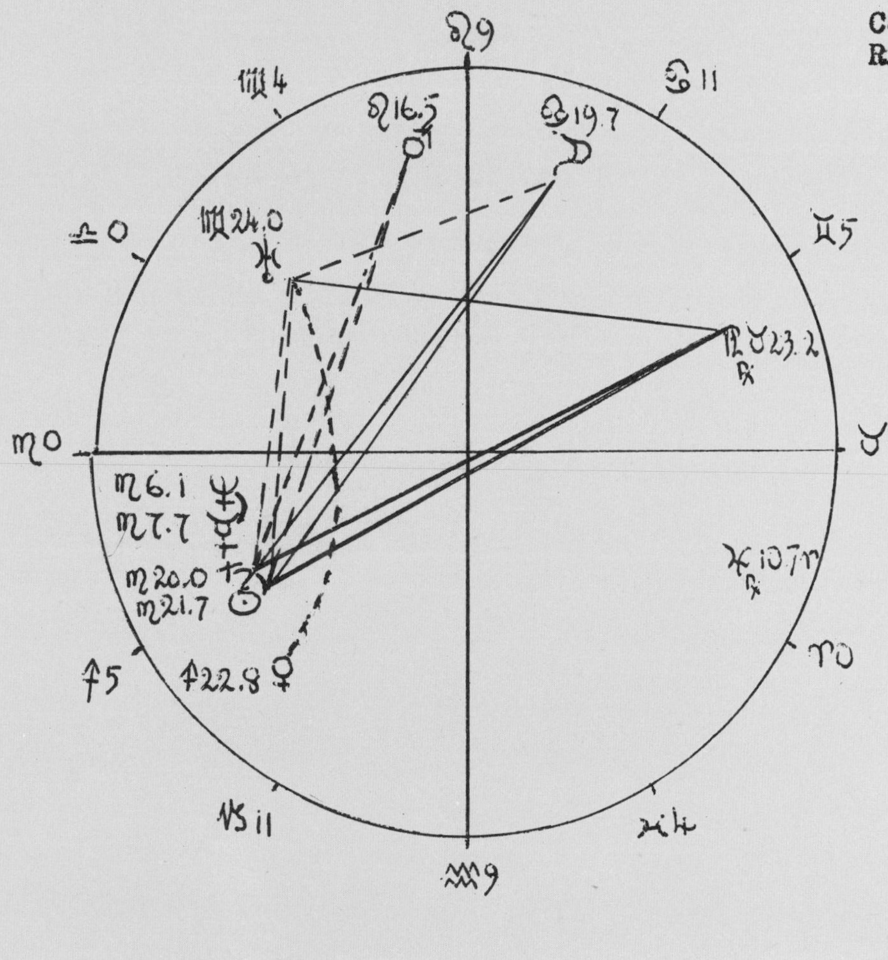

GADBURY & THE PRINCESS ROYAL'S NATIVITY

In 1659, John Gadbury issued a little book (128 pp) called 'The 'Nativity Of the late King Charls (sic) Astrologically and Faith- 'fully performed; with Reasons in Art, Of the Various Success, and 'Mis-fortune of His whole Life. Being (occasionally) a brief His- 'tory of our late unhappy Wars. Unto which is added (by way of 'Appendix) the Genitures of the late Queen, Prince, &c. And their 'sympathy, or antipathy with this illustrious Nativity compared. 'By John Gadbury / London, Printed by James Cottrel, 1659.'

The book is important for three reasons: (1) it is the first astrological study of a family one can trace; (2) the Synastry factor is introduced; (3) the author faced difficulties in getting birth data and in publishing what he found. In his address 'To the Noble Students in Art, And all other Impartial Readers', John Gadbury wrote: 'I know it is accounted a curiosity of the first magnitude, to intermeddle with the Genitures of Princes. And am not ignorant, that by the greatest Polititians, and our chief Masters in Astrologie, we are prohibited such inspections. The Polititian takes cognizance of the great dangers, and eminent dis-advantages the making known a Princes destiny may do him. Astro-logers acquaint us with the unhappy prejudice those usually plunge themselves into, that undertake to be too plaine with a Prince in any thing; but more especially his fate, if so be it chance to be evil.'

Against this, in the margin, Gadbury noted: The inspection of Princes Nativities forbidden by Politicians,(sic) and Astrologers: for what Reasons. One recalls that in Queen Elizabeth's time, people were imprisoned for comparing her nativity with Leicester's. Yet Gadbury ventured to sign his preliminary address as 'From my house near Strand bridge without Temple Bar, ♀ February 5. 1658.'

Such rules may explain why Gadbury and his colleagues hid their sources, but do not excuse the hiding of reported birth times—a practice against which only John Partridge protested. William Lilly, it is true, usually kept close to the time given him (as one sees in his MS. notes); but Gadbury (and others), infatuated with doctrinaire 'rectification', destroyed many otherwise useful nativities. This family study reveals Gadbury's method:-

Charles I (pp 1-90) is declared born at 10h.2m.35s. p.m., but the records show about 11h.15m. p.m. Queen Henrietta is wildly out: 27 Nov. 3h.2m. a.m. for 25 Nov. 10h. p.m. Of Prince Charles, after admitting that all London astrologers accepted 30m. after Noon, Gadbury remarks: 'now we know that there can be but one Truth', and then rectifies to 10h.21. a.m. The official evidence shows him born just before Noon. Prince James is a near miss: 11h. 30m. p.m. for 11h.0m. p.m. Prince Henry's time is correct, 5h.45m. p.m., left untouched because Gadbury had insufficient 'accidents'. But the Lady Elizabeth is carried to 11h.31m. p.m. though Gadbury knew that Laud's diary said 10h. p.m. The Lady Henrietta he left with Noon positions, having found no time of birth.

But the Lady Mary would fascinate him for decades. In this study Gadbury gave her 7h.10m. a.m., only to express indignation three years later in Collectio Geniturarum (1662):

> at the time of my publishing the Nativity of our late glorious Sovereign, King Charles the first, I was wrought upon by a Pretender to Astrologie, to publish a false scheam of the Nativity of this great Lady:: and wanting proper Accidents to verify it by, and being over credulous of the Fidelity of the Gentleman that gave it me, I did, upon his bare Word and Credit, print it; but since have discovered the Weakness or Wilfulness of him, and cannot but blame my own easiness of Disposition a little, that I should suffer myself to be (by cracking Words and Pretenses) cheated into a good Opinion of what was most erronious. This (sine dubio) is the true Nativity of that eminent Princess, and nearly agreeth with the curious Observation of the late Reverend Father in GOD, the Archbishop of Canterbury, who hath (inter alia) set down the same in his Diary.

Yet even this would not do. Thirteen years later, he brought out his Obsequium Rationabile, or a Reasonable Service performed for the Coelestial sign Scorpio, in XX remarkable Genitures of that glorious but stigmatized Horoscope, against the malitious and false attempts of that grand (but fortunate) Imposter, Mr. William Lilly. London, 1675. Here he made the time 5h.45m. a.m.:-

> It is (I confess) somewhat different in time from that I formerly published, viz. Twenty eight minutes, which Error (having this convenient opportunity) I thought fit to correct, being assured from the relation of a Person of great Honour and Skill in these matters, that not the former but this is the most true time of this Royal Princesses Birth.

None of this, of course, escaped the vigilance of John Partridge in his Defectio Geniturarum. Being an Essay towards the Reviving and Proving the true Old Principles of Astrology, hitherto neglected, Or, at leastwise, not Observed or Understood. (&c.) London; Printed for Benj. Tooke at the Middle-Temple-gate in Fleetstreet. MDCXCVII. The following is extracted from his section on the Lady Mary:-

> In the first he made 19 degrees of Scorpio ascending; in the second 27 degrees of Libra; and in the third, in his Obsequi. Rationab. 2 degrees of Scorpio. Now if this last is the truest (which indeed it ought to be) then the Directions that he gives in his Collection for her Marriage and Death, are quite out of doors: and some will make a further inference in the matter, and that is, That he did not believe his Holy Father, nor his Diary. The truth of it is, I believe neither of the Three to be her Birth; ... But I do believe she had some part of the beginning of Scorpio ascending, ... And yet for all that, you must reckon this among the number of Uncertain Nativities.

But it must be remembered that Partridge believed in the mirage of 'rectification every bit as much as Gadbury and most modern astrology: only their methods differ in this futile exercise. Gadbury was interested in Scorpio because, according to himself, 11º 1′ of that sign rose at his birth near Oxford on 31 December 1627 at 14h. 26m. p.m., i.e. 1 January 1628, 2h.26m a.m.

ANTHONY WOOD 1632.12.17

"Merton Wood, with his Antiquitie
"Will live to all Eternitie."
Contemporary rhyme

His father, Thomas Wood, born at Islington in 1580, took his B.A. at Oxford in 1603, being already married to "an antient and rich maid" named Margaret Wood. She lived at Eaton, near Oxford, in the house of Richard Taverner whose niece Mary, then aged two, would become Thomas's 2nd wife & Anthony's mother. Thomas died in 1643.

Anthony studied first at Thame grammar school, then at Merton College—opposite the house in which he was born in 1623 & in which he would die in 1695. He entered Merton in 1647, taking M.A. in 1655. Wood's two great works are History & Antiquities of Oxford (1674) and Athenae Oxoniensis: "an Exact History of all the Writers and Bishops who have had their Education in the University of Oxford from 1500 to 1690, to which are added the Fasti, or Annals for the said time." (1691-2). These, apart from very valuable MSS. & papers, his autobiography & diaries.

In 1693, the vice-chancellor's court condemned him to a fine & banishment until he recanted libels (in Athenae Oxoniensis) against "the late earl of Clarendon", the offending pages being ordered to be burned. Wood died, unmarried, on 29 November 1695 "having writ ye most minute Particulars under His hand about his funeral ... He was a very strong, lusty man... He was 22 hours a dying."

Calculated for Oxford, 51N48 1W30, Monday, 17 December 1632 at 4h. a.m. apparent time, from Schoch & Foelsch, with the solar refinement of James Hynes.

Tropical zodiac
VP: 10°16′
Campanus houses
RA MC: 156°37′
☊: ♈ 25.5

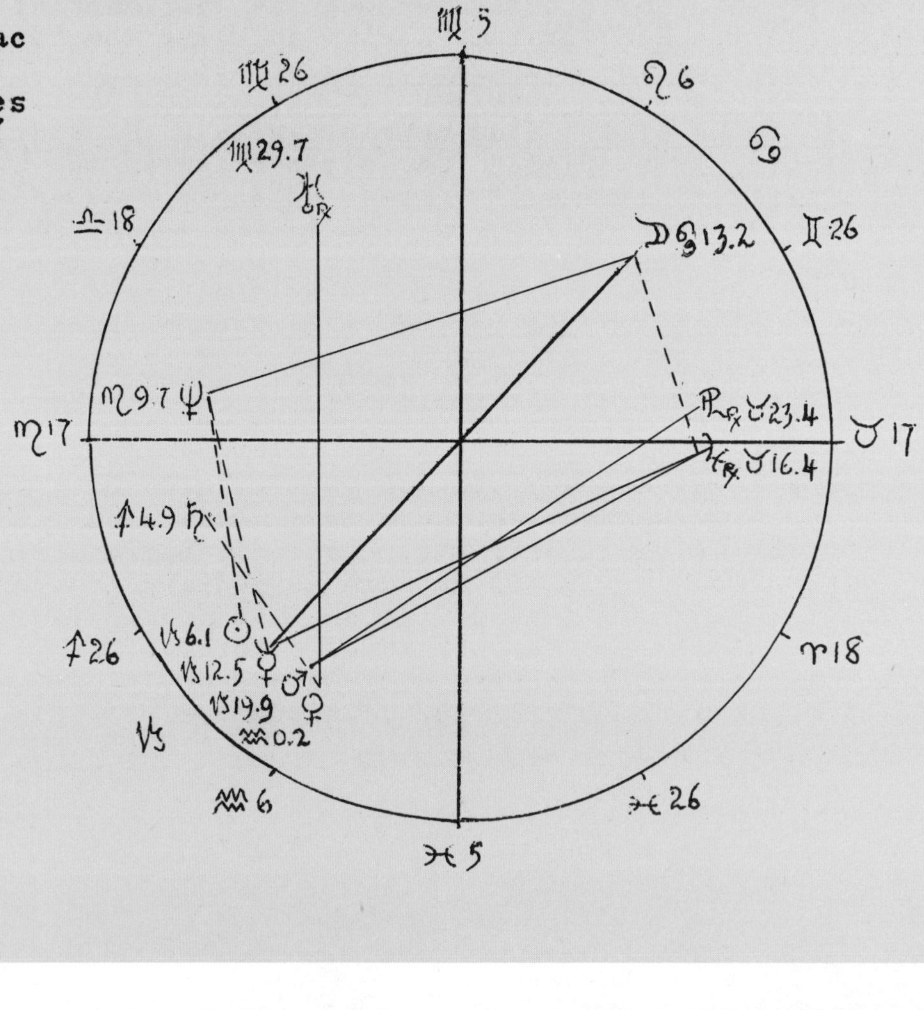

According to the man himself: "Anthony Wood or à Wood (son of Thomas Wood, bachelaur of Arts and of the Civil Law) was borne in an antient stone-house opposite to the forefront of Merton Coll. in the collegiat parish of S. John Baptist de Merton, situat and being within the City and Universitie of Oxford, on Munday the seventeenth day of December (S. Lazarus day) at about 4 of the clock in the morning, anno 1632..

The Life and Times of Anthony à Wood, abridged from the monumental edition of Dr. Andrew Clark. World's Classics, 1961. O.U.P.

Wood had much assistance from Ashmole (1617 q.v. also Elias Ashmole, C.H.Josten, O.U.P. 1966. 5 vols. passim) & especially from John Aubrey, F.R.S. (1628 q.v.). Clark, who edited the MSS. & papers of both men, stressed in his Introduction to Aubrey (1898) "how deeply Wood's Historia et Antiquitates (1674) was indebted to the multifarious memory and unwearying inquiries of the enthusiastic Aubrey." Yet Wood had the gall to write of him as: "a shiftless person, roving and magotie-headed, and sometimes little better than crased. And being exceedingly credulous, would stuff his many letters sent to A.W. with fooleries, and misinformations, which sometimes would guid him into the paths of errour."

In 1667, Aubrey paid a brief visit to Oxford. He had known Wood's elder brother when they were undergraduates together, & on hearing that Anthony was writing a history of Oxford, he called to offer his services. Wood's gratitude is seen not only in the remark just quoted, but in something worse. Having suggested to Aubrey the idea of "brief lives", Wood eventually borrowed the second MS. volume; & when Aubrey got it back in November 1692, a skeleton, the author was obliged on an opening page (MS. Aubr. 7) to write:

> Ingratitude! Mr. Wood haz gelded from page 1 to page 44 and other pages too are wanting wherein are contained trueths, but such as I entrusted nobody with the sight of but himselfe (whom I thought I might have entrusted with my life). There are severall papers that may cutt my throate. I find too late Memento diffidere was a saying worthy one of the sages. He hath also embezill'd the index of it—quod N.B. It was stitch't up when I sent it to him.
>
> Novemb. 29, 1692.

He wrote also to Wood on 2 September 1694 in the same strain, ending: "I thought you so deare a friend that I might have entrusted my life in your hands and now your unkindnes doth almost break my heart."

Anthony Wood has been described as a peevish & eccentric recluse, uncouth in manner & appearance, not so deaf as he pretended. But his habits were temperate, he was not avaricious, & he despized honours: which was just as well because he received neither office nor reward from the university which owed so much to his labours in a life of self denial, devoted entirely to antiquarian research. He loved music passionately, was himself a performer, & he also took part in bell ringing. His two great works & unpublished collections form a priceless source concerning Oxford & her Worthies.

JAMES II OF GREAT BRITAIN & IRELAND 1633.10.14
formerly Duke of York & Lord High Admiral

Laud left no record. Sandford, Lancaster Herald, in "Genealogical History" (1677) miscorrected under ERRATA: "after OCT. 14, insert (as is commonly reported) for his Royal Highness was born the 15th (at one of the Clock in the morning) as appears by an Authentick Medal (no time on it) upon occasion of his Christening (&c)."
In Suffolk, John Rous had in his diary: "October 15, betimes, about 1 in the morning, our King's second sonne James was borne."
Gadbury wrote (1659): "I have divers Nativities which have been said to be this eminent Natives true one; but I can put confidence in none but this." (i.e. 11h.30m. P.M.) Dr. Francis Bernard copied him in Sloane MS. 1707 f.7v. Charles Bernard in Sloane MS. 1684. f.3 and Lilly in Ashm. MS. 243 ff. 185v & 210 both have 10h.13m. PM.
Better evidence is Kenrick Edisbury, Surveyor of the Navy to Captain John Pennington, gentleman of the Privy Chamber, dated from Deptford, 17 October 1633:

> On Munday, about 11. at night, her Matie was brought to bedd of a Young Duke of York, a goodie, lustie child, God be thanked.

PRO SP16, vol.248 / CSP Charles I Domestic 1633-1634, p.251. And confirmed by Le Mercvre François: ov Suitte de l'Histoire de nostre temps (&c), ed. Estienne Richer, vol.19, p.875, Paris, 1636:

> Trois semaines apres il y eut de grandes reiouyssances à Londres, pour la naissance du Duc d'York, du quel la Royne d'Angleterre accoucha le 24 d'Outubre dernier à 11. heures du soir en sa maison de sainctе-Iame, où sa Majesté fit chanter le Te Deum incontinent apres par sa Musique en sa Chapelle, là où les Peres Capucin assisterent.

Tropical zodiac
VP: 10°16′
Campanus
RA MC: 14°37′
☊ ♈ 7.4

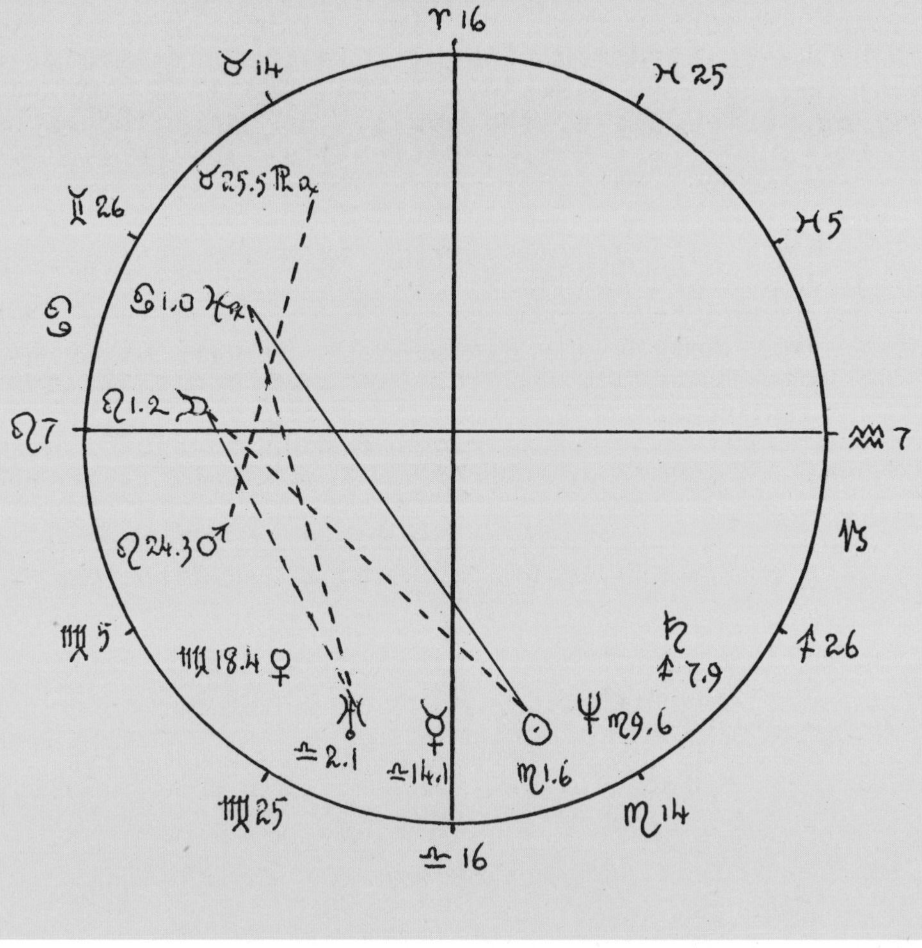

Kenrick Edisbury & Le Mercvre François leave no doubt of James's birth around 11h. p.m., or of the futility of "rectification". One's regret is a disappointing Nativity. The figure is for London, Monday, 14 Oct. 1633, 11h. p.m. apparent time, from Hynes Schoch & Foelsch.

Had James imprisoned Monmouth after Sedgemoor (1685) instead of executing him, he might have remained King: had he stayed Anglican, as his father enjoined, his crown should have been safe. Bishop Burnet shows the Achilles Heel: "He was reconciled to the church of Rome while he was in Flanders, but he dissembled the matter long after that...He was bred to believe a mysterious sort of real presence in the sacrament, so that he thought he made no great step, when he believed transubstantiation, and there was infused in him very early a great reverence for the church and a great submission to it...(and) he came to think if a church was to be submitted to, it was more reasonable that it should be the church of Rome than the church of England...yet when I knew him he seemed very positive in his opinion against all persecution for conscience sake."

Burnet found him "an estraordinary civil and sweet-tempered man"; candid and just; of great courage, calm in action, hating a coward; he abhors drunkenness, never swears or talks irreligiously; "is a firm friend but a heavy enemy, and will keep things long in his mind and wait for a fit opportunity"; "he has great application to business...keeps a journal of all that passes...understands business better than is generally believed, for though he is not a man of wit nor fancy, yet he generally judges well when things are laid before him, except when the violence of his spirit gives him a bias...(yet) he has a strange notion of government, that everything is to be carried on in a high way and that no regard is to be had to the pleasing the people, and he has an ill opinion of any that proposes soft methods."

In 1648, not yet 15, James escaped from London to Holland. In 1649, he charmed Mlle de Montpensier with his looks, his French, and his conversation in Paris. He went to Jersey, Brussels, the Hague, and in 1651 returned to Paris, joined the French army under Turenne & in four campaigns became a Lieut.-General & famous for "extraordinary courage & galantry": on Turenne's staff at 20.

Cromwell's treaty with France against Spain in 1655, obliged James to sell himself (followed by Royalist soldiers) to his late foes, the Spanish, & turn on Turenne & his old comrades, entirely against his rigidly loyal nature. His last land battle (except the Boyne) was at Dunkirk in 1658, when he & young Gloucester led the royalist horse against Cromwell's veterans & broke them, only to find that the Spanish infantry, followed by the royalist footmen, had run. He retreated in good order. When Cromwell died 3 months later, he resigned his commission & joined Charles II in Holland where, on 24 November 1659, he secretly contracted marriage with Anne Hyde--ratified in London on 5 September 1660.

James was an outdoor men who rode in all weathers and introduced the aristocracy to fox hunting. He played golf, pell mell, the guitar. Indoors he loved women & begat bastards. His exploits as Lord High Admiral are well known. Anne died in 1671. He married Maria Beatrice d'Este of Modena in 1673. From Anne he had the future queens Mary & Anne; Maria Beatrice gave him the exiled James III. James became King on 6 Feb. 1684/5, was deposed on 11 Dec. 1688, & died in France on 6/16 Sep. 1701.

ELIZABETH STUART 1635.12.28

Favourite child of Charles the Martyr.

5th child & 2nd daughter of Charles I & Henrietta Maria of France, whose critical period of adolescence, 11 to 15, was spend in the hands of her father's enemies, including his execution on 30 Jan. 1649. "She died for very grief" wrote Francis Sandfors, Lancaster Herald, & such was the report. But Sir Theodore Mayern, the noted physician, wrote down in London: "Ex febre malignâ tunc grassante, obit in custodiâ in Vecti Insulâ, procul a medicis et remediis, die 8 Septemb. circa tertiam pomeridianam.": from a fever then raging, in prison in the Isle of Wight, far from physicians and medical aid, on 8 September (1650), about three in the afternoon.

Highly sensitive, afflicted by her father's misfortunes, & never strong, when this fever overtook her no doubt she had neither the will nor the constitution to resist. John Gadbury, in 1659, wrote: "She was always sickly... subject to many sicknesses and distempers "both of body and mind, a year or two before she expired... But "notwithstanding the weaknesses that naturally beset her, she was "sufficiently high-spirited; and was also very ingenious, witty, "any very aptly apprehensive." He notes that in her 8th year she suffered from jaundice & broke her thigh.

Others also noted that "her quickness of mind made amends for the weakness of her body. Certainly her mind was helped by Mrs. Makins, her tutoress, who taught singing, dancing, music, writing, mathematics, & many languages--and in 1673 published An Essay on the Education of Gentlewomen. Elizabeth was deeply religious.

Calculated for St. James's, Monday, 28 December 1635, at 10h. p.m. apparent time, from Schoch & Foelsch, with the solar refinement of James Hynes.

Tropical zodiac
VP: 10°14′
Campanus Houses
RA MC: 78°47′
☊: ♒ 24.9

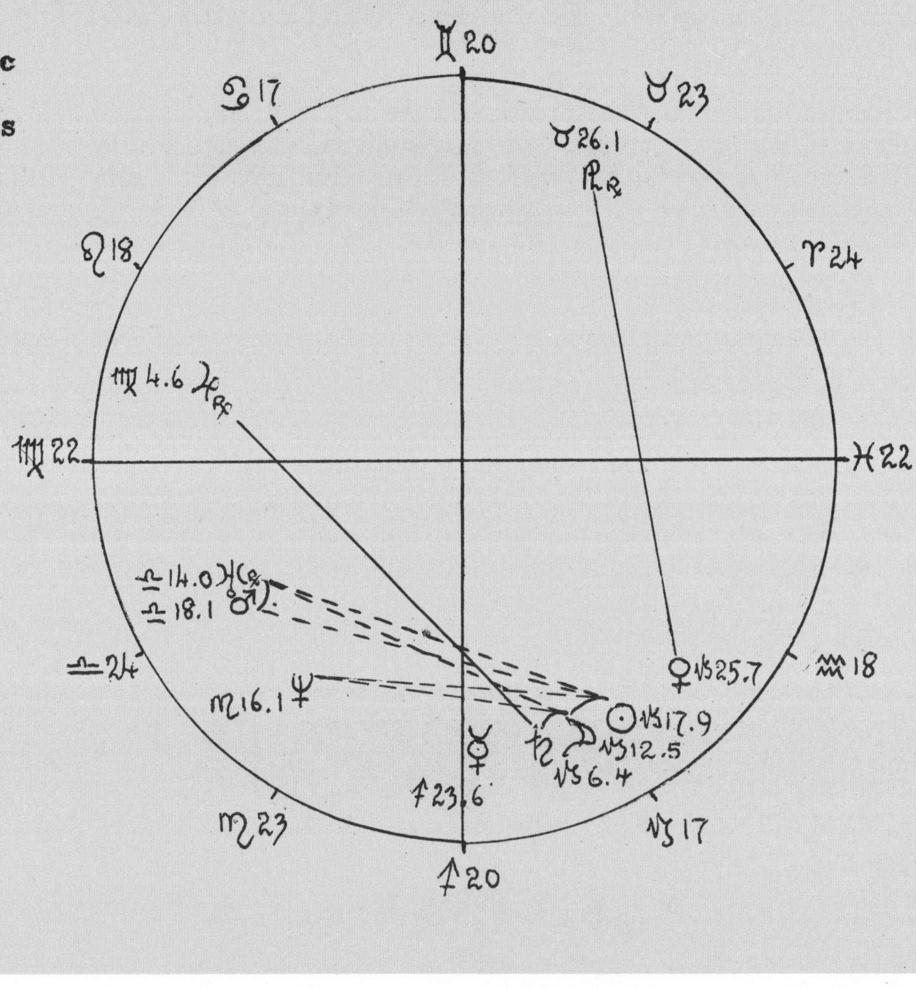

Mr. C. H. Roberts, Librarian of St. John's College, Oxford, kindly transcribed for me (18.4.1947) this entry in Bishop Laud's diary:-

Anno 1635
Decemb. 28 Mundaye. Innocents daye, about ten at Night, the Queen was Delivered att S. James of a Daughter; Princess Elizabeth.
Jan. 2. I Christened hir on Sathurdaye followinge.

The Venetian ambassador, Anzolo Correr, to the Doge & Senate from London, 11 January 1635 (sic): "The queen's labour resulted happily on Monday night and she presented the kingdom with a princess. The king is very pleased as this is his fifth child, although only four survive." P.R.O. C.S.P. (1632-1635), ex Venetian Archives.

Elizabeth & Henry saw their father for the last time on 29 January 1649, early in the morning. Elizabeth wrote:-

"He told me that he was glad I was come, for though he had not time to say much, yet somewhat he wished to say to me which he could not to another, and he feared 'the cruelty' was too great to permit his writing. 'But, sweetheart,' he added, 'thou wilt forget what I tell thee.' Then, shedding abundance of tears I told him that I would write down all he said to me. 'He wished me,' he said, 'not to grieve and torment myself for him, for it was a glorious death he should die, it being for the laws and religion of the land.' He told me what books to read against popery. He said 'that he had forgiven all his enemies, and he hoped God would forgive them also; and he commanded us, and all the rest of my brothers and sisters, to forgive them also.' Above all, he bade me tell my mother, 'that his thoughts had never strayed from her, and that his love for her would be the same to the last;' withal he commanded me (and my brother) to love her, and be obedient to her. He desired me 'not to grieve for him, for he should die a martyr, and that he doubted not but God would restore the throne to his son; and that then we should all be happier than we could possibly have been if he had lived.' Then, taking my brother Gloucester on his knee, he said, 'Sweetheart, now will they cut off thy father's head.' Upon which the child looked very steadfastly upon him. 'Heed, my child, what I say; they will cut off my head and perhaps make thee a king. But mark what I say; you must not be a king as long as your brothers Charles and James live; therefore, I charge you, do not be made a king by them.' At which the child sighing deeply replied, 'I will be torn in pieces first.' And these words, coming so unexpectedly from so young a child rejoiced my father exceedingly. And his majesty spoke to him of the welfare of his soul and to keep his religion, commanding him to fear God and he would provide him. All which the young child earnestly promised."

Agnes Strickland, Lives of the Queens of England, Vol.V. (1851) pp. 374/5, quoting verbatim from Reliquiae Sacrae, pp. 337/9.

It is curious that in a list made by Elizabeth of the birthdays of her brothers & sisters, in her own hand, she records her own birthday as 29 December. Harleian MS. 6988 ff. 220/2.

The quotation overleaf from John Gadbury, is taken from The Nativity Of the late King Charls / (&c.) London, Printed by James Cottrel. 1659. His figure is for "The Lady Elizabeth born 1635. December 28. 11 h. 31 m. P.M. Lat. 51 d. 32 m." He is thus 91 minutes too late, though Laud's diary had long since been printed.

ANNE STUART 1637.3.17

"Born on St. Patrick's day
"which will please the Irish well"
She died in her fourth year.

6th child & 3rd daughter of Charles I & Henrietta Maria of France: at her birth the University of Cambridge produced upwards of 130 odes. Otherwise she seems unknown except for a charming story of her last moments, when an attendant desired her to pray, & she said she could not remember her long prayer, meaning the Lord's Prayer, but would say the short one:

Lighten mine eyes, O Lord, that I sleep not the sleep of death.

She said it, then died.

KATHERINE STUART, the 7th child & 4th daughter of Charles I. & his Queen, was even shorter-lived. She was born at White Hall on Tuesday, 29 January 1638/9, but died one hour later. Her birth was not noticed by Francis Sandford, Lancaster Herald of Arms, in his "A Genealogical History"; but was recorded by her sister Elizabeth (1635 q.v.) in a paper in her own hand which now occupies ff. 200-2 of Harleian MS. 6988. Elizabeth had a reason for remembering this date, because exactly ten years later she, & her little brother Henry, born in 1640, saw their father on the eve of his execution.

ANNE's nativity is calculated for St. James's, Friday, 17 March 1636/7, at apparent noon, from the Ephemeridum Novarum, Pars Prima. Laurentio Eichstadio, Stetini, M.DC.XXXIV., new planets being added from Schoch & Foelsch.

Tropical zodiac
VP: 10°12′
Campanus houses
RA.MC: 6°37′
☊: ♒ 0.6

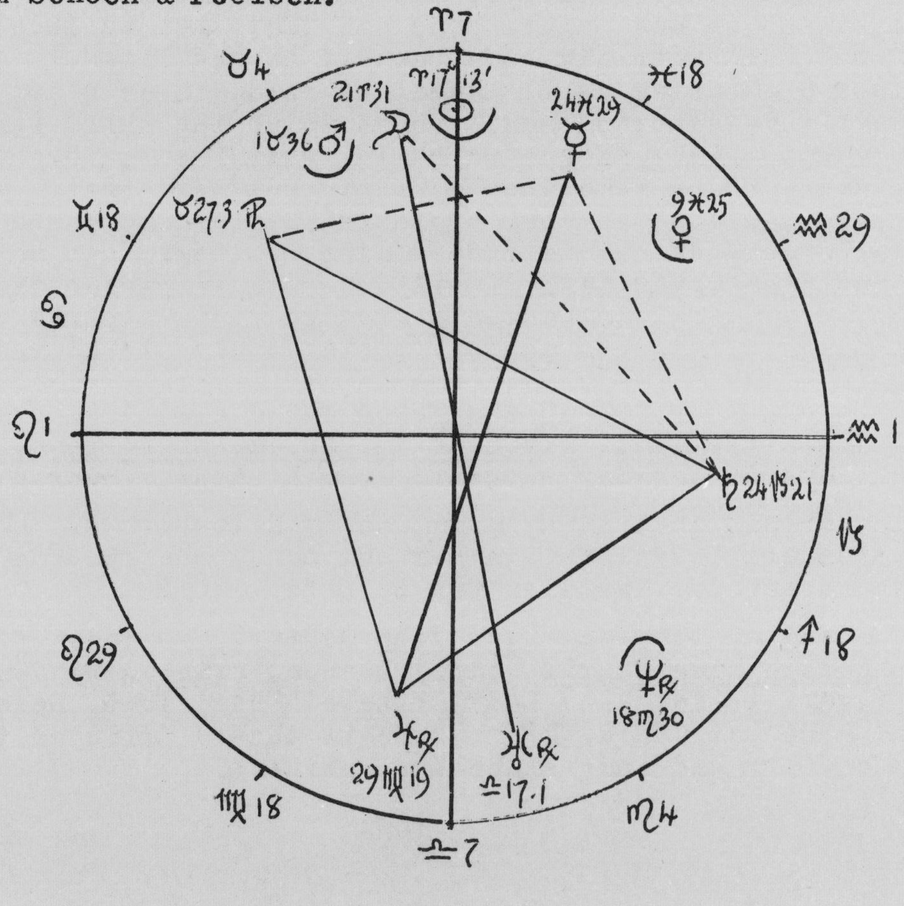

Mr. C.H. Roberts, Librarian of St. John's College, Oxford, kindly transcribed for me (16.4.1947) this note in Bishop Laud's diary:-

Anno 1637
(17
March (30 Thursdaye. I Christened the Ladye Princess Ann. Kinge Charles his third Daughter. She was borne on Fridaye Mar. 17.

Carola Oman, biographer of Henrietta Maria, graciously informed me in a letter dated 25 March 1947 that:

> Anne was born at 12 p.m. on St. Patrick's Day, March 17,, 1637, and the University of Cambridge produced upwards of 130 odes.
> (Musarum Cantab. Conpatulario: 1637)

The Venetian Ambassador, Anzolo Correr, to the Doge & Senate from London on 27 March 1637 N.S. wrote:

> Today after only two hours labour the queen has brought forth a new princess for the Kingdom.

P.R.O. C.S.P. Venetian, 1636-1639, p.174, art.184, transcribed from the Venetian archives.

Mr. Garrard, writing to the Earl of Strafford on 23 March 1636/7, printed in Strafford Letters, Vol. II. p.57, says:-

> Friday morning, the 17th of this month, St. Patrick's day, was the Queen brought to bed of a daughter, which will please the Irish well. It is not yet christened, neither hear I anything of the gossips.

This letter confirms Laud's entry regarding Christening.

DONA CATARINA DE BRAGANÇA 1638.11.25

4th child & 3rd daughter of Dom João IV. of Portugal & his queen Dona Luisa de Gusman. Queen of Charles II of Gt. Britain.

Calculated for Vila Viçosa 38N50 7W25, Thursday 15/25 November 1638 at 8h.30m. p.m. on the sundial, from the Ephemeridum (1634) of Laurentius Eichstadius, the new planets from Schoch & Foelsch.

Tropical zodiac
VP+ 10°11′
Campanus houses
RA.MC. 9°11′
☊ ♐27

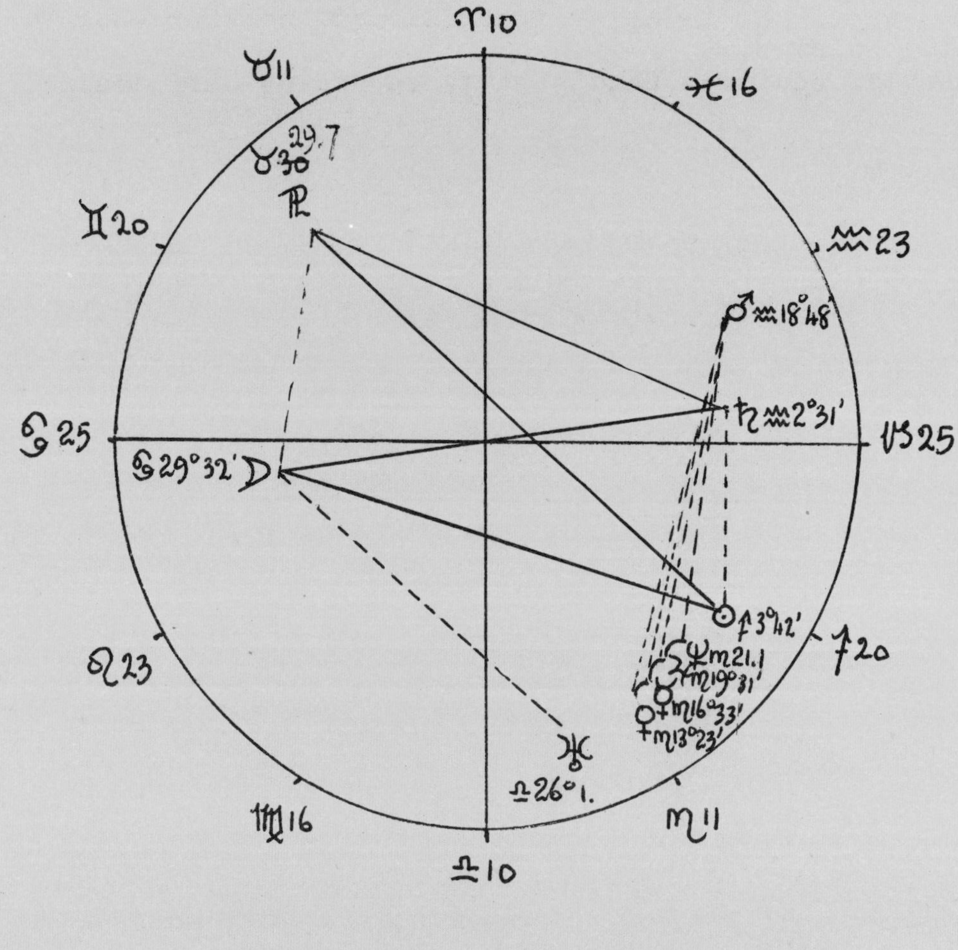

Historia Genealogica da Casa Real Portuguesa, desde a sua origem até o presente, com as familias Familias illustres, que procedem dos Reys, e dos Serenissimos Duques de Bragança... por D. Antonio Caetano de Sousa, Clerigo Regular, e Academico do numero da Academia Real. Lisboa Occidental, Na Officina de Joseph Antonio da Sylva, Impressor da Academia Real. 1740. Vol.VII. p. 281.

> A Infanta D. Catarina... vio a primeira luz do dia no Paço de Villa-Viçosa a 25 de Novembro do ano de 1638 das oito para as nove horas da noite, dia, em que a Igreja celebra a festa da gloriosa Santa Catharina Virgem, e Martyr.

As a footnote to the failures of English recordings, it is worth mention that Charles Bernard (BM MS. Sloane 1684. fol.2.v) has a figure for "Nov. 14d. 13.h.34. PM 1638 incerta genesis". His father, Dr. Francis Bernard has a note (BM MS. Sloane 1683 fol. 173) giving birth as at noon.

See Memoirs of Sir John Reresby. (ed. 1904) p. 144

On the 19th of May, 1662, the King went to receive the Infanta of Portugal at Portsmouth, attended by the greatest court I ever saw in any progress. But though, upon this occasion, every thing was gay and splendid, and profusely joyful, it was easy to discern that the King was not excessively charmed with his new bride, who was a very little woman, with a pretty tolerable face; she, neither in person nor manners, had any one article to stand in competition with the charms of the Countess of Castlemain, (since Duchess of Cleveland) the finest woman of her age. It is well known that the lord chancellor had the blame of this unfruitful match and that the queen was said to have a constant fluor upon her. which rendered her incapable of conception. (p. 144)

Memoirs of Sir John Reresby, Bart / London. Kegan Paul Trench Trubner & Co. 1904.

"The Memoirs and Travels of of Sir John Reresby, Bart."
(1634-1689)

HENRY OF OATLANDS 1640.7.8

Earl of Cambridge & Duke of Gloucester,
but for small-pox he might have become King.

8th child & 4th son of Charles I & Henrietta Maria of France. When Oxford gave in (April 1646), the Earl of Northumberland had custody of Elizabeth & Henry at St. James's Palace, where James joined them later. When the King came to Hampton Court in 1647, he saw them from time to time, ever enjoining them to remain faithful to the Anglican faith & to their eldest brother. James escaped to Holland in 1648; Northumberland was discharged; & Elizabeth & Henry were sent first to Penshurst & thence to Carisbrook. They saw their father on the eve of his execution on 30 January 1649; Elizabeth (1635 q.v.) died at Carisbrook of grief in 1650, & Henry remained there until 1652 when Cromwell allowed him to quit England. In Paris his mother, contrary to her promise to his father & to his brother Charles, persecuted Henry (unavailingly) to join Rome; & when Charles sent from Cologne to rescue him, she bade Henry "to see her face no more", turned his horses loose, tore the sheets from his bed, denied him food, & drove him out. Later, with James, he joined the Spanish army, & the two of them fought with great gallantry at the battle of Dunkirk on 17 June 1658, Henry being the Colonel of the English regiment, & broke through the French & Cromwellian soldiers opposing them. Henry was knighted by Charles & made a Privy Counsellor, returned to England at the Restoration in 1660, but died in London on 13 September of that year of small-pox.

Calculated for Oatlands, 51N22 0W26, Wednesday, 8/18 July 1640, at 5h.45m. p.m. apparent time, from Schoch & Foelsch, with the solar refinement of James Hynes.

Tropical zodiac
VP: 10°10′
Campanus houses
RA.MC: 204°34′
☊: ♏27.2

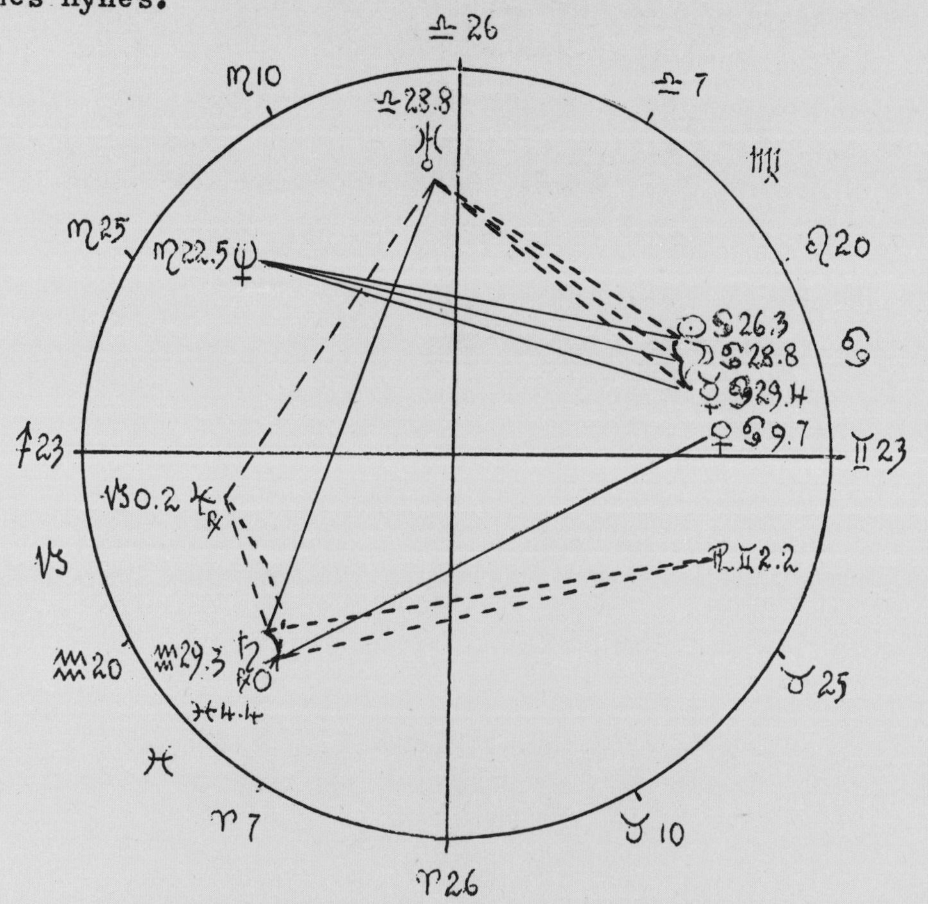

Mr. C. H. Roberts, Librarian of St. John's College, Oxford, kindly transcribed for me (18.4.1947) this entry in Bishop Laud's diary:

Anno 1640
Julii 22.. Tuesday I Christened the Kings younge Sonne Henry at Oatlands. The Queen was there happilye Delivered
Julii 8. of him on Wensdaye Julii 8. beinge the daye of the Solemn Fast, about 6: of the Clock in the Eveninge.

Bodley MS. Ashm. 243. has a slip fixed at f.158 saying: "8th. prince Henry borne 5:45 PM. at Oatlands 1640." And this is also the time taken by John Gadbury in The Nativity Of the late King Charls. (&c.) London. 1659. with MC 204.35 & Libra 26: As in 22 of Sagittarius. This is an "estimate time", because Gadbury says he could find no accidents except scarlet fever at the beginning of 1643. I therefore accept this time shared by Ashmole's MS. & Gadbury as a possible refinement of Laud's "about 6: of the Clock".

Despite a childhood hedged in, Henry benefitted from his sister's tutoress, Mrs. Makins, sister of the linguist & mathematician Dr. John Pell (1611 q.v.); & no doubt it was from her that he gained his proficiency in Latin, French, Spanish, Italian & Low Dutch. Later he would learn the art of war under brother James, & how well he did so was shown by his originality & resourcefulness in command of "the old" English regiment of foot (in the Spanish army) before Dunkirk, when Henry was only 18 & faced the French under Turenne as well as a contingent of Cromwellian veterans. Had he not died two years later, English history might have been different, because Monmouth would have gotten no support as "The Protestant Duke", & Parliament could have felt constrained to exclude James from the succession in favour of his younger Protestant brother.

Clarendon spoke of Henry as the finest youth, "of the most manly understanding that I have ever known": a prince of extraordinary hopes, both from the comeliness and gracefulness of his person and vivacity and vigour of his wit and understanding.

Bishop Burnet thought him different from his two brothers, & wrote: "he was active and loved business; (and) the King loved him much better than the Duke of York"; but he was restless because no high position could be given him, Monk being general & James head of the Fleet. When he asked Clarendon for the Treasurership, he was told it would be beneath his dignity. "He could not bear an idle life", said Burnet; & added, "He was much lamented by all, but most particularly by the King, who was never in his whole life so much troubled as he was on this occasion."

How much Henry & his sister were moved when taking farewell of their father will be found under Elizabeth (1635 q.v.) in her own words: he will have remembered when resisting his mother's shameful efforts to convert him to the Roman faith & breaking thereby her promise to her dead husband & to her living son & King.

N.B. Elias Ashmole, C. H. Josten, D.Litt., M.A. (Oxon), records in Vol. II. p.329, "8 July 1640. Queene brought to bed of the Duke of Gloucester about 5H. P.M." (MS. Ashm. 1136 r.141)" Also, idem p.489:"3 June 1649. This afternoone I kissed the Duke of Gloucester & the Lady Elizabeths hands, at Syon House. (MS. Ashm. 1136, f.22.)"

PHILIPPE D'ANJOU 1640.9.21

"Monsieur"
duc d'Orléans
who married Charles II's sister Henrietta

Of the younger son of Louis XIII of France & Anne of Austria, Miss V. Sackville-West (1959) wrote: "the petulant, finicky character of Monsieur, a wind-bag of fuss and irritability, though not lacking in elegance, gaiety, and charm, could not compare with the stronger and more authoritative nature of Louis XIV." Even at seventeen he was "that tardy riser, that dandified boy, mischievous of tongue, unkind of character, heartless, and utterly insignificant for all his superficial charm." Apparently, he remained like that.

Philippe became duc d'Orléans at the death of his uncle Gaston Jean-Baptiste in 1660 and in the following year was married to Henrietta of England—only to treat her abominably. She died suddenly in 1670, being replaced in November 1671 by Elizabeth Charlotte of Bavaria. Philippe died in 1701.

Bishop Burnet wrote of him as "a poor spirited and voluptuous prince, monstrous in his vices, and effeminate in his luxury in more senses than one. He had not one good quality, but courage: so that he was both odious and contemptible."

Calculated for Paris, 48N50 2E20, Friday, 11/21 December 1640, at 10h.0m. p.m. apparent time, from Hynes, Schoch, and Foelsch. Dr. Francis Bernard drew a figure for 15 minutes later.

Tropical zodiac
VP: 10º10′
Campanus
RA MC: 329º22′
☊: ♍23.8

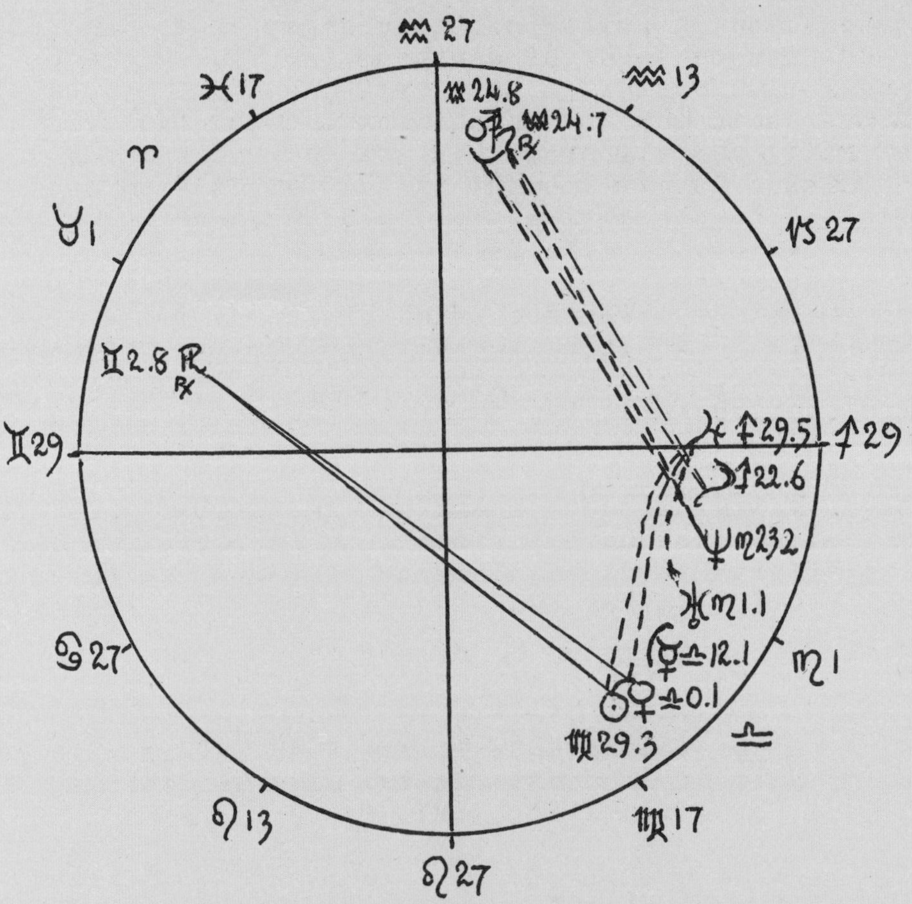

Histoire Genealogique et chronlolgique de la Maison Royale de France, &c. Par le P. Anselme, Augustin Déchaussé, continuée par M. du Fourny- Paris: François Didot, M.DCC.XXVI. Troisieme Edition. Vol. 1. p.187.

Philippe fils de France, appellé Monsieur, duc d'Orleans, de Valois, de Chartres, de Nemours & de Montpensier, second fils du roy Louis xiii. du nom, roy de France & de Navarre, né au vieux chateau de S. Germain en Laye le vendredi 21. september 1640. fête de S. Mathieu, sur les dix heures du soir...

Le P. Anselme de la Vierge Marie, naquit à Paria l'an 1625. & s'appelloit dans le monde Pierre Guibours. Il fit profession à Paris chez les Augustine Déchaussez le 31. mars 1644. âgé d'environ 18 ans... Il mourut à Paris dans son Couvent le 17. janvier 1694. âgé de 69 ans.

He was afterwards assisted & the work enlarged by Honoré Caille seigneur Du Fourny, born Paris September 1630. His father had been a Secretary to the King. He died in 1713. NB. my notes regarding the editions of this work are not reliable.

Julia Cartwright, in Madame, London, 1913 (PP.97-99), writes that Monsieur's ealy passion may have blinded Henrietta's eyes to his real character at first, but she soon discovered his pettiness & emptiness. "A more despicable specimen of humanity it would be hard to find." Bad education developed the worst in him. Sacrificed to his brother (Louis XIV) he was kept as a child, with effiminate tastes, to avoid trouble. He was le plus joli enfant de France: fine black eyes, dark curly hair, regular features, small & slight, more like a woman than a man. He devoted hours to his appearance, powdered his hair, rouged, loaded himself with ribbons & jewels. He dressed sometimes like a woman and loved female society. He dreaded soiling his clothes more than meeting an enemy in battle. Saint-Simon wrote: "he had all the faults of a woman and none of her virtues: childish, feeble, idle, gossiping, curious, vain, suspicious, incapable of holding his tongue, taking pleasure in spreading slander and making mischief."

Julia Cartwright says again: "So contemptible a Prince was ill-fitted to be the husband of a clever, high-spirited Princess. Before his marriage, he had appeared to be passionately in love with Henrietta, but Madame de La Fayette, who knew him intimately, doubted if the miracle of inflaming his heart was given to any woman upon earth. He himself often said, in later years, that, after the first fortnight of his married life, he had never loved his wife. And the second Madame gives it as her opinion that in his whole life Monsieur had never really loves any woman. 'His taste,' she tells us, "was turned in other directions," and he lavished his fortune and affections upon the most worthless minions."

Dr. Francis Bernard (B.M. Sloane MS.1683. f. 106b) has "Duc de Anjou Natus Sept 21 X 15: PM 1640 Parisiis", but the Angles are those for 10h. p.m. and Moon is badly worked.

BARBARA VILLIERS 1641.5.12

"The finest woman of her age"
Sir John Reresby, Bart. (1634-1689)

Only child of William Villiers (viscount Grandison) killed before Bristol in July 1643, leaving a widow of 18—née Mary Bayning, a daughter of viscount Bayning, son of a Sheriff of London & an Essex heiress, & married to a granddaughter of the 1st earl of Dorset. In 1648, his widow married the 2nd earl of Anglesea, but when Barbara came to London is not clear; she arrived "in a very plain Country dress" yet "soon became the Object of divers young Gentlemen's Affections." One of them was Philip Stanhope, 2nd earl of Chesterfield, aged 23 & three years a widower. Though only fifteen, Barbara fell passionately in love and was still in love with him when on 14 April 1659 she married Robert Palmer (b.1634), a gentleman of means, educated at Eton & Cambridge.

Smallpox having left her unscarred, Barbara & her husband went to Holland, where Charles II awaited Restoration. Reportedly he slept with her on the night of his return, 29 May 1660. Her first child, Anne Fitzroy, was born on 25 Feb. 1660/1, paternity being ascribed to the King, her husband, and to Chesterfield who had just remarried. Roger Palmer was created earl of Castlemaine in November 1661.

On 15 May 1662, Queen Catherine landed at Portsmouth; on 1 June Barbara was named a lady of her Bedchamber; on 18 June, Barbara's 2nd child, Charles Fitzroy, was baptized by a Roman priest. On 26 July, Pepys heard that the child had been rechristened by an Anglican priest in the presence of the King & the countess of Suffolk, Barbara's aunt. The Castlemaines had a row and Barbara "left her Lord, carrying away everything in the house; so much as every dish and cloth and servant but the porter." Castlemaine left for the Continent & eventually joined the Venetian navy.

Tropical zodiac
VP: 10°9′
Campanus
RA MC: 89°29′
☊: ♏10.9

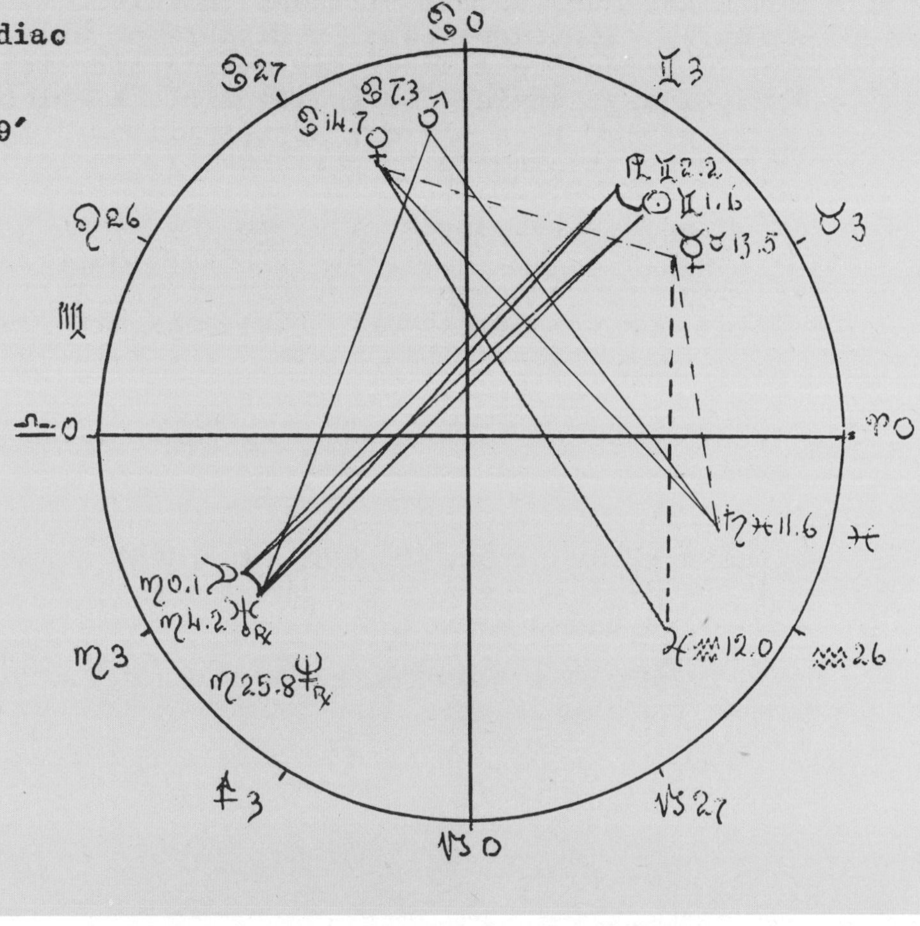

No biography seen by me knows her birthday, though Philip Sergeant, B.A. in "My Lady Castlemaine", London, 1912, found her baptized on 27 Nov. 1641 at St Margaret's, Westminster. My source is a nativity drawn by Charles Bernard, leading Surgeon at Bart's, found in his "Astrological Schemes C. Bernard, BM MS. Sloane 1684, f.6:-

Regia Pellex Ducissa Cleavland. nata. May. 12 1641 h.2. PM

His figure is poor, with MC ♋10 and ☉♊1.35, indicating birth at 2h.45m. p.m. apparent time; while Sun & Moon seem taken from Brahe positions in Origanus, with other planets from Eichstadius. In none of these did he allow for difference in tabular longitude. My figure is for London: Wednesday, 12 May 1641, 2h. p.m. apparent time, done from Hynes, Schoch, & Foelsch.

Barbara's fortunes at Court are somewhat reflected by shildren: Anne (1661), Charles (1662), Henry (1663), Charlotte (1664), and George (1665): all surnamed Fitzroy and ennobled. But during most of these years, Charles was infatuated by Francis Stewart who came to Court in 1662 and kept him dangling till March 1667 when, to his dismay, she eloped with the duke of Richmond & Lennox, virgo intacta. There had been talk that the King might marry her.

1667 began what Bishop Burnet described as "great disorders" in Barbara's life. Worn down by fear & jealousy, she had also to contend with her own bellicose nature & pricks of the flesh. In July, Pepys heard she went to bed more often with "young Jermin" (Henry, later lord Dover) than with the king. When Charles began to take note of actresses, she cast her eyes on Jacob Hall, the tight-rope dancer. At the turn of the year, Charles had both Nell Gwyn & Mary Davis in tow.

Early in 1668, Charles transferred Barbara from Whitehall to fine Berkshire House, lately vacated by her defeated enemy, Lord Chancellor Clarendon. She was still powerful, but nearly 27. To get even with the actresses, Barbara took up with the celebrated actor, Charles Hart, Nell Gwyn's first lover & known to wits as Charles the First.

In January 1669, Thomas Povy told Pepys: "My Lady Castlemayne is now in a higher command over the King than ever—not as a mistress, for she scorns him, but as a tyrant to command him." Presumably, the fun and games were left to Nell Gwyn & Mary Davis. Nell produced Charles and James Beauclerk, in May 1670 & Nov. 1671: the first became duke of St. Albans, the second died young. The discreet Mary Davis gave the King Mary Tudor in Oct. 1673, which shows she was not as ephemeral as Bishop Burnet supposed: her father had been a Howard & she sometimes sppeared at Court.

In May 1670, Charles's sister Henrietta crossed the channel to conclude the secret & disgraceful Treaty of Dover. She also pushed one of her maids of honour, Louise de Kéroualle, & Charles was enchanted. Henrietta died shortly after her return to France & after suitable pause, Charles asked Lewis XIV to release to him this captivating girl of 24. Lewis was happy to oblige, for she was indeed his agent. The Titular Mistress Elect arrived in the Autumn.

Meanwhile, in Aug. 1670, Barbara was created Baroness Nonsuch, Countess of Southampton, Duchess of Cleveland. And in Jan. 1671, she was granted Nonsuch House & Park near Epsom, built by Henry VIII, together with other valuable perks. But her power had gone.

Louise de Kéroualle "resisted" but had a son Charles on 29 July 1672 & became Duchess of Portsmouth in 1673. Somewhat perversely, her defeated rival had produced a girl 13 days earlier, Barbara Fitzroy though people said her father was John Churchill. Beyond permitting the Fitzroy surname, Charles apparently ignored this girl & she died a nun in France. But other Fitzroys continued to enjoy their father's love & in 1674 included two dukes, one earl, two countesses: handsomely provided for.

In 1673, Barbara was forced to resign her position as a Lady of the Bedchamber, pursuant to the Test Act: she had become an R.C. ten years earlier; and her recorded doings during the next two or three years are largely concerned with her children. But in 1676 she went to France, in her mind for some years, accompanied by the little Barbara & Anne, countess of Sussex, aged 15 but the despair of her husband.

Barbara was disappointed that "the greatest ladies doe not visit her", but men were not reluctant, including the Archbishop of Paris who for a time was "her principal gallant." She maintained a "lewd intrigue" with Ralph Montagu, the ambassador, and fell in love with the young Marquis de Chatillon. Montague intercepted her letters & betrayed her to his master, which she discovered when she paid a visit to England at the beginning of 1678. Returning quickly to Paris, she found Montagu enjoying himself with her daughter Sussex.

On 28 May 1678 O.S., Barbara wrote to Charles telling him in detail about Montagu, debauching his daughter and betraying him politically & in private for his own ends. Charles replaced Montagu & thanked Barbara, whereat she wrote him a second immense letter with more damning information. In her first letter, 28 May, one finds two much quoted passages, the second of which provides her conclusion: "and I hope you will be just to what you said to me which was at my House when you told me you had letters of mine; you said 'Madam all that I ask of you for your own sake is live so for the future as to make the least noise you can & I care not who you love.' Oh! this noise that is had never been had it not been for the Embassador's malice."

No less remarkable is the defence of her made by Louis XIV to Montagu, when the ambassador suggested to him to oblige Charles by forbidding Chatillon to see Cleveland. Louis XIV replied "he could not do anything of this nature, for that it was a private matter... And that he could not imagine that you ought to be so angry, or indeed be at all concerned; for that all the World knew, that now things of Gallantry were at an end with you and I; and being so & so publick he did not see why you sh^d be offended at my Loveing any body."

One notices that while these troubles were forming themselves, Saturn came by transit to Barbara's Pluto-Sun (in opposition to her Moon-Uranus) during the latter part of May 1677; and he returned there at the end of January 1678. Apparently Barbara continued in France, with one or two visits to England, until 1684, when she came home for good.

Charles's devotion had waned long before Louise de Kéroualle broke in, yet a link abided very interesting to nativity comparison. On the surface it was sexual, vide Pepys & Sir Thomas Carew on 15. 5.1663: "I sat talking with him all the afternoon...the most was upon the unhappy posture of things at this time; that the King doth mind nothing but pleasures and hates the very sight of thoughts of business. That my Lady Castlemayne rules him; who he says has all the tricks of Aretin that are to be practised for pleasure - in which he is too able, having a large --- ; but that which is the unhappiness is that, as the Italian proverb says, Cazzo dritto non vuolt consiglio." Yet one of Rochester's satires shows Nell Gwyn as expert.

But he never withdrew comfort, understanding, affection, depite Barbara's gross irregularities. They were together at the end. On 25 Jan. Evelyn "saw this evening such a scene of profuse gaming, and the King in the midst of his three concubines, as I had never seen before. Luxurious dallying and prophanenesse... I can never forget [he wrote a week later] the inexpressible luxury and prophanenesse, gaming and all dissoluteness, and as it were total forgetfulnesse of God (it being Sunday evening) which this day se'nnight I was witness of, the King sitting and toying with his concubines, Portsmouth, Cleaveland, and Mazarine, &c., a French boy singing love songs, in that glorious gallery, whilst about twenty of the greate courtiers and other dissolute persons were at Basset round a large table, a bank of at least 2000 in gold before them upon which two gentlemen who were with me made reflexions with astonishment. Six days after was all in the dust.

Barbara was then 44. Not long before, Bishop Burnet wrote: "I never heard any commend her but for her beauty, which was very extraordinary and has been of long continuance. In short, she was a woman of pleasure, and stuck at nothing that would either serve her appetites or her passions; she was vastly expensive, and by consequence very covetous; she was weak, and so was easily managed." But Charles never managed her, she destroyed Clarendon, we know what happened to Montagu.

Barbara loved men, but only two of note appear among the scraps of her later years. Cardonell "Scum" Goodman, a parson's son who at about 21 took his degree at Cambridge and caught her eye in the later 1680s when playing lead in Shakespearean parts. He left the stage in 1690 when Barbara seems to have been keeping him & he keeping a substitute. He was in political trouble in 1695, fled to France in 1697, died there in 1699.

Robert "Beau" Feilding came of good family but decayed fortune, a man who battened on women; he had been well known to Charles II & no doubt was no stranger to Barbara. They married on 25 November 1705, she near 64 and he ten years younger. He used her evilly till she found out in 1707 that he had married another woman sixteen days before he married her. She divorced him. At that time she was still received at the court of Queen Anne, but after the divorce she withdrew to Chiswick where she died on 9 Oct. 1709. A portrait painted by Kneller in Queen Anne's time shows her still very handsome despite possible flattery.

HESTER DAVENPORT 1642.3.3

yᵉ faire and famous comedian
John Evelyn

An eminent member of the Duke of York's Company, celebrated for her Roxalana in Sir William Davenant's "siege of Rhodes". Evelyn saw her play for the last time at the Opera on 9 January 1661/2, after which she lived with Aubrey de Vere (1622-1703), twentieth & last earl of Oxford of that name.

Oxford lost his first wife in 1659 and, according to Madame d'Aulnoy, began with great persistence to woo Hester in 1661, but was indignantly repulsed. He at last offered marriage, which the unfortunate girl accepted—only to be "married" by the earl's trumpeter dressed as a priest.

She attempted suicide and appealed fruitlessly to the highest authorities, then apparently reconciled herself. Pepys saw her in January 1662/3 in the chief box at the Duke's House, dressed fashionably; in April 1664 she bore a son, named Aubrey Vere like his father. Madame d'Aulnoy says the boy was recognized and the mother awarded a handsome pension; yet when Oxford died in 1703, this only son appealed in vain for the title, dying himself five years later.

The duration of Hester's intimacy with Oxford in not known, but presumably had ended by 1672 when her earl married the facile Diana Kirke. Diana gave him but one child: a girl who eventually married the first duke of St. Albans, son of Nell Gwyn. There were two sisters named Davenport on the stage, Frances & Elizabeth, and the second has been given as "Roxalana". Yet according to the complete Pepys's Diary (vol.3 p.32, 1970) a note by W.A. Armstrong, M.A., the editor in theatrical matters, callsher Hester.

Calculated for London (birthplace unknown), Thursday, 3 March 1641/2, 7h.30m. a.m. apparent time, from Hynes, Schoch, & Foelsch.

Tropical zodiac
VP: 10º8′
Campanus
RA MC: 285º53′
☊: ♎25.4

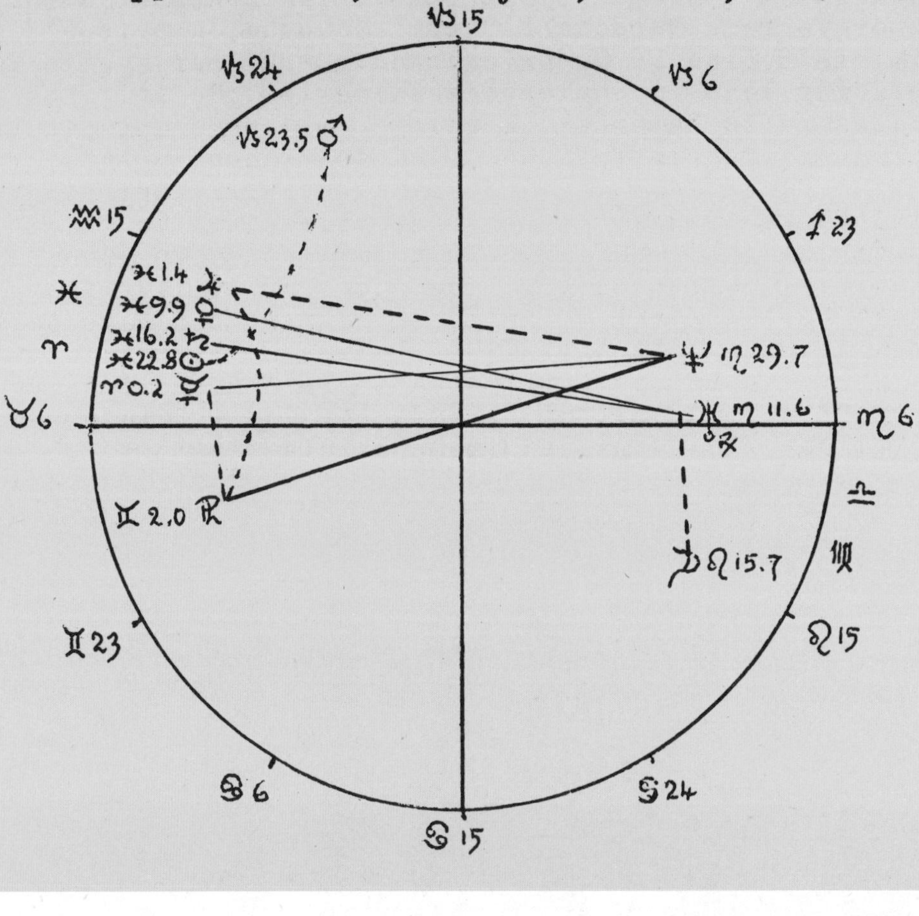

Bodleian MS. Ashm. 243: a variety of papers bound together, some by Lilly, a note at f. 193.v. giving the birth data of Aubrey de Vere's son together with that of "Roxalana".

> The Earle of Oxfords son (by Roxelana) was borne 17. Ap. 1664. 2^{H} 30′ P.M. Roxelana borne ♃ 3. Mar. 1642. 7^{H} 30′ A.M.

B.M. Sloane MS. 1684, "Astrological Schemes C. Bernard" which seem to have been drawn in the 1670s, has a figure at f.6, with the label:

> Roxalana Anglica comitissa Oxon. Mar. 2^{d} 1641 20h. PM

But the places are for 1640/1 Mar. 3 8h. a.m., with a note in Latin saying he had nobody to rectify this geniture. Except for the year, Charles Bernard's date confirm's Lilly's and the time is approximate. Unfortunately he does not give the day of the week, because it is possible that he mistook the style of year. In these circumstances, the Ashmole data are preferable and no doubt correct, because they state the day of the week and are appended to data concerning Roxalana's son, which suggests that Lilly obtained both together, possibly from Roxalana herself.

Footnote ex Pepys: Tuesday, 7 April 1668

I by coach to the King's playhouse, and there saw "The English Monsieur," sitting for privacy sake in an upper box: the play hath much mirth in it as to that particular humour. After the play done, I down to Knipp, and did stay her undressing herself; and there saw the several players, men and women go by; and pretty tc see how strange they are all, one to another, after the play is done. Here I saw a wonderful pretty maid of her own, that come to undress her, and one so pretty that she says she intends not to keep her,, for fear of her being undone in her service, by coming to the playhouse. Here I hear Sir W. Davenant is just now dead; and so who will succeed him in the mastership of the house is not yet known. The eldest Davenport is, it seems, gone from this house to be kept by somebody; which I am glad of, she being a very bad actor. I took her then up into a coach and away to the Park, which is now very fine after some rain, but the company was going away most, and so I took her to the Lodge, and there treated her and had a deal of good talk, and now and then did baiser la, and that was all, and that as much or more than I had much mind to because of her paint. She tells me mighty news, that Lady Castlemayne is mightily in love with Hart of their house: and he is much with her in private, and she goes to him, and do give him many presents; and that the ting is most certain, and Becke Marshall only privy to it, and the means of bringing them together, which is a very odd thing; and by this means she is even with the King's love to Mrs. Davis. This done, I carried her and set her down at Mrs. Manuel's, but stayed not there myself, nor went in; but straight home, and there to my letters, and so home to bed.

NB: "The eldest Davenport" was Frances.

ANNA MARIA BRUDENELL 1642.3.15

Countess of Shrewsbury

"She might have a man killed for her every day
"and she would only hold up her head the higher"
Grammont

Born in Paris, a Catholic, to royalist Robert lord Brudenell, later 2nd earl of Cardigan. In January 1658/9 she married Francis Talbot, 11th earl of Shrewsbury: their elder son Charles (1660) being Charles II's first godson after the Restoration. Her second son, John, died in a duel with Castlemaine's son Henry, just before John's 21st birthday. She had three daughters.

She and George Villiers, 2nd duke of Buckingham, became lovers in 1666 after she had served Col. Thomas Howard, Buckingham's brother-in-law; Buckingham's nephew, the earl of Arran; Henry Jermyn; and rakish Harry Killigrew. Killigrew was indiscreet & the affair became public. Shrewsbury challenged Buckingham in 1668 and died. Buckingham then turned out his wife and installed Anna Maria in her place; and in 1669 the countess set footpads on Killigrew & with her daughters watched until he was left for dead. She bore a short-lived son to Buckingham in 1671 (King Charles standing Godfather) and also in that year became a pensioner of France "to fix Buckingham".

Buckingham was censured by The Lords in 1674 for cohabiting with Anna Maria & obliged them to separate; but apparently she was already tired of him. After ostensible penitence, she married George Rodney Bridges of Keynsham in 1676, was welcomed at Court, and bought (£4500) a place for her husband in the bedchamber in 1678. Anna Maria died in 1702; George Villiers had died in 1687. Her widower died trying to save a favourite dog from drowning.

Calculated for Paris, 48N50 2E20, Tuesday 15 March 1641/2, 6h.20m a.m., apparent time, from Hynes, Schoch, & Foelsch.

Tropical zodiac
VP: 10º8′
Campanus
RA MC: 279º19′
☊ ♎ 24.8

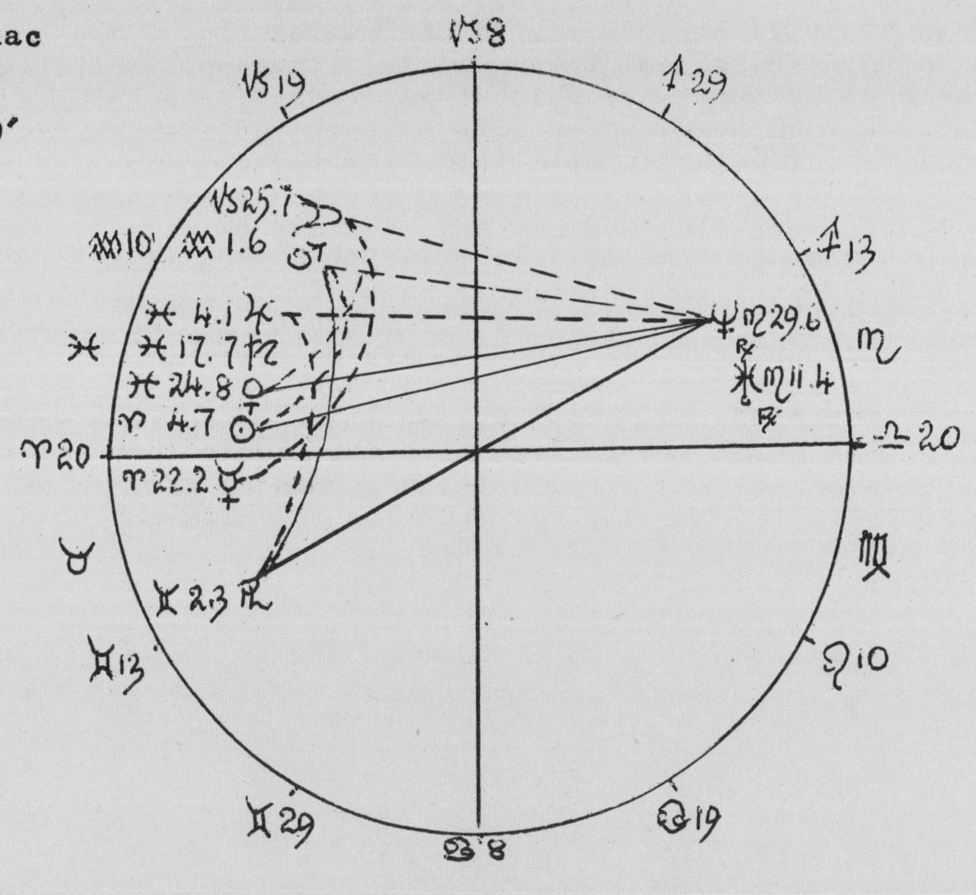

Sources are the leading surgeon at Bart's, Charles Bernard, in his MS. "Astrological Schemes C. Bernard" begun circa 1674; and Elias Ashmole in a variety of papers, bound together:-

> Comitissa de Shrewsbury Nata 1642 Mart. 25 St.N. H.6.20 a.m. Lutetiae Parisiorum. Concubina Ducis Buckingamiae qui virum ejus sceleratissime interfecit. (i.e. Concubine of the Duke of Buckingham who murdered her husband in a very criminal way)
>
> Bernard: Sloane MS.1684, f.5.v.
>
> Countess of Shrewsbury Natâ Generos: 1642. March 25° S.N. 6.h 20.' manè Lat: Parisiae: 49°
>
> Ashmole: MS. Ashm.243, f.194.

Who procured these data one cannot say: the Bernards & Ashmole exchanged information.

Hester W. Chapman's opinion of Lady Shrewsbury (Great Villiers, London, 1949, pp. 125/7) is here summarized by me:

Of all Lely's sleepy goddesses Lady Shrewsbury is the most nonchalant and the most imperial. Her tolerance was as remarkable as her caprice. "Though nobody" says Grammont, "could brag that he alone had been kindly entertained by her, equally there was no one who could contend that his suit had been ill received." Yet not much is known of Anna Shrewesbury: her reputation obscured her character. Grammont said to Hamilton: "You would think she received plenary indulgence for everything she did. There are three or four gentlemen who wear each of them a yard of her tresses by way of bracelet, and nobody cares a pin."

When Buckingham & she became lovers at York in the summer of 1666, his good days ended. He changed to a bully. His restlessness & excitability mounted to a fever, driving him from one excess to another. During their early months, from October 1666 to July 1667, he was involved in public brawls and challenges with five different men & was thrice sent to the Tower for rowdiness & belligerence. They were acknowledged lovers for eight years and went everywhere together. But beneath Lely's flattery one can detect the temperament of a heartless & dissatisfied woman: supercilious, idle, bored. She employed with callous adroitness all the tactics that make love into an ordeal and a test: icy harshness, shuddering acceptance, wild abandon, all were hers. Buckingham wrote:

> Such a woman was made to punish man, and the Devil to punish such a woman... It would content me if you did but dream of me; or if I could dream that you did so, but I will never sleep enough for thinking of you to dream at all... Sharp-headed kisses that go to wound desire... Joy would have killed me, but that I could not die upon the lips of my life... You are in everything a Goddess: but that you will not be moved by prayers.

It has been said of Anna-Maria that she went to confession as a drunkard to the apothecary, to be ready for another time.

CHARLES SACKVILLE **1643.01.24**

Lord Buckhurst, Earl of Middlesex (1674), Earl of Dorset (1675), the famous courtier, poet, and wit, referred to as "the Maecenas of his day". He married in 1684 Elizabeth, daughter of Hervey Bagot Esq. of Warwickshire, widow of Charles Berkley, Earl of Falmouth, by whom he had no children. He died in 1706.

Calculated for London (the place not being known to me), Tuesday 24 January 1643, at 1h. 30m. p.m. apparent time, from Ephemeridum Laurentio Eichstadio, M.D. Pars Altera, 1641-1650. Stetini, 1636. The new planets are from Schoch and Foelsch.

Tropical zodiac
VP: 10º8′
Campanus Houses
RA MC: 339º46′
☊: ♎8.5

"For pointed Satyrs, I would Buckhurst choose,
the best good Man, with the worst natur'd Muse.
For Songs and Verses, mannerly, obscene,
that can stir Nature up, by springs unseen,
and without forcing blushes warm the Queen."

John Wilmot, Earl of Rochester
"An Allusion to Horace, the 10th Satyr of the 1st Book."

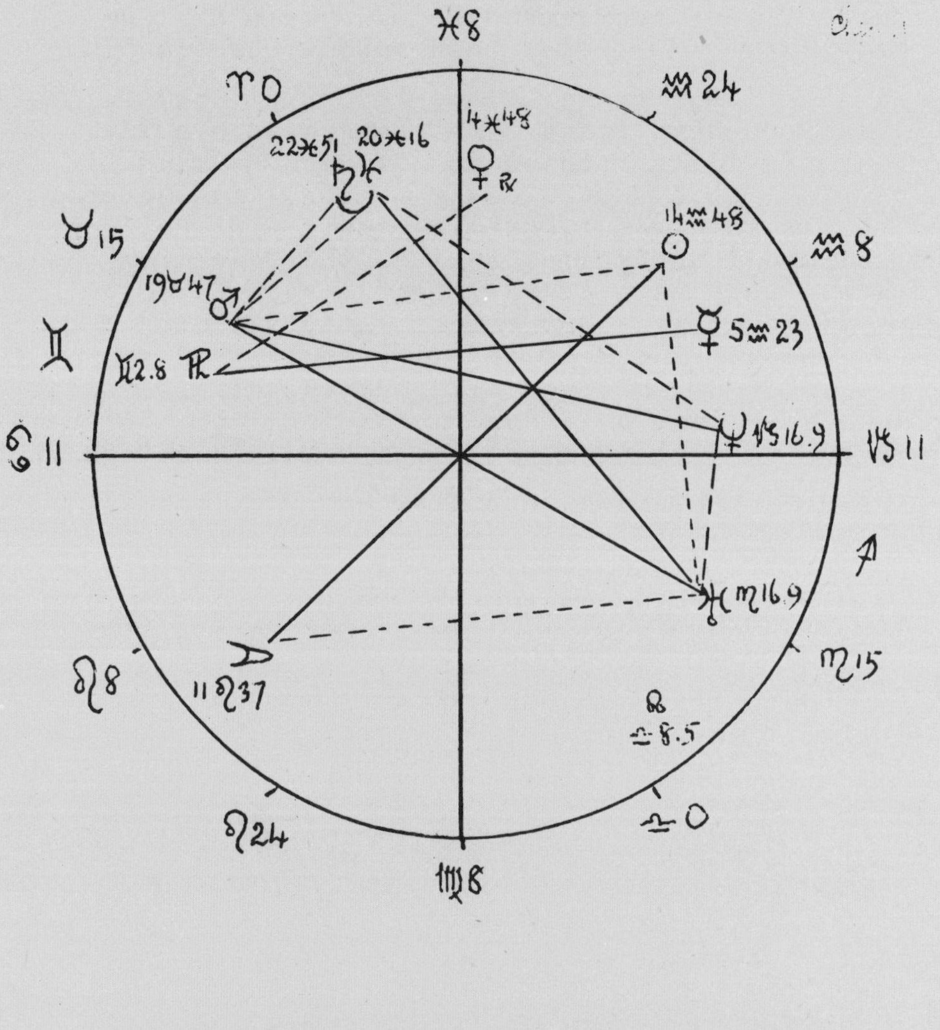

B.M. MS. Sloane 1684. f.64.v.

"Astrological Schemes C. Bernard" kept by Charles Bernard, son of Dr. F.Bernard, physician to James II, and himself Serjeant Surgeon to Queen Anne, a tall, thin book, with the date Jul. 7 1674 at page one. Sackville's birth is twice noted:

f.64.v. Earl of Dorset Jan. 24 1642/3 H 1.30 PM.
The figures is drawn for MC ♓9 and AS [illegible]9.33, with the Moon [illegible]11.33.

f.77 L[d] Buckhurst Earl of Middlesex Jan. 24. 1642/3 H 1 30′ mane.

The later entry for birth in the early morning is only a note and refers to him as Earl of Middlesex, whereas the former one is a drawn nativity and uses his final title. I have therefore taken the afternoon as preferable on the evidence and more in accordance with the native's known character.

Bishop Gilbert Burnet, who knew him, wrote in his memoires:
"The most eminent wits of that time (1668), on whom all the lively libels were fastened, were Lord Dorset, Lord Rochester, and Sir Charles Sedley. Lord Dorset was a generous, good-natured man, and a very merry companion when once a little wine had got the better of his phlegm. Never was there so much ill-nature in any pen as in his, joined with so much good-nature as was in himself. He was bountiful, even to run himself into difficulties; and so charitable, that he commonly gave away all he had about him when he met with a moving object of compassion; but he was lazy and indolent, and though courted to be a favourite, would not give himself the trouble of being one, and the rather because he hated the Court and despised the King when he saw he was neither generous nor tender-hearted.
"The History of his own times. By the Right Rev. Gilbert Burnet, D.D. sometime Bishop of Salisbury. (Abridged). Gibbings & Company, London, 1903." pp. 103/4.

Poems on several occasions: By the Right Honourable The E. of R— /Printed at Antwerpen/ (1680) Bodley [illegible] Douce W.95.
pp. 71-81 contain two letters of verse "from B. to Mr. E." from the country, and Mr. E.'s replies from Town. The writers are clearly Buckhurst and George Etherege. The first letter from Buckhurst begins:

Dreaming last Night of Mrs. Farley,
My Prick was up this Morning early,

Buckhurst's liking for the country appears in parts of the text, and the end of Etherege's second letter:

Then quit with speed the pensive Grove:
And here in Town pursue your Love;
Where, at your coming you shall find
Your Servant glad, your Mistress kind,
All things devoted to your Mind;
With your very
Humble Servant

D. AFONSO VI DE PORTUGAL 1643.8.21

eu fuy livre, fuy rey, e fuy marido
sem reyno, sem mulher, sem liberdade,
tanto importa não ser, como haver sido.

Brother-in-law to Charles II of Gt. Britain

2nd son of D. João IV (who restored Portuguese independence) & Dona Luiza Francisca de Guzman: a masterful woman, dark & ugly, but impressive. One French envoy said she spoke Latin & Italian as easily as Castillian or Portuguese, "her discourse is polished, her speech so full of grace that you are left marvelling." Though Spanish, hers was the brain behind Portugal's freedom & resistence, and when D. João died in 1656, she became Regent.

D. Theodosio, the eldest son, had died in 1653 aged 19 and Afonso was no substitute. Aged 3, grave illness left his right side partly paralysed, impaired sexual ability, possibly affected his brain. At any rate, he was unfit to rule. Aware of this, his mother tried to promote her younger son, D. Pedro (q.v. 1648), but the court divided. Charles II of England married her daughter D. Catarina in 1661; and in the following year D. Afonso obliged his mother to resign from the power already his by law. Then he returned to disorderly ways while the able Conde de Castelmelhor ruled for him. D. Luiza died in her convent in 1666, aged 53.

Later that year, D. Afonso was married to Marie Françoise de Savoye who reportedly remained virgin. She & D. Pedro fell in love, seized power, and he became Regent in November 1667. The Queen's marriage was was declared invalid in March 1668: she married D. Pedro in April. Meanwhile, after his fall from power, D. Afonso remained a King in prison. They exiled him to the Azores from 1669 to 1674, the brought him back to close confinement in Cintra castle until he died there in September 1683. His ex-wife died three months later.

Tropical zodiac
VP: 10° 8′
Campanus
RA MC: 78°50′
☊ ♍ 27.5

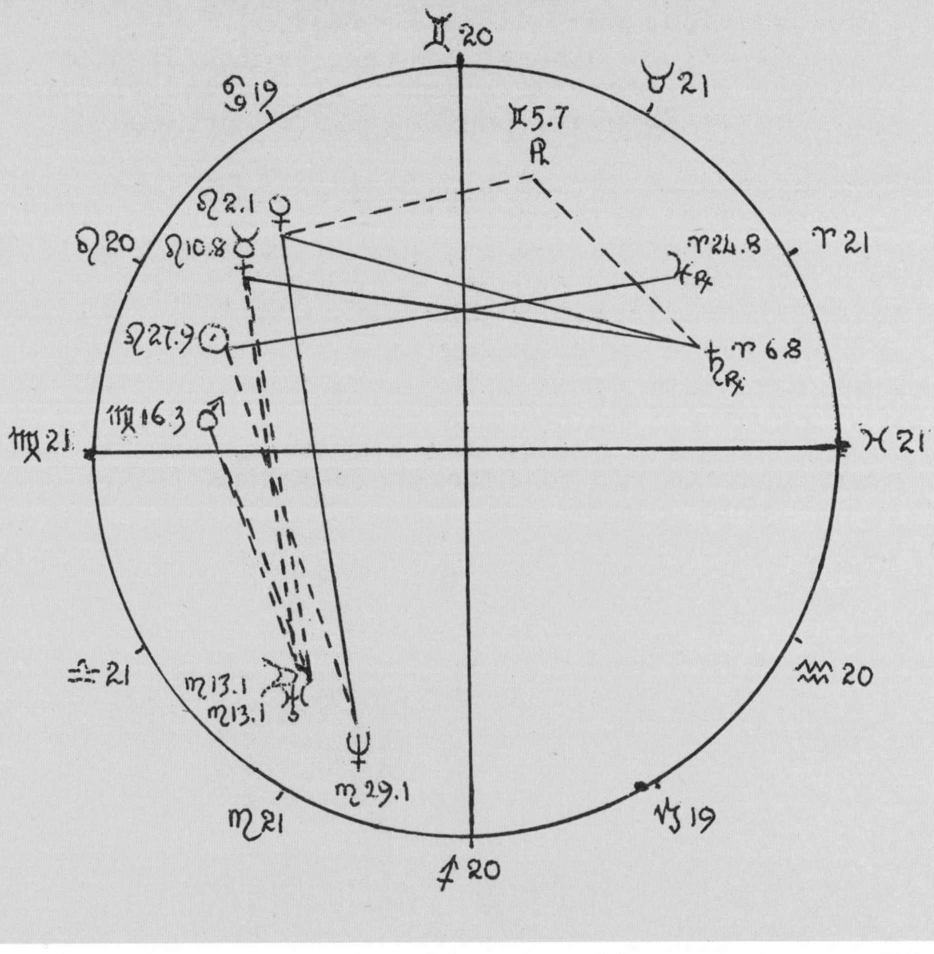

Dr. Antonio Alvaro Doria, biographer of Queen Maria Francisca, told my friend Elaine Sanceau that the best source for D. Afonso VI is the contemporary Vida d'el-rei D. Afonso VI escripta no anno de 1684, ed. Camillo Castello Branco, 1873. The birth is at p. 3.

> ... foi Deus servido dar ao nosso Portugal em sexta feira 21 de Agosto d'este anno de 1643, ás sete horas e um quarto da manhã, um novo defensor, com o nascimento do serenissimo infante D. Afonso..

This (he said) is preferable to Caetano de Sousa's Historia Genealogica which says: 'o qual nasceo na Cidade de Lisboa em huma sexta feira 21 de Agosto de 1643 pelas oito horas da manhãa...' My figure is thus for Lisbon, 38N42 9W11, Friday 11/21 August 1643, 7h.15m. a.m. apparent time, from Hynes, Schoch, Foelsch.

Among prominent medical men who gave evidence at the Queen's appeal for the annulment of her marriage with D. Afonso, was Dr. Antonio Ferreira. He described (4.Feb.1668) how the King ate, interesting because Samuel Pepys (17.Oct.1661) reported he had 'sometimes nothing but fruits and now and then half a hen. And now the Infanta is become our Queen, she is come to have a whole hen or goose to her table, which is not ordinary.' Dr. Ferreira said:-

> His Majesty, twice daily, at dinner and at supper, is in the habit of eating seven pounds of mushrooms, a whole lamb, two pigeons and as many young chickens, and for dessert a pie of no small size. He drinks unwatered win in great quantity and usually stays two hours at table, after which he goes to bed. Often he vomits.

Ferreira said the childhood paralysis had affected his mouth (as could be seen when he spat), his right hand, and his right thigh which caused him to limp, likewise his right foot. The brain was probably affected.

Sir Robert Southwell, the British envoy, wrote to Lord Arlington on 5 Jan. 1668 and, inter alia, blamed the doctors for D. Afonso's pitiful condition whence only occasionally he seemed to emerge normal, and said: he loves to kill bulls, bears, and other ferocious beasts with his own hands; has little regard for human life; imagines himself the Hector of the Age; turns night into day; often dines in bed and eats prodigiously; smokes tobacco and drinks like no other Portuguese. As regards women, he keeps a sort of seraglio, although his caresses, according to his ladies, are of no effect for his sole delight is to put them in disorder. He cannot dissimulate, always speaks the truth as he understands it, and says whatever comes into his head. He censures people without any regard for rank, time, or place. Southwell's last remark confirms the Pepys report already quoted: 'for reviling of somebody a little while ago and calling of him cuckold, was run through the cods with a sword...' Dr. Antonio Ferreira mentioned this incident, but did not give it as a cause for impotence.

As a young man, D. Afonso was pleasant looking, fair skinned, blue eyed, with golden hair, regular features, & and upright carriage. But even at 20 he was very stout. He was very generous to his favourites, but almost all of these, both men and women, were drawn from the lowest ranks of society. He was courageous and admired courage, but here again he tended to find it among ruffians. He did, however, have a sincere affection for the noble Conde de Castelmelhor. He was never his own master: in youth under his mother's thumb, as King under the direction of Castelmelhor, and for the remaining 16 years he was a prisoner.

HENRIETTA ANNE D'ANGLETERRE 1644.6.16
duchesse d'Orléans
"Cette douceur pleine de charmes"
Jean Baptiste Molière

9th child & 5th girl of Charles I of Gt. Britain, born in Exeter while the parliamentary army under Essex marched on that city. When Essex refused the Queen's wish to retire to Bath, saying she must stand trial in London, she fled with her infant, one lady, one gentleman, & her confessor, to reach the coast at Pendennis after great privation & danger. She sailed in a Dutch ship for France on 30 June, & Henrietta Anne grew up there: married the King's brother on 30 March 1661 and died on 30 June 1670.

Gadbury wrote (The Nativity of the late King Charls, 1659, p. 123): "Although by much enquiry I have discovered the day of this Ladies birth, yet the hour and minute thereof I could by no means obtain... It is very probable, before I have perfected my intended Book of Genitures, I may procure the hour and minute of this illustrious Ladies birth, (for I am faithfully promised the same;)... I shall find a place therein for it..."

But his Collectio Geniturarum (1662) still printed noon places as in 1659. Gadbury's friend, Dr. Francis Bernard, included Henrietta in "F. Bernard Nativities of Eminent Persons" (Sloane MS. 1683 fol. 107v.) as a figure cast for noon at Exeter, as though this were the correct time—which is doubtful. "Barne's History of Exeter" (otherwise unknown to me) says "born in the morning".

Calculated, with reservations just noted, for Exeter, 50N44 3W32, noon, apparent time, Sunday 16 June 1644, from Hynes, Schoch, and Foelsch.

Tropical zodiac
VP: 10º 7′
Campanus
RA MC: 95º40′
☊: ♍ 11.1

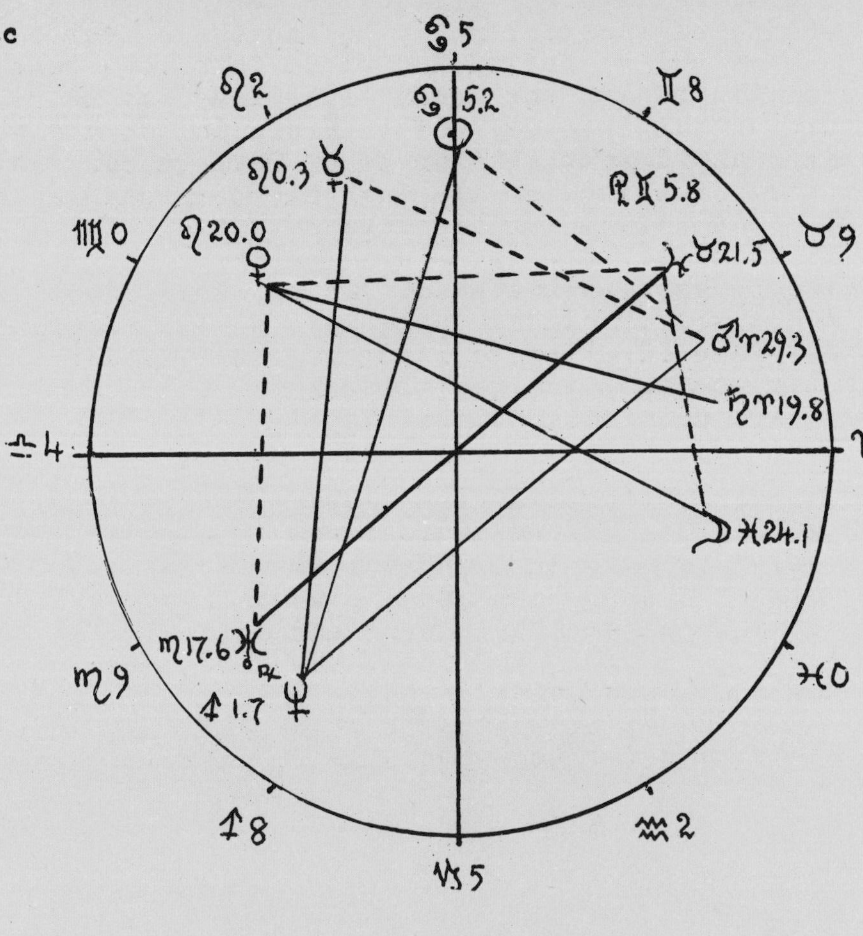

Perhaps the best evidence of birth comes from the Rev. Thomas Fuller, D.D. who became her Chaplain when she was three months old. See his The History of the Worthies of England, ed. John Nichols, London, 1811, vol.1, p.304.

> Henrietta, youngest Childe of King Charles and Queen Mary, was born at Bedford-House in this City [Exeter], anno 1644, on the sixteenth day of June... I hope that I, once related unto her as a Chaplain may ever pray for her that her soul may be sanctified with true grace, and she enjoy both the blessings of this and a better life.

V. Sackville-West (Daughter of France, London, 1959) wrote of her:-

> Descriptions of her character are all the more convincing because of their similarity: she seems to have made the same impression on very different kinds of people, men and women alike. The abbé de Coisy: 'Never has France had a princess as attractive as Henriette d'Angleterre... so fascinating, so ready to please all who approached her. Her whole person seemed full of charm. You felt interested in her, you loved her without being able to help yourself. When you met her for the first timo, her eyes sought your own, as if she had no other desire in the world but to please you. When she spoke, she appeared absorbed in the wish to oblige you.' Mme de Motteville: 'She was so lovable in herself, that she could not fail to please .... she wished to reign in the hearts of all good people, by the charm of her person and the real beauty of her soul.' Bussy-Rabutin, not a man to be easily impressed: "She had a natural disposition to do good to everyone... both in mind and person, the most charming princess that ever lived.' Molière: Cette douceur pleine de charmes. The Bishop of Valence: "the most human creature in the world... she seemed to lay hold of all hearts... the grace of her soul seemed to animate her whole being, down to the tips of her feet... the inexpressible charm, ce je ne sais quoi, which goes straight to all hearts." p.222

She had four children by Philippe duc d'Orléans (1640 q.v.). They were (1) Marie Louise, Mlle d'Orléans, born 27 March 1662 "at an early hour", who married the imbecile Carlos II of Spain in 1679 and died in 1689. (2) Philippe Charles d'Orleans, duc de Valois, born between 9 & 10 a.m. on 16 July 1664, died 1666. (3) a daughter stillborn on 9 June 1665. (4) Anne Marie d'Orléans, demoiselle d'Orleans, born at midnight on 27/28 August 1669. In 1684 she married Victor Amadeus II, duke of Savoy, later King of Sicily & Sardinia, leaving descent.

She was the favourite sister of Charles II, with whom she maintained copious correspondence. He called her Minette. Just before her sudden death, she was instrumental in finalizing the disgraceful Treaty of Dover, on behalf of Louis XIV.

MARY DAVIS 1645.3.29

"Dear Mis, delight of all the nobler sort,
"Pride of the stage, and darling of the Court,"
Richard Flecknoe: 1670

Thought to have been a milkmaid, daughter of Colonel Charles Howard, of the Howards of Charlton House, Tetbury, in Wilts. At 16 (1661), she became one of William Davenant's four women leads who boarded with him & played at the Duke's House in Lincoln's Inn Fields. Known chiefly for song & dance, her career from 1663 to 1668 is recorded, and in 1667, while singing "My Lodging is on the cold ground" as Celania in Davenport's <u>The Rivals</u>, she caught the King's eye: aged 22.

Early next year, Pepys heard she would leave the stage: the King loved her; he was furnishing a house in Suffolk Street "most richly"; & Moll was showing to everyone a ring worth £700. Soon she would be getting £1000 p.a. The Pimp, he said, was her own father. Pepy's woman-friends called her "the most impertinant slut in the world", "a most homely jade, though she dances beyond any thimg in the world." He himself thought of her as "little Miss Davis" & regretted that Lady Castlemaine seemed "melancholy and out of humour."

vide verso

Calculated for Charlton near Tetbury, 51N40 2W6, Saturday, 29 March 1645, 9h.30m. a.m. apparent time, From Schoch & Foelsch with the solar refinement of James Hynes.

Tropical zodiac
VP: 10º 6′
Campanus houses
RA MC: 340º 0′
☊: ♌25.9

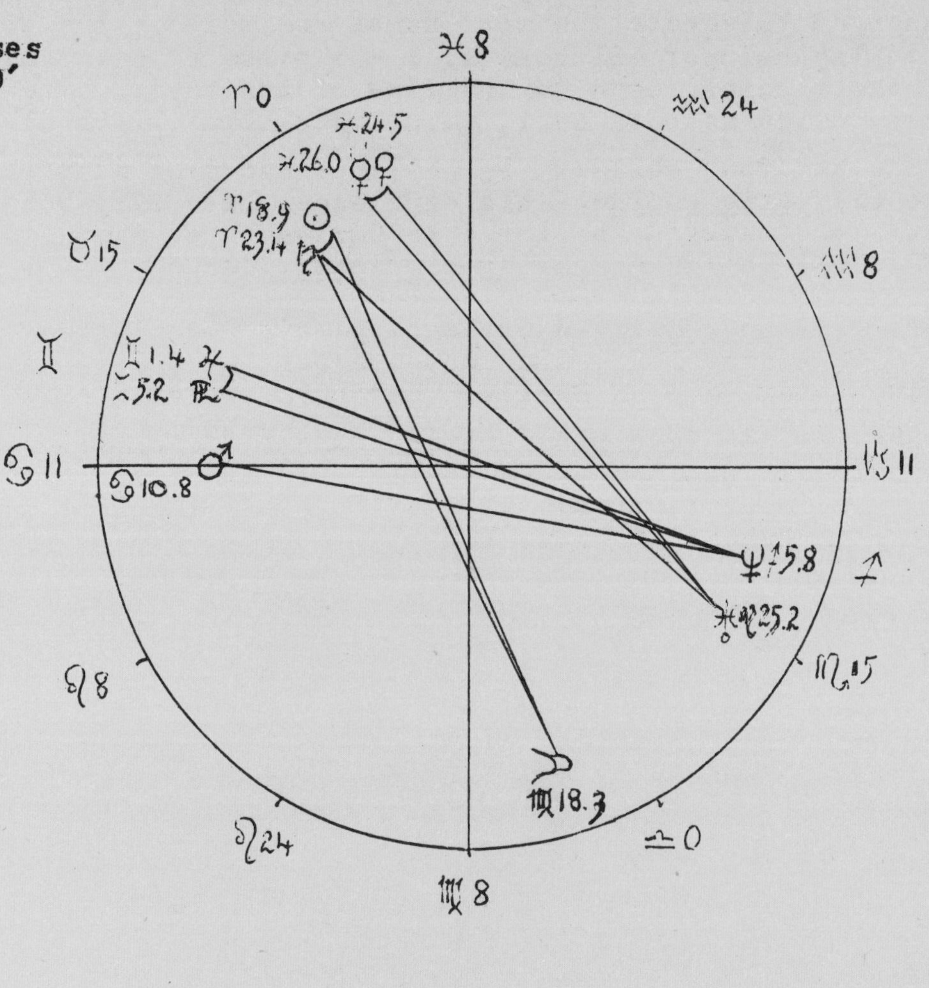

This figure is from "Atrological Schemes" (Sloane MS. 1684) by Charles Bernard (1652 q.v.), begun by him in 1674 and the only source of birth data for notorious ladies of gallantry in Court circles. Bernard is at times discreet, and here his scrawl is worse than usual: f.49.

Mol Dave Scortum famosiss: Mart. 29. ♄. 1645 H. 9.30 A.M.

The surname could be "Dove" or "Dow"; but "a most notorious whore" would refer only to a woman of exceptional prominence, if the other ladies in Bernard's gallery be any guide. There is little doubt in my mind of this being Mary Davis, and 1645 fits her known career as one might expect.

Charles Bernard (it may be argued) labelled the Duchess of Cleveland "Regia Pellex", & gave the same royal honour to the humbler Nell Gwyn. Why then should he leave Mary Davis with the less respectable "Scortum famosiss:"? Especially in view of her more discreet progress. Labels depend on a moment's whim, and this collection must represent a work of years. In my view, any speculation under this head is idle.

Pepys heard on 31 May 1668 that Mary had left the stage; only a few nights earlier she had acted at Court, but the Queen withdrew in protest at having to watch "the King's whore"; & Pepys adds: "My Lady Castlemayne, is, it seems, now mightily out of request, the King coming little to her, and thus she mighty melancholy and discontented." Back in February, he had seen Mary's coach draw up in Suffolk Street: "a mighty pretty fine coach."

But Barbara was not idle. Backstage at the King's House, Pepys heard on 7 April from Mrs. Knepp that the Countess was much in love with Charles Hart of that House, Nell Gwyn's lover, giving him many presents & much in private with him. Becky Marshall of his company had brought them together, "and by this means she (Barbara) is even with the King's love to Mrs. Davis."

Mary Davis had done with the stage, & in her 29th year (16.x.73) she presented the King with a girl he named Mary Tudor; moreover, the Queen seemed to forgive her, because in December 1674 she was seen by John Evelyn in a Masque, together with the Lady Henrietta Wentworth (Monmouth's love: 1660 q.v.), the future Queens Mary & Anne, the Countess of Sussex, Mrs. Jennings, & Lady Mordaunt. After all, Mary's father was a Howard.

She migrated from Suffolk Street in 1676 to St. James's Square, living there until 1687. In August that year her daughter Mary, not yet 14, married Francis Ratcliffe, 2nd Earl of Derwentwater, to whom she bore James (1691) and Charles (1693). Both would die young on Tower Hill, faithful to the Stuart cause, James in 1616 & Charles in 1646, after the Scottish "Fifteen" and "Fortyfive".

When Mary Tudor married, her father was dead & her uncle James was King, and probably her mother went with her to her new home: she was a very young bride & her mother left St. James's in that year. I do not know when Mary Davis died; but she had seen her daughter a Countess, and no doubt saw the grandsons, for she was only 46 when James appeared. From a beginning so inauspicious, the achievement is notable; and that so little is known of her is perhaps due to an ability to keep quiet & make no noise.

Allan Fea, "James II. and his wives Methuen, 1908, p.305, says Mary Davis was a native of Charlton, and by local report the illegitimate daughter of ~~Cates~~ Charles Howard, 2nd Earl of Derwentwater. Charlton near Malmesbury

JOHN GADBURY'S MISTRESS 1645.4.26
Otherwise unknown

There can be no doubt of the approximate value of this natus because we receive it from Charles Bernard, M.D. who was a friend of John Gadbury, the prominent astrologer and writer on astrological subjects; nevertheless the time is no doubt rectified, probably by Gadbury himself. The figure is collected here for purposes of comparison: there are contacts between the woman and Gadbury, but no conjunctions; perhaps the most interesting element is Neptune culminating, and the three close conjunctions, particularly Venus/ Saturn in square to Mars, while Sun/Mercury suggests considerable self will. cf. <u>John Gadbury</u>, 1627/8.1.1.

Calculated for London, Tuesday, 26 April 1645, 1h.18m. a.m. apparent time, from Ephemeridum Novarvm et Motuum Coelestium, Pars Prima (1636-1640), Laurentio Eichstadio, Stetini. M.DC.XXXIV.

Tropical zodiac
VP: 10º6′
Campanus houses
RA.MC.: 242º50′
☊: ♌26

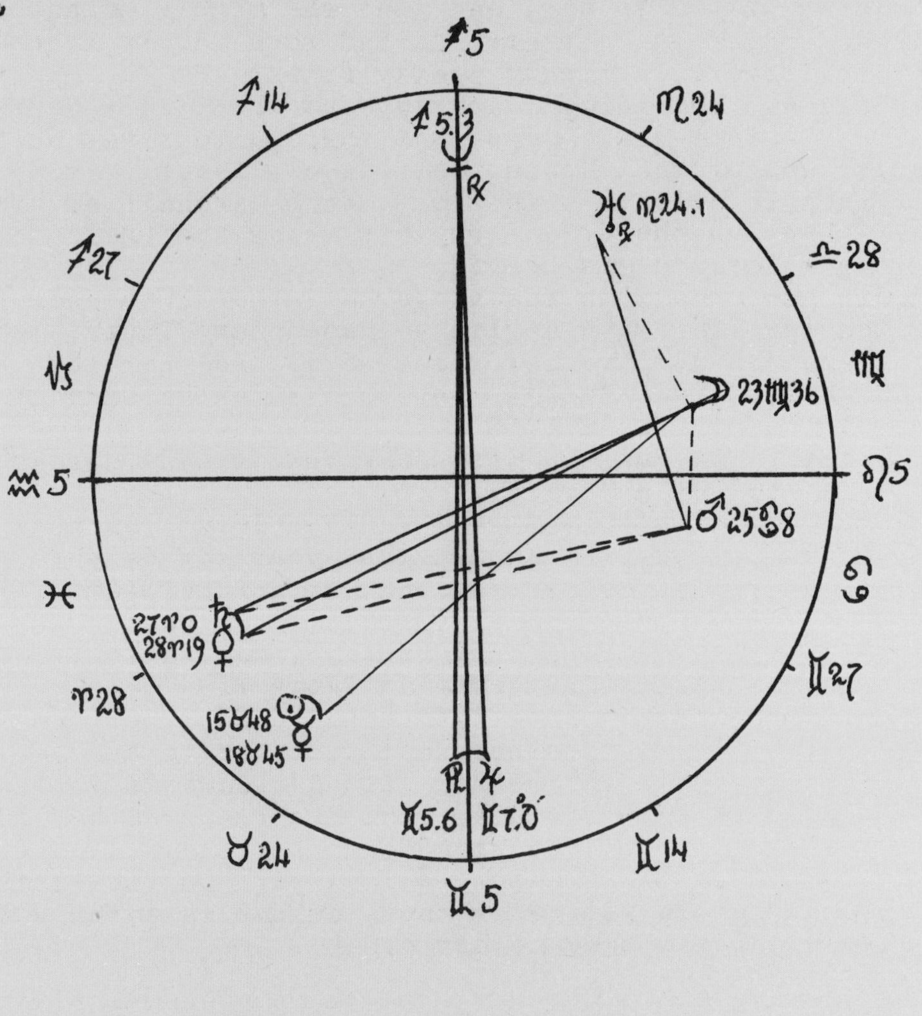

Gadburii Amasia Apr. 25. 1645 H 13.18′ PM. Lond

B.M. Sloane MS. 1684., "Astrological Schemes by C. Bernard", dated 1674 on the first page. The figure shows that it was calculated, as stated, for 26 April 1645, 1h.18m. a.m. solar time. p. 59

LOUISE RENEE DE PENANCOET DE KEROUALLE 1646.8.31

Duchess of Portsmouth

"Madame Carwell"

Charles Bernard's Astrological schemes (B.M. Sloane MS. 1684) has at f.56b a figure labelled "Carolophila. nata Aug. 31. 1646. ☽ H.7.56'32" AM", with ♋16 at the MC and ♎12.40 rising. There is a Note: "ARMC. 107 38 ✱ ☿ .136 ≃ 28.22 a voyage to Holland", suggestive of a journey by sea when the lady was 28, in 1674.

The Angles are for Lat. 48º, presumably in France; and as Time was worked to seconds, with a "direction", Bernard must have known the native and his discretion in concealing her name points to a royal mistress of importance—unless she was a mistress of Charles Bernard himself, which I do not think likely.

Charles II's known women were English, except for Hortense Mancini and Louise de Kéroualle. But Hortense, though born in 1646 was born in Rome (Lat. 42º) on 6 June. Louise was born near Brest (Lat. 48º as here), with the year uncertain & the day unknown.

The year usually quoted is 1649, but Allan Fea (1) says: "when she was introduced in the French Court in 1669 she was twenty-two, although some accounts made her three years younger. J.H. Jesse (2) declared her to be about twenty-five in 1670, when she came to England: in her ninetieth year when she died in France in Nov. 1734. He thus points to 1645 while Fea has 1647 or 1646. Anyway, they span this nativity and neither gives reasons for what he says.

Were it not for the "voyage to Holland", which I cannot trace, the evidence points to Louise; but even if this is some other and unknown foreign mistress, the figure is still useful for comparison with the nativity of Charles.

Tropical zodiac
VP: 10º6′
Campanus
RA MC: 107º44′
☊: ♋28.4

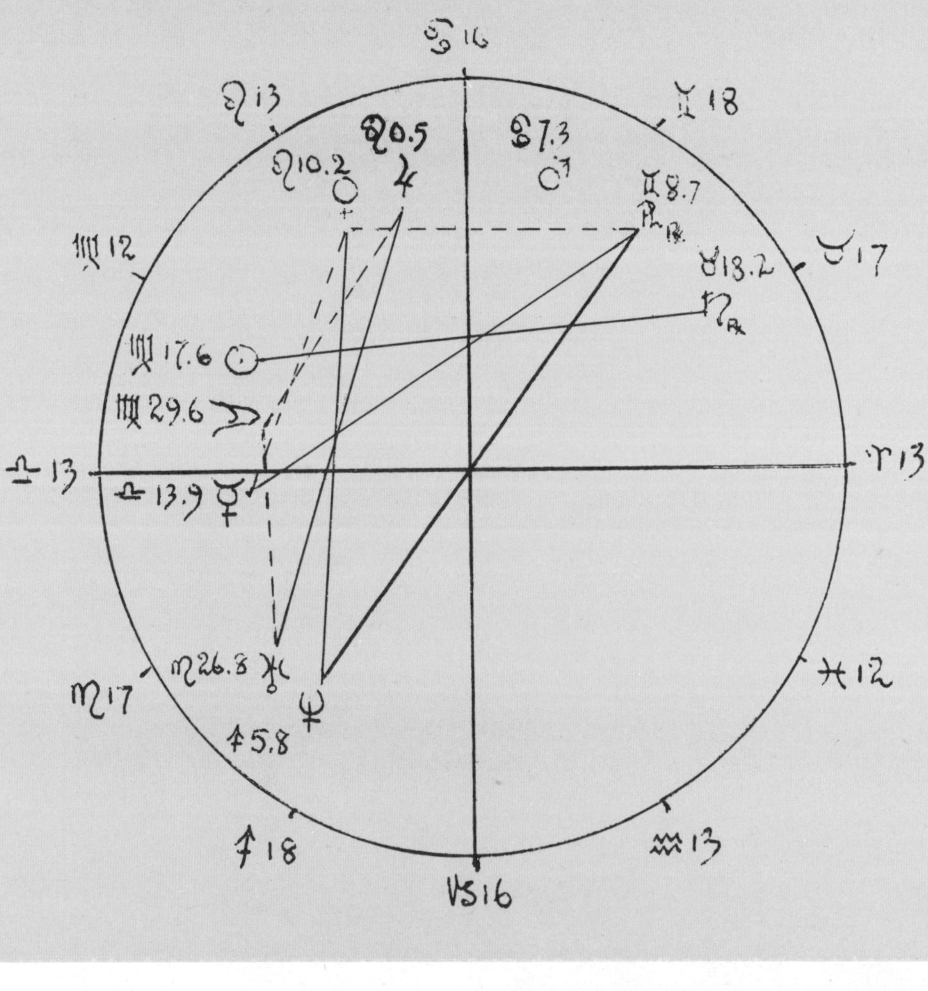

Calculated for Brest: 48N25 4W40, Monday 10 Sep. 1646 N.S., or 31 Aug. 1646 O.S., 8 a.m. apparent time, from Hynes, Schoch & Foelsch.

Louise Renée de Penancoet de Kéroualle was the elder daughter of Guillaume de Penancoet, sieur de Kéroualle, an impoverished Breton gentleman of ancient lineage. She attended the Duchess of Orleans (Charles's sister) when she came to England in May 1670 to finalize the secret and disgraceful Treaty of Dover: Henrietta died shortly after her return to France, on 30 June 1670 N.S. But Charles had been charmed by Louise and in the following year Lewis XIV sent her back to him. On the 29 July 1672 she gave birth to a son, Charles, created Duke of Richmond & Lennox.

Hester W. Chapman sums her up as "Louise de Kéroualle, quiet, humourless, well bred and tenacious. In spite of her monstrous expenditure—she received an allowance of forty thousand pounds a year as soon as she had been created Duchess of Portsmouth in the summer of 1671—she became an institution, not a popular one. Madam Carwell, as the English people called her was faithful and untiring in her allegiance to her real master, Louis XIV; but she behaved towards Charles with propriety and made him happy during their later life... For fifteen years this plump, baby-faced little woman helped to rule England, Buckingham stood for everything that she disliked most in English life, its informality, disorderliness, eccentricity and freedom of speech and opinion; they could never have become friends; and Louise was a pitiless enemy." Great Villiers, 1949, pp. 185/6.

What Nell Gwyn thought was reported by Madame de Sévigné: "'This Duchess,' says Nell, 'acts the person of quality; she pretends that she is related to everybody in France. No sooner does any grandee die than she puts on mourning. Ah, well! if she is such a great lady, why did she descend to become a catin? She ought to die of shame: for myself it is my profession; I don't pique myself on anything else. The King keeps me: I am at present his solely. I have brought him a son, whom I intend he shall acknowledge, and I am assured that he will, for he loves me quite as well as he does his Portsmouth.' This creature takes the top of the walk, and embarrasses and puts the Duchess out of countenance in a most extraordinary manner." (1)

Notes

(1) Some Beauties of the Seventeenth Century, Allan Fea, London, London, 1906, at p.78 for her age (recto) and pp. 79/80 for the quotation from Sévigné above.

(2) Memoirs of the Court of England during the Reign of the Stuarts, including The Protectorate. John Heneage Jesse, 1840, London, Vol.4, pp. 104, 113, for her age (recto).

JANE BICKERTON 1646.12.1

Duchess of Norfolk

Countess of Norwich

Daughter of Robert Bickerton, son of Thomas Bickerton, laird of Cash, a gentleman, or Clerk, of the Wine Cellar of Charles II. Little hard information is available. She was mistress, then 2nd wife of Henry Howard (1628-1694 q.v.), created Baron Howard of Castle Riding in 1669, advanced to the earldom of Norwich in 1672. He succeeded his brother Thomas (1626 q.v.) in 1677, having wed Jane in 1668: she gave him seven children, the last posthumons, and died on 27 August 1693: a lady famed for her beauty and accomplishments.

Though general works ingnore her, she appears in *Mémoires de la Cour d'Angleterre* (1695), translated by Mrs. William Henry Arthur with notes by George David Gilbert (1913) as "Memoirs of the Court of England in *1675*", the author being Marie Catherine Le Jumel de Berneville, Baronne d'Aulnooy: who also wrote *La Cour et la ville de Madrid* and charming *Contes des Fées*, some still current and popular.

There is too a fairy-tale atmosphere about "Court of England", including allusive nomenclature, though Mr. Gilbert identifies the leading one with some certainty. Almost at once, Jane is discovered by her jealous husband with Buckingham (1628 q.v.) kneeling at her feet. Thence it appears that Monmouth (1649 q.v.), the Lord Russell (1639 q.v.) and Charles II (1630 q.v.) were also on her track. Howard tried to take her to Pembrokeshire but was hindered by Russell; he aims at Holland but is prevented by the regulations of Prince Rupert. Apparently none, except perhaps Buckingham, got into bed with her. It is like a French farce.

Calculated for (London ?), Tuesday, 1/11 December 1646, 9H. p.m. apparent time, from Hynes, Schoch, Foelsch.

Tropical zodiac

VP: 10° 6′

Campanus

RA MC: 34°14′

☊: ♋ 29.6

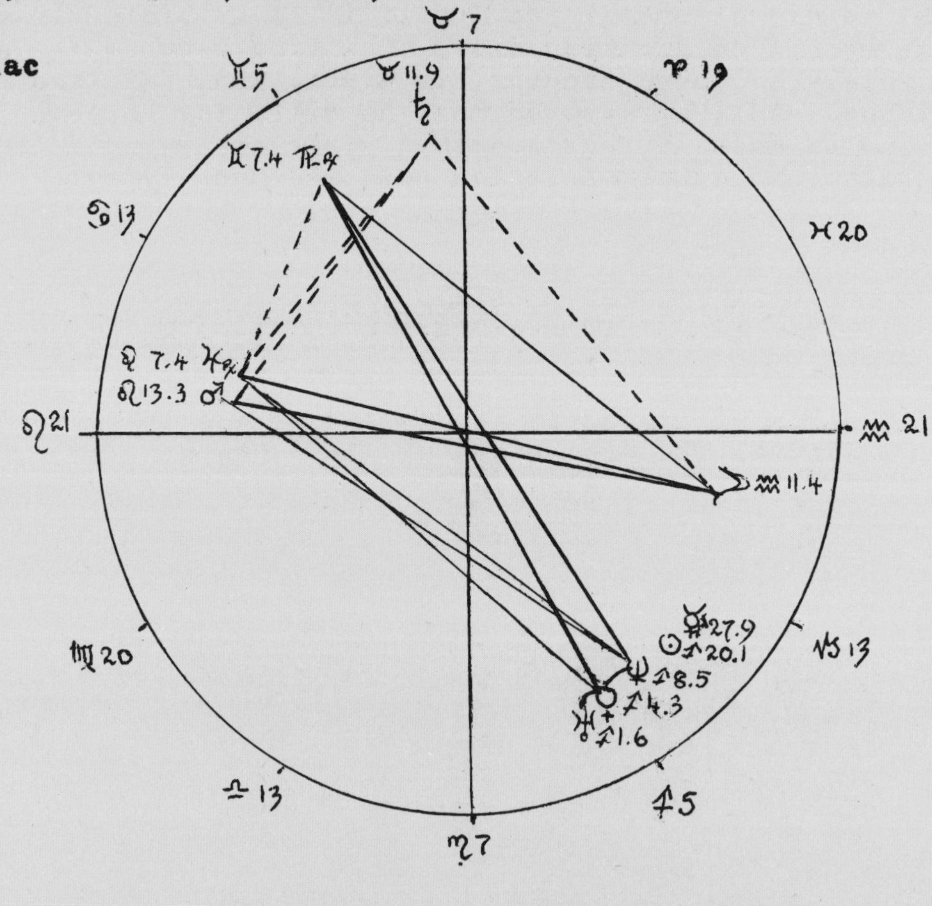

Data are from <u>MS. Ashm. 243</u>. f. 190.v. underneath those for her husband:-

Natus Dux: Norf: ♀ July 11th 1628
hor ☉ neer ☉ Riseing London. ♓20 ♑20 ☉♋29 ☽♓24

Nata D.N. vxor. ♂ Decemb.r 1.
9.h PM. 1646 Hor. ☉
figure has: MC ♉6 AS ♌21 Moon ♒13
"a lady famed for her beauty and accomplishments"

One finds it odd that she is so little known to general sources.

There is a note under these nativities saying: "from Mr. Ch: H's Lady" - evidently the wife of a Charles Howard who was an informant of John Aubrey.

D. PEDRO II DE PORTUGAL 1648.4.26

who stole his brother's wife & crown
Brother-in-law to Charles II of Gt. Britain

Not 20 when D. Afonso VI (q.v. 1643) was forced to relinquish power, he was big & vigorous, could twist horseshoes with his hands, could ride well & killed a bull cleanly either mounted or on foot. He was taciturn, obstinate, never laughed: the graces & amenities of life meant as little to him as to his brother & like his brother he preferred rough types to gentlemen. His mother gave him ambitions & his brother's wife gave him love. Yet he did not love his mother though he may have loved his wife after a fashion. Women to him were physical, regardless of wit or colour or beauty: housemaids did not escape.

Cortes, meeting on 27 Jan. 1668, debated Regency & Succession. 'But' wrote a contemporary, 'the Queen who intended to make him her Husband, and could not endure to think of losing any part of her Title, or abating any thing of her Pride, and being a Woman, that knew not how to dissemble her Vanity, urged the matter more home to the States, who nevertheless decreed, that he should exercise all the regal power, without assuming the stile. The Controversie being decided, there arose another, which was whether the King should be allowed his Liberty, or confined, but in Conclusion, it was determined he should undergo perpetual Imprisonment.

Lord Sandwich (q.v. 1625), Charles II's envoy to Madrid, charged with making peace, attended these Cortes & on 13 Feb. 1668 they voted peace, after nearly 28 years of war & destruction & heroic resistence to Spain under the late Queen Mother & Castelmelhor. The marriage of D. Afonso was annulled in March 1668 & his Queen was married to D. Pedro in April.

Tropical zodiac
VP: 10° 4′
Campanus
RA MC: 94°27′
☊: ♊ 26.9

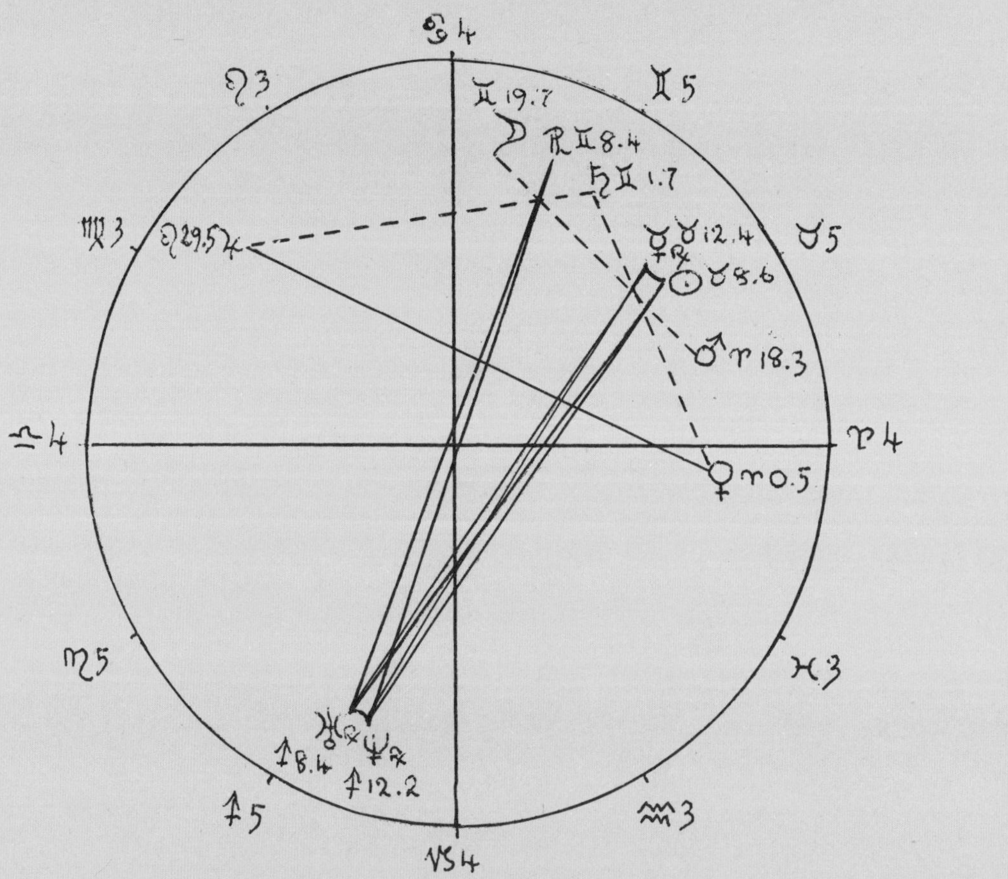

D. Antonio Caetano de Sousa, in his *Historia Genealogica* (1735-1740) gives no time for D. Pedro's birth in his Vol. VII, p. 425:-

> o Infante D. Pedro, que nasceo em Lisboa em um Domingo 26 de Abril, em que a Igreja Bracharense celebra a festa de seu illustre Prelado S. Pedro de Rates, do anno de 1648.

The only time found by me is in BM Sloane MS. 1684, *Astrological Schemes C. Bernard*, made by Charles Bernard, Sergeant Surgeon to Queen Anne, brother of Dr. Francis Bernard, physician to James II, which he kept from July 1674 onwards. Fol. 37:-

> Pedro Rex Portugaliae, natus Apr. 16. St. Vet. 1648 H. 4. PM.
> Lat. 38.54.

All turns about Afonso's Queen, Marie Françoise Elizabeth, Mlle d'Aumale, descended maternally from Henri IV & Gabrielle d'Estrées, paternally from violent forbears. As the British envoy to Lisbon informed Lord Arlington in Nov. 1667: she was well aware of her husband's defects before she married him, but 'being a lady of boundless ambition, and her desire to govern prevailing over all other passions, the defects of this prince (D. Afonso) and the dissuasions she received against him were but as so many incentives to warm her in the undertaking'—which culminated in passion for his brother & to remain as his brother's Queen.

Edmund d'Auvergne wrote in 1910 (*The Bride of Two Kings*): 'she inherited from her fathers no moral instincts, but a strong will and unquenchable ambition. She loved intensely and hated more intensely still... there remained a residuum of the savage in her to the end.' She was born 21 June 1646 N.S., at an hour unknown to me, with a close conjunction of Venus, Saturn, Mars.

Sir Robert Southwell, the British envoy already quoted, wrote of D. Pedro of inability to conceive how any policies in this adventure could have been founded on this young man's talents. His character was docile and acquiesced readily to advice from others, but admiration of him was vague: some admired him for his virtues & application to business (though they overlooked past bloodshed), while others praised him for rallying his partisans in moments of adversity. But the master plan was to discredit his brother in popular opinion by publicizing Afonso's inconstancy, his disorders & violent passions, and above all to keep in sight the need to separate D. Afonso from his able friends.

Pedro in power was as colourless as his nativity. He affected piety, fingered rosaries & murmured Aves; he supported the Inquisition & sent out missionaries; he surrounded himself with nuns & monks (not forgetting his lowly mistresses); he ate little & drank only water, a practice he enjoined on his courtiers. Usually he wore black, trimmed with lace, though at times he wore colours in accordance with his edicts.

After the death of his first wife on 27 December 1683, three months after the death of his brother, he married Marie Sophie of Pfalz Neuburg. By Marie Françoise he had a daughter, Isabel Luiza, born on 6 Jan. 1669, N.S., died unmarried 21 October 1690. By the second wife he had various children, including D. João V who succeeded him.

The figure is drawn for Lisbon, 38N42 9W11, Sunday 26 April 1648 N.S., 4h. p.m. apparent time, from Hynes, Schoch, Foelsch.

CHARLES PAMPHLIN 1649.8.31
Hanged for theft

"He was hanged in Convent Garden on a gibbet, for stealing his Majestie's chapell-plate, May 22 1678." Noticed by John Aubrey in his LIVES, the data for birth having been obtained from Pamphlin's mother.

Calculated for London (presumed place of birth), Friday, the last day of August 1649, between 3 & 4 a.m. (3h.30m.) apparent time, from Schoch & Foelsch, with the solar refinement of James Hynes.

Comparison with <u>Eichstadius</u> is disappointing: <u>Saturn</u> and <u>Venus</u> exceed the "0.2" margin of Schoch, while sun and moon could be better. The south node is wide.

Tropocal zodiac
VP: 10º 3′
Campanus houses
RA.MC.. 41º11′
☊: ♊ 0.4

<u>Eichstadius</u>

☉	☽	☿	♀	♂	♃	♄
♍17°35′	♏3°20′	11♍46	1♌30	9♏25	12♎47	29♊35

<u>Tycho Brahe</u>

☉	☽
♍17°34	♏3°24′

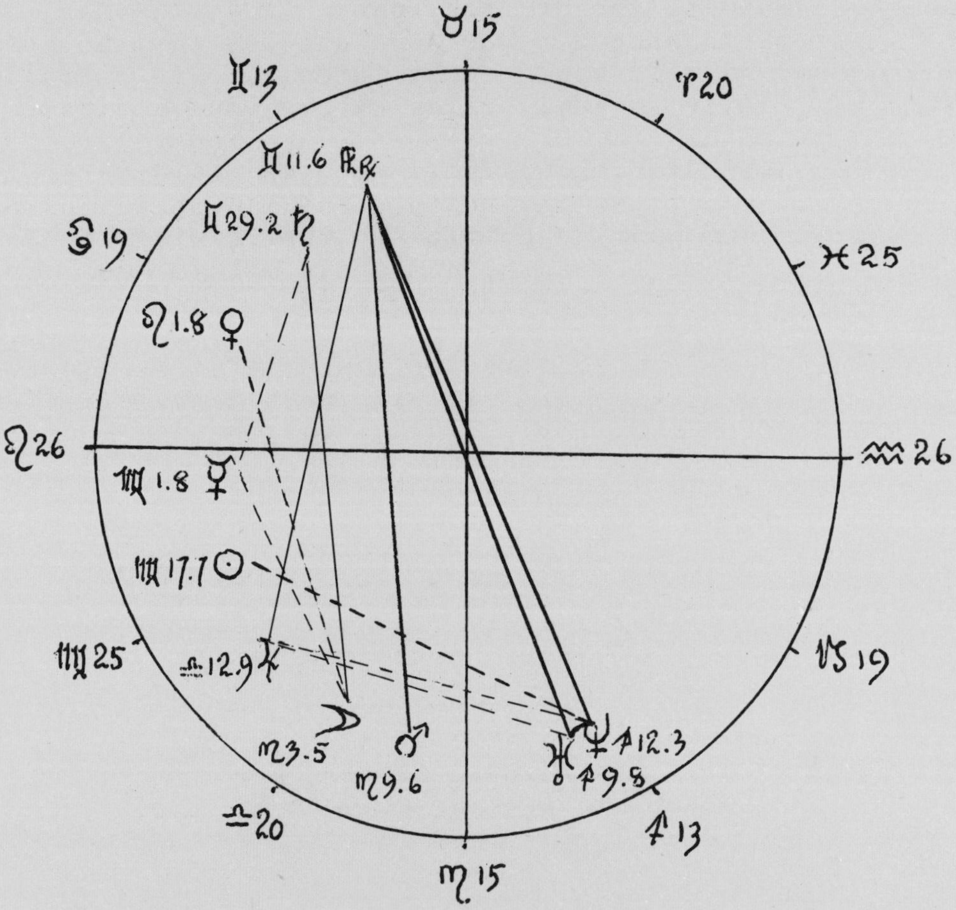

'This is the copie of his mother's owne handwriting:-
"Charles Pamphlin was borne the last day of August
"before day, the howre I did justly know but I guesse
"it might be about 3 or 4 a clock in the morning, being
"Fryday the August after the king was beheaded; which I
"thinke was 29 yeares since, last August."

'He was hanged in Convent Carden on a gibbet, for
'stealing his Majestie's chapell-plate, May 22, 1678.'

Bodley MS. Aubr. 23, fol.77, this is Aubrey's
"Collectio Geniturarum",

WILLIAM III OF ORANGE & GREAT BRITAIN 1650.11.14
Gulielmus Dei gratia Anglie Scotie Francie et Hibernie Rex Fidei Defensor, &c.

Calculated for The Hague 52N4 4E20, Monday 14 November 1650 N.S. at 1h.30m. a.m. from Ephemeridum &c. of Laurentius Eichstadius (1634), the new planets being from Schoch and Foelsch.

Tropical zodiac
VP: 10°2′
Campanus Houses
RA.MC. 71°58′
☊ 7♉36
Pluto from Ebertin is ♊ 11.9

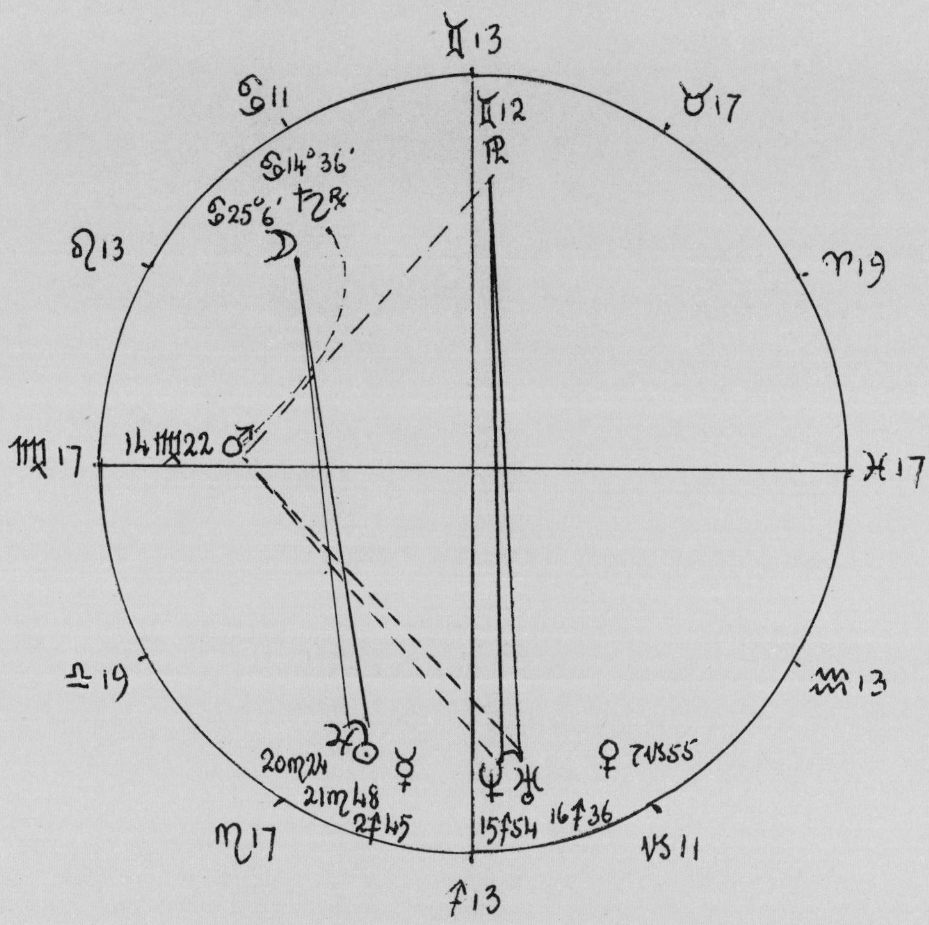

Mercurius Politicus: Comprising the Summe of all Intellegence, with the Affairs, and Designs now on foot, in the three Nations of England, Ireland, and Scotland. In defence of the Commonwealth, and for the Information of the People.

No.23 From Thursday, Novemb. 7. to Thursday, Novemb. 14. 1650. From the Hague. The Prince of Orange dyed here the sixth of Novemb. half an hour before 9. at night... The same night they made his name known to the Princess his wife; for she seemed to apprehend it before, upon occasion that her nose bled the same night; at which she was much troubled, and expected the sad news, because at the same time she had upon her heart the thoughts of her Fathers end, and all that Tragedy.

No.24 From Thursday, Novemb. 14. to Thursday, Novemb. 21. 1650. From the Hague, Novemb. 17. The death of the Pr. of Orange hath caused agreat (sic) alteration in these parts: nine days it was ordered that they should ring for him 3. times a day; the last ringing was upon the hour of the birth of his Son, a young Prince, the birth-day of his Mother; and about half an hour past one at night, the 14. of November, being the ninth day after, his Father dyed, which was on the 6. of November.

A Genealogical History of the Kings of England, and Monarchs of Great Britain, &c. ... By Francis Sandford Esq: Lancaster Herald of Arms. In the Savoy; Printed by Tho. Newcomb, for the Author, 1677. (page. 573)

> The Princess Royal Mary his disconsolate Widow, was by him left great with Child, who nine days after the death of this Prince of Orange her Husband, (viz. the 14th of November, S.N. 1650.) at nine of the Clock at night was delivered of a Posthumus and her only Child ...

There is thus a grave difference between the 1.30 a.m. of the correspondent of Mercurius Politicus and the Lancaster Herald, who gives 9 o'clock at night. I have had little hesitation in following the newspaper reporter who was writing at the time and described the event with considerable detail. Sandford may have become confused with the time of the father's death.

ANN SCOTT 1651.2.11

Duchess of Monmouth & Duchess of Buccleuch

A very great Lady

She was one of the richest heiresses in the Kingdom of Scotland; all that could be wished for to make a person amiable met in her; virtue, intelligence, great possessions, birth; & although she was not extraordinarily beautiful, & although she limped a little, she was ever full of liveliness. Perhaps if the Duke had been obliged to exert himself to achieve this conquest & had found it difficult, & so to his glory to win, he might have thought himself but too happy to succeed in espousing her; but he received her from the hands of the King... Marriages thus arranged are not always happy; in fact it was the Duke's idea only to observe conventional decencies with his Wife, & as she was very proud it was easy for her to discover her husband's sentiments. Thus her own affections chilled; & she contented herself on her side in performing her duty without making any display of tenderness.

Marie Catherine le Jumelle de Berneville, Baronne d'Aulnoy, c.1650-1705, in Mémoires de la Cour d'Angleterre, Paris 1695.

Calculated for Dalkeith, 55N54 3W4, Tuesday, 11 February 1650/1, 11 a.m. apparent time, from Schoch & Poelsch, with the solar refinement of James Hynes.

Tropical zodiac

VP: 10° 1′

Campanus houses

RA.MC: 319°47′

☊: ♉ 2.4

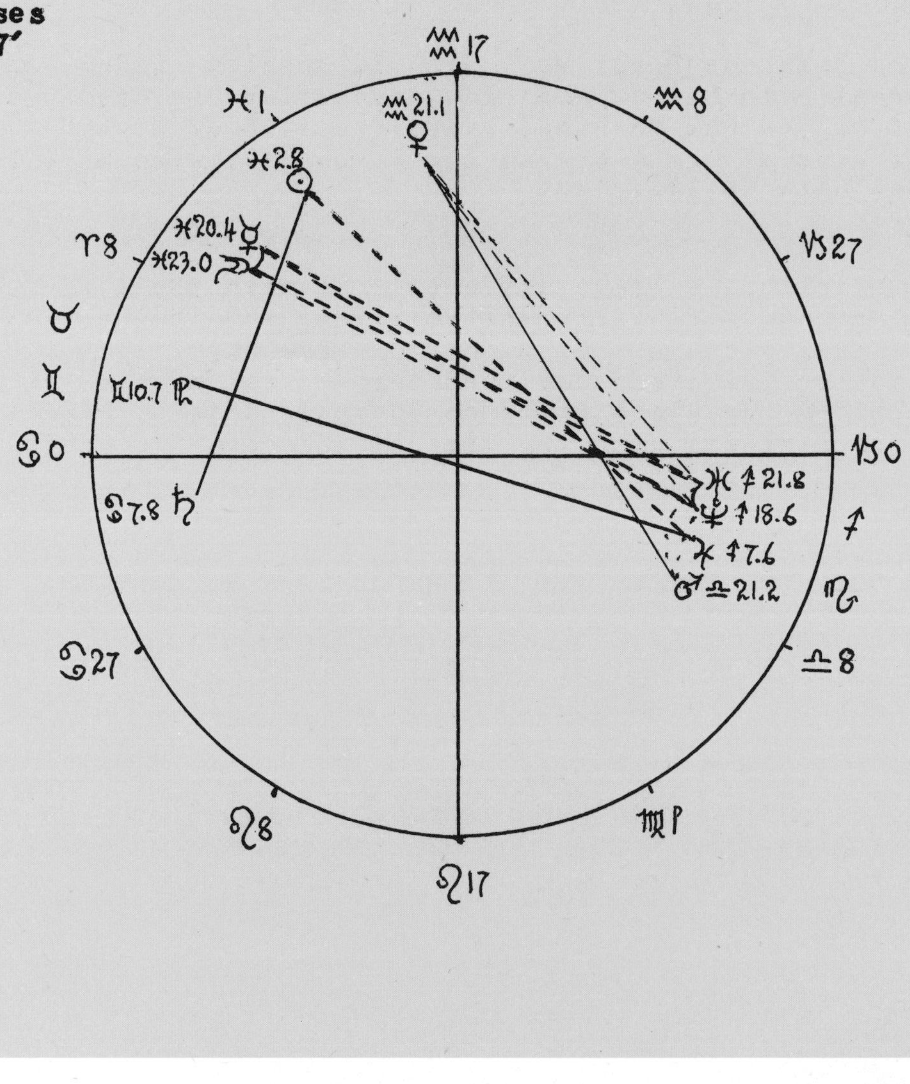

My two sources agree: (1) Ashm. MS. 240 f.273.v.: "Ducissa Monmouth 11 ffeb ♂ 11 hor. A.M. 1650/1"; (2) Sloane MS. 1648 f.77. a note by Charles Bernard: "Duch of Monmouth Febr. 11. 1651 ♂ XI AM Lat. 56." 1650/1 February 11 was Shrove Tuesday.

Madame d'Aulnoy's "character" finds support. Lauderdale suggested this marriage, settled by the King in June 1661. Ann came to London with her mother in June 1662, "a lively tall young woman" who quickly adapted herself. When Pepys saw her at the great New Year's Eve ball, "Of the ladies that danced, the Duke of Monmouth's mistress and my lady Castlemaine, and a daughter of Sir Henry de Vicke's were the best." Ann became noted for dancing.

Actually, the King's favourite son did not become Duke of Monmouth, Earl of Doncaster, Baron Tynedale, until February 1662/3; & at his marriage on 20 April 1663, he was further created Duke of Buccleuch, Earl of Dalkeith, Lord Scott. Ann, as daughter & sole heir of Francis Scott, the 2nd Earl, was already Countess of Buccleuch, with an income of £10,000 a year & expectations. The King wrote to his sister: "This being Jameses marriage day, and I am going to sup with them where we intend to dance and see them in bed together." They were 14 & 12.

Allan Fea (King Monmouth: 1902: p.39) discovers little contact: she being morally & mentally the superior, possessed of taste, tact, & wit, in which he was wholly lacking. Their pleasures lay apart: he delighting in frivolity, she in intellectual amusements & study. The one common element was dancing, in which both excelled.

Ann also acted. In January 1667/8, when the Court put on Dryden's "The Indian Emperor", only she & Henrietta Cornwallis were "not like fools and stocks" but "did do most extraordinary well." Unhappily, 4 months later, Ann sprained her thigh "only by trying of tricks in dancing"; had it set twice; & remained for life with a shortened leg & a limp. Her last link with Monmouth was broken.

No scandal touched Ann, despite his irregularities, & from 1672 to 1679 she bore him six children. The King loved her & she became especially intimate with the Yorks, who admired her wit & learning. And her influence with York greatly helped Monmouth's advancement.. In his various disgraces, her efforts were unfailing. When he died on 15 July 1685, "his expenses" had reduced her income to a total of only eleven hundred pounds "in the last 4 or 5 years." The Crown had to settle upon her an annuity of £4000.

On the eve of his execution, Monmouth refused at first to receive her, saying she had not been a good wife, or helped him. He received her coldly; but next morning asked forgiveness, while she "fell down in tears" asking pardon for anything amiss, then fainted. Monmouth's dying theme was that his Duchess had been forced upon him when he was very young: she was his wife in law, Henrietta Wentworth (with whom he had lived for two years) his wife before God.

In 1688, Ann married "le beau Cornwallis", brother of the girl who had acted with her 20 years before in Dryden's play. He died in 1693 & she is said to have married privately, in 1703, the Earl of Selkirk. She remained active until her death on 6 February 1731/2, patroness of artists as varied as Dryden & John Gay, and a favourite with all the Kings & Queens of her time. She had herself served on bended knee, in royal fashion.

SARAH JENNINGS 1660.5.29

Duchess of Marlborough & friend of Queen Anne

Noon positions calculated for St. Albans in Hertfordshire, Tuesday 29 May 1660, from the Ephemerides of Vincent Wing, the new planets being added from Schoch and Foelsch.

Tropical zodiac
VP: 9°53′
☊ 2♍27

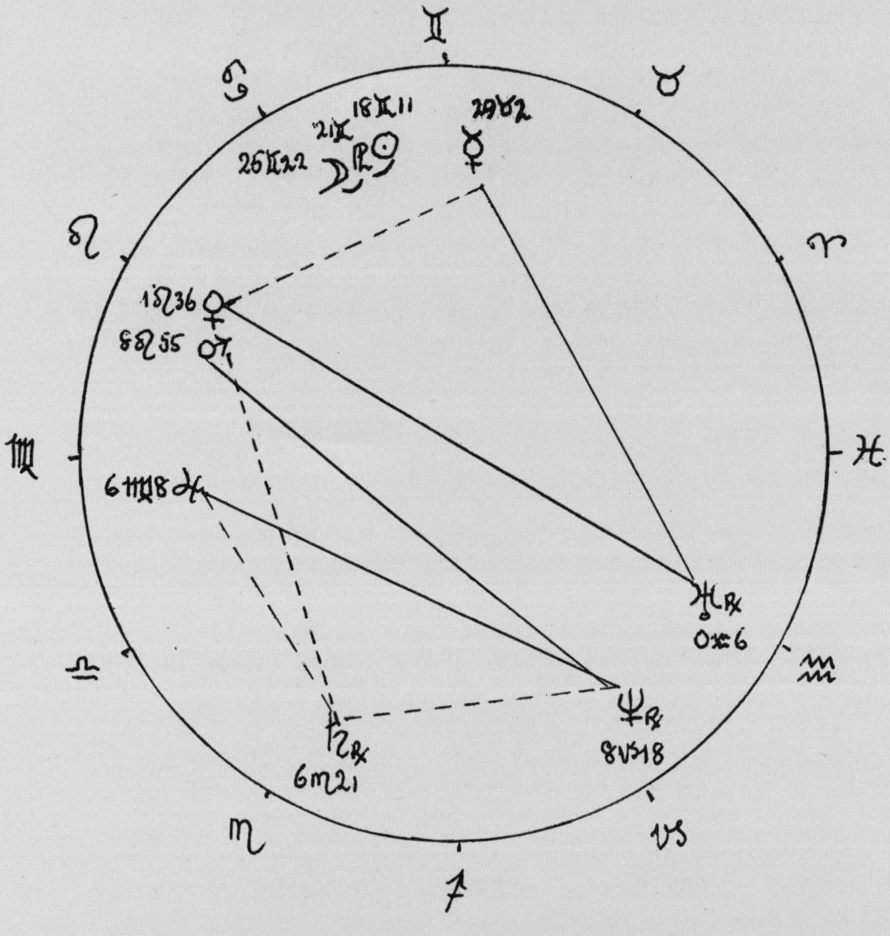

Sarah Churchill: Duchess of Marlborough, by Bonamy Dobrée, London, 1927. p.11.

> Sarah Jennings was the third daughter of Mr Jennings, of St Albans in Hertfordshire, and was born on the 29th May, 1660, in a suburb of that town... Her father... owned the estate of Sandridge in the neighbourhood. Her mother, the daughter and heiress of Sir Gifford Thornhurst, came of a rather more distinguished and wealthy family.

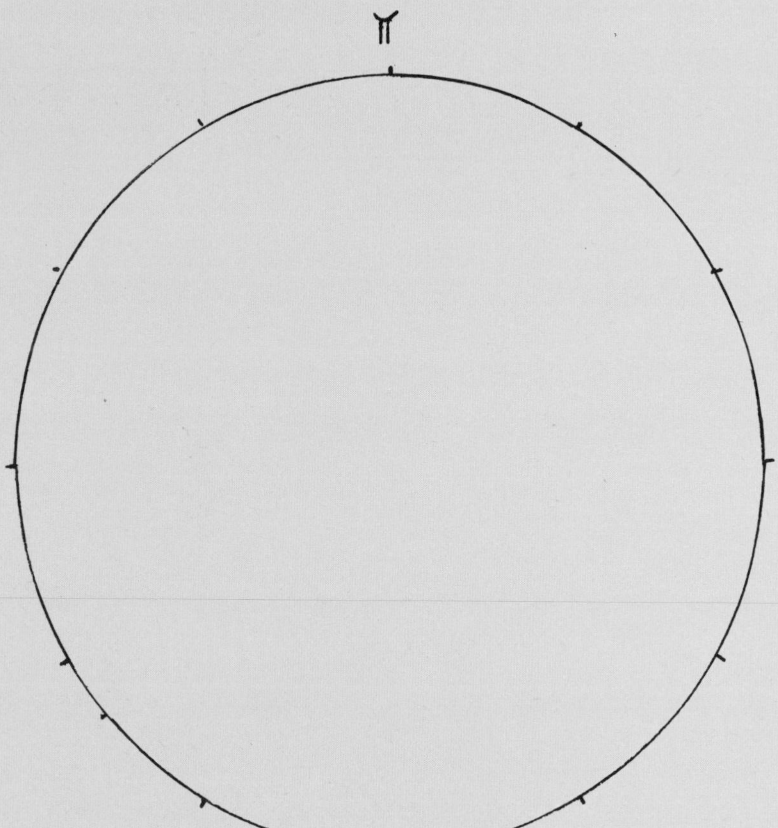

HENRIETTA BARONESS WENTWORTH 1660.8.11
Mistress of the duke of Monmouth

Calculated for the latitude of London, Saturday 11 August 1660 at apparent sunrise (Sun's upper limb with refraction) or 4.56 a.m. from Vincent Wing's Ephemerides, the new planets being added from Schoch & Foelsch.

Tropical zodiac
VP: 9°53′
Campanus houses
RA.MC. 44°41′
☊ ♎29°

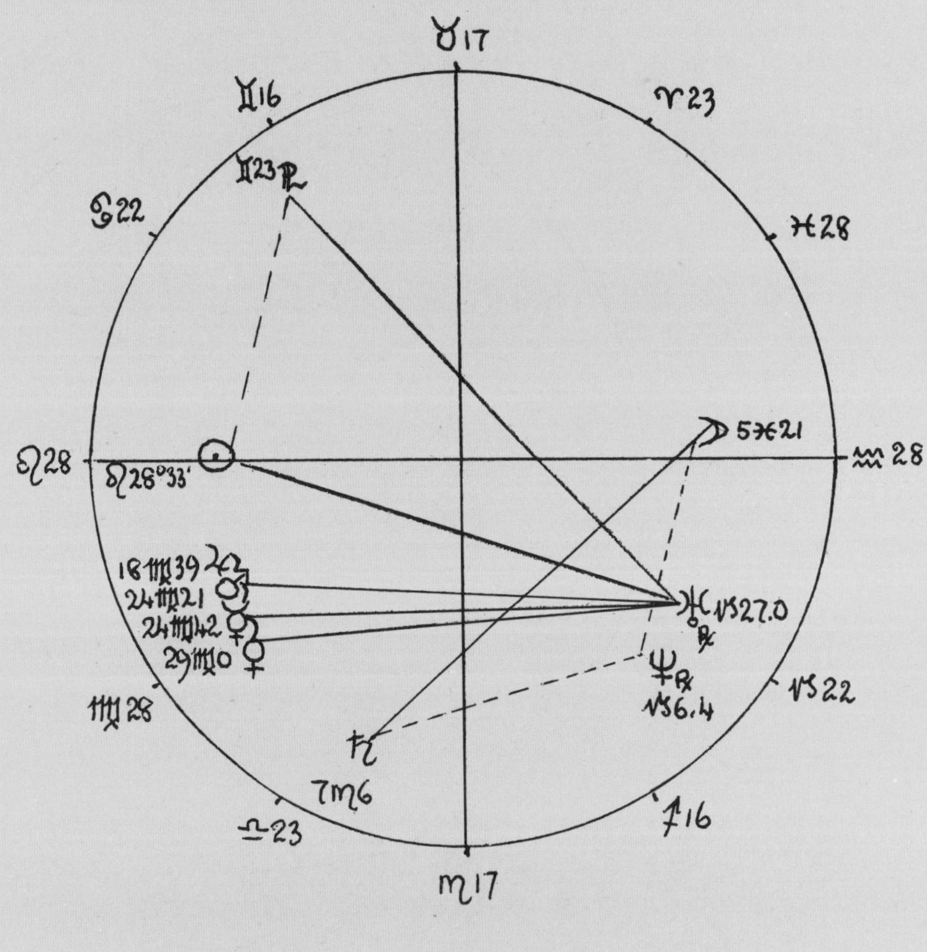

MS. Ashm. 436: fol.65: Ashmole's hand

> The label of a nativity: Lady Henrietta Wentworth, born, ♄. Aug: 11. ☉ oritur, 1660. Lat. London.

This nativity has peculiar interest by reason of the reading by Vivian E. Robinson, B.Sc. which forms Appendix I. of THE LOYAL WENTWORTHS by Allan Fea, John Lane, 1928. Fea wrote:

> I consider the reading quite remarkable, and I feel sure that those who peruse the pages of this work will be of my opinion. It would be absurd and presumptous for an ignoramus like myself in such things either to defend or denounce the science, but merely judging by results it looks as if some influence connected with the position of the Planets and Zodiac at birth indicate tendencies both of life and character. (page 245)

MARY STUART 1662.4.30

(Gulielmus et) Maria Dei gratia Anglie Scotie Francie et Hibernie (Rex et) Regina Fidei Defensor(es)
2nd child and eldest daughter of James duke of York (later James II) and his wife Anne Hyde.

Calculated for St James's Palace, Wednesday 30 April 1662 at 2h.22m. a.m. apparent time, from the Ephemerides of Vincent Wing, the new planets being added from Schoch and Foelsch.

Tropical zodiac
VP: 9°51′
Campanus houses
RA.MC. 262°39′
☊ ♍25

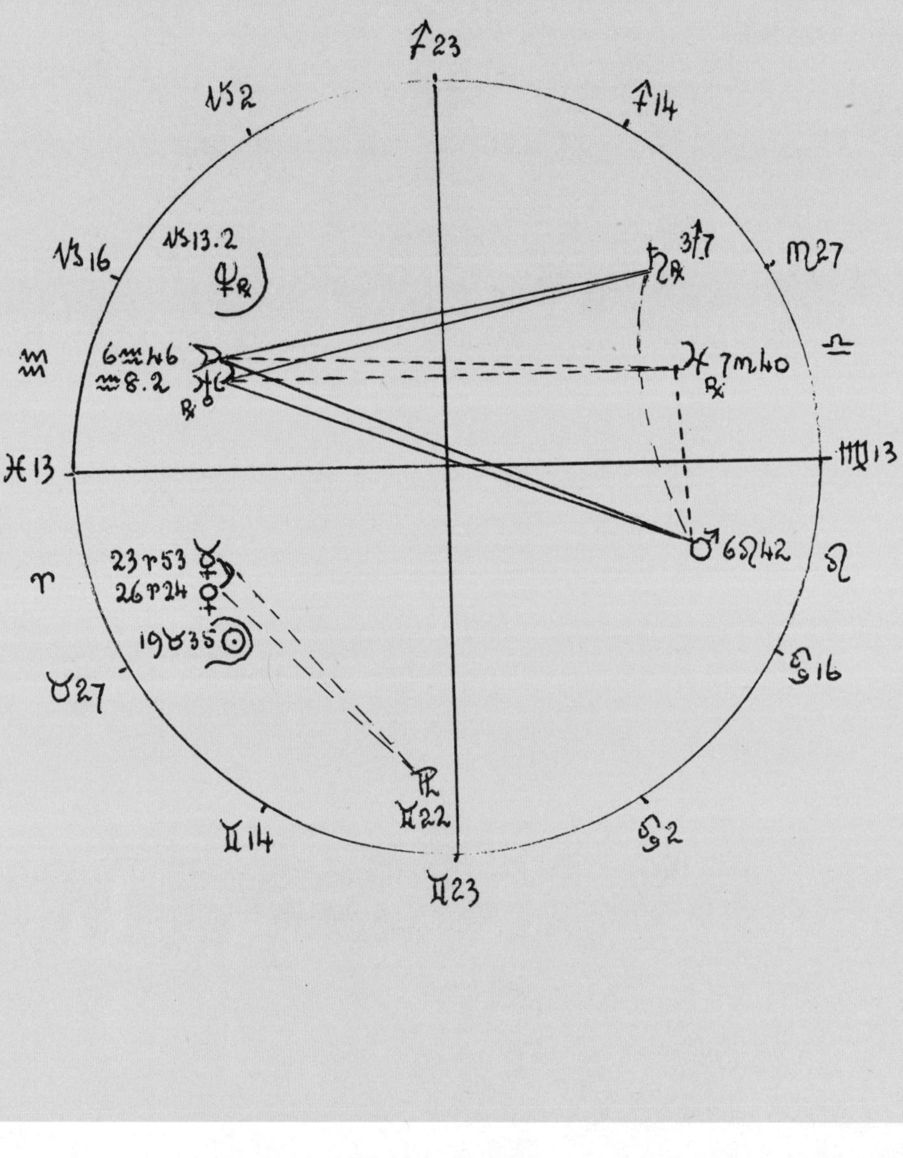

The Kingdoms Intelligencer of The Affairs now in agitation in England, Scotland, and Ireland: together with Foraign Intelligence: To prevent false Newes. Published by Authority

No 18 From Monday April 28, to Monday May 5 (1662)

Wednesday, April 30

This morning very early her Highness the Duchess of York was brought to bed of a Daughter at Saint James's.

BM MS. Sloane 1708, a large note book in the hand of Dr Francis Bernard M.D., physician yo James II and to St Bartholomew's Hospital, containing 159 ff of which ff 106 to 126 are in the form of an alphabetical index in which birth data are entered:

(f.126) Duke of Yorkes daughter, Mary Nasc: Ap: 30 1662 AM H2:22 AM His Sonne July 12 1663 H 1:19 AM by y[e] Kings watch

A Genealogical History of the Kings of England, and Monarchs of Great Britain, &c. By Francis Sandford Esq.; Lancaster Herald of Arms. In the Savoy: Printed by Tho. Newcomb, for the Author, 1677.

Mary Stuart Princess of Orange, &c. eldest Daughter of his Royal Highness James Duke of York, and Duchess Anne his first Wife, Daughter of Edward Earl of Clarendon, was born at St. James's the 30th day of April, past one of the Clock in the morning, An. 1662. whose Godfather is Prince Rupert, and Godmothers, the Dutchesses of Buckingham and Ormond.

Regarding this birth, see an important article of mine in <u>Astrology</u>: vol. 26, nº 4, December 1952, edited by my friend Charles Carter.

MADAM TAYLOR 1664.3.20

"A Woman as Remarkable as any this present Age "can afford us...": John Partridge, 1697.

She was born of good Reputable Parents, but not endow'd with any great Estate, that might put them into a capacity above that of their Neighbours among whom they dwelt. She married at the age of 18 years and 9 months, and had four Children living at her Death. At the age of 23 or 24 she did so well improve her Credit, that she borrowed of divers People, without Bond or Security, a great many Sums of Money, to the value of 20000 Pounds in the whole, and some say 40000; which, I believe will seem very incredible to those that hear the Story only, and knew nothing of it, that people should so easily part with their money, as you must believe they did to this Gentlewoman. As she improved in her Estate of Money; so she lived very much like a Gentlewoman, by keeping a Coach and Horses, and enjoying her self in a comfortable manner for some time; at last she fell into Trouble about this Money, they that had lent it, did expect it to be repaid with mighty Interest, which it seems she was not able to do, and for that reason divers Suits were commenced against her, and she at last forced to take the Bench or Fleet; in one of which she dyed, being a Prisoner, and very poor, about the year 1693, or 4. And all this done in the space of seven years, from the beginning of her Credit to the end of her Life.

The figure subjoined, by Partridge, is for London, 20 March 1663/4, 2h. 11m. a.m. (Sunday), apud ~~Regiomontanus~~*, shown here according to Campanus. Partridge's positions conform to "An Ephemeris" by Vincent Wing, 1658 for 1659 to 1671 inclusive.

Tropical zodiac
VP: 9º51′
Campanus houses
RA.MC: 222º 7′
☊: 18♌49

♅ + ♆: Schoch
♇ = Foelsch

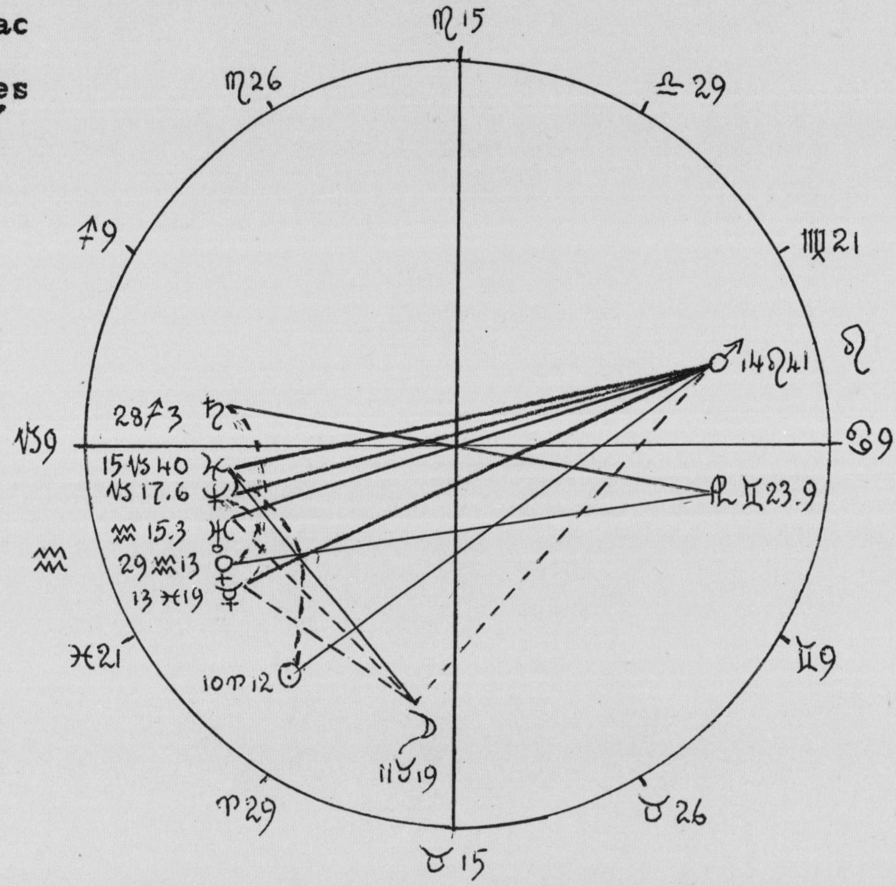

* Placidus
r. verso

This curious example is drawn from DEFECTIO GENITURARUM. Being an Essay toward the Reviving and Proving the true Old Principles of Astrology, hitherto neglected, Or, at leastwise, not Observed or Understood. / In Four Parts. / &c. / By John Partridge / London; MDCXCVII. pp. 328-331

Madam Taylor; Nata die 20. Martii, hor. 2. min. 11. manè 1661/4. Estimate Time a little after 2 manè. Lat. Lond.

He writes: "This Nativity I did calculate for this Lady, about the year 1690. and having said something to the Riches she would be Mistress of, &c. I did conclude she would live till the Ascendent (which I thought was giver of Life at that time) came to the Square of Saturn, followed by the Body of the Sun: But she died at the age of about 30, long before the time I did conclude on; ...

I have told you the estimate was a little after Two manè; and if I should alter the Time I have here printed (which was the same I gave her) so many minutes as will make Mars's Pole 44 degrees, it hits to a miracle; and then Mars to the Opposition of the Sun in Zodiaco comes up exactly at her Death. Ark 27 degrees 20 minutes gives 29 years and 5 months, and this will not be more than 10 or 12 minutes later than I have made it; not 3 hours, as some people of this Profession have done.

This Nativity, that I did in Writing under my own Hand, did some way or other fall into the hands of Mr. Duncius Syderius on the North side of Holburn Coley I mean, and was by him given to the Killing Doctor in Salisbury-Court; and now, I hope, I have printed it, they will do something in it themselves also to shew their Skill: And so much shall suffice for this Nativity.

Mr. Duncius Syderius was Henry Coley (1633 q.v.), who wrote a well known text book; while the Killing Doctor was George Parker (1654 q.v.) "at the Star and Ball in Salisbury Court": he too wrote a text book, "Eland's Tutor to Astrology; or, Astrology made easie. Being a plain Introduction (&c.)", in its 10th edition in 1704; Parker had also brought out an annual Ephemeris since 1690 & continued to do so for many year, showing heliocentric as well as geocentric positions.

At this period, Partridge (1644 q.v.) had quarrelled with his colleagues, presumably for competitive reasons, for he too wrote text books & issued an annual Ephemeris. DEFECTIO GENITURARUM is principally an attack on John Gadbury (1627 q.v.), once his close friend.

Differences were aggravated by Partridge's sponsorship of Placidian house division. All used Regiomontanus (The Rational Method) and he himself published Regiomontanus Tables in Mikropanastron or an Astrological Vade Mecum (1679). He did this in his annual Almanacks begun in 1680, but evidently after some years had passed because, according to his own account, the Placidian method was not printed in England until 1688. He called it Plolemy's Method & used it in Opus Reformatum (1693) and in Defectio Geniturarum (1697). In 1705, George Parker referred in his "The Royal Specumul For the Year of Our Lord 1705" to "the "Placidian Whim-whams, lately introduced and propagated by some Pretenders." Thus, we owe to John Partridge the prevalence of this unnatural system of division, wich I did not perceive until October 1972.

ANNE STUART 1665.2.6

Anna Dei Gratia Anglie Scotie Francie et Hibernie Regina Fidei Defensor, &c.

The fourth child and second daughter of James duke of York (afterwards James II) and Anne Hyde, his first wife.

Calculated for London, Monday 6 February 1664-5 at 11h.39m. p.m. apparent time, from the Ephemerides of Vincent Wing, the new planets being from Schoch and Foelsch.

Tropical zodiac
VP: 9°50′
Campanus houses
RA.MC. 145°54′
☊ 18♌41
Pluto from Ebertin ♊ 26.0

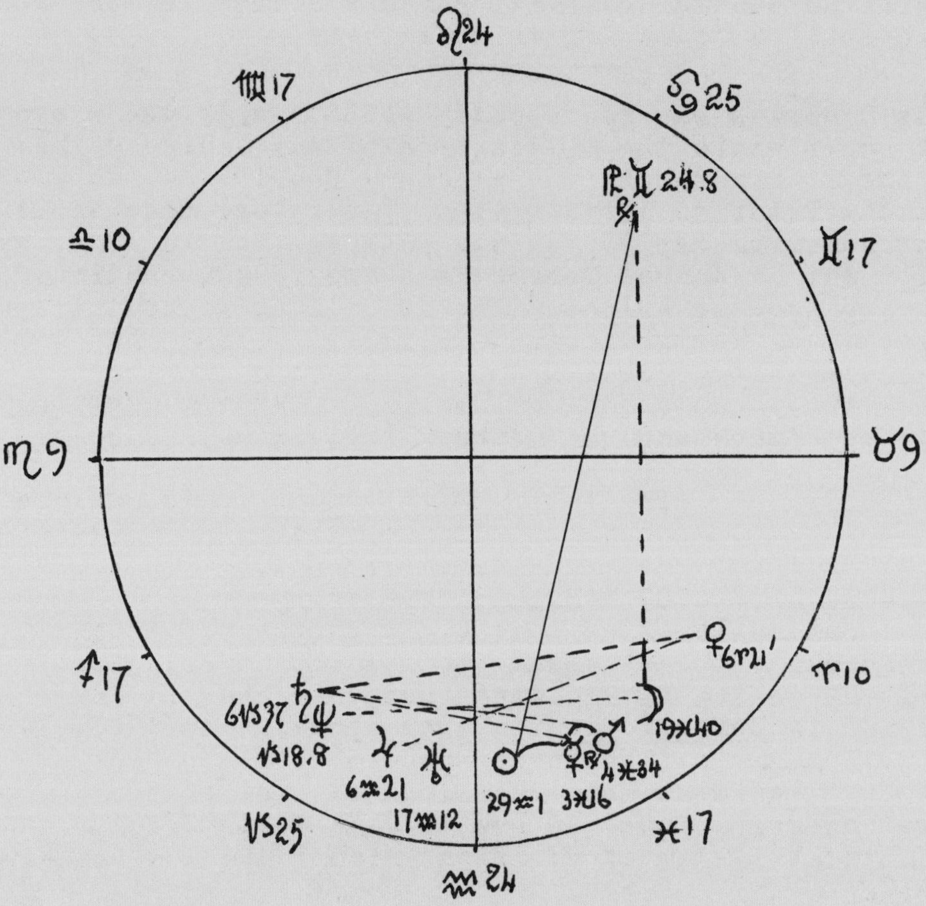

The following is found in a little note-book which belonged to James II and is still in the possession of the Royal Family (see photograph), the entry is in the father's hand:

> Lady Anne was borne ffeb: ye 6th 1664 39 min post 11 at Night

In George Parker's _The Royal Double Ephemeris For the Year of Our Lord 1706_. &c. there is a list headed "The Royal Chronology, shewing the Births and Reigns of most Princes and Princesses of Europe." In almost every case where times of birth are given, these appear in hours or half hours rounded up. At the end of the list there is an appeal to readers to supply corrections (if any needed) and more precise times. He has the following for Queen Anne:

> Queen Ann, born Feb. 6. 1665. at 11 Night, Married July 28, 1683. Proclaimed Queen March 8. 1702.

A Genealogical History of the Kings of England, and Monarchs of Great Britain, &c. ... By Francis Sandford Esq.; Lancaster Herald of Arms. In the Savoy: Printed by Tho. Newcomb, for the Author, 1677:

> Anne Stuart, second Daughter, was born on the 6th day of February, 39 minutes past eleven of the Clock at night, An. 1664. at St. James's; her Godfather being Gilbert Lord Archbishop of Canterbury, and her Godmothers, the young Lady Mary her Sister, and the Duchess of Monmouth.

PHILIPPE, DUC D'ORLÉANS 1674.8.2

Régent de France 1715-1723

boyhood friend of Saint-Simon

Grandson of Louis XIII by the only brother of Louis XIV & the princess Palatine Elizabeth Charlotte. Until the death of his father, Philippe d'Orléans (1640-1701 q.v.), he was known as Le duc de Chatres.

Regrettably, his education was left to the Abbé Dubois (later Cardinal), said by Saint-Simon to have "wit, learning, knowledge of the world", though "all the vices unceasingly fought within him for supremacy...avarice, debauchery, ambition, were his gods; perfidy, flattery, foot-licking, his means of action; complete impiety was his repose; and he held the opinion as a great principle that probity and honesty are chimeras". He began life as a valet.

Despite his father's reluctance, his mother's despair, & his own dislike, Louis XIV forced him in 1692 to marry the legitimated Françoise Marie de Bourbon, Mlle de Blois (b.1677), 6th bastard of the duchesse de Montespan. Nevertheless, says Saint-Simon, he always paid her the greatest attention & respect.

As Regent, when Louis XIV died in 1715, he found great disorder in finance & instituted retrenchment & reform; but Mr. John Law of Lauriston (1671-1729) unluckily appeared & persuaded him to open a bank issuing paper money, and to float the notorious Mississippi Company. The Bubble burst in 1720, with France nearly bankrupt. Saint-Simon thought Law honest, but opposed the bank as unsuited to France, though viable in Britain.

Orléans resigned in February 1723 to Louis XV (1710-1774 q.v.) & died on 22 December that year, suddenly, of appoplexy, his head in a beautiful woman's lap. Doctors had warned him to change his ways, but he did not think that worth while.

Calculated for St. Cloud, 48N47 2E8, Friday, 2 August 1674 N.S. 3h.0m. p.m. apparent time, from Hynes, Schoch, Ebertin.

Tropical zodiac
VP: 9°41′
Campanus
RA MC: 177°54′
☊ ♑ 29.0

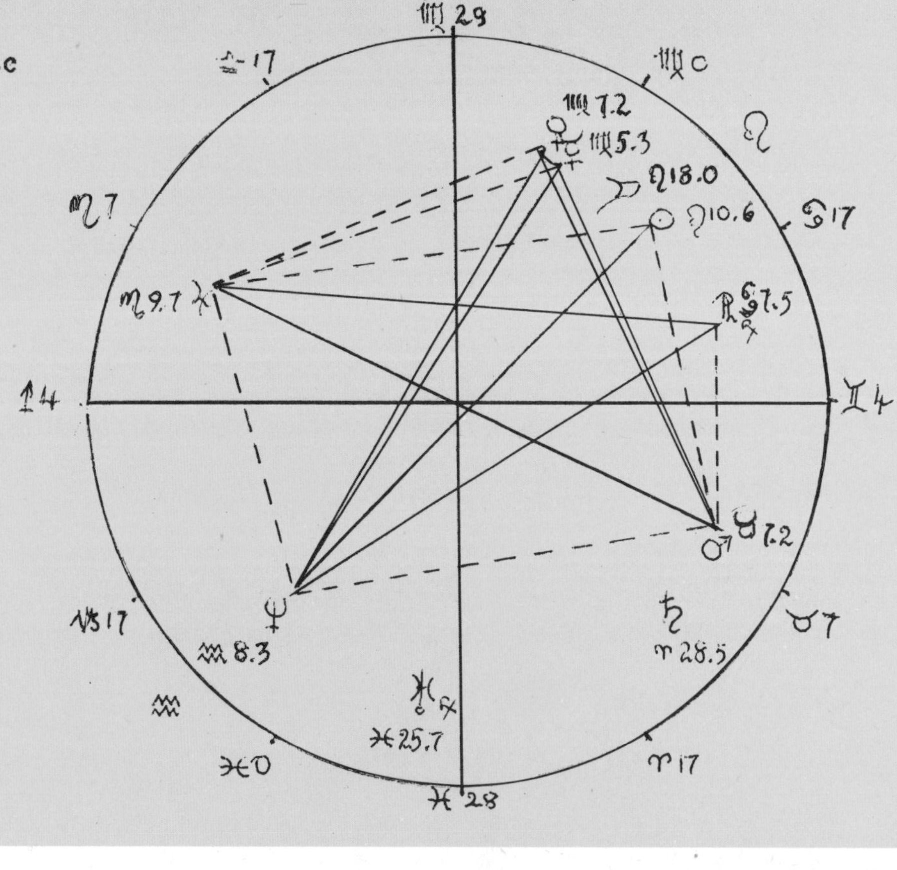

Saint-Simon (1675 q.v.) a life-long friend, described him as easy on any subject, never at a loss, adapting himself to those he talked to. He loved music & composed; painted well; collected pictures & art of all kinds; "but never was man born with so many talents, so much readiness and facility in making use of them, and yet never was man so idle, so given up to vacuity and weariness."

But he suffered much frustration too. Having made a good début at Mons in 1691 & distinguished himself at Neerwinden in 1693, the King made him leave the army. In between, the King compelled him to marry a girl he thought repugnant.

His tutor showed him debauchery, taught him to despise duty, his religion, decency: told him no man is honest, no woman virtuous. Years later, Saint-Simon wrote: "He was not wicked, far from it, but he could not quit habits of impiety, debauchery, and deceit, into which Dubois had led him."

Yet at 36, in the wilderness after his recall from Spain in disgrace, Saint-Simon & another friend, persuaded him to give up Mme d'Argenton, his mistress "for many years past", to whom he was passionately bound. He did so reluctantly, regained the King's favour but lost perhaps the one stabilizing influence in his life. His extraordinary provisions for her future comfort were thought "prodigious" even in France.

The King had sent him back to the army in 1706 to substitute Vendôme in Savoy. Orléans was a born strategist, but the generals ignored him & were trounced accordingly by Prince Eugen. He was back in Paris in November, disgusted. The King sent him to Spain to complete the subjection of that country on behalf of his cousin, sometime duc d'Anjou & now Felipe V d'España (1683-1746 q.v.). But he was recalled because of allegations by his enemies that he was intriguing for the Crown of Spain. Louis XIV believed them.

Saint-Simon says he devoted every day as Regent to public business, without refreshment except for "chocolate" between two & three, until five o'clock, when business was set aside exclusively in favour of pleasures. In business, he was easily accessible, but according to Saint-Simon gave audiences too readily and often for too long—at timeswith ulterior motives of his favourite dictum _divide et impera_.

Among these pleasures were his "suppers" "in very strange company." Habitués were his daughter, la duchesse de Berry (1695), another provocative source for scandal; ladies of pleasure; & boon companions he called his roués. "They drank all they could, said the filthiest things, uttered impieties, yet got nothing from him about government, however drunk."

Saint-Simon (who never attended or discussed these frolics) said his friend needed the stimulus of variety; yet these women had little power, knew no state secrets (unlike Mme de Maintenon) and received but little money. "He amused himself with the jealousy and vexation of these women, yet remained none the less on good terms with them all, and the public scandal of this seraglio, and that of the daily filthiness and impropriety of his suppers, were extreme and spread everywhere."

Data from _Histoire Genealogique_ (1726) le P. Anselme: Philippe d'Orléans II du nom, petit-fils de France, duc d'Orléans, de Valois, de Chartres, de Nemours, et de Montpensier, regent du royaume durant la minorité du roy Louis XV. né à S. Cloud le 2. aoust 1674, à trois heures après midi."

JAMES FRANCIS STUART 1688.6.10

Only surviving son of James II and his queen Mary d'Este, properly James III & VIII.

Calculated for London, Sunday 10 June 1688 at 9h.46m. a.m. apparent time, from the Ephemerides of John Gadbury for 1682 to 1701, published 1680, Uranus and Neptune being from Schoch and Pluto from Ebertin.

Tropical zodiac
VP: 9º31′
Campanus houses
RA.MC. 56º15′
☊ : ♉0
PL: ♋23.3

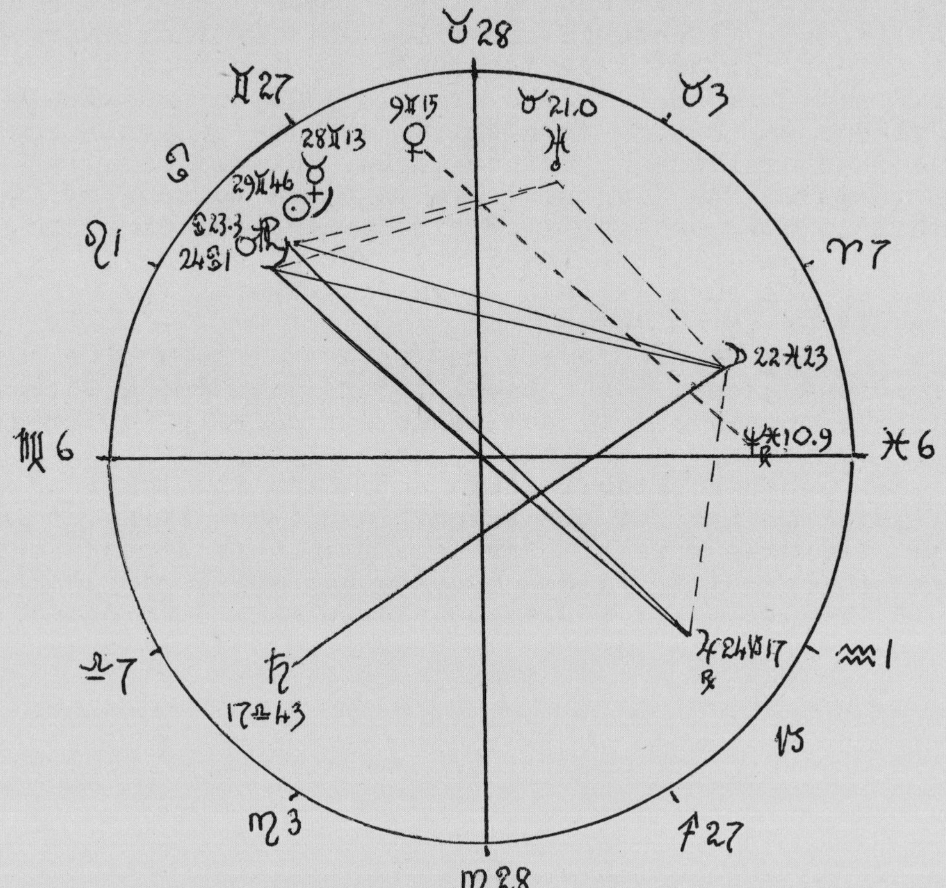

BM Addit.MS. 6419 f.51

Privy Council to the Earl of Rochester: Whitehall, 10/20 June 1688.

After our very hearty Commendacons to yor Lo^{p}. It hãving pleased Almighty God, about Ten of the Clock this mõrning to blesse His Ma^{ty} and his Royall Consort, the Queene with the Birth of a Hopefull son, and His Ma$^{ty's}$ Kingdomes and Dominions with a Prince, Wee doe by His Ma^{ts} Command hereby signify the same unto yor Lordship Desiring That it be Likewise forthwith comunicated by you to your Deputy Lieutenants, the Justices of Peace, and the severall Corporations within your Lieutenancy ...

From Agnes Strickland's Lives of the Queens of England, 1852, Vol. VI. p. 222

King James to the Prince of Orange: June 12, 1688

The queen was, God be thanked, safely delivered of a son on Sunday Morning, a little before ten ...

The London Gazette. Published by Authority. From Thursday June 7. to Monday June 11. 1688.

Whitehall, June 10. 1688.

This Day between Nine and Ten in the Morning the QUEEN was safely Delivered of a Prince at St. James's, his Majesty, the Queen Dowager, most of the Lords of the Privy Council, and Divers Ladies of Quality being present ...

Publick Occurences Truly Stated
Nº.17 With Allowance. Tuesday June 12th. 1688

June the 10th. This day, about a quarter before Ten of the Clock in the Forenoon, Her Majesty was happily delivered of a PRINCE.

George Parker's The Royal Double Ephemeris For the Year of Our Lord 1706, or the Heliocentrick and Geocentrick Motions and Aspects of the Planets. Exactly Calculated for the Meridian of London.

James Prince of Wales, born June 10, 1688. 14. min. before 10 in the Morning.

Taken together, these various testimonies suggest that George Parker's data may be correct, possibly the time taken by someone present at this most important birth.

DOM JOÃO V DE PORTUGAL 1689.10.22
"the richest Monarch of his time"

Eldest son of D. Pedro II (1648 q.v.) by his second wife Marie Sophie of Pfalz Neubury: King following his father's death on 9 December 1706. As he himself died in 1750, his life covers almost exactly what Professor Charles Boxer has called "The Golden Age of Brazil"—when Portugal was inundated with gold & diamonds.

Two years later he married Maria Anna, sister of Leopoldo II of Austria, who gave him six children. He had more from other women. Writers describe him as ultra-refined, ultra-superstitious in his religion, discreetly licentious: adventures by night, majesty by day. He did his utmost to imitate Louis XIV of France, & adored pomp & splendour.

On the other hand, he made his envoy in Rome search the Vatican Library for Portuguese works, he sent others elsewhere to do the same. In 1720, he founded the Academia de Historia Portuguesa, with 50 members; also the Academia Cirurgica Prototipo Lusitana. He founded four great libraries, including that of the Paço da Ribeira in Lisbon.

Among his building activities is "the glory of Lisbon", the Aguas Livres aqueduct built between 1729 & 1748: 127 arches, 35 of them over the Alcantara stream, and the central arch 65 metres high. Among religious structures, the most impressive is Mafra convent & library. He rebuilt & enlarged the hospital at Caldas da Rainha. He straightened & widened the Tagus from Santarem downwards. And he also tried to set up silk, morocco, and glass industries; but apparently they were stifled by the Methuen Treaty of 1703.

D. João suffered a stroke in 1742, which hampered him until his death in 1750; but he lived just long enough for Pope Benedict XIV to name him Fidelissimo (1748). His reign produced lasting effects on manners, adornment, dress, architecture.

Calculated for Lisbon, 38N42 9W8, Saturday 22 October 1689, 9h.30m. a.m. apparent time, from Hynes, Schoch, Ebertin.

Tropical zodiac
VP: 9°30′
Campanus
RA-MC: 170° 8′
☊: ♈ 4.4

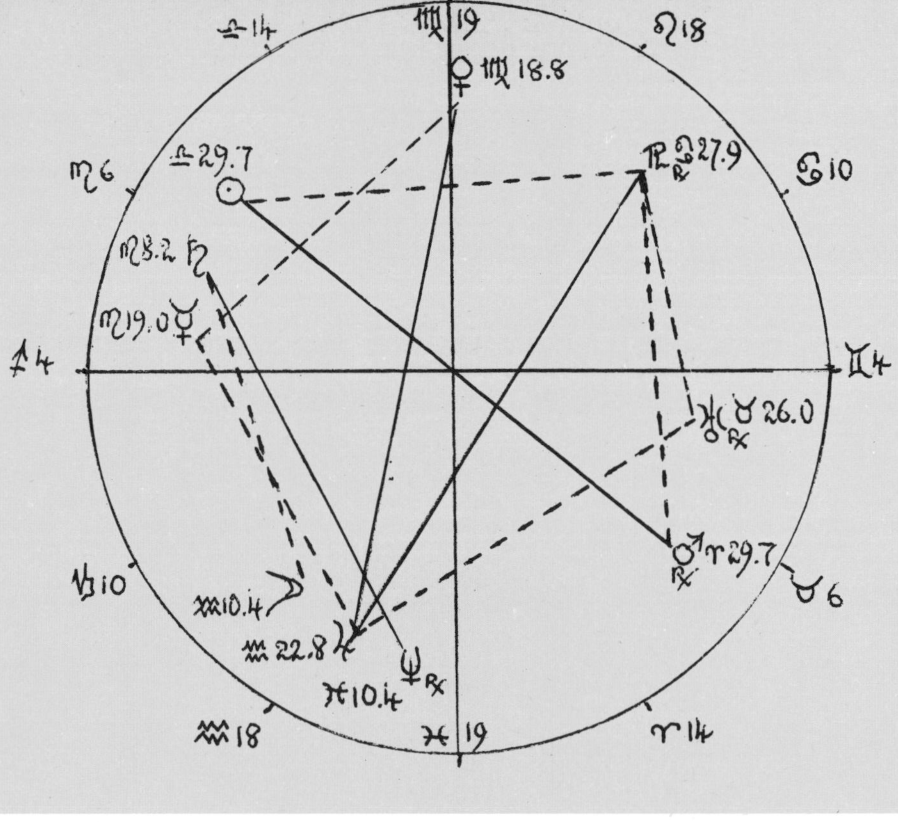

Professor C. R. Boxer's The Golden Age of Brazil: 1695-1750, 1962, has at pp. 145-146 an excellent sketch of D. João V, and one wishes it were longer:-

"The wealth increasingly derived from the Brazilian gold fields in the early eighteenth century accentuated the desire of the Crown to control the colonial administration and expenditure more closely. The tendency was further strengthened by the wish of Dom João V to emulate Louis XIV, and inaugurate a golden age of royal absolutism. Dom João V is usually represented as being the most sluggish and the most superstitious of the Portuguese kings, active only in his amours and in his prodigal expenditure on churches and music. He certainly was a drooling bigot by the time he died in 1750, but he was a very different character before the epileptic stroke which crippled him six years earlier. Lord Tyrawly, who knew him well, considered he had 'a piercing intelligence,' and was 'extremely quick and lively' in the apprehension and dispatch of official business.' The staunchly Protestant Tyrawly was never unduly complimentary about Roman Catholics, even if they were crowned heads. His estimate of D. João is confirmed by a study of the voluminous papers of the Overseas Council which were submitted to him for his approval. These papers frequently bear marginal annotationsin the king's hand, proving that he did not sign them without reading them, and that he did not always accept the advice of his councillors."

The article on D. João in Grande Enciclopedia Portuguêsa e Brasileira says that despite the fabulous revenue entering his Treasury from 1714 to 1746, he was in debt when he died. What had been spent is shown as:-

125 million cruzados (silver coins worth 480 reis); 97,470 moedas of gold (worth 4,800 reis each); 1538 marcos of gold (bars of 8 Portuguese ounces or 4608 grains); 12 million in diamonds (sic); 22 caixas (boxes) of gold dust; 392 oitavas in diamonds (an oitava had 72 grains); 2 caixas (boxes) of gold dust.

The values shown in brackets are from Appendix VIII, pp. 354-356, of Boxer's Golden Age quoted above. He adds: "The silver cruzado of 480 reis seems to have been values at between 2/6 and 3/- (in sterling, though an anonymous report on Portuguese trade and commerce about 1730 equates 360 reis with 2/- sterling, and so 180 reis with 1/-."

The birth data are from Historia Genealogica da Casa Real Portuguesa...offerecida a Elrey D. João V. Nosso Senhor por D. Antonio Caetano de Sousa...Tomo VIII. 1741.

Na Cidade de Lisboa em hum Sabbado 22 de Outubro do anno de 1689 nasceo às nove horas e meya da manhãa, no Paço da Corte Real, o Principe D. João com hum geral contentamento (&c.)

FREDERICK LEWIS, PRINCE OF WALES 1707.1.20

Firstborn of George II of Great Britain & Queen Caroline Wilhermina Dorothea. He first landed at Harwich on 3 December 1728 and was created Prince of Wales & earl of Chester on 9 January 1728/9. He married Augusta, only surviving daughter of Frederick II, duke of Saxe-Gotha, on 27 April 1736: she bore him five sons and four girls, the last girl arriving after his death on 20 March 1750/1.

Calculated for Hanover 52N22 9E44, Monday 20/31 January 1706/7 at 7h.0m. p.m. apparent time, from the Astrologus Britannicus: Or An Almanack For the Year of our Redemption 1707. (&c.) By Richard Gibson, Student in Astrology. London: 1707. New planets from Schoch and Foelsch.

Tropical zodiac
VP: 9°15′
Campanus houses
RA MC: 57°46′
☊: ♉0°16′
℞: ♌23°

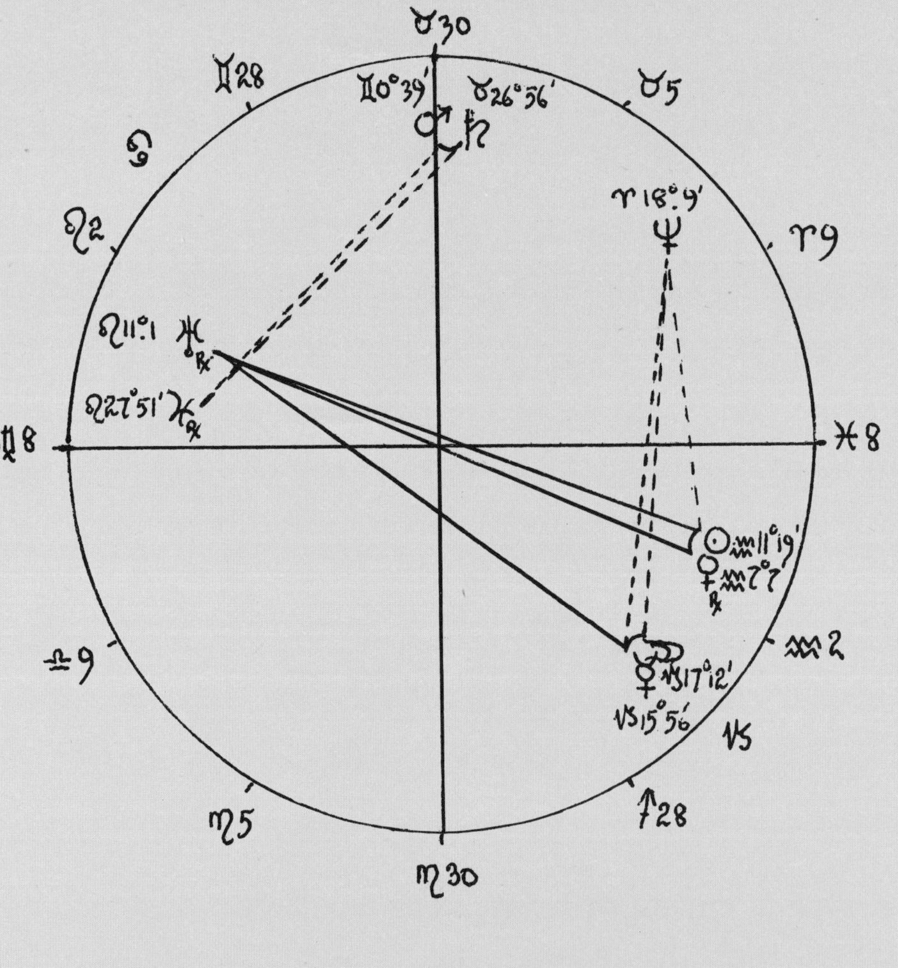

Niedersachsisches Staatsarchiv - St.-A 2353/49
Hannover W, den 1. September 1949
Dr. Georg Schnath, Staatsarchivdirektor

Prinz Friedrich August (nachmals Prinz von Wales) ist am 31. Januar 1707 (neuen Stils) zu Hannover geboren, und zwar "abends umb 7 Uhr."

PRINCESS ANNE 1709.10.22

2nd child & eldest daughter of George II of Great Britain & Queen Charoline Wilhermina Dorothea. She married the Prince of Orange on 14 March 1733/4: being described as ill-shapen and disfigured by small-pox, he as a man deformed. Nevertheless, she was a good linguish & musician & painter. After her husband died in 1751, she showed considerable ability in statecraft as Regent until her own death in 1759.

Calculabed for Hanover 52N22 9E44, 22 October/2 November 1709, Saturday, 6h.0m. p.m. from Parker's Ephemeris For the Year of our Lord 1709. (&c.) By George Parker at the Star and Ball in Salisbury Court, London: 1709. New plamets from Schoch and Foelsch.

Tropical zodiac
VP: 9°13′
Campanus houses
RA MC: 307°48′

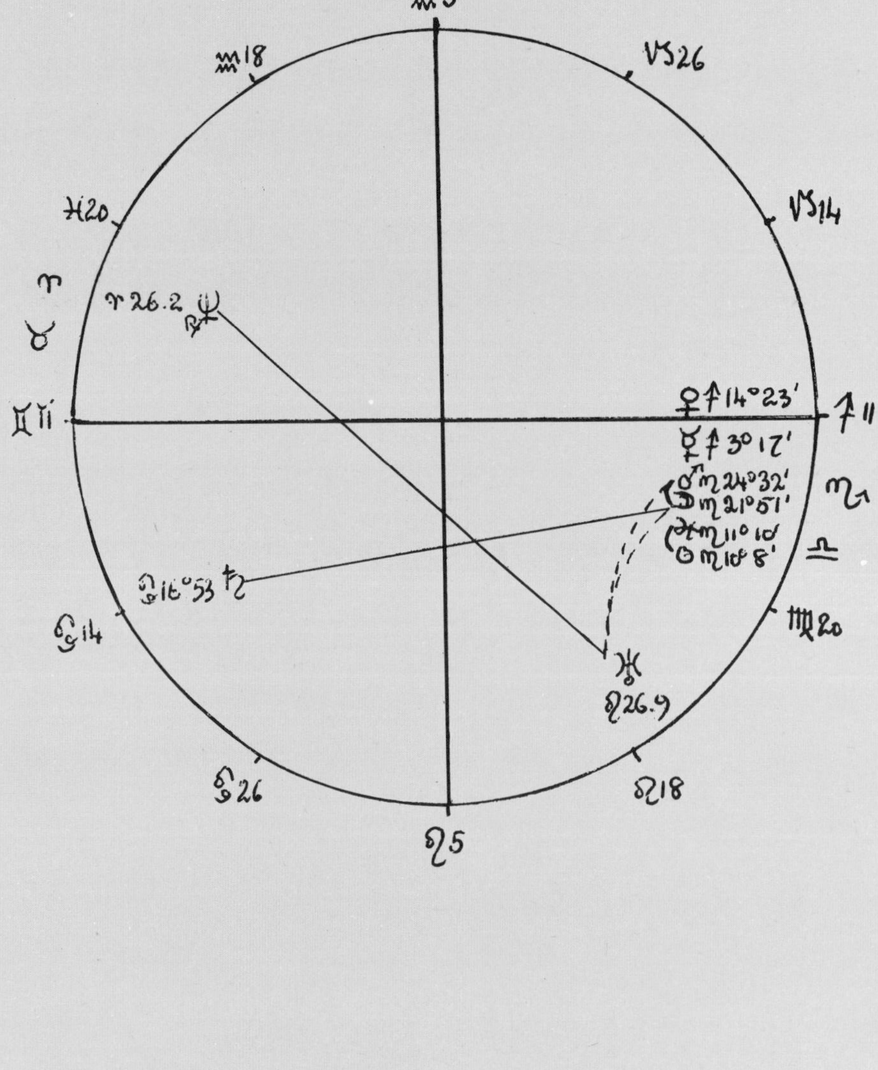

Letter from Niedersachsisches Staatsarchiv St.-A. 3940/50
Hanover 3 February 1951, Dr. Schnath, Staatsarchivdirektor:

Anna: 2. November 1709, abends 6 Uhr.

The Handbook of British Chronology, published by the Royal Historical Society, 1939) gives Herrenhausen as the place of birth, but Dr. Schnath says that this is uncertain, for the reason that no one lived there in the winter:

> Herrenhausen als Geburtsort ist mindestens für Anna unwahrscheinlich, da dies Schloss im Winter im allgemeinen nicht bewohnt wurde.

The date 22 October/2 November checks with English Almanacks published during the lifetime of this princess.

Lord Hervey's Memoirs
ed. Romney Sedgwick: London, 1952. p.58.

The Prince of Orange's figure, besides his being almost a dwarf, was as much deformed as it was possible for a human creature to be; his face was not bad, his countenance was sensible, but his breath more offensive than it is possible for those who have not been offended by it to imagine. The personal defects, unrecompensed by the éclat of rank of the more essential comforts of great riches, made the situation of the poor Princess Royal so much more commiserable; for as her youth and an excellent warm animated constitution made her, I believe, now and then remember she was a woman, so I can answer for her that natural and acquired pride seldom or never let her forget she was a Princess, and as this match gave her little hope of gratifying the one, so it afforded as little prospect of supporting the other.

There is one of two inconveniences that generally attends most marriages; the one is sacrificing all consideration of interest and grandeur for the sake of beauty and an agreeable person; and the other, that of sacrificing all consideration of beauty and person to interest and grandeur. But this match most unfortunately conciliated the inconveniences of both these methods of marrying, and consequently without the advantages of either. However, as she apprehended the consequences of not being married at all must one time or other be worse then even the being so married, she very prudently submitted to the present evil to avoid a greater infuturity.

LOUISE-JULIE DE MAILLY-NESLE 1710.3.16

Louis XV of France took her for his first mistress, about 1737. She came of an illustrious family reaching back five centuries, but now impoverished; and in 1736 she had married her cousin-german, Louis-Alexandre, Comte de Mailly. Her father, Louis de Mailly, Marquis de Nesle, & her mother, Armande Félice de la Porte-Mazarin, daughter of Paul Jules de la Porte-Mazarin, Duc de Rethel-Mazarin, were married in 1709; and three of their five daughters became successively lovers of the King. From 1739 until death cut her short in 1741, Madame de Vintemille shared him with Madame de Mailly. But in November 1742, Madame de Mailly, the only one of the three who really loved him, was dismissed in favour of her youngest sister, Madame de La Tournelle, afterwards Duchesse de Châteauroux, who died two years later. But by this time, Madame de Nesle had withdrawn into a private and pious life, wherein she died herself in 1751.

As no birth time is available, the positions below are for noon in London on Sunday 5/16 March 1710, from Parker's Ephemeris For the Year of our Lord 1710. (&c.) By George Parker, at the Star and Ball, in Salisbury-Court. London. New planets from Schoch and Foelsch.

Tropical zodiac
VP: 9°13′
☊ : ♓29°55′
♇ : ♌28.2

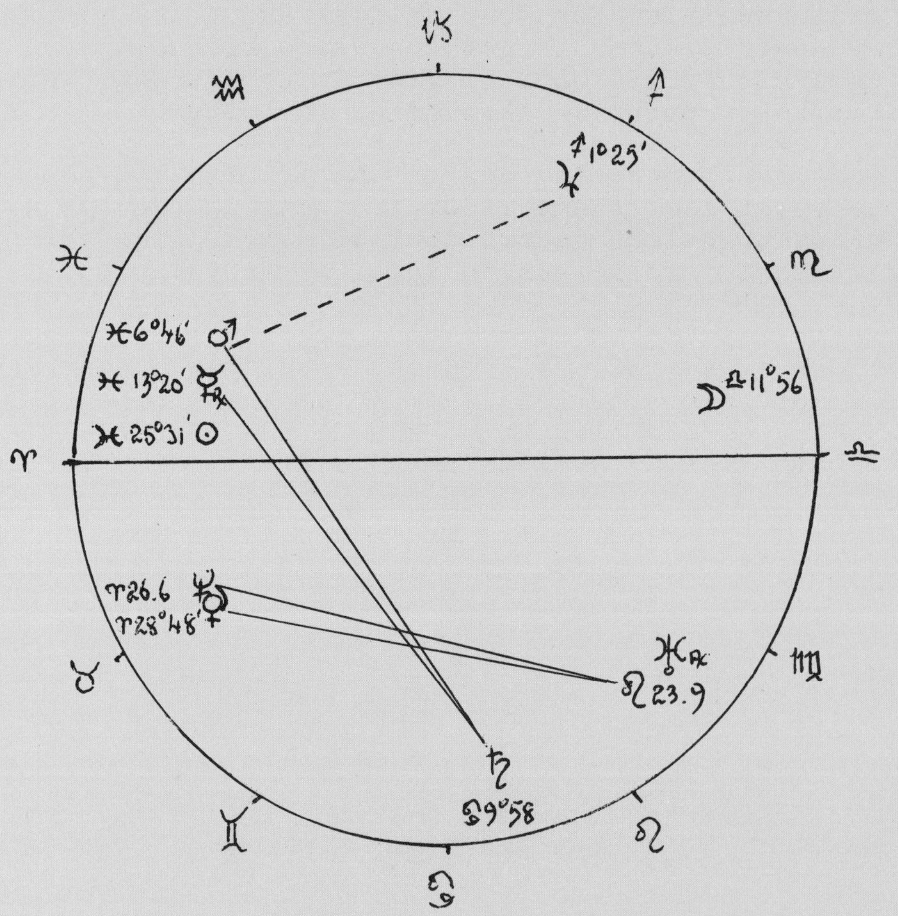

The Confidantes of a King: The Mistresses of Louis XV
By E. de Goncourt, translated by Ernest Dowson
T.N. Foulis, London & Edinburgh, 1907
Volume 1, page 22.

> Louise-Julie de Mailly-Nesle, born 16th March 1710, married 31st May 1736 to Louis-Alexandre, Comte de Mailly and Seigneur de Rubempré, her cousin-german, died 5th March 1751.

She is said to have been dark and fascinating, though not beautiful; and that no woman in the Court knes how to dress with greater taste or to more advantage. She was passionately in love with the King, but torn with jealousy, though at bottom submissive, resigned, and self-sacrificing. Outwardly she was gay, and in manner sensuous.

PRINCESS AMELIA SOPHIA ELEANOR (EMILY)   1711.5.30

3rd child & 2nd daughter of George II of Great Britain & Queen Caroline Wilhermina Dorothea of Brandenburg Anspach. Lord Hervey leaves an unfavourable picture of her (see over); but she was a friend of Horace Walpole. As his long-intended wife, she corresponded with Frederick the Great until his marriage, and at her death on 31 October 1784 his miniature was found on her breast next her heart. She never married.

Calculated for Hanover 52N22 9E44, Wednesday 30 May / 10 June 1711 at 9h.0m. apparent time, from Parker's Ephemeris For the Year of our Lord 1711. (&c.) By George Parker, at the Star and Ball in Salisbury-Court. London. New planets from Schoch and Foelsch.

Tropical zodiac
VP: 9°12′
RA MC: 32°38
☊ : ♒ 6°6′
℞ : ♌ 28°

This is *semi-speculative*, because the official recording says no more than: "morning", which I have interpreted as 9 a.m.

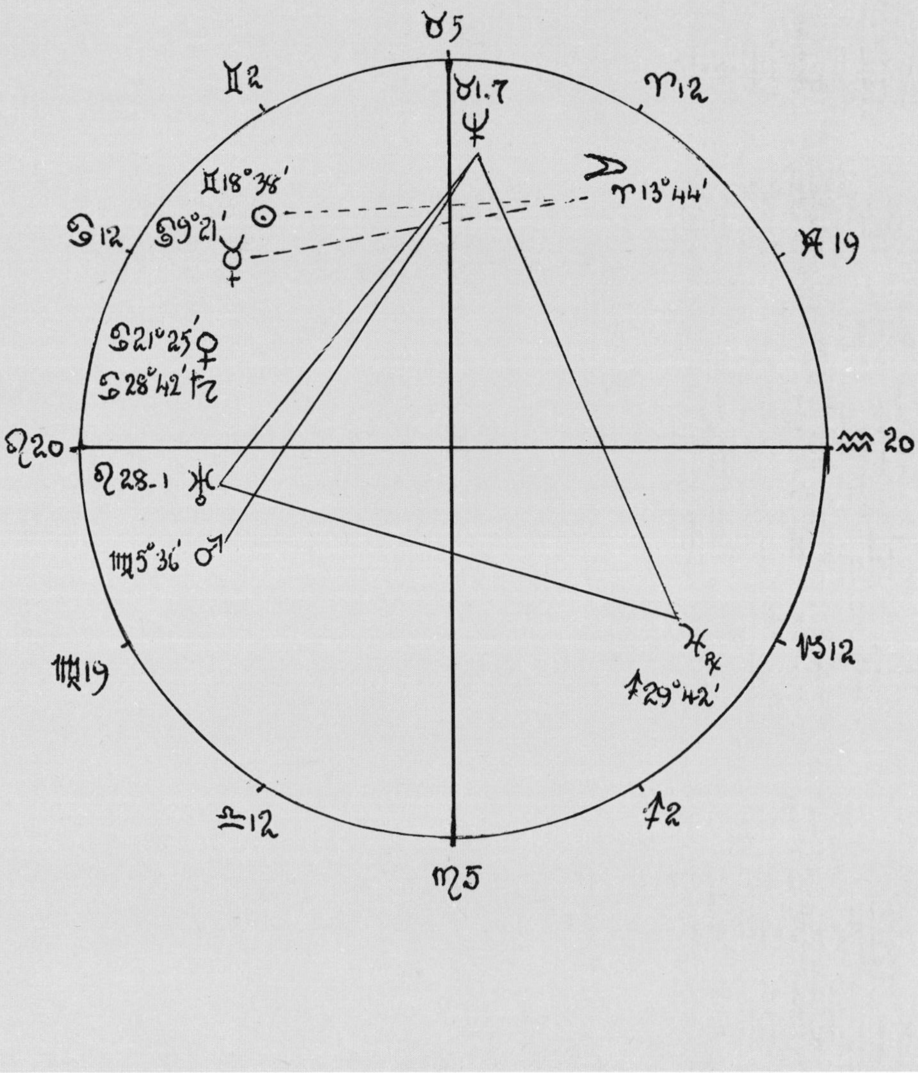

Letter from Niedersachsisches Staatsarchiv St.-A. 3940/50
Hanover 3 February 1951, Dr. Schnath, Staatsarchivdirektor

Amalia: 10.Juni 1711, "morgens" (Stunde nicht angegeben)

The calendar is Gregorian, because various contemporary English Almanacks, Parket, Wing, Season, give the date as 30 May, O.S.

Lord Hervey's Memoirs, ed. Romney Sedgwick
William Kimber, London, 1952.
page 81:

When I speak of the Prince's sisters on this occasion I mean the Princess Royal and Princess Caroline. For the Princess Emily, besides the desire of making her court to her brother, was glad of any back to lash, and the sorer it was the gladder she was to strike, She had much the least sense (except her brother) of the whole family, but had for two years much the prettiest person. She was lively, false, and a great liar; did many ill offices to people and no good ones; and for want of prudence said almost as many shocking things to their faces as for want of a good-nature or truth she said disagreeable ones behind their backs. She had as many enemies as acquaintance, for nobody knew her without disliking her, nor was anybody acquainted with her without knowing her; and everybody in the Court being of the same opinion about her, people spoke their opinion with as little caution as variation. Her sister Caroline's character was just the reverse of hers...

page 242-243:

(1737) The Duke of Newcastle's coquetry to the Princess Emily, and Her Royal Highness's coquetry back again to him, as the only male creature who made up to her, had been often the topic of very ill-understood raillery, in very gross terms, uttered by Sir Robert Walpole, and not very privately. He had often and before many people, in the expressions of a porter, told the Duke of Newcastle he would certainly draw himself into some scrape, for as the

Princess Emily thought of nothing but the main point and his Frace of nothing but the outwork Her Royal Highness would certainly catch him alone one day and ask him the question; upon which his Grace would be frighted out of his wits and run away, whilst she would hate him for so doing, and tell her papa and mama to be revenged of him, that he had offered to ravish her.

Princess Caroline Elizabeth 1713.5.30

4th child & 3rd daughter of George II of Great Britain & Queen Wilhelmina Caroline Dorothea of Brandenburg Anspach. She inherited her father's unswerving veracity and her parents were accustomed to say: 'Send for Caroline and then we shall know the truth.' A hopeless passion for Lord Hervey combined with the grief she felt at her mother's death, brought on severe melahcholy which deepened when Hervey died, and eventually hastened her own death on 28 December 1757. She was religious and very charitable.

Calculated for Hanover 52N22 9E44, Saturday 30 May / 10 June 1713 at 11h.45m. p.m. apparent time, from the tables of Schoch with the solar refinement of Hynes. Pluto from Foelsch. The only available almanack before me is the Merlinus Anglicus Junior: or the Starry Messenger, by Henry Coley, which leaves too much to be desired.

Tropical zodiac
VP: 9°10′
Campanus houses
RA MC: 255°5′
☊: ♐22.5
℞: ♍2

The official recording has no more than 'in the night of 10. to 11. June 1713', but contemporary English almanacks show that she kept her birthday on 30 May / 10 June. See over, for my choice of 11h.45m p.m. which I believe approx.

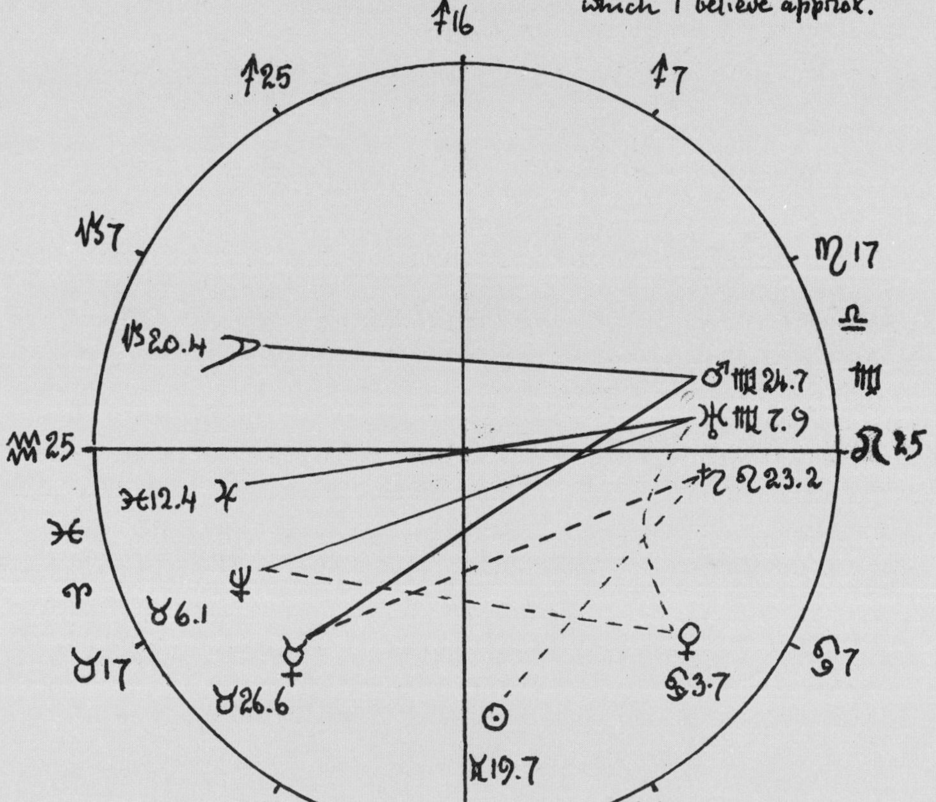

Letter from Niedersachsisches Staatsarchiv St.-A. 3940/50
Hanover 3 February 1951, Dr. Schnath, Staatsarchivdirektor

Caroline: in der Nacht vom 10. zum 11. Juni 1713 (N.S.)

English almanacks (e.g.) Parker, Wing, Season, all show her birthday as 20 May, with her sister Emily. Although the family may have put the two together for convenience, there is no reason why she should not have been born on 20 May. Moreover, the night was short. Sunset was at 8.21 p.m., Twilight began just after 9 p.m., but it was not dark until 10.40 p.m. Darkness ended at 1.42 a.m. and an hour later it would be getting quite light. The sun rose just after 3.40 a.m.

Lord Hervey's Memoirs, ed. Romney Sedgwick
William Kimber, London, 1952.
page 81-82:

> She was extremely sensible and not remarkably lively; and as the one (Emily) would talk very freely of faults in people which she had never discovered, the other's (Caroline's) good sense discovered faults which her good-nature prevented her talking of. The Princess Caroline had the finest complexion and the finest bright brown hair that could be seen. She had very pretty limbs too, but her person was rather too fat. She had affability without meanness, dignity without price, cheerfulness without levity, and prudence without falsehood. She spent her whole time in reading and drawing, was a favourite neither with her mother nor her father, but was passionately fond of her eldest sister, and as well beloved by her as anybody could be that was neither a flatterer of her pride, nor a fool to her ambition.

Lives of the Queens of England Of the House of Hanover
By Dr. Doran: London, 1855.
Vol.1, page 453.

> The cause of her unhappiness may be perhaps more than guessed at in the circumstances of her retiring from the world, on the death of Lord Hervey. The sentiment with which he had, for the sake of vanity or ambition, inspired her, was developed into a sort of motherly love for his children, for whom she exhibited great and constant regard. Therewith, she was conscious of but one strong desire,—to die. For many years previous to her decease, she lived in her father's palace, literally 'cloistered up', inaccessible to nearly all, yet with active sympathy for the poor and suffering classes in the metropolis.

DOM JOSÉ I. DE PORTUGAL 1714.5.26

2nd but eldest surviving son of Dom João V. de Portugal & Dona Maria Anna of Austria, who succeeded to the throne on 31 July 1750. His reign is chiefly remarkable for the gold which flowed into Portugal from Brazil, and for the government of Sebastião José de Carvalho e Mello, the famous marquez de Pombal. Dom José died in 1777.

Calculated for Lisboa 38N44 9W09, Wednesday 6 June 1714, at 10h.0m. p.m. apparent time, from Parker's Ephemeris For the Year of our Lord 1714. (&c.) By George Parker, at the Star and Ball in Salisbury Court, London: 1714.

Tropical zodiac
VP: 9°8′
Campanus houses
RA MC: 224°24′
☋: ♐8°12′
℞: ♍5 4.6

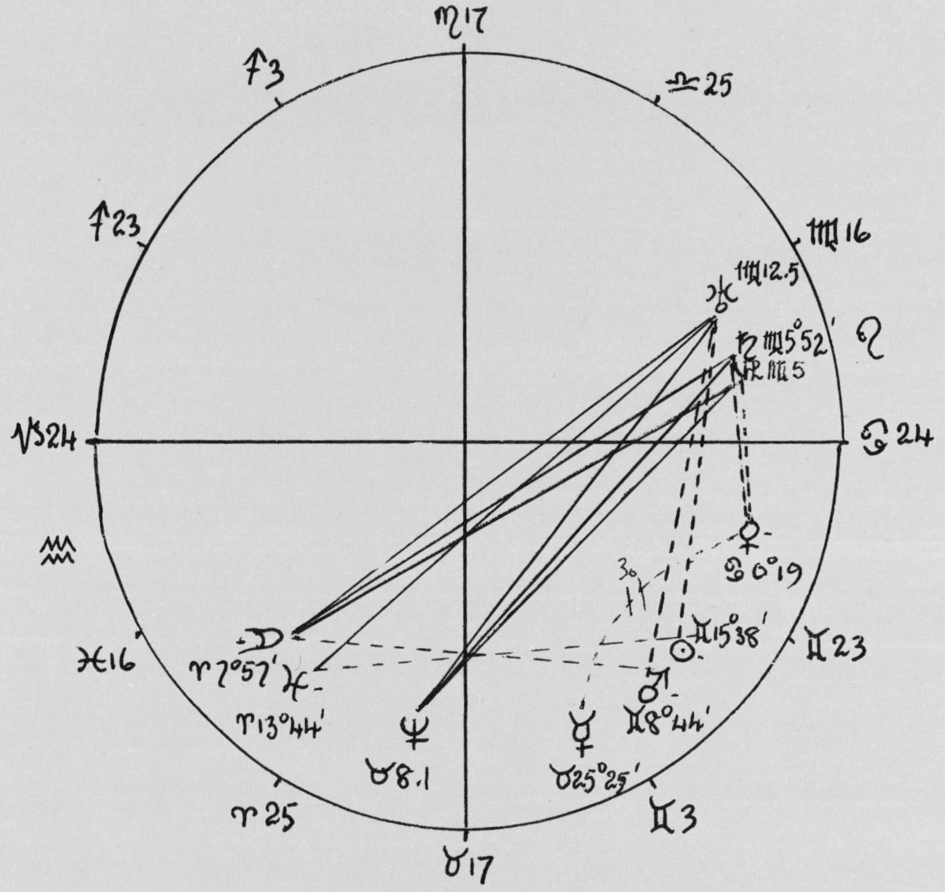

__Historia Genealogica da Casa Real Portuguesa__ (&c.)
Antonio Caetano de Sousa
Lisboa: 1736. Vol.VIII. p.335. Cap. VII.

... o Principe D. Joseph, havendo nascido na Cidade de Lisboa Infante em huma quarta feira 6 de Junho do anno de 1714 às dez horas da noite: esta alegre noticia participaraõ os sinos da Cidade a toda ella ...

He married Dona Maria Anna Victoria, daughter of Philip V. of Spain, by whom he had four daughters, the eldest being D. Maria Francisca Isabel who succeeded him as Maria I. de Portugal.

GEORGE WILLIAM 1717.11.2

2nd son & 5th child of George II of Gt. Britain and Queen Carolina-Wilhelmina-Dorothea of Brandenburg Anspach. He died in the following year.

Calculated for London, Saturday, 2 November 1717 at 5h. 55m. p.m. apparent time, from Parker's Ephemeris For the Year of our Lord 1717. London, Printed by the Author, at the Ball and Star in Salusbury Court, for the Company of Stationers. 1716. Price Stitch'd Six Pence. The new planets are from Schoch and Foelsch.

Tropical zodiac
VP: 9º7′
Campanus Houses
RA MC: 317º33′
☊: 17♒48

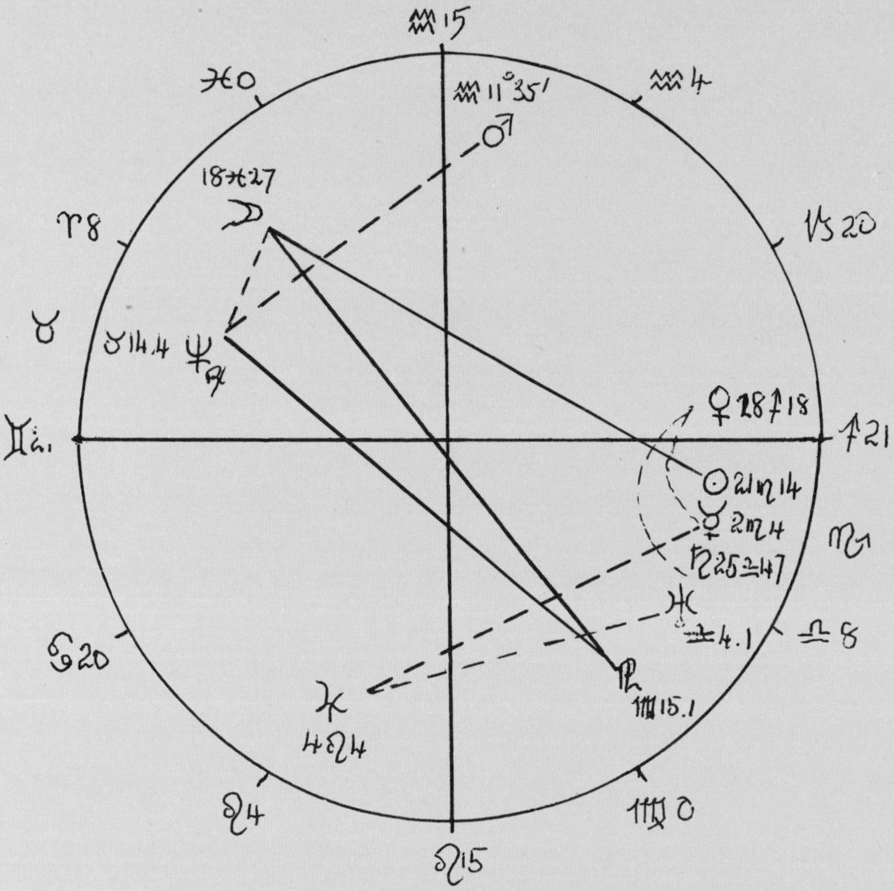

THE LONDON GAZETTE, Numb. 5587.
From Saturday November 2. to Tuesday November 5. 1717.

Whitehall, Nov. 4.

On Saturday the 2nd Instant, a little before Six a Clock in the Evening, Her Royal Highness the Princess of Wales was safely delivered of a Prince, in the Royal Palace of St. James's.

WILLIAM AUGUSTUS, DUKE OF CUMBERLAND 1721.4.15

6th child & 3rd son of George II of Great Britain and his Queen, Carolina Wilhermina Dorothea. As a soldier he was personally brave, but a poor commander and eventually had to retire after losing the battle of Hastenbeck in 1757 & concluding the Convention at Klosterzeven which disarmed & disbanded 40,000 English soldiers and placed Hanover at the mercy of the French. He is remembered most for his brutal treatment of the Scots during the '45. Cumberland died in 1765.

Calculated for London, Saturday 15 April 1721, at 7h.10m. p.m. apparent time, from Parker's Ephemeric For the Year of our Lord 1721. Being the Second after Leap-Year. The The Thirty Second Impression. London. New planets from Schoch and Foelsch.

Tropical zodiac
VP: 9°3′
Campanus houses
RA MC: 141°34′
☊: ♋ 24°53′
℞: ♍ 20°

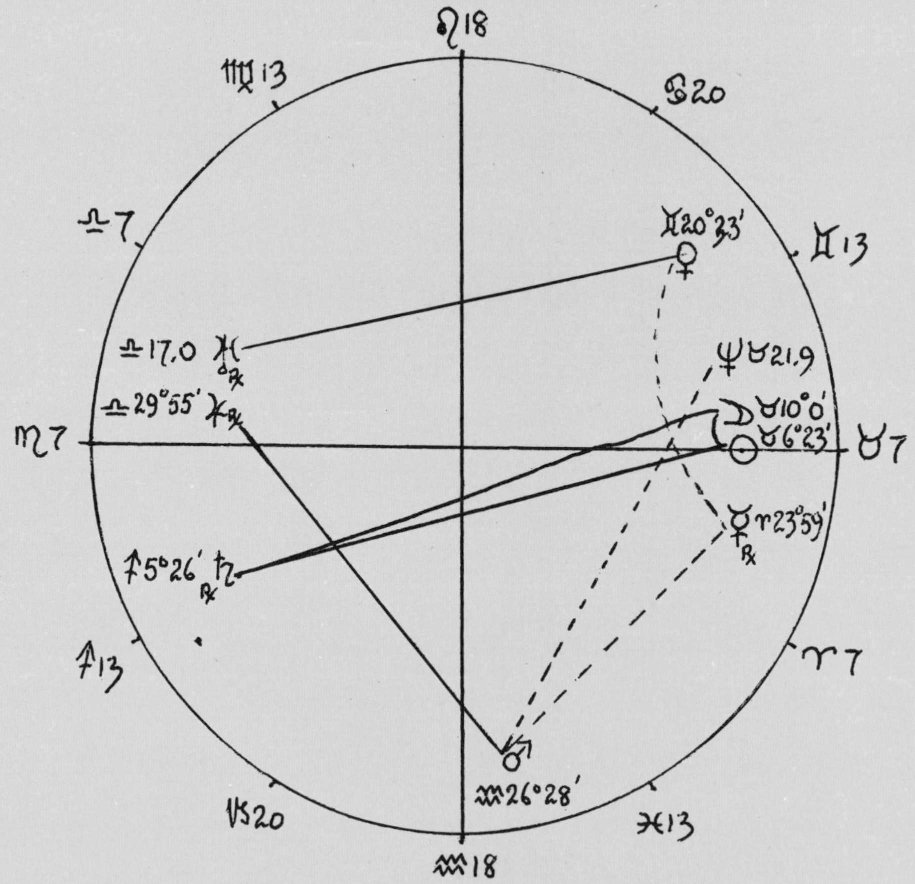

The London Gazette, Numb. 5947
From Saturday April 15 to Tuesday April 18 1721

Whitehall, April 18.
On Saturday the 15th Instant, a little after Seven a Clock in the Evening, her Royal Highness the Princess of Wales was happily delivered of a Prince at Leicester-House.

JEANNE-ANTOINETTE POISSON 1722.12.29

Marquise de Pompadour: mistress of Lewis XV. of France

Calculated for the noon positions at London (she was born in Paris) as given in Parker's Ephemeris for Tuesday 18/29 December 1722: the new planets are from Schoch & Foelsch.

Hypsomatic zodiac
VP: 9°3′

Tropical zodiac
Campanus houses

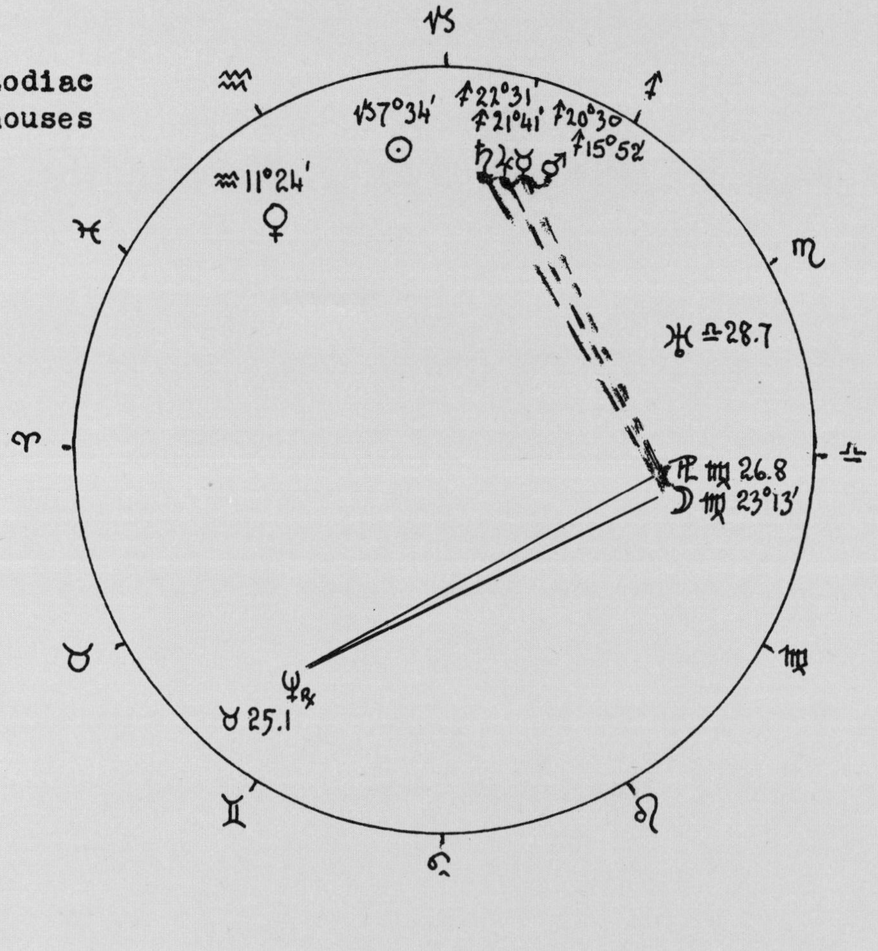

The Confidantes of a King: The Mistresses of Louis XV
By E. de Goncourt. Translated by Ernest Dowson.
T.N.Foulis, London & Edinburgh. 1907.
Vol.1. a note at page 140.

M. Sainte-Beuve, in his Causeriès de Lundi, gives the état civil of Madame de Pompadour thus: Jeanne-Antoinette Poisson, born the 29th December 1722, in the parish of Sainte-Eustache; married the 9th March 1741 - died the 15th April 1764; - buried on the 17th.

Born in the Rue de Cléry.
Father François Poisson, steward to the Pâris-Duverney brothers who were the Court bankers.

At the age of nine she was told by a fortune teller that she would reign over the heart of a King. 20 years later she gave her 600 livres. "for having predicted when I was nine that I would be the King's mistress".

was brought up by the wealthy M. Le Normant de Tournehem.

She was taught dancing, singing, the clavicord, dramatic art
Studied botany, natural history, & collected rare birds
She painted, drew, & engraved precious stones. She was a good housekeeper.

Her health was never good.

She married in March 1741 M. Le Normant d'Etioles, nephew of Tournehem.
1° boy died in infancy
2° Alexandrine
one of the best amateur actresses in France.
friend of Voltaire & the philosophes

1745

MARY 1723.02.22

4th daughter & 7th child of George II of Gt. Britain and Queen Caroline Wilhelmina Dorothea of Brandenburg Anspach. She married Frederick, Landgraf of Hesse-Cassel and had issue, but the marriage proved unhappy & separation ensued. Mary died in 1772.

Calculated for London, Friday, 22 February 1722/23, 8h.25m. p.m. apparent time, from Parker's Ephemeris For the Year of our Lord 1723. Being the Third after Leap-Year. The Thirty fourth Impression. London: Printed by J. Read, for the Company of Stationers.

Tropical zodiac
VP: 9º2′
Campanus houses
RA MC: 112º14′
☊: ♋19

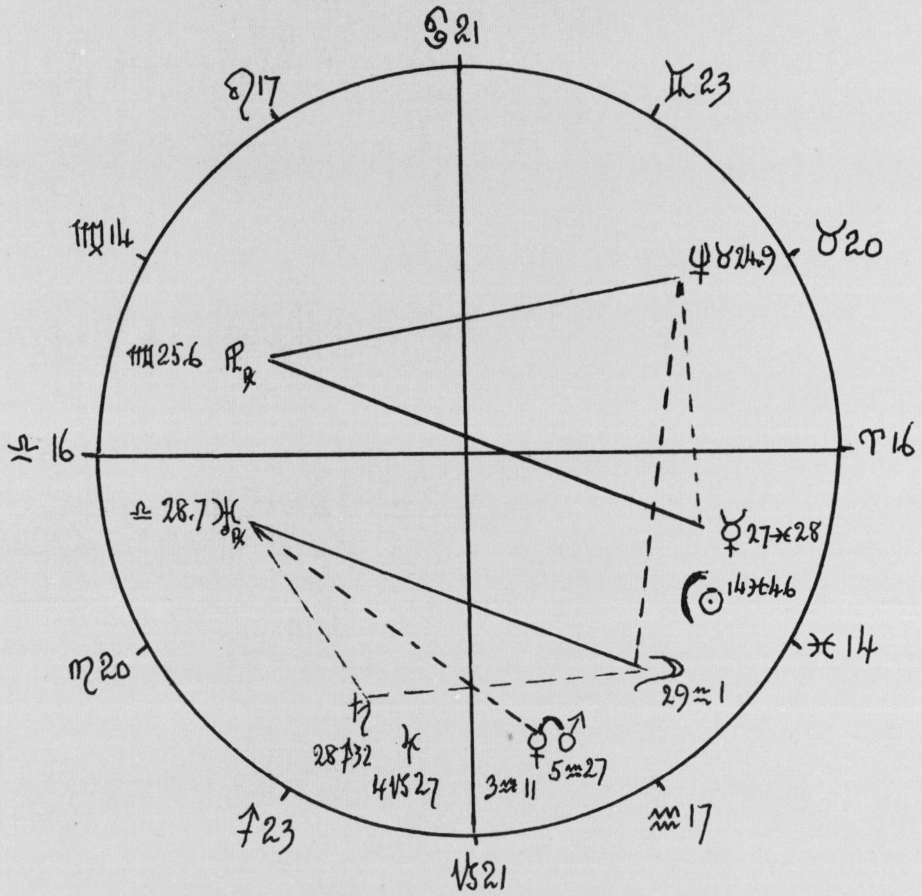

THE LONDON GAZETTE, Number. 6140.
From Tuesday February 19. to Saturday February 23. 1723.

Whitehall, Feb. 23.
Yesterday at near Half an Hour past Eight in the Evening, Her Royal Highness the Princess of Wales was safely delivered of a Princess at Leicester House; there being then present in the Room (&c.)

The year is 1722/23. Normally THE LONDON GAZETTE adhered to the Annunciation Style, and this issue should have been marked 1722.

LOUISA 1724.12.7

5th daughter & 8th child of George II of Gt. Britain and Queen Carolina Wilhelmina Dorothea of Brandenburg Anspach. In 1743, she married the heir apparent of Denmark who was crowned as Frederick V. in 1746. Owing to a rupture while seven months pregnant, she died in 1751 much lamented.

Calculated for London, Monday, 7 December 1724, at 4h.30m. p.m. apparent time, from Parker's Ephemeris For the Year of our Lord 1724. Being Bissextile, or Leap-Year. The Thirty fifth Impression. London: Printed for the Company of Stationers, 1724.

Tropical zodiac
VP: 9º1′
Campanus houses
RA MC: 327º18′
☊ ♉ 14°26′

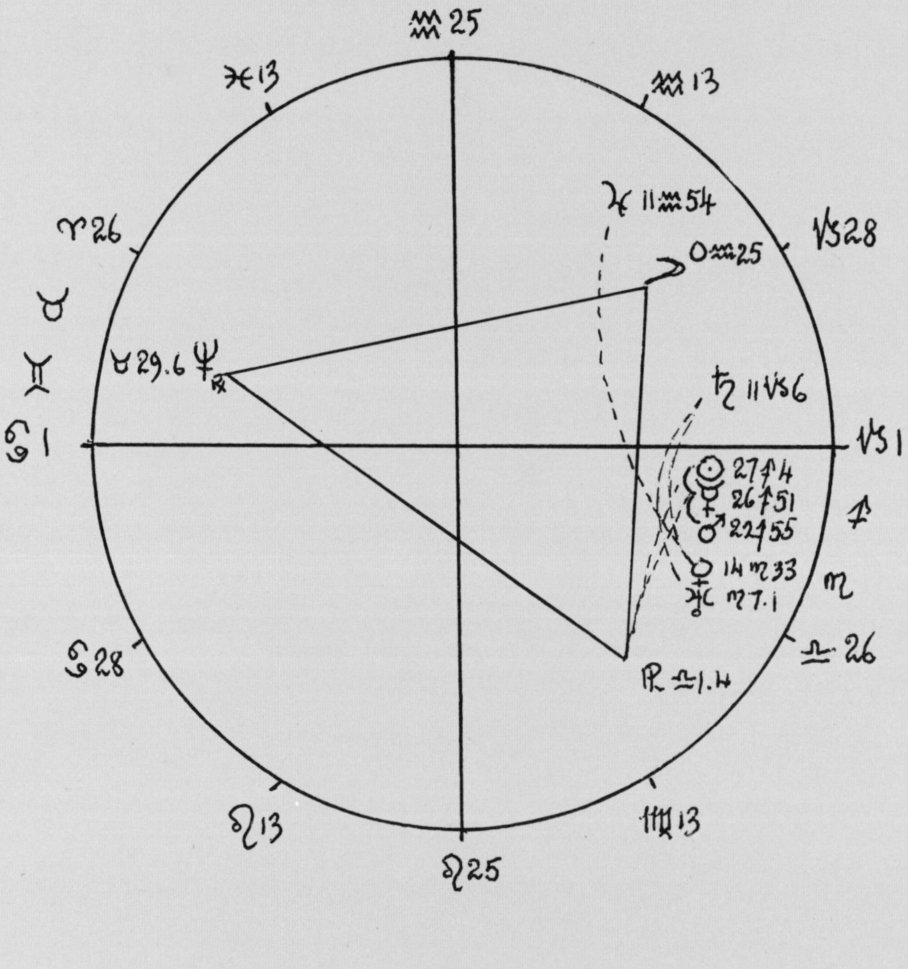

THE LONDON GAZETTE, Numb. 6327.
From Saturday December 5. to Tuesday December 8. 1724

Whitehall, Dec. 8.
Yesterday about Half an Hour past Four in the Afternoon, Her Royal Highness the Princess of Wales was safely delivered of a Princess, at Leicester-House...

There is a biography of her, with portrait, in "Royal Daughters" by E. Thornton Cook and Catherine Moran, Heath Cranton Limited, London, 1935.

GEORGE WASHINGTON 1732.2.11

The first President of the U.S. and "the father of the Republic," great-grandson of John Washington, an Englishman who emigrated in 1657, and son of a substantial farmer named Augustine Washington. His education was limited and largely self-acquired and he adopted surveying as a profession instead of entering the British navy. He began his military career at nineteen, as adjutant-general of the Virginia militia. In 1755, he accompanied General Braddock as a volunteer and was one of the few officers who returned safe from an expedition which fell into an Indian ambush, Braddock and half his officers being killed. In 1759 he married Mrs. Martha Custis, a wealthy young widow. Shortly after the outbreak of the war of independence he became Commander-in-Chief (1775); became President in 1789 and again in 1793; and died at Mount Vernon in 1799 leaving no children. At the age of 30, Washington is said to have stood 6 feet 3 inches in his stockings, and to have weighted two hundred pounds. He had wide shoulders and hips, huge hands and forearms, and muscular, but not heavy, thighs and calves. His chest was noticeably flat and his complexion bordered on the sallow. He was a methodical man and a prominent freemason.

Calculated for Bridges Creek, Westmoreland country Va., near Fredèricksburg, 38N18 77W28, Friday 11/22 February 1731/2, 10 a.m. apparent time, from Parker's Ephemeris For the Year of our Lord 1732. Being the Bissextile, or Leap-Year. The Three and Fortieth Impression. London. 1732. New planets from Sahoch, Foelsch, and Noesselt-Hoffmann.

Tropical zodiac
VP:: 8°53′
Campanus houses
RA MC: 305°16′
☊: 25♐33

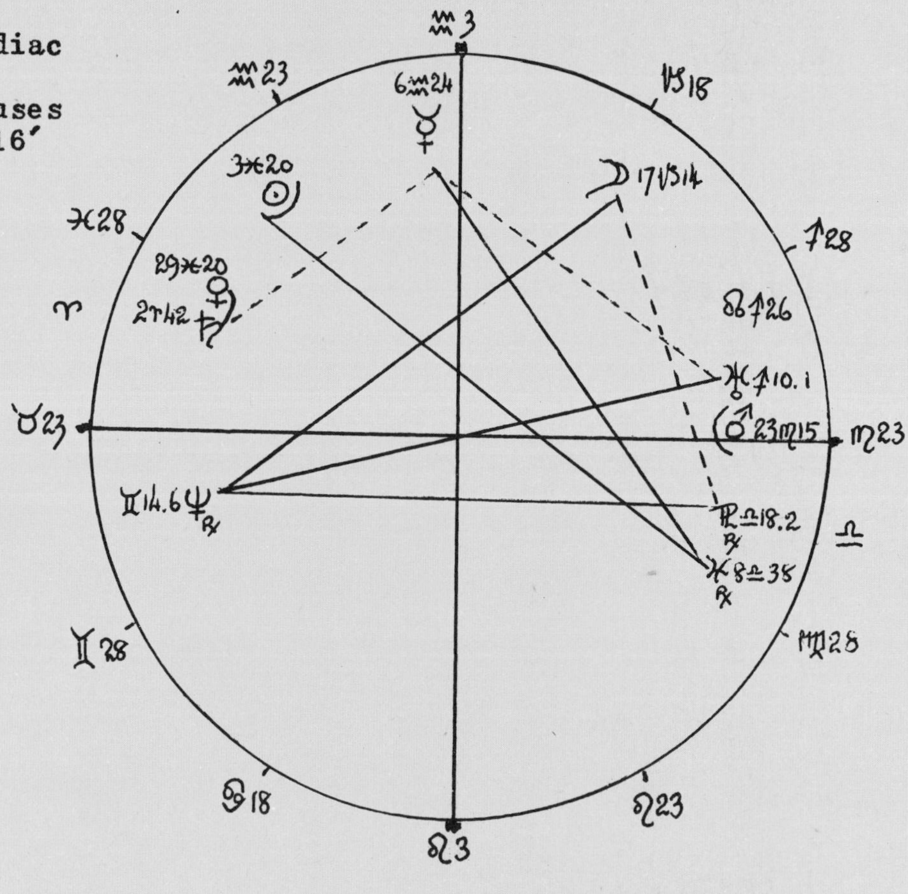

His mother's Bible, which at the beginning of the 20th century was in the possession of George Washinton Basses of Hanover County, Virgina, had the following:-

> George Washington son of Augustine and Mary his Wife was born ye 11th day of February 1731/2 about 10 in the Morning and was Baptized the 3th (sic) of April following, Mr Beverley Whiting and Captn Christopher Brooks Godfathers and Mrs Mildred Gregory godmother.

Unfortunately, I neglected to record whence I had this information.

DONA MARIA I. DE PORTUGAL 1734.12.6

Eldest daughter of Dom José I. & his queen Dona Marianna Victoria, daughter of Philippe V. of Spain. In 1760 she married her uncle Dom Pedro, and she succeeded her father in 1777. About this time, signs of religious mania began to be noticed. In 1786 her husband died, followed by her eldest son and her confessor. She became wholly insane after 1788 and she died in Rio de Janeiro in 1816.

Calculated for Lisbon 38N42 9W8, Friday 6/17 December 1734 at 6h.0m. p.m. apparent time, from The British Telescope: Being an Ephemeris Of the Coelestial Motions, with an Almanack for the Year of our Lord 1734.(&c.) The Twelfth Impression. By Edmund Weaver, Licensed Physician, and Student of the Coelestial Science. The new planets are from Schoch and Foelsch.

Tropical zodiac
VP: 8°52′
Campanus houses
RA MC: 354°58′
☊: ♍ 2°36′
♇: ♎ 26

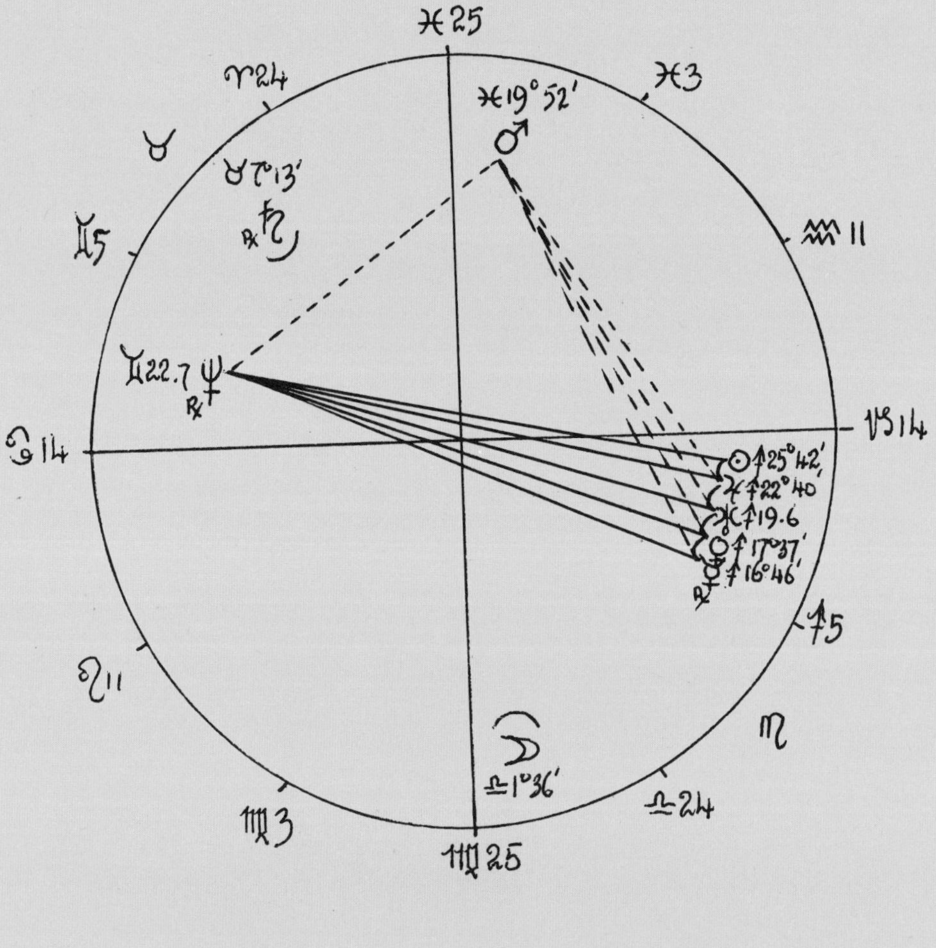

Historia Genealogica da Casa Real Portuguesa (&c.)
Antonio Caetano de Sousa
Lisboa: 1736. Vol. VIII. p.353

A Serenissima Senhora Dona Maria Francisca Isabel Josefa Antonia Gertrudes Rita Joanna, nasceo a 17 de Dezembro de 1734 em huma sesta feira às seis horas da tarde com felicissimo sucesso. ElRey seu avô a declarou Princeza da Beira, em quanto naõ tivesse filho o Principe do Brasil.

PRINCESS AUGUSTA 1737.7.31

Firstborn of Frederick Lewis, Prince of Wales, & Augusta of Saxe Gotha. On 16 January 1764 she married Charles William Frederick, hereditary prince of Brunswick, and by him became the mother of Princess Caroline who married her nephew, George Prince of Wales of Great Gritain. She died in 1813.

Calculated for London, Sunday 31 July 1737, at 10h.45m. p.m. apparent time, from The British Telescope: Being an Ephemeris of the Coelestial Motions, with an Almanack for the Year of our Lord 1737. (&c.) London. By Edmund Weaver, Licensed Physician, and Student of the Coelestial Science. (The fifteenth Impression.)

Tropical zodiac
VP: 8°50′
Campanus houses
RA MC: 302°48′
☊: ♍ 5°59′
℞: ♎ 29

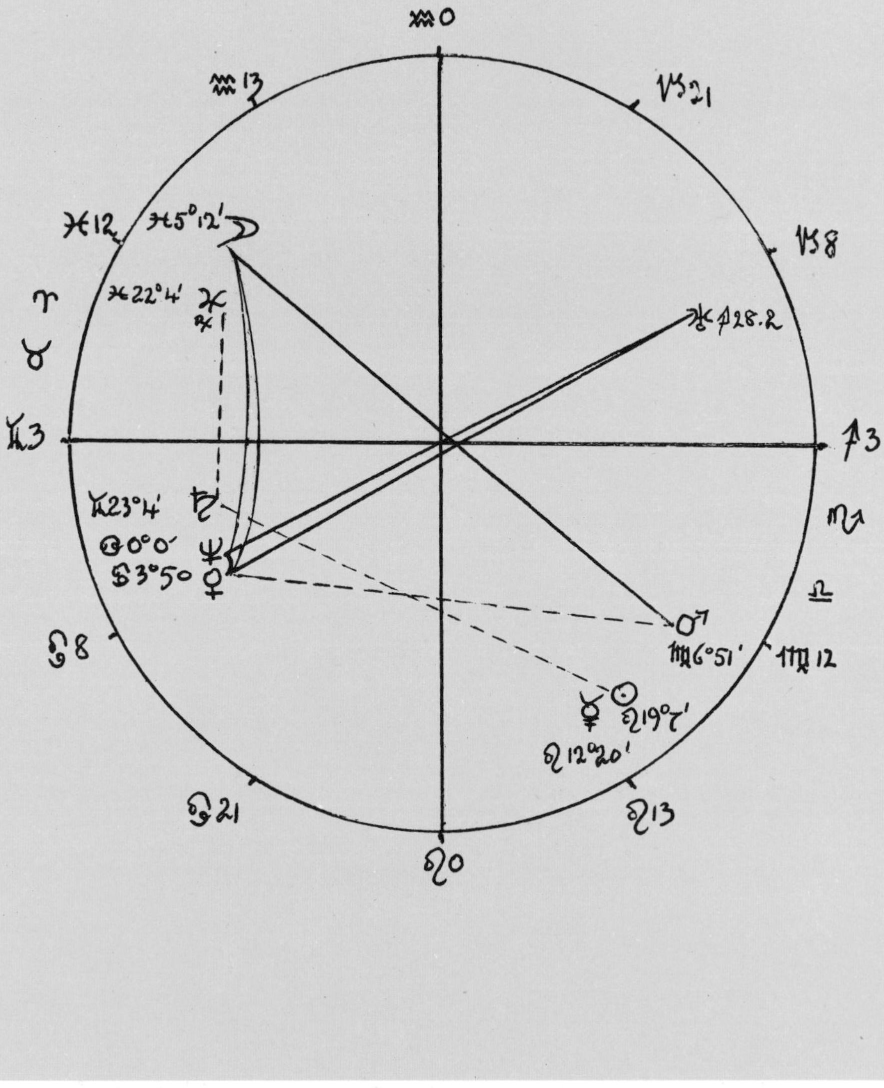

The London Gazette, Numb. 7623.
From Saturday July 30. to Tuesday August 2. 1737.

Hampton Court, August 1.
Yesterday being Sunday, their Majesties, their Royal Highnesses the Prince and Princess of Wales, and their Royal Highnesses the Princess Amelia and Caroline went to Chapel and heard a Sermon preached by the Revd. Dr. Blomer one of his Majesty's Chaplains in Ordinary. Their Majesties and the rest of the Royal Family above-mentioned dined afterwards in Publick, as usual, before a great Number of Spectators: About 5 o'clock the same Afternoon her Royal Highness the Princess of Wales began to find herself in some Pain, and the same continuing by Intervals, about 7, Coaches were ordered to be got ready, and soon after his Royal Highness the Prince, and her Royal Highness the Princess of Wales, attended by several Ladies, set out from hence for St. James's, where they arrived about Nine at night, and her Royal Highness's Pains encreasing, she was, a little after Eleven o'Clock, safely and happily delivered of a princess. About half an Hour after Ten o'Clock his Royal Highness the Prince of Wales despatched one of his Pages to Hampton Court, to acquaint their Majesties with the News of her Royal Highness's being in Labor; and the Queen immediately thereupon set out for St. James's accompanied by ...

Lord Hervey's Memoirs, ed. Romney Sedgwick
William Kimber, London, 1952.

(page 275) When they came to St. James's, there was no one thing prepared for their reception. The midwife came in a few minutes; napkins, warming-pan, and all other necessary implements for their operation, were sought by different emissaries in different houses in the neighbourhood; and no sheets being to be come at, Her Royal Highness was put to bed between two table-cloths. At a quarter before eleven she was delivered of a little rat of a girl, about the bigness of a good large toothpick case, none of the Lords of the Council being present but my Lord President Wilmington, and my Lord Godolphin, Privy Seal. To the first of these the Prince, at leaving Hampton Court, had despatched a messenger to bring him from his villa at Chiswick; and the last, living just by St. James's, was sent for as soon as the Prince arrived in town. He sent also to the Lord Chancellor and the Archbishop; but the one was gone into the country, and the other came a quarter of an hour after the child was born.

Harvey was at Hampton Court playing cribbage with Princess Caroline until 10 o'clock. He heard of what was going on only at half past one. At half past two he set off with the Queen, the two eldest Princesses, two of their ladies, and the Duke of Grafton and Lord Essex for St. James's where they arrived at four o'clock. Although he was not an eyewitness, I have accepted his evidence, exceptionally, in preference to the official account because (although no friend of the Royal family) he was a meticulous man and this was a political happening in the rather senseless and obscure way so common with the Hanoverians.

PRINCE GEORGE WILLIAM FREDERICK 1738.5.24

Eldest son & 2nd child of Frederick Lewis, Prince of Wales, & Augusta of Saxe-Gotha. Created Prince of Wales on April 20 1751, and crowned GEORGE III on Tuesday 22 September 1761, at Westminster, After Union with Ireland in 1801 all pretensions to France were dropped from his title, and the style became George the Third by the grace of God of the United Kingdom of Great Britain & Ireland King Defender of the Faith. Regnal years begin from 25 October 1760. He married Charlotte Sophia, daughter of Charles duke of Mecklengurg Strelitz on 8 September 1761. During his madness in later life, the country was under the regency of the Prince of Wales from Wednesday 6 February 1811 until his death on Saturday 29 January 1820.

Calculated for London, Wednesday 24 May 1738, 7h.30m. a.m. apparent time, from Parker's Ephemeris For the Year of Our Lord 1738 ... The Nine and Fortieth Impression. London. 1738. New planets from Schoch and Foelsch.

Tropical zodiac
VP: 8°49′
Campanus houses
RA MC: 4°26′
☊24°8′: ♌

Check Neptune

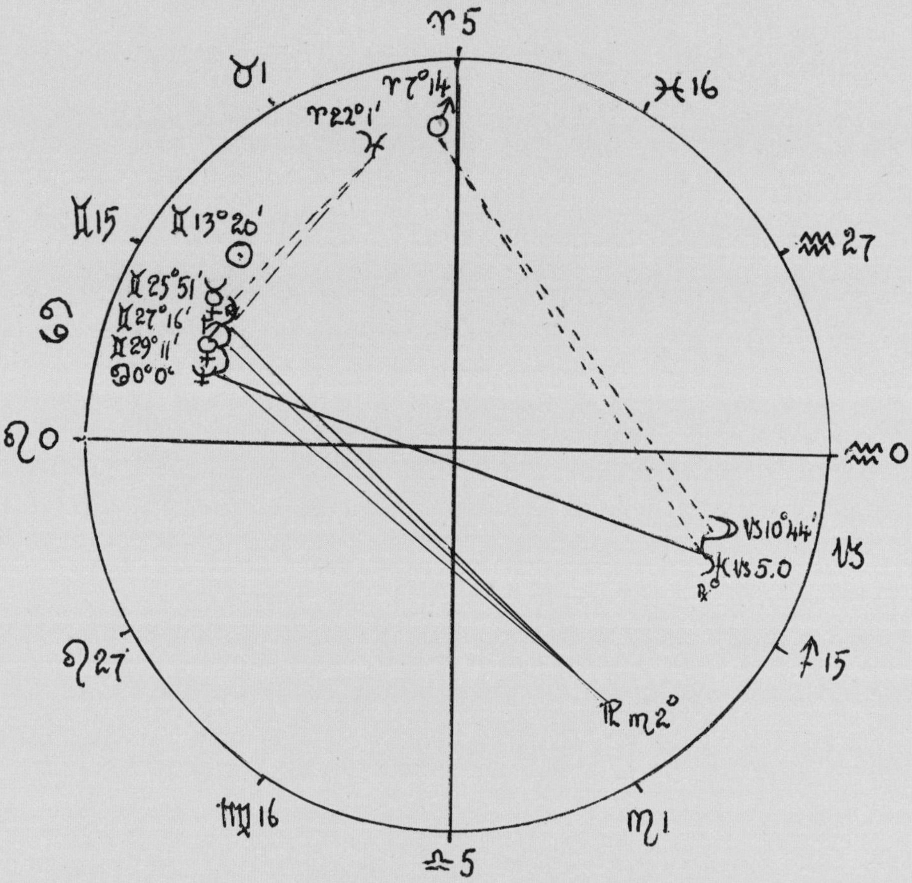

The London Gazette, Numb. 7704.
From Tuesday May 23. to Saturday May 27. 1738.

Whitehall, May 26. On Wednesday last at Half an hour past Seven in the Morning, Her Royal Highness the Princess of Wales was safely delivered of a Prince, who was immediately christened by the Name of George, which was occasioned by some dangerous Symptoms that appeared at first, though they are now happily over; and the Princess likewise is in a very good Way.

George the Third by J.D. Griffith Davies M.A. Oxon.
Ivor Nicholson & Watson Limited, London, 1936.

Norfolk House in St James's Square, London was early astir on June 4th 1738. Augusta, Princess of Wales, had been suddenly seized with the birth-pangs of a child who was destined to become George III. It was most unexpected ... at five o'clock in the morning Lord Baltimore was dragged out of his bed to go to acquaint the King... only Dr John Potter, the Archbishop, was in time to see the birth take place at 7.30 a.m. ... the baby was a miserably puny little fellow, obviously born two months out of due time.

EDWARD AUGUSTUS 1739.03.14

2nd son & 3rd child of Frederick Lewis, Prince of Wales, and Augusta of Saxe-Gotha. Duke of Albany & York.

Calculated for London, Wednesday, 14 March 1738/39, at 4h. p.m. apparent time, from The British Telescope: being an Ephemeris Of the Coelestial Motions. With An Almanack for the Year of our Lord 1739. (&c.) The Seventeenth Impression. By Edmund Weaver. Licensed Physician, and Student in the Coelestical Science. London: Printed by A. Parker, for the Company of Stationers. The new planets are from Schoch and Foelsch.

Tropical zodiac
VP: 8º48′
Campanus houses
RA MC: 64º11′
☊ 9♌47

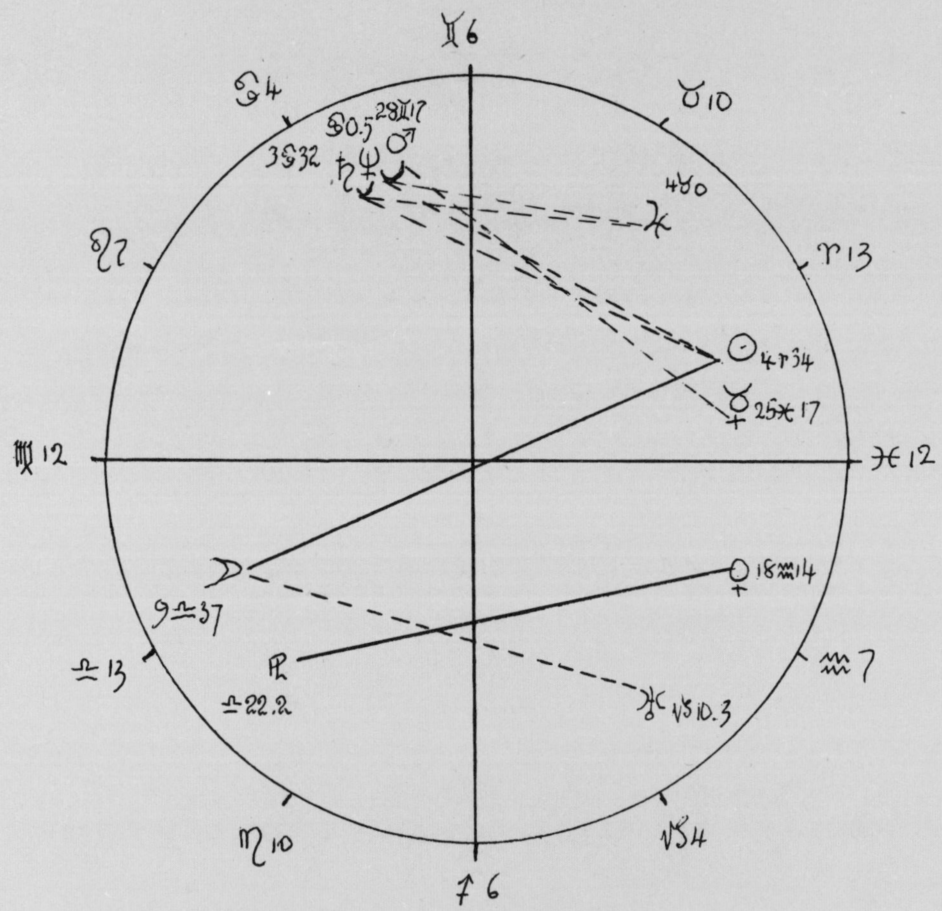

THE LONDON GAZETTE, Numb. 7788
From Tuesday March 13. to Saturday March 17. 1738.

Whitehall, March 14.

This day about Four a Clock in the Afternoon, Her Royal Highness the Princess of Wales was safely delivered of a Prince.

ELIZABETH CAROLINE 1740.12.30

3rd daughter & 4th child of Frederick Lewis, Prince of Wales, & Augusta of Saxe-Gotha, who died at Kew in her nineteenth year.

Calculated for London, Tuesday, 30 December 1740, at 7h.30m. a.m. apparent time, from Parker's Ephemeris For the Year of Our Lord 1740. Being Bissextile or Leap-Year. The One and Fiftieth Impression. London: Printed for the Company of Stationers, 1740. New planets from Schoch & Foelsch.

Tropical zodiac
VP: 8º48′
Campanus houses
RA MC: 191º59′
☊: ♋ 3º47′

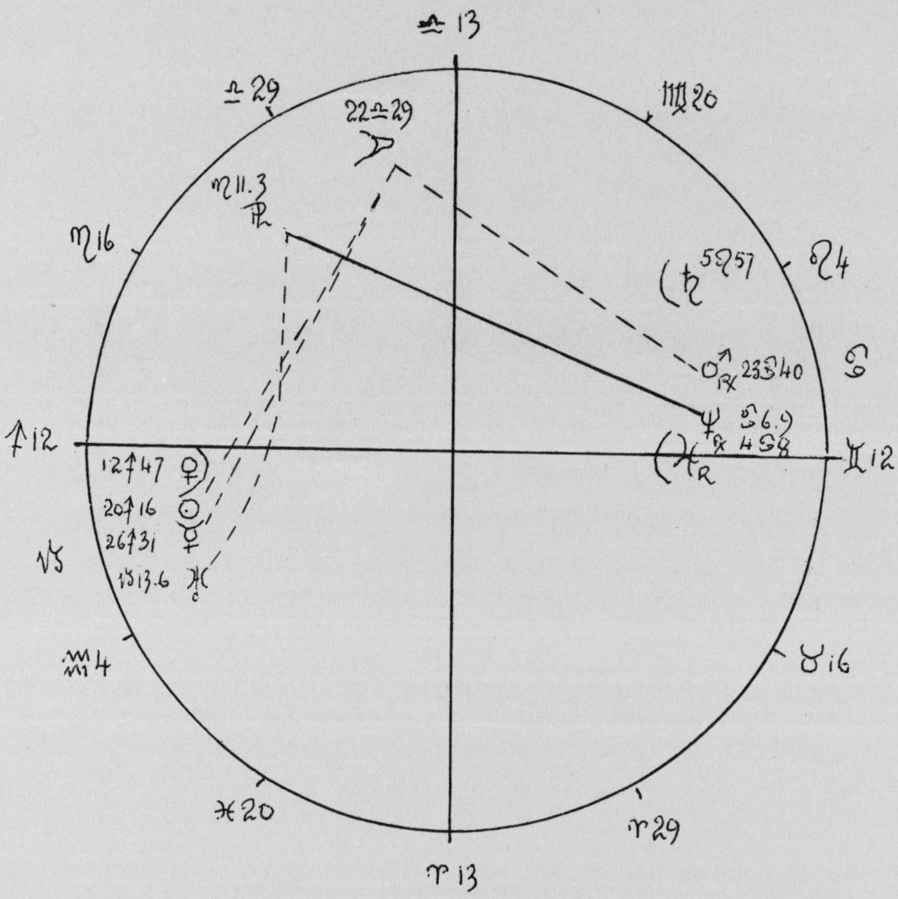

THE LONDON GAZETTE, Numb. 7975.
From Saturday December 27. to Tuesday December 30. 1740.

Whitehall, December 30.

This Morning about Half an Hour after Seven of the Clock, Her Royal Highness the Princess of Wales was safely delivered of a Princess.

JEANNE BÉQUS, MADAME LA COMTESSE DU BARRY 1743.8.19

Natural daughter of Anne Béqus and an unknown father, who caught the fancy of Louis XV of France in 1768, he being 58 and she 25. To satisfy the King, she was married that year to Guillaume du Barry, a poor but noble officer of marines, and on Sunday 21 April 1769 King Louis presented her to the Court where she remained as titular mistress until his death in 1774. Her lettre de cachet was dated 12 May 1774. At the end of both their lives, 1789-1792, she was much loved by Louis Hercule de Cosse-Brissac, the distinguished Duc de Brissac. She herself was executed by the revolutionaries on Sunday 8 December 1793.

As no birth time is available, the positions shown below are for noon in London on Monday 8/19 August 1743, from Parker's Ephemeris For the Year of Our Lord 1743. The Four and Fiftieth Impression. Aetatis Suae LXXXVIII. London: 1743. New planets from Schoch and Foelsch.

Tropical zodiac
VP: 8°45′
☊: ♉13°2′
♇: ♏15°

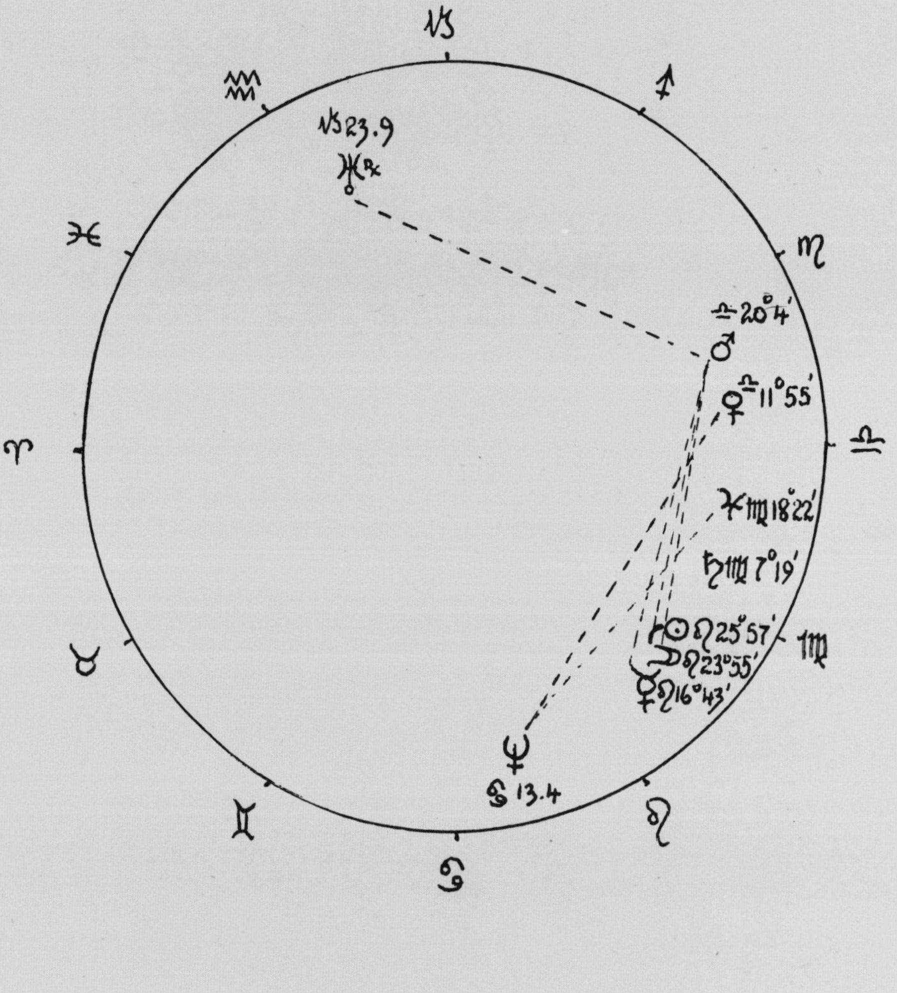

The Confidantes of a King: The Mistresses of Louis XV
By E. de Goncourt, translated by Ernest Dowson
T.N. Foulis, London and Edinburgh: 1907.
Volume 2, page 95.

> Jeanne, natural daughter of Anne Béqus, known as Quantiny, was born on the nineteenth of August of the year seventeen hundred and forty-three, and was baptised the same day; as god-father, she had Joseph Demange, and as god-mother, Jeanne Birabin, who have signed with me.
>
> L. Galon,
> Vicar of Vaucouleurs.
>
> Jeanne Birabin   Joseph Demange
>
> Note: Of this certificate of the birth of Madame du Barry extracted from the official registers of the town of Vaucouleurs, and handed to Saint-Mihiel, on the 25th of September 1827, we have received confirmation through a letter from the mayor of Vaucouleurs, dated November 30th, 1859.

			♃	♄	♅	♆
Married M. du Barry	1768	Sep. 1	♎22	♋15	♉7	♍7
Presented at Court	1769	Apr. 21	♏21	♋12	♉6	♍7
Lettre de Cachet	1774	May 12	♈29	♍19	♉27	♍18
Executed	1793	Dec. 8	♐14	♉10	♌28	♏3

apparently their relationship began in the first half of 1768.

WILLIAM HENRY, DUKE OF GLOUCESTER & EDINBURGH 1743.11.14

3rd son & 5th child of Frederick Lewis, Prince of Wales and Augusta of Saxe-Gotha, created duke of Gloucester in 1764. On 6 September 1766 he married secretly at her Town house, Maria, the beautiful and intelligent dowager countess of Waldegrave, an illegitimate daughter of Sir Edward Waldegrave. They managed somehow to keep their secret for six years, until sympathy with the duke of Cumberland (q.v. 1745) caused Gloucester to notify his prior offence to George III. Although looked upon as the King's favourite brother, he was banished from court and remained unpardoned until 1780. He died on 25 Aug. 1805, leaving a daughter Sophia Matilda who died unwed at an advanced age, and a son William Frederick, who inherited the title and married Princess Mary, a daughter of George III, but died without issue.

Calculated for London, Monday 14 November 1743, 8h.30m. a.m. apparent time, from Parker's Ephemeris For the Year of Our Lord 1743. The Four and Fiftieth Impression. Aetatis suae LXXXVIII., London 1743. New planets from Schoch and Foelsch.

Tropical zodiac
VP: 8°45′
Campanus houses
RA MC: 188°9′
☊: ♉10°4′
⊗: ♏16°

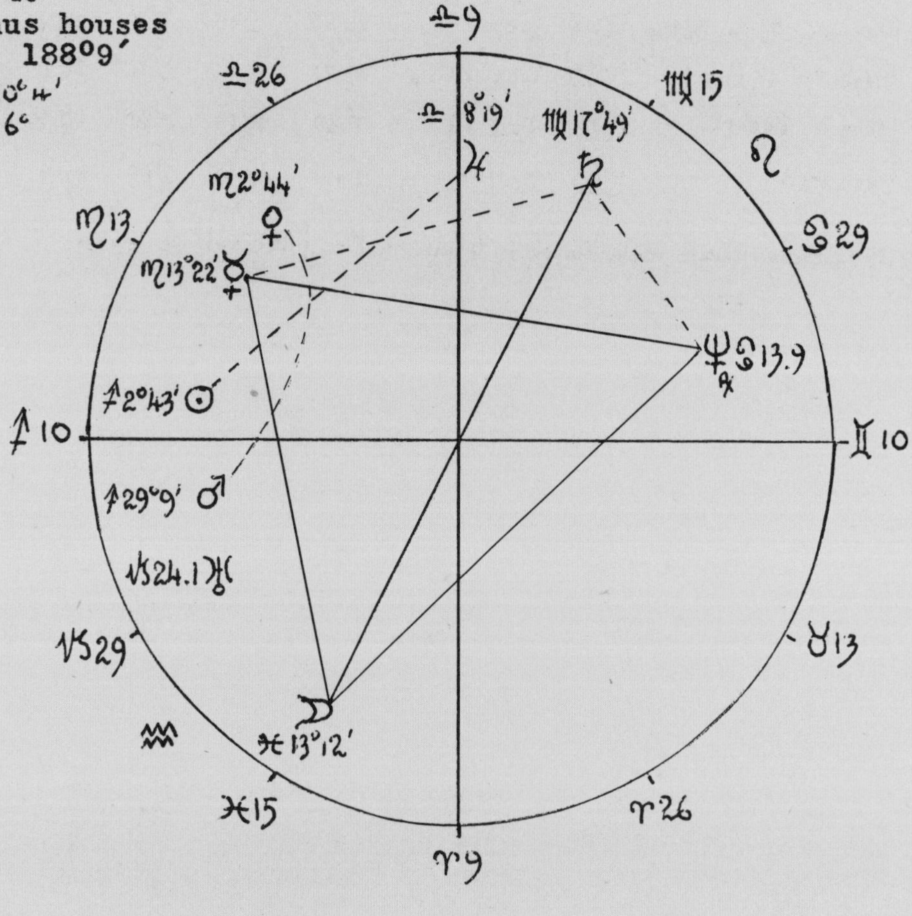

The London Gazette, Numb. 8275.
From Saturday November 12, to Tuesday November 15, 1743.

Whitehall, November 15.
Yesterday Morning, between Eight and Nine o'clock, her Royal Highness the Princess of Wales was safely delivered of a Prince, and her Royal Highness and the young Prince continue in as good Health as can be expected.

HENRY FREDERICK, DUKE OF CUMBERLAND & STRATHERN & EARL OF DUBLIN 1745.10.27

4th son & 6th child of Frederick Lewis, Prince of Wales and Augusta of Saxe-Gotha, created duke of Cumberland in 1766. After a severe upbringing he broke loose and his adult life has been described as 'always irregular'. In 1771 he alienated King George III by marrying Anne, daughter of Lord Irnham (afterwards earl of Carhampton), the widow of Andrew Horton of Catton, clandestinely, and thus precipitated the Royal Marriage Act (1772) which was to have such unfortunate effects on the domestic life of the Royal Family. He is said to have had great influence over George, Prince of Wales; was coarse and brutal in everyday life; but had taste and loved music. He had no issue and died on 18 September 1790.

Calculated for London, Sunday 27 October 1745, at 8h.0m. a.m. apparent time, from Parker's Ephemeris For the Year of Our Lord 1745: The Six and Fiftieth Impression. New planets from Schoch and Foelsch. As birth is recorded as 'in the Morning', 8 a.m. is <u>semi-speculative</u>, based on the fact that 5 of his 8 brothers and sisters were born between 7.30 and 9 a.m.

Tropical zodiac
VP: 8°43′
Campanus houses
RA MC: 133°51′
☊: ♈ 0°29′
♇: ♏ 21°

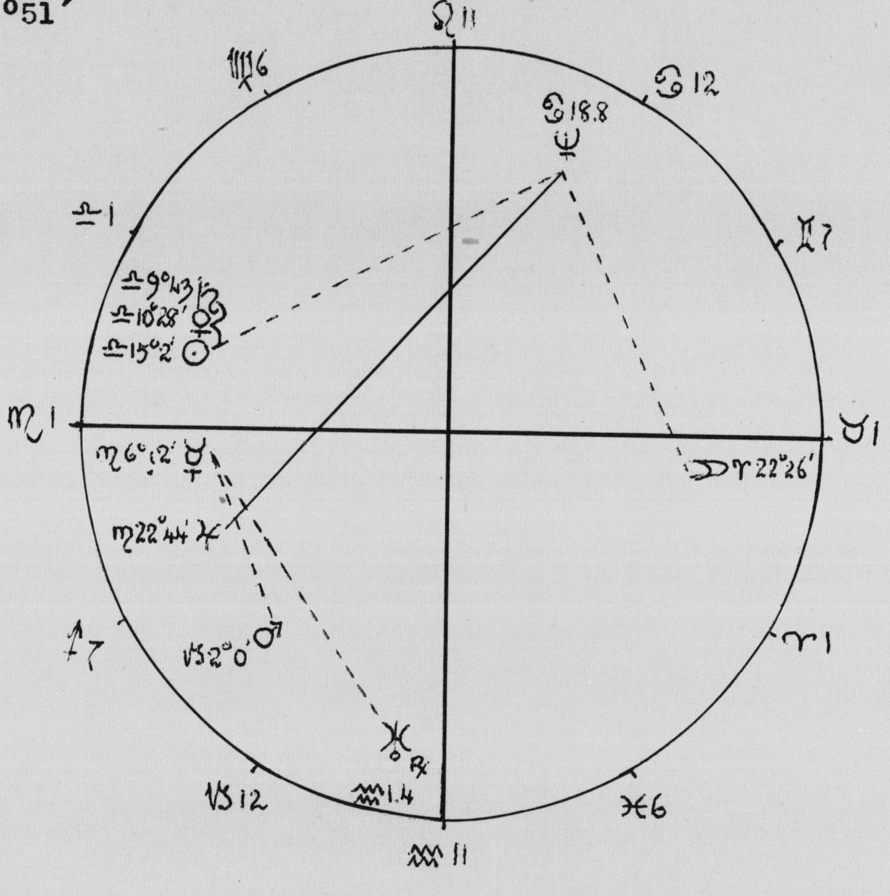

The London Gazette, Numb. 8479.
From Saturday October 26. to Tuesday October 29. 1745.

Leicester-House, October 29.

On Sunday Morning last her Royal Highness the Princess of Wales was happily delivered of a Prince.

LOUISA ANNE 1749.03.8

3rd daughter & 7th child of Frederick Lewis, Prince of Wales, & Augusta of Saxe-Gotha, who died of tuberculosis when she was about 19 years of age.

Calculated for London, Wednesday, 8 March 1749 at 9h. a.m. apparent time, from Parker's Ephemeris For the Year of Our Lord 1749. Being the first after Bissextile or Leap-Year. The Sixtieth Impression. London: Printed for the Company of Stationers, 1749. New planets from Schoch & Foelsch.

Tropical zodiac
VP: 8º39′
Campanus Houses
RA MC: 310º0′
☊ ♑ 25° 28′

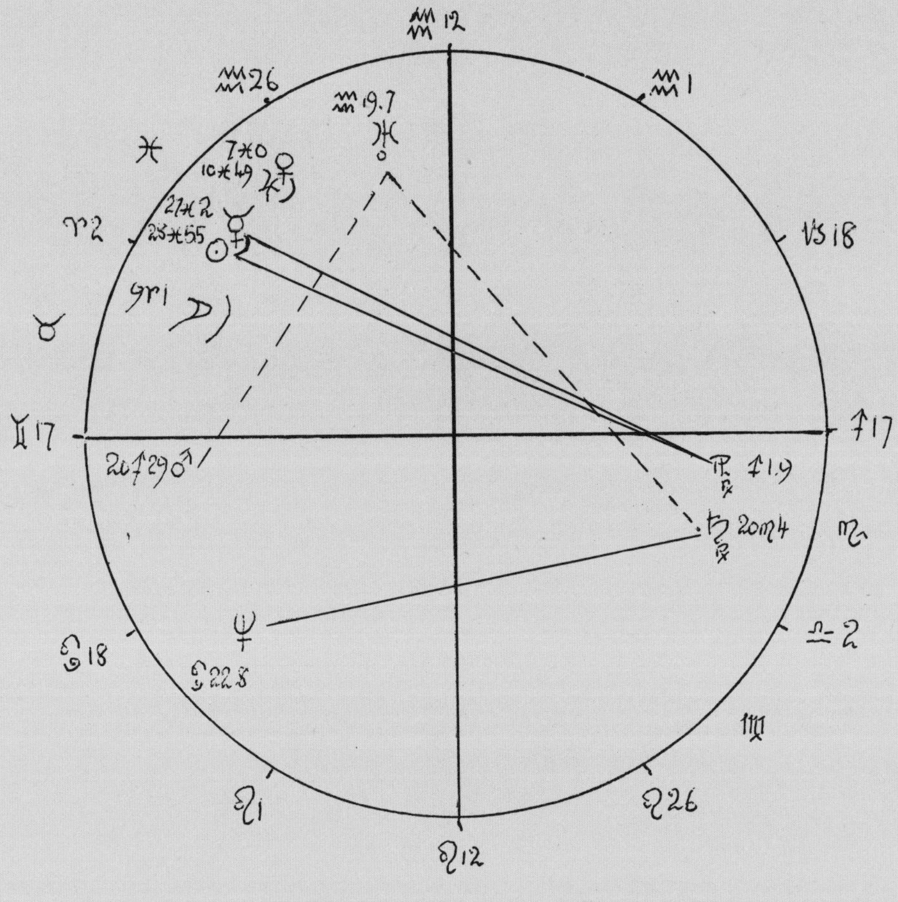

THE LONDON GAZETTE, Numb. 8830.
From Tuesday March 7, to Saturday March 11, 1748.

Leicester House, March 11.

On Wednesday Morning last, about Nine o'Clock, Her Royal Highness the Princess of Wales was safely delivered of a Princess.

FREDERICK WILLIAM 1750.05.13

5th son & 8th child of Frederick Lewis, Prince of Wales, & Augusta of Saxe-Gotha.

Calculated for London, Sunday, 13 May 1750, noon apparent time, from The Coelestial Atlas, Containing, a new Ephemeris of the Planetary Motions, And a compleat Almanack For the Year of our Lord 1750. Adapted to the Meridian of London, and To 53 Degrees of North Latitude. By Robert White, Teacher of the Mathematicks at Grantham in Lincolnshire. The First Impression. London: Printed by T. Parker, for the Company of Stationers.

Tropical zodiac
VP: 8º38′
Campanus houses
RA MC: 61º3′
☊ 1♑33

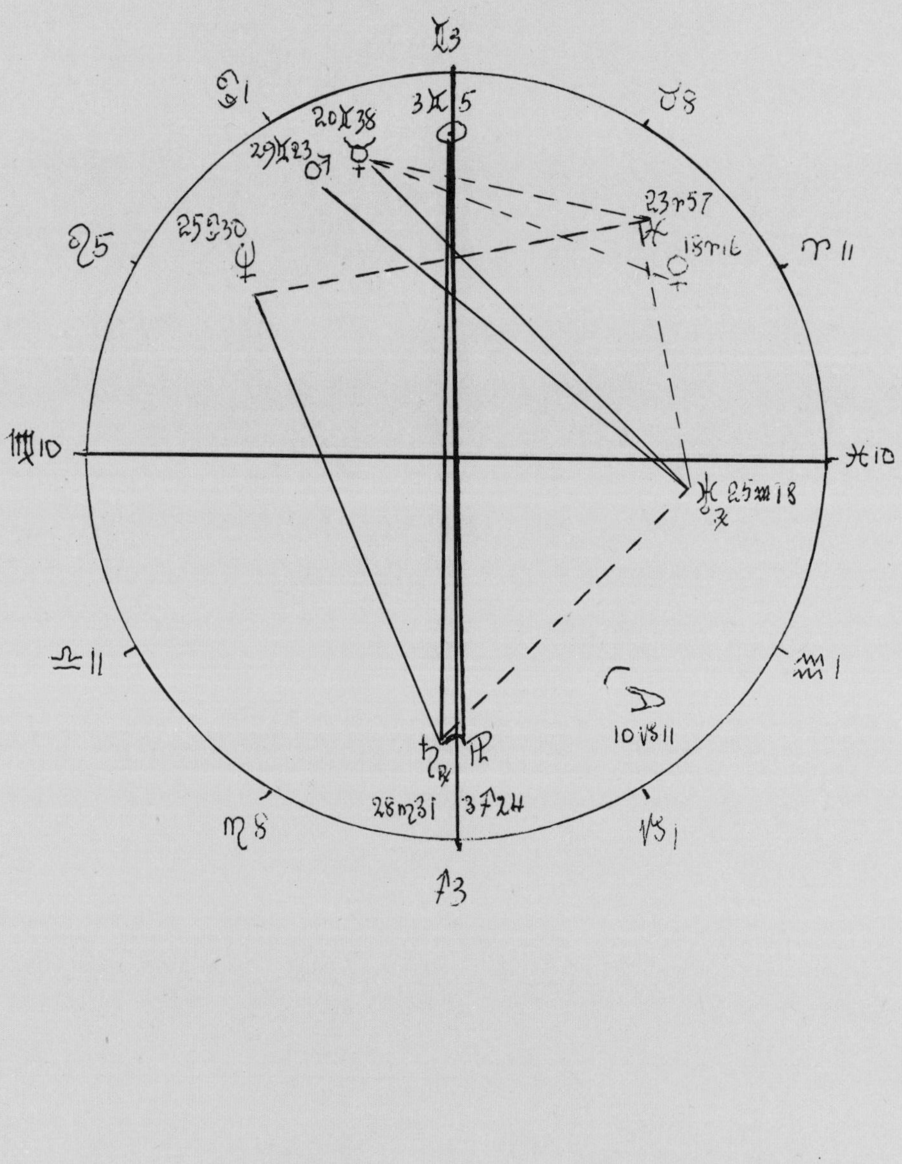

The London Gazette, Numb. 8953.
From Saturday May 12, to Tuesday May 15, 1750.

Whitehall, May 15.

On Sunday last, about Noon, her Royal Highness the Princess of Wales was safely delivered of a Prince at Leicester-House.

CAROLINE MATILDA.　　　　　　　　　　　　　　1751.07.11

4th daughter & 9th child (posthumous) of Frederick Lewis, Prince of Wales, and Augusta of Saxe-Gotha, who became Queen of the dissolute and unbalanced CHRISTIAN VII of Denmark when she was fifteen. After great tribulation she died in Celle (Hanover) on 10 May 1775.

Calculated for London, Thursday 11 July 1751, at 8h. 0m. a.m. apparent time, from The Coelestial Atlas; Or, A new Ephemeris For the Year of our Lord 1751 (&c.) By Robert White, Teacher of the Mathematicks at Grantham in Lincolnshire. The Second Impression. London. New planets are from Schoch and Foelsch.

Tropical zodiac
VP: 8º37′
Campanus houses
RA MC: 61º9′
☊: ♐ 11°42′

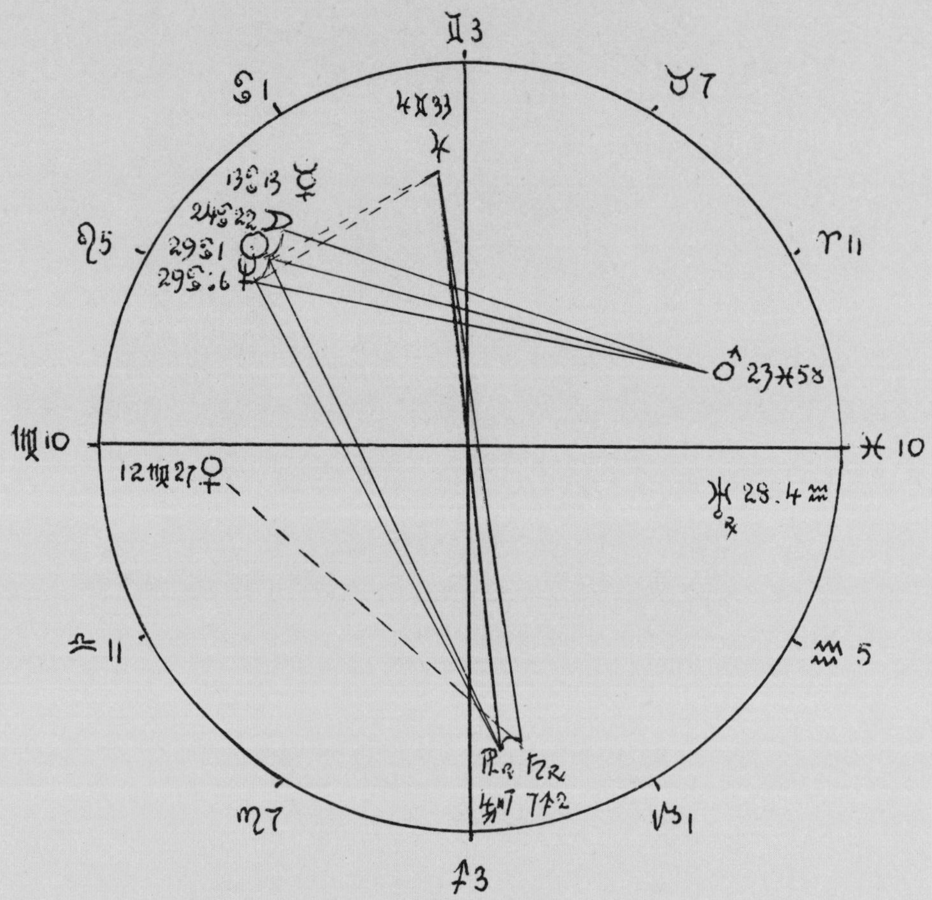

THE LONDON GAZETTE Numb. 9075
From Saturday July 13, to Tuesday July 16, 1751.

> Leicester House, July 11.
> This Morning about Eight o'Clock her Royal Highness the Princess Dowager of Wales was safely delivered of a Princess, and her Royal Highness, and the young Princess, are, blessed be God, in good Health.

When only fifteen, she was married in 1766 to the dissolute and unbalanced Christian VII of Denmark. Robert Huish, in "Memoirs of George the Third, London, 1821, p.306, wrote: "when he visited England two years after his marriage, he is said to have mixed with the most depraved company, and often to have joined in the midnight revels of St. Giles's, disguised as a sailor. Soon after, through the intrigues of the king's stepmother, who was anxious that he son should succeed to the throne of Dermark, a charge of so serious nature was raised against the character of Matilda, that she was thrown into the prison of Cronenburg." George III intervened, and his sisten was then given permission to retire to Celle (Hanover), where she died on 10 May 1775.

There is a portrait and brief biography of her in "Royal Daughters" by E. Thornton Cook and Cather Moran, London, 1935; and American Astrology, November 1944, p.82, had an article about her with the natal data of King Christian.

WOLFGANG AMADEUS MOZART 1756.1.27

The celebrated pianist and composer whose musical career began when he was only a child, and whose output in a very brief life was enormous. In 1782 he married against his father's wishes Constanze Weber. He died in Vienna on 5 December 1791. Mozart was a keen freemason.

Calculated for Salzburg 47N48 13E01, Tuesday 27 January 1756 at 8h.0m. p.m. apparent time, from The Coelestial Atlas; Or, A new Ephemeris For the Year of our Lord 1756. (&c.) By Robert White, Teacher of the Mathematicks. The Seventh Impression Improved. London. New planets from Schoch and Foelsch.

Tropical zodiac
VP: 8°34′
Campanus houses
RA MC: 69°47′
☊: ♍ 11°17′
♇: ♐ 18°30

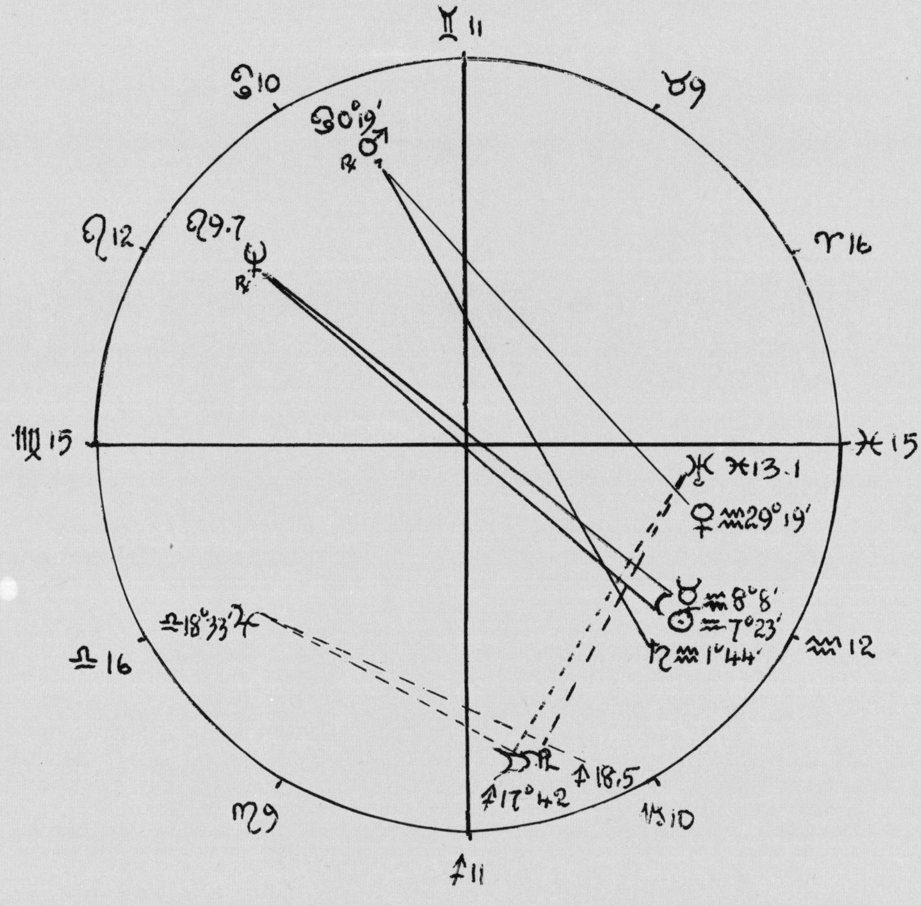

__Mozart__ by W.J. Turner
Victor Gollanz Ltd., London, 1938.

This biography reproduces a letter written by Mozart's father from Salzburg on 9 February 1756 to Jacob Lotter in Augsberg, which includes the following:

> On the evening of January 27, at 8 o'clock, my wife was happily delivered of a boy ... the boy is named Johannes Chrysostomus Wolfgang Gottlieb.

Leopold Mozart, born at Augsberg on 14 November 1719, was himself a talented musician. The mother was Anna Marie Bertel (or Pertl), born at Schloss Huttenstein on 25 December 1720.

MAXIMILIEN-MARIE-ISIDORE DE ROBESPIERRE 1758.5.6

L'Incorruptible of the French Revolution. Son of an advocate, studious and honest. At thirty he was elected a Deputy and in the National Assembly spoke on behalf of Jews and actors, and against the death penalty. He defended the poor and the old. Napoleon called him: 'un monstre de fanatisme et un rêveur incorruptible qui croyait à la justice de sa cause.' He was executed for despotism on 28 July 1794.

Calculated for Arras 50N20 2E45, Saturday 6 May 1758, at 2 a.m. apparent time, from The Coelestial Atlas; Or, A new Ephemeris For the Year of our Lord 1758. (&c.) By Robert White, Teacher of the Mathematicks. The Ninth Impression Improved. London. New planets from Schoch and Foelsch.

Tropical zodiac
VP: 8°33′
Campanus houses
RA MC: 252°56
☊ ♋27°51′
℞ ♐23°

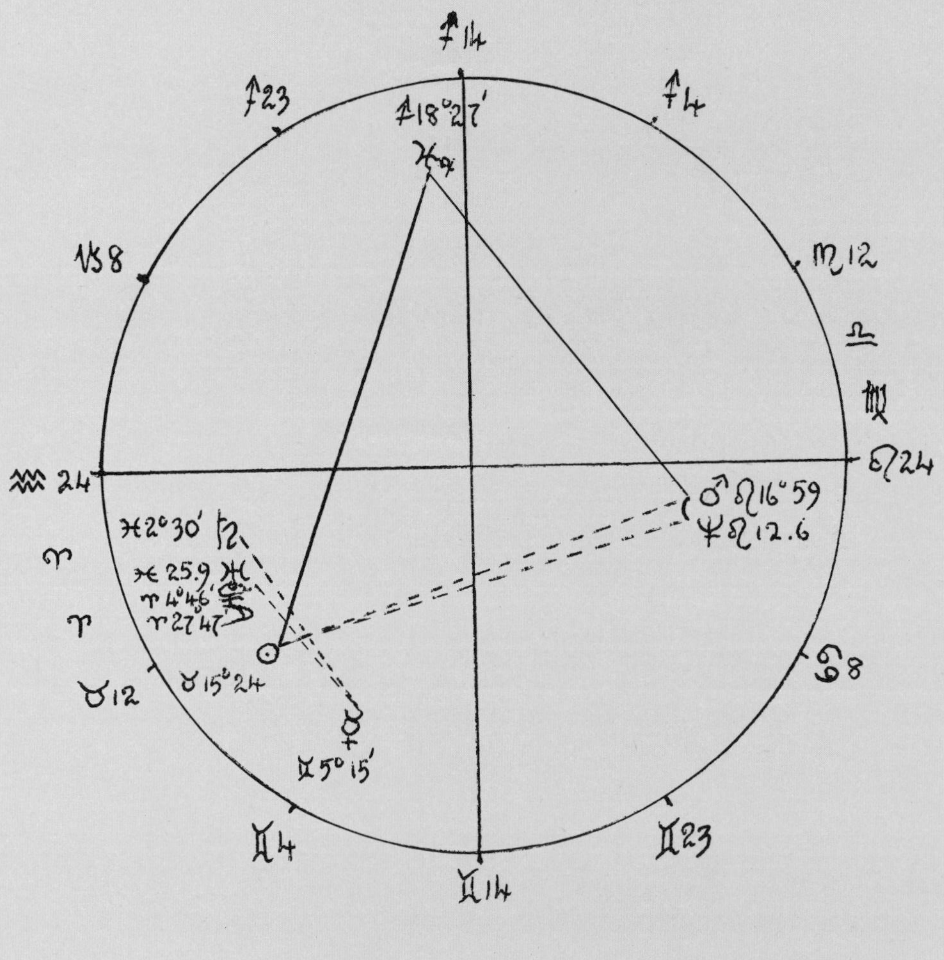

Acte de baptême

Le six de may mil sept cent cinquante-huit a été baptisé par moi soussigné Maximilien-Marie-Isidore né le mème jour sur les deux heures du matin en légitime mariage de Me Maximilien-Barthélemy-François Derobespierre, avocat au Conseil d'Artois, et demoiselle Jacqueline Carraut. Le parrain a été Me Maximilien Derobespierre, pére grand du côté paternel, avocat au dit Conseil d'Artois, et la marraine demoiselle Marie-Margueritte Cornu, femme de Jacques-François Carraut, mère grande du côté maternel. Lesquels ont signè.

Derobespierre. Marie-Marguerite Cornu
Derobespierre. Lenglade, curé.

Extrait du registre des actes de baptêmes de la paroisse Sainte-Madeleine, de la ville d'Arras, pour l'année 1758.

MARY ROBINSON NÉE DARBY 1758.11.27

An early mistress of George, Prince of Wales (afterwards George IV), known as Perdita. She is said to have been a woman of singular beauty; but vain, ostentatious, fond of exhibiting herself, and wanting in refinement. She married an articled clerk named Thomas Robinson on 12 April 1774, but the marriage was kept secret. Neglected by her husband, she received attentions from Lord Lyttleton and other rakes. Her husband fell into debt (at a date unknown to me) and she was imprisoned with him. She died on 10 December 1800, crippled and impoverished.

Perdita achieved distinction as an actress and appeared as Juliet on 10 December 1776; she first attracted the eyes of Prince George while acting in The Winter's Tale on 3 December 1778, but he soon dropped her and did not honour his bond for £20,000. She did not return to the stage.

The nativity below is semi-speculative, being based on her statement (in her memoirs) that she was born "during a tempestuous night on the 27th of November 1758." I have therefore done the calculation for College Green, Bristol, 51N28 2W35, Monday 27 November 1758, 10h. 0m. p.m. apparent time, from Robert White's The Coelestial Atlas; Or, A New Ephemeris For the Year of our Lord 1758. The Ninth Impression Improved. London. The new planets are from Schoch & Foelsch.

Tropical zodiac
VP :: 8°33′
Campanus houses
RA. MC. :: 33°48′
☊: ♋16

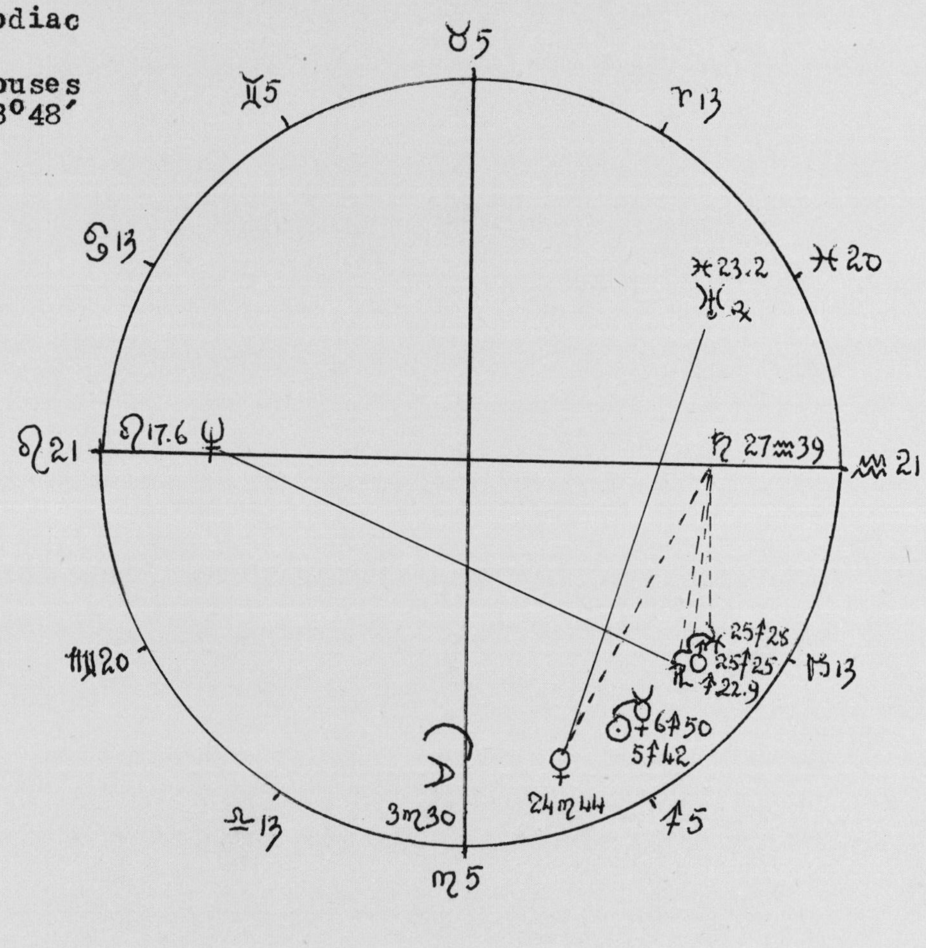

MEMOIRS OF MARY ROBINSON, the edition edited by her daughter, with notes by J. Fitzgerald Molloy. Gibbings & Company, 18 Bury Street, London, 1894.

> "In this awe-inspiring habitation, which I shall "henceforth denominate the Minster, during a tem- "pestuous night, on the 27th of November 1758, I "first opened my eyes to this world of duplicity "and sorrow."

The memoirs give the place of birth as College Green, Bristol.

GEORGE AUGUSTUS FREDERICK 1762.8.12

Firstborn of George III of Great Britain & Charlotte Sophia of Mecklenburg-Strelitz. Created <u>Prince of Wales</u> and Earl of Chester on 19 August 1762. Crowned at Westminster as <u>GEORGE IV</u> on Thursday 19 July 1821 with the title Georgius Quartus Dei gratia Britanniarum Rex Fidei Defensor. The regnal years begin from 29 January 1820. Prior to becoming King, he was Regent from Wednesday 6 February 1811 until the death of his father on Saturday 29 January 1820. He himself died on Saturday 26 June 1830.

On 8 December 1794 he was married by proxy to Caroline Amelia Augusta, daughter of Charles William Frederick, duke of Brunswick.

Calculated for St. James's Palace, Thursday 12 August 1762, 7h.24m. a.m., apparent time, from Parker's Ephemeris For the Year of Our Lord 1762. (&c.) The Seventy-third Impression. New planets from Schoch and Foelsch.

Tropical zodiac
VP: 8°29′
Campanus houses
RA MC: 72°51′
☊: 5♉41
♇: ♑0.0

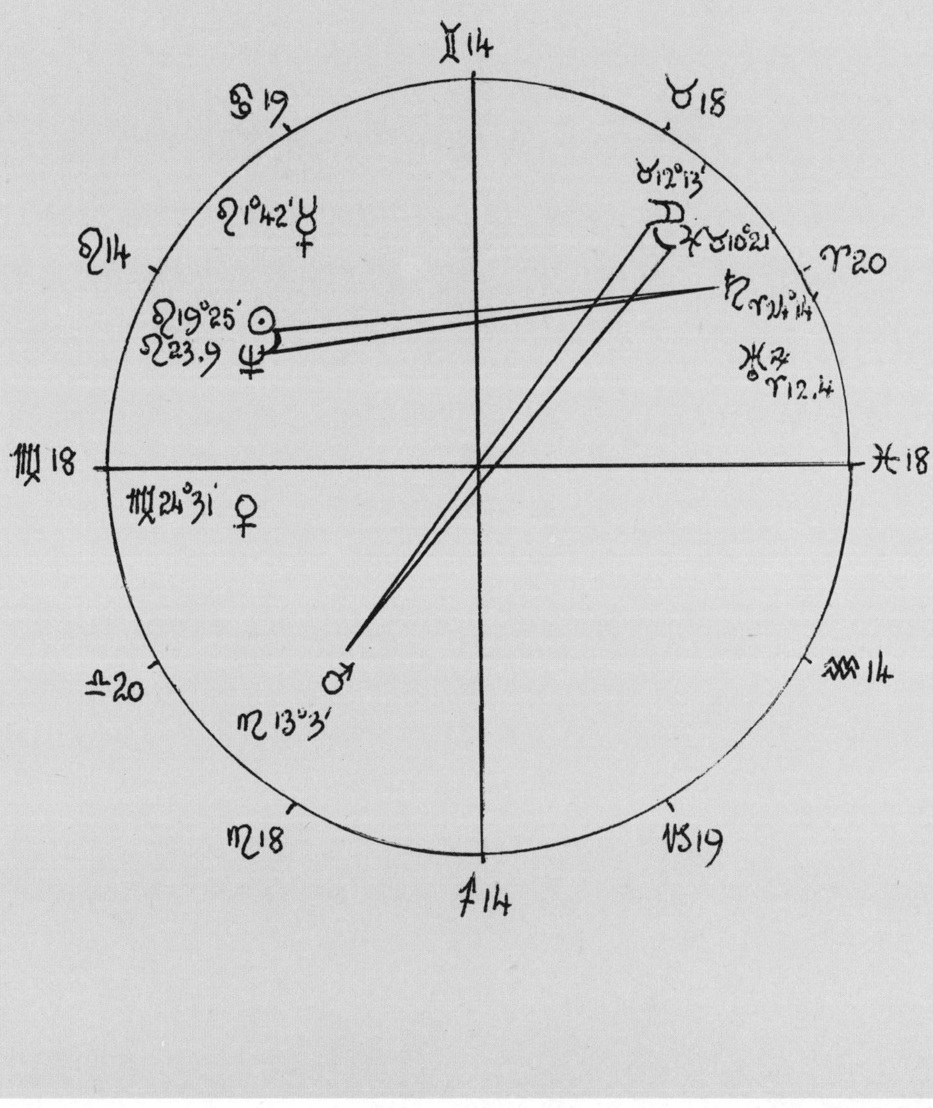

The London Gazette (no Number) Extraordinary
Thursday, August 12, 1762

St. James's, August 12.
This morning, at Half an Hour past Seven, the Queen was happily delivered of a Prince.

Memoirs of George The Third. By Rob[t] Huish Esq[r].
The Public and Private Life of His late Excellent and most Gracious Majesty, George The Third, (&c.)
London: 1821.

(page 269) On the 12th of August, at twenty-four minutes after seven o'clock, her majesty was brought to bed of a prince, after being in labour somewhat above two hours. Her majesty found herself unwell about two o'clock, and at three notice was sent to her royal highness the princess of Wales, that the queen was not well; upon which her royal highness hastened to St. James's, and was there by four o'clock. About five, orders were sent to the great officers of state to attend, and there were present ... The queen was delivered by Mrs. Draper: Dr. Hunter was in waiting, in case of his help being wanted. The archbishop was in the room; and the lords in a room adjoining, with the door open into the queen's apartment.

It is something remarkable, that his royal highness was born on the anniversary of his illustrious family's accession to the imperial throne of these kingdoms, and about the hour of the day on which that accession took place; for queen Anne died on a Sunday morning, at about half an hour after seven o'clock, being the first of August, 1714, O.S., so that it was forty-eight years, almost to a minute, since George I. acceded to the throne.

N.B.: The circumstantial account of Huish leads me to believe that 7h.24m. a.m. was actually recorded at the exact time of birth and can therefore be accepted in preference to the published time.

FREDERICK, DUKE OF YORK 1763.8.16

2nd son & 2nd child of George III of Great Britain and Charlotte Sophia of Mecklenburg-Strelitz, duke of York and Albany and earl of Ulster. He was Commander-in-Chief of the Army for many years. He died early in January 1827.
He married Frederica, daughter of Frederick William II of Prussia in 1791, but had no issue.

Calculated for London, Tuesday 16 August 1763, 10h.0m. A.M. apparent time, from The Coelestial Atlas, Or, A new Ephemeris For the Year of our Lord 1763. (&c.) By Robert White, Teacher of the Mathematicks. The Fourteenth Impression, Improved. New planets from Schoch and Foelsch.

Tropical zodiac
VP: 8°28′
Campanus houses
RA MC: 115°29′
☊: 15♈22
♇: ♑2

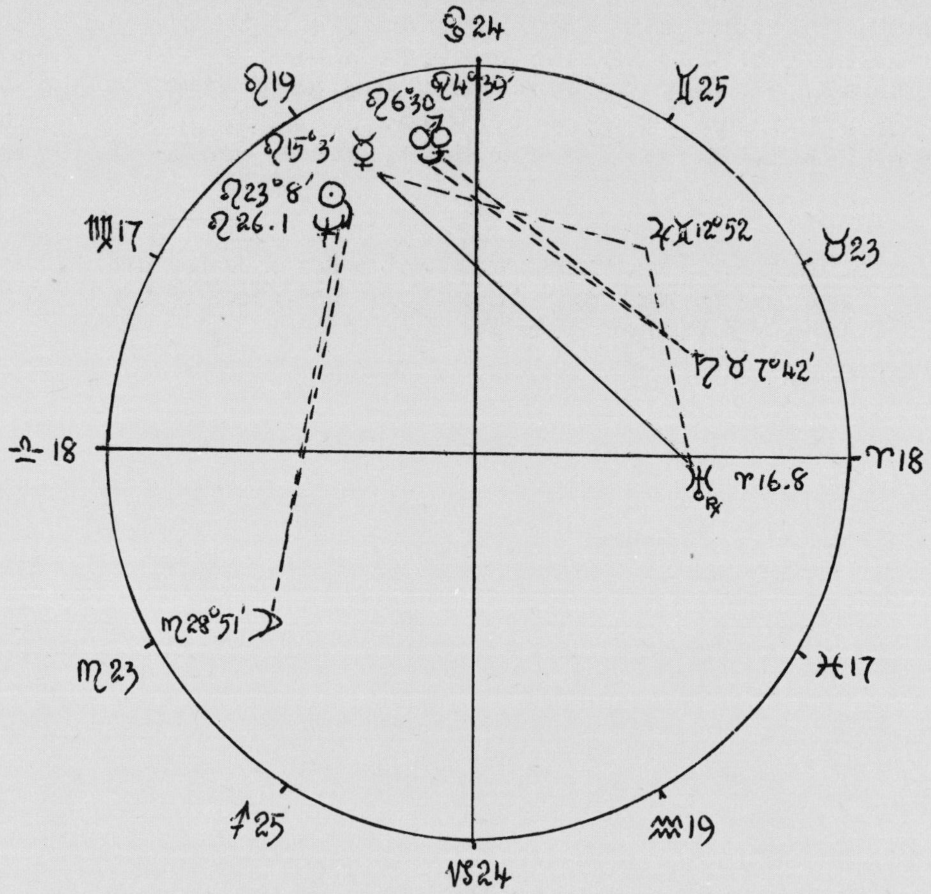

The London Gazette, Numb. 10339
From Saturday August 13, to Tuesday August 16, 1763

The Queen's Palace, St. James's Park, August 16, 1763
This Morning about Ten o'Clock, the Queen was happily delivered of a Prince.

WILLIAM HENRY, DUKE OF CLARENCE 1765.8.21

3rd son & 3rd child of George III of Great Britain and Charlotte Sophia of Mecklenburg-Strelitz, duke of Clarence & St. Andrews & earl of Munster. On Thursday 8 September 1831 he was crowned WILLIAM IV at Westminster, his title being Gulielmus Quartus Dei gratia Britanniarum Rex Fidei Defensor: the regnal years begin from Saturday 26 June 1830.

In July 1818 he married Adelaide, daughter of George, duke of Saxe-Meiningen, by whom he had two daughters who died young. At the time of his marriage he had already ten children by Mrs. Jordan the actress, with whom he had lived from 1791 onwards.

Calculated for London, Wednesday 21 August 1765, 4 a.m. apparent time, from The Coelestial Atlas; Or, A new Ephemeris For the Year of our Lord 1765. (&c.) By Robert White, Teacher of the Mathematics, The Sixteenth Impression. New planets from Schoch and Foelsch.

Tropical zodiac
VP: 8°27′
Campanus houses
RA MC: 30°24′
☊: 7♓24
♇: ♑6

Pluto in Roesselt-Hoffmann: ♑6.2

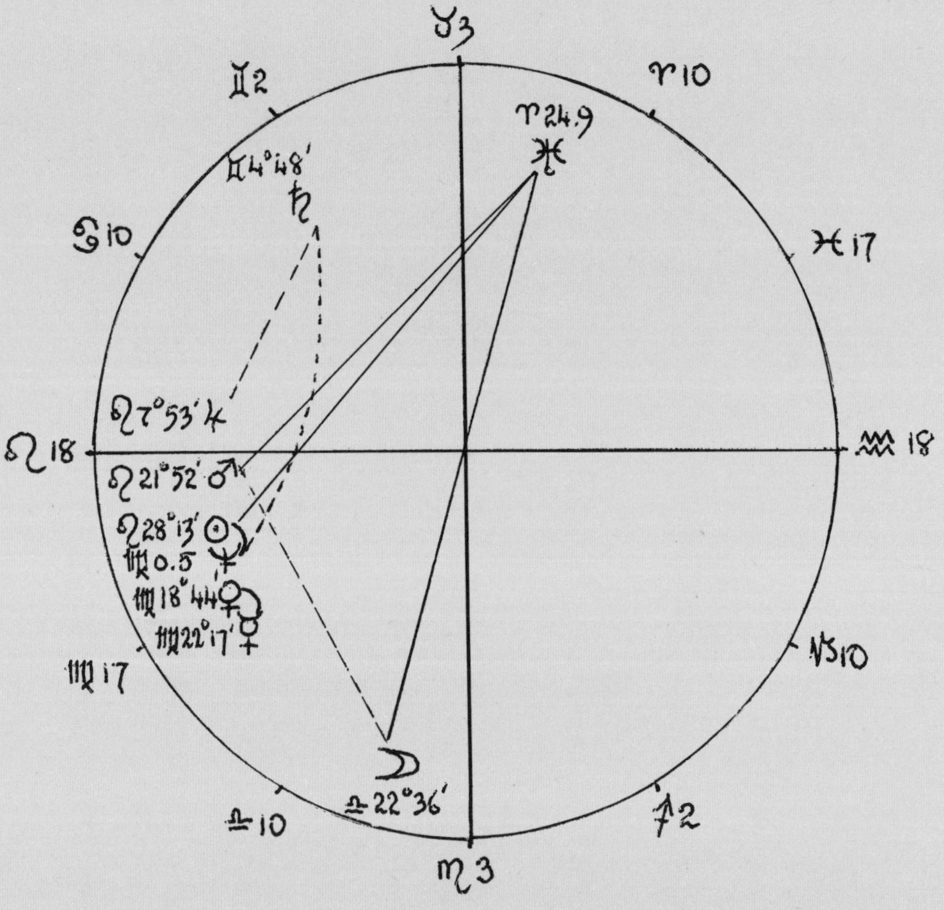

The London Gazette, Numb. 10550.
From Tuesday August 20, to Saturday August 24, 1765

The Queen's Palace, St. James's Park, August 21, 1765
This Morning, about Four o'Clock, the Queen was happily delivered of a Prince.

DOM JOÃO VI. DE PORTUGAL **1767.05.13**

Eldest surviving son of D. Maria I de Portugal and her consort Dom Pedro III. In 1792 he took over the government from his mentally afflicted mother; became Regent in 1799; arrived in Brazil in 1808; declared Portugal & Brazil a United Kingdom in 1815; became King in fact in 1815 when his mother died; returned to Portugal in 1821; Brazil declared independent in 1822; dies in Portugal in 1826.

Calculated for Lisbon, 38N44 9W09, Wednesday, 13 May 1767, half an hour after noon apparent time, from The Coelestial Atlas; Or, A New Ephemeris For the Year of our Lord 1767. Being the Third after Bissextile, or Leap-Year. (&c.) By Robert White, Teacher of the Mathematicks. The Eighteenth Impression. London: Printed by T. Parker, for the Company of Stationers. (Price Nine-Pence stitched.)

Tropical zodiac
VP: 8º24′
Campanus houses
RA MC: 57º31′
☊: 4 ♒ 21

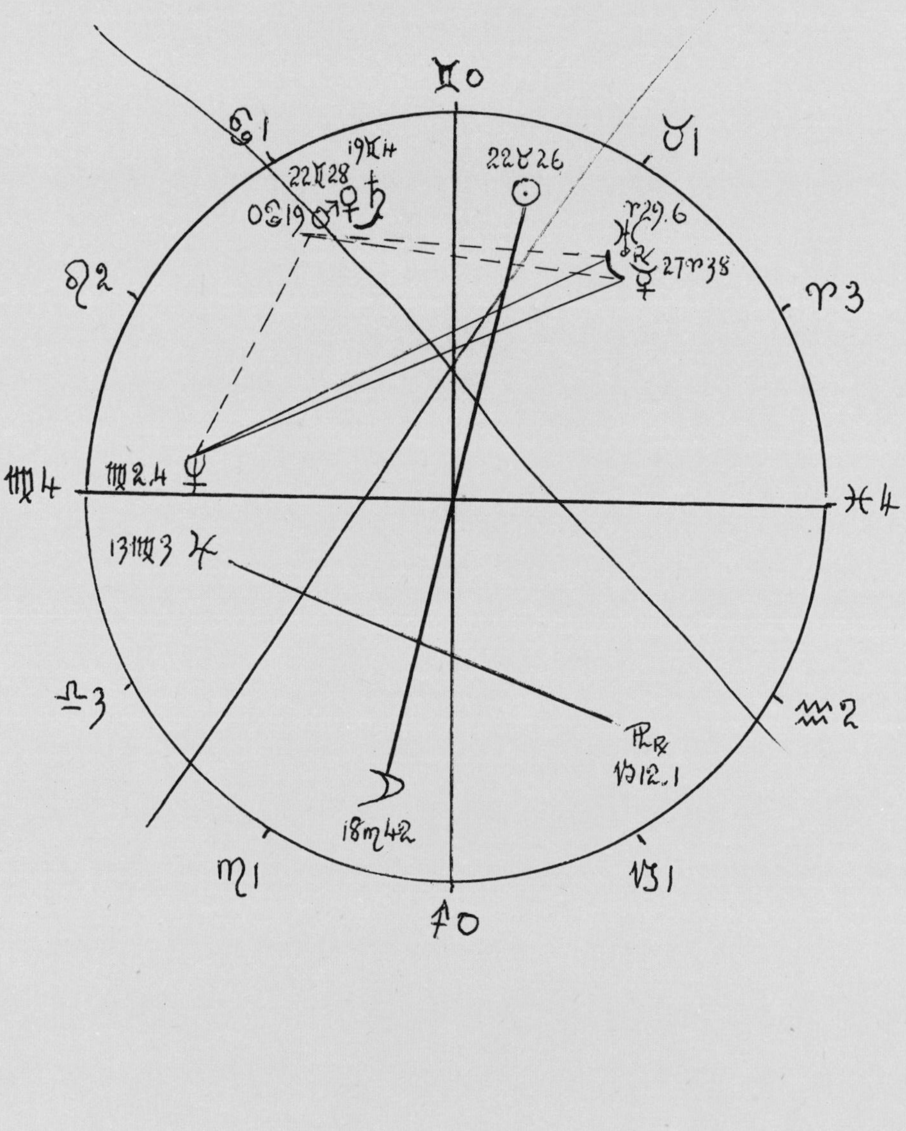

The date of birth, and place, can be found in any Portuguese or Brazilian text book. My friend, C.J.B.. Windsor, could not trace any recording of the birth time in the Biblioteca Nacional de Lisboa, but the time shown is that sent to me by E.H. Troinski of Berlin in 1948, from a notebook of his recording the results of his researchcs in old German newspapers. He could not identify the source because that was in his basic notebooks left behind in Poland and under Russian occupation. As Troinski is a dedicated student, I see no reason to disbelieve his information.

EDWARD AUGUSTUS, DUKE OF KENT 1767.11.2

4th son & 5th child of George III of Great Britain and Charlotte Sophia of Mecklenburg-Strelitz, duke of Kent & Strathhearn & earl of Dublin. On 29 May 1818 (and again in Kew on 11 July) he married Victoria, daughter of Francis Frederick, duke of Saxe-Coburg: sister of Leopold I of Belgium and widow of Charles, Prince of Leiningen, by whom he had one child: the future Queen Victoria.

Previously he had lived for some twenty-seven years with a French-Canadian lady of good family, named Alphonsine Thérèse Bernardine Julie de Montgenet de St. Laurent, Baronne de Fortisson, by whom he had children. He died on 23 January 1820.

Calculated for London, Monday 2 November 1767, at noon apparent time, from The Coelestial Atlas; Or, A New Ephemeris For the Year of our Lord 1767. (&c.) By Robert White, Teacher of the Mathematicks. The Eighteenth Impression. London. New planets from Schoch & Foelsch.

Tropical zodiac
VP: 8°24′
Campanus houses
RA MC: 217°26′
☊: ♑ 25°29′
℞: ♑ 10°

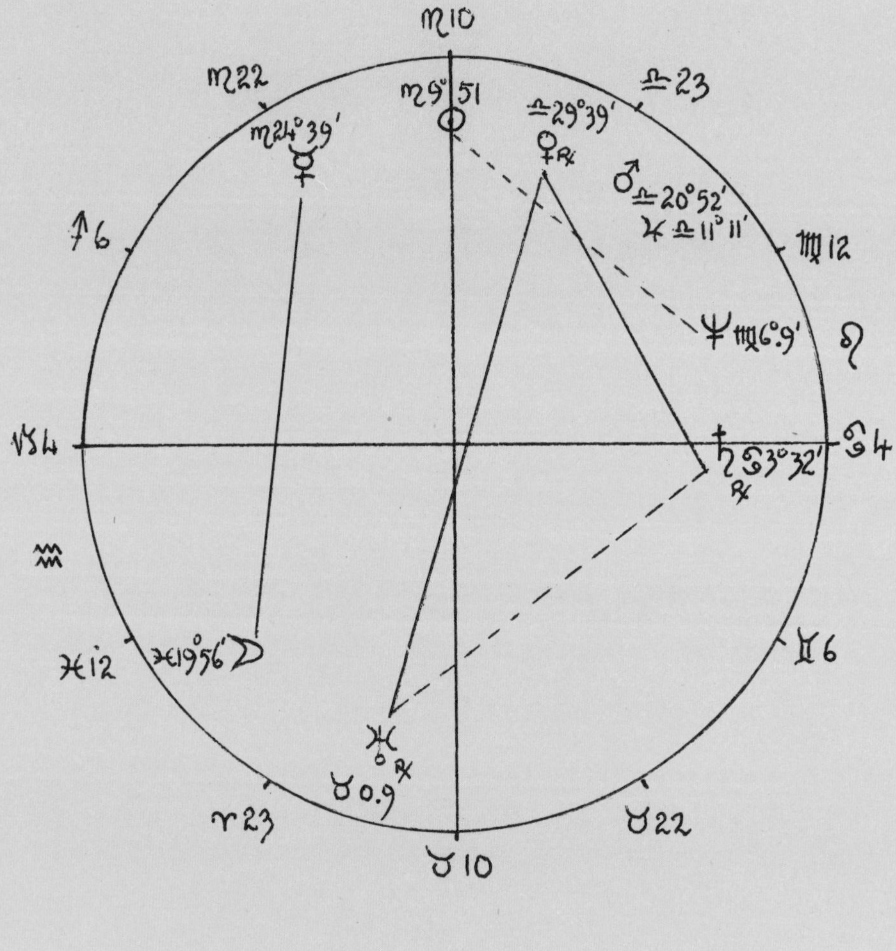

The London Gazette, Numb. 10777
From Saturday October 31, to Tuesday November 3 1767.

The Queen's Palace, St. James's Park, November 2, 1767
This Day about Noon the Queen was happily delivered of a Prince.

PRINCESS CAROLINA AMALIA ELISABETH 1768.5.17

2nd child & 2nd daughter of Carl Wilhelm Ferdinand, the hereditary prince of Brunswick-Luneburg, and of his wife Augusta, Princess Royal of England and sister of George III of Great Britain. In 17995 she married the Prince of Wales, afterwards Prince Regent and George IV, but the match was unfortunate and they lived together for a very brief time.

The only child was the Princess Charlotte Augusta, born on 7 January 1796, who died in childbirth on 6 November 1817.

Calculated for Brunswick 52N16 10E31, Tuesday 17 May 1768, at 4h.0m. p.m. apparent time, from The Coelestial Atlas; Or, A New Ephemeris For the Year of our Lord 1768. (&c.) By Robert White, Teacher of the Mathematicks. The Nineteenth Impression. London. New planets from Schoch & Feelsch.

Tropical zodiac
VP: 8°22′
Campanus houses
RA MC: 114°50'
☊ : ♑14° 46'
℞ : ♑14

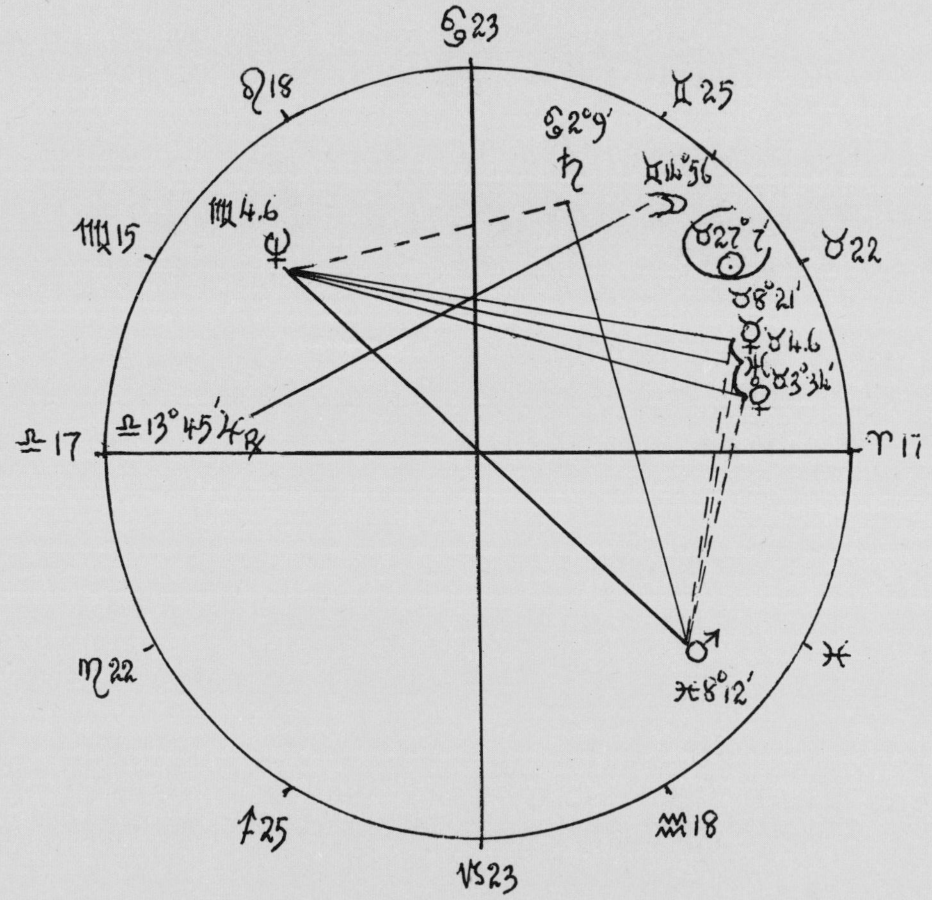

Niedersächsisches Staatsarchiv: Wolfenbüttel
Letter dated 22 January 1951

B E S C H E I N I G U N G

über eine Eintragung in den im Niedersächsischen Staatsarchiv in Wolfenbüttel aufbewahrten Kirchenbüchern der ev. luth. Kirchengemeinde

St. Blasii zu Braunschweig (Band II).

In dem genannten Kirchenbuche ist auf Seite 415 unter Nr. 13 des Jahrgangs 1768 beurkundet:

"den 17ten May des Nachmittags um 4 Uhr seynd des durchlauchtigsten Fürsten und Herrn, Herrn Carl Wilhelm Ferdinand, Erbprinzen zu Braunschweig und Lüneburg etc. Frau Gemahlin, Frau Augusta Friederica Louise geb. königl. Prinzessin von Gross-Britannien von einer jungen Prinzessin durch des Höchsten Güte zur höchstinnigsten Freude des sämtl. hochfurstl. durchl. Hauses und ganzen Landes glücklich entbunden worden. Diese neugeborene Prinzessin wurde den 19ten ejusd. nachmittags um 5 Uhr alhier in Braunschweig auf dem fürstl. Schlosse in Gegenwart der sämtl. durchl. höchsten Herrschaft und gesamter Noblesse durch den Hn. Domprediger Degner getauft und dem Buche des Lebens einverleibet. Die Namen welche gedachter Prinzessin beygeleget worden, sind Carolina Amalia Elisabeth.

Die höchsten Gebattern sind:

1.) des regierenden Herrn Herzogs Carl Durchl.,

2.) Ihro Königl. Hoheit die regierende Frau Herzogin Philipp. Charl. geb. königl. Pr. v. Preussen,

3.) Ihro Maj. die regierende Königin in Preussen Elisabeth Christine geb. Pr. v. Braunschw.,

4.) Ihro Königl. Hoheit die verwittwete Prinzessin von Wallis, Augusta geb. Pr. v. Gotha,

5.) Ihro Königl. Hoheit die Prinzessin Amalia von England,

6.) Ihro Durchl. die verwitwete Frau Markgräfin von Bayreuth Sophia Carolina Maria, Pr. von Braunschw.,

7.) Ihro Durchl, Prinz Ferdinand Herzog zu Braunschw. und Lüneburg."

PRINCESS AUGUSTA SOPHIA 1768.11.8

2nd daughter & 6th child of George III of Great Britain and Charlotte Sophia of Mecklenburg-Strelitz. She died unwed on 22 September 1840.

Calculated for London, Tuesday 8 November 1768, at 8h.30m. p.m. apparent time, from The Coelestial Atlas; Or, A New Ephemeris For the Year of our Lord 1768. (&c.) By Robert White, Teacher of the Mathematicks. The Nineteenth Impression. London. New planets from Schoch and Foelsch.

Tropical zodiac
VP: 8°24'
Campanus houses
RA MC: 325°2'
☊: ♑5°45'
Pl: ♑12°

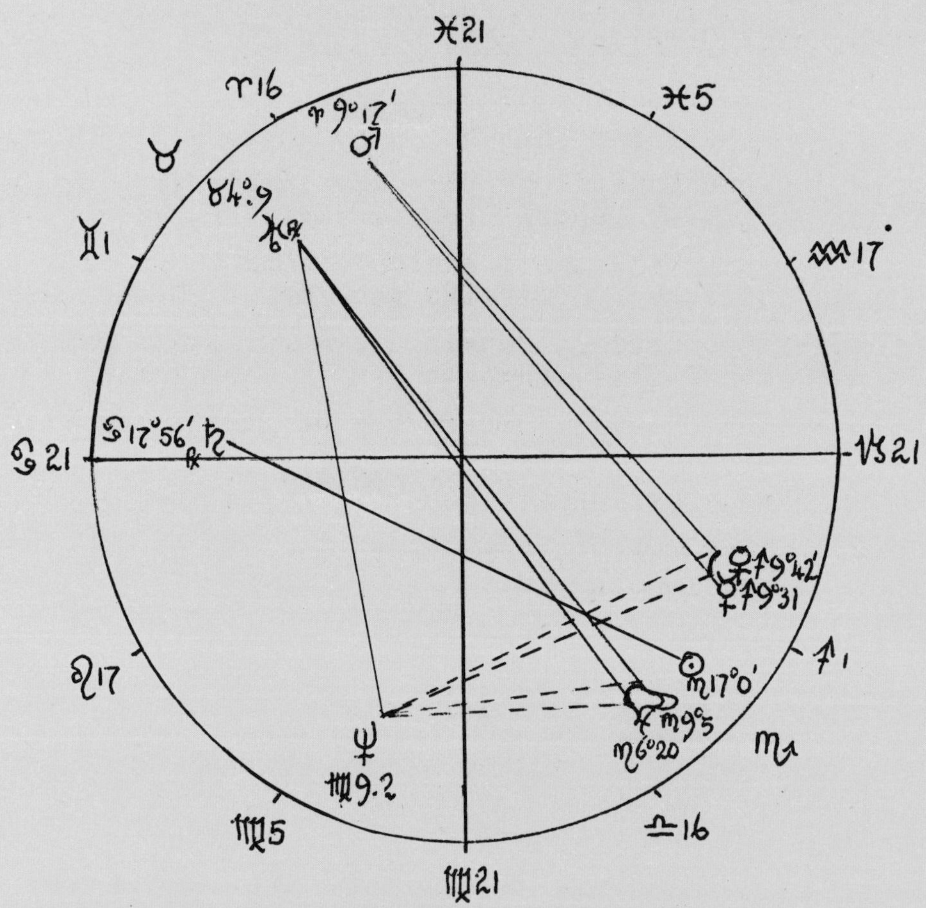

THE ST. JAMES'S CHRONICLE; OR, THE BRITISH EVENING-POST
Numb. 1201. From Tuesday, November 8, to Thursday, November 10, 1768.

London. Tuesday, about Seven o'Clock in the Evening, her Majesty was taken in Labour ... at Half an Hour past Eight, her Majesty was safely delivered of a Princess.

LUDWIG VAN BEETHOVEN 1770.12.16

The family was of Flemish origin: it was Ludwig's grandfather who established the branch in Bonn. He was only 5 feet 5 inches tall, but muscular & well-knit, with the splendid head set on magnificent shoulders. Intense absorption in the rich spiritual world he created always prevented him from coming to terms with the life lived by ordinary people, and he could never realize that others might honestly hold views different from his own. He was awkward, clumsy, could not dance in time, was incapable of mathematics. He was seldom out of love and longed to be married; but one after another his girls were discarded because they failed to live up to his impossible standards. To this must be added that he lacked decision and infirmity of will grew on him with the years. He first noticed deafness in 1798, began to withdraw from society in 1812, and in 1819 none could talk to him. He died in Vienna on 26 March 1827.

Calculated for Bonn, 50N45 7E6, Sunday 16 December 1770, 1h.30m. p.m. apparent time, from Robert White's "The Coelestial Atlas; Or, A New Ephemeris For the Year of our Lord 1770. The Twenty First Impression. London." The new planets are from Schoch and Foelsch.

Tropical zodiac
VP: 8°22′
Campanus houses
RA.MC: 286°44′
☊: ♏25.0

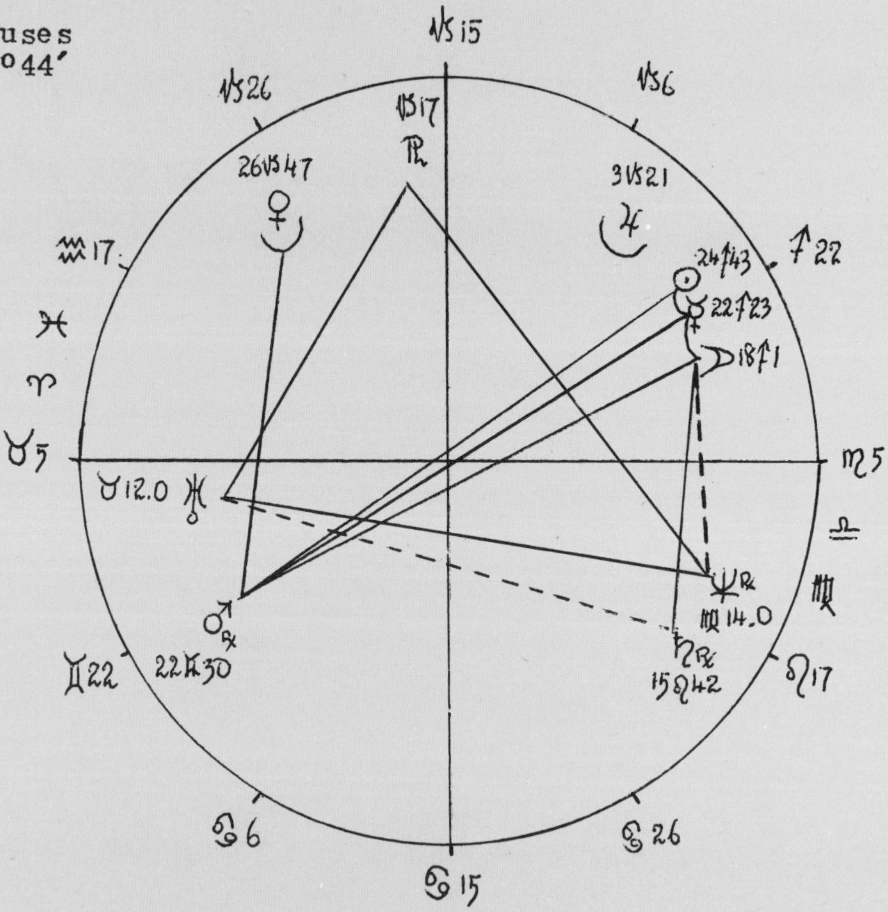

My authority leaves a great deal to be desired, being a quotation in The Wheel of Life or Scientific Astrology, by Maurice Wemyss, Vol. IV., N.D. but c. 1937, p. 103/4 from Mensch im All, March 1935, which says:-

> Beethoven was born at Bonn on 16th December, 1770, at 1.30 p.m.

Reliable authorities confirm that the date is correct.

ERNEST AUGUSTUS, DUKE OF CUMBERLAND 1771.6.5

5th son & 8th child of George III of Great Britain and Charlotte Sophia of Mecklenburg-Strelitz. He was duke of Cumberland & earl of Armagh; becoming King of Hanover on the death of his brother, William IV of Great Britain, in 1837. He died on 18 November 1851, leaving a son, George, King of Hanover, who was born on 27 May 1819.

He married, on 29 May 1815, Frederica, third daughter of Frederick V, Grand Duke of Mecklenburg-Strelitz, widow first of Prince Frederick of Prussia, and second of Frederick of Salms-Braunfels.

Calculated for London, Wednesday 5 June 1771, 6h.0m. a.m. apparent time, from The Coelestial Atlas; Or, A New Ephemeris For the Year of our Lord 1771. (&c.) By Robert White, Teacher of the Mathematicks. The Twenty-second Impression. New planets from Schoch and Foelsch.

Tropical zodiac
VP: 8°21′
Campanus houses
RA MC: 342°55′
☊: 15♍49
♇: ♑20

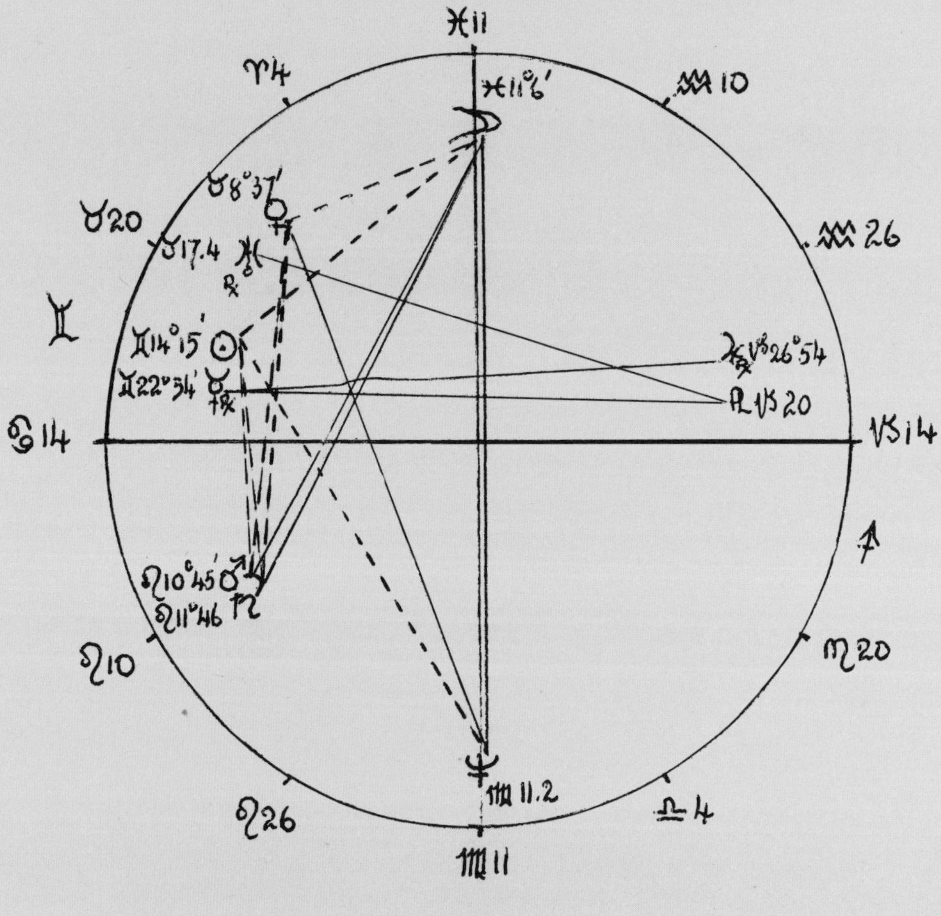

The London Gazette, Numb. 11150
From Tuesday June 4, to Saturday June 8, 1771

The Queen's Palace, St. James's Park, June 5, 1771
This Morning, about Six o'Clock, the Queen was happily delivered of a Prince.

AUGUSTUS FREDERICK, DUKE OF SUSSEX 1773.1.27

6th son & 9th child of George III of Great Britain and Charlotte Sophia of Mecklenburg-Strelitz, duke of Sussex. He married Lady Augusta Murray in Rome on 4 April 1793, and again at St.George's, Hanover Square, at the end of that year; but their union was pronounced invalid as contrary to the Royal Marriage Act. He was the only one of these Royal brothers who remained a firm Whig all his life, and he was Grand Master of the United Grand Lodge of England from 1813 until his death on 21 April 1843.

Calculated for London, Wednesday 27 January 1773, 6h.30m. a.m. apparent time, from The Coelestial Atlas; Or, A New Ephemeris For the Year of our Lord 1773. (&c.) By Robert White, Teacher of the Mathematicks. The Twenty-fourth Impression. London. New planets from Schoch and Foelsch.

Tropical zodiac
VP: 8°20′
Campanus houses
RA MC: 227°29′
☊: ♎ 14°0′
♇: ♑ 22°

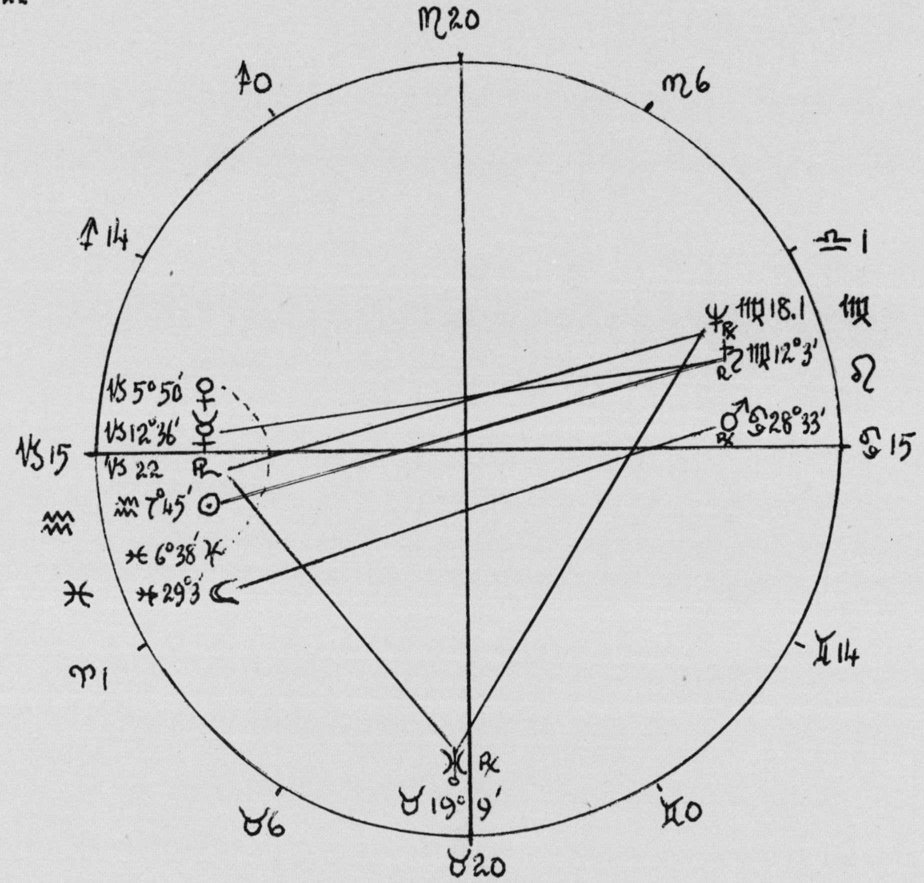

The London Gazette, Numb. 11322
From Tuesday January 26, to Saturday January 30, 1773

The Queen's Palace, St.James's Park, January 30, 1773
Last Wednesday Morning, between Six and Seven o'Clock, the Queen was happily delivered of a Prince.

ADOLPHUS FREDERICK, DUKE OF CAMBRIDGE 1774.2.24

7th son & 10th child of George III of Great Britain and Charlotte Sophia of Mecklenburg-Strelitz, duke of Cambridge, earl of Tipperary & Baron Culloden. In 1818 he married Augusta, daughter of Frederick, Landgrave of Hesse-Cassel and Rumpenheim, by whom he had one son and two daughters. He died on 8 July 1850.

Calculated for London, Thursday 24 February 1774, 6h.30m. p.m. apparent time, from The Coelestial Atlas; Or A New Ephemeris For the Year of our Lord 1774. (&c.) By Robert White, Teacher of the Mathematicks. The Twenty-Fifth Impression. London New planets from Schoch and Foelsch.

Tropical zodiac
VP: 8°19′
Campanus houses
RA MC: 75°34′

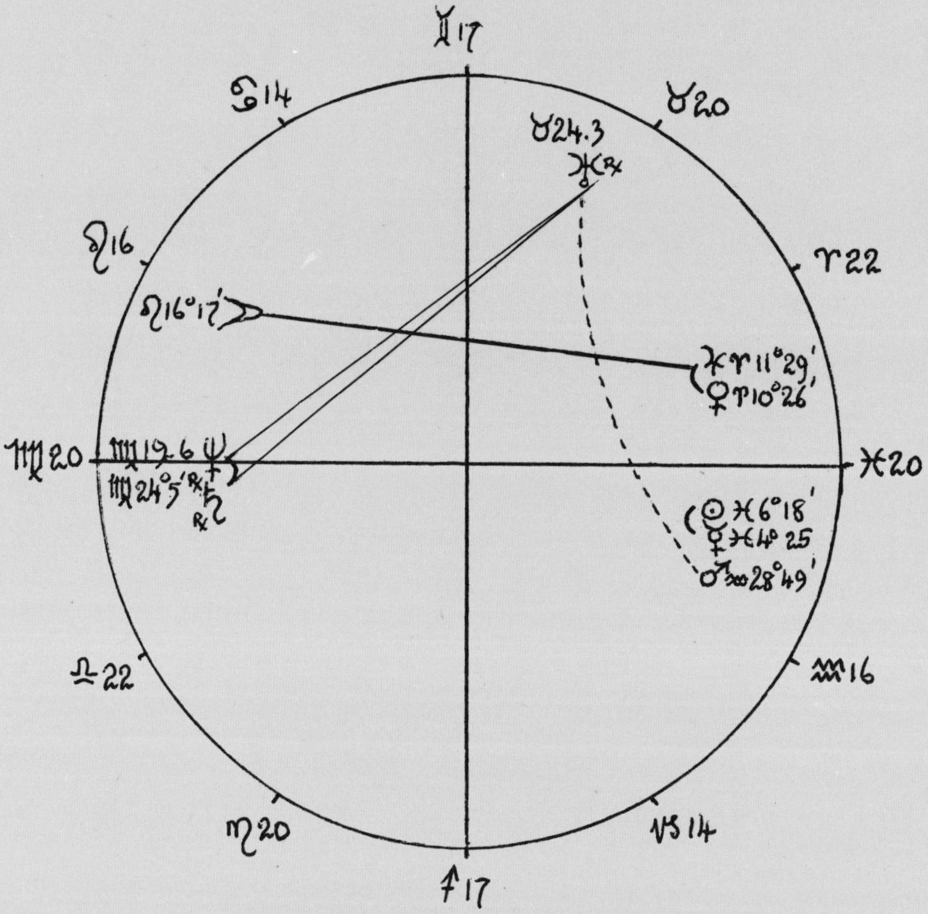

The London Gazette, Numb. 11434
From Tuesday February 22, to Saturday February 26, 1774

The Queen's Palace, St.James's Park, February 26, 1774
On Thursday last, about Half an Hour after Six in the Evening, the Queen was happily delivered of a Prince.

PRINCESS MARY 1776.4.25

4th daughter & 11th child of George III of Great Britain and Charlotte Sophia of Mecklenburg-Strelitz. On 22 July 1816 she married her cousin William Frederick ("Silly Billy") Duke of Gloucester, and died without issue on 30 April 1857.

Calculated for London, Thursday 25 April 1776, at 7h.0m. a.m. apparent time, from The Coelestial Atlas; Or, A New Ephemeris For the Year of our Lord 1776. (&c.) By Robert White, Teacher of the Mathematicks. The Twenty-Seventh Impression. London. New planets from Schoch and Foelsch.

Tropical zodiac
VP: 8°18′
Campanus houses
RA MC: 318°18′
☊: ♌11°9′
PL: ♑29

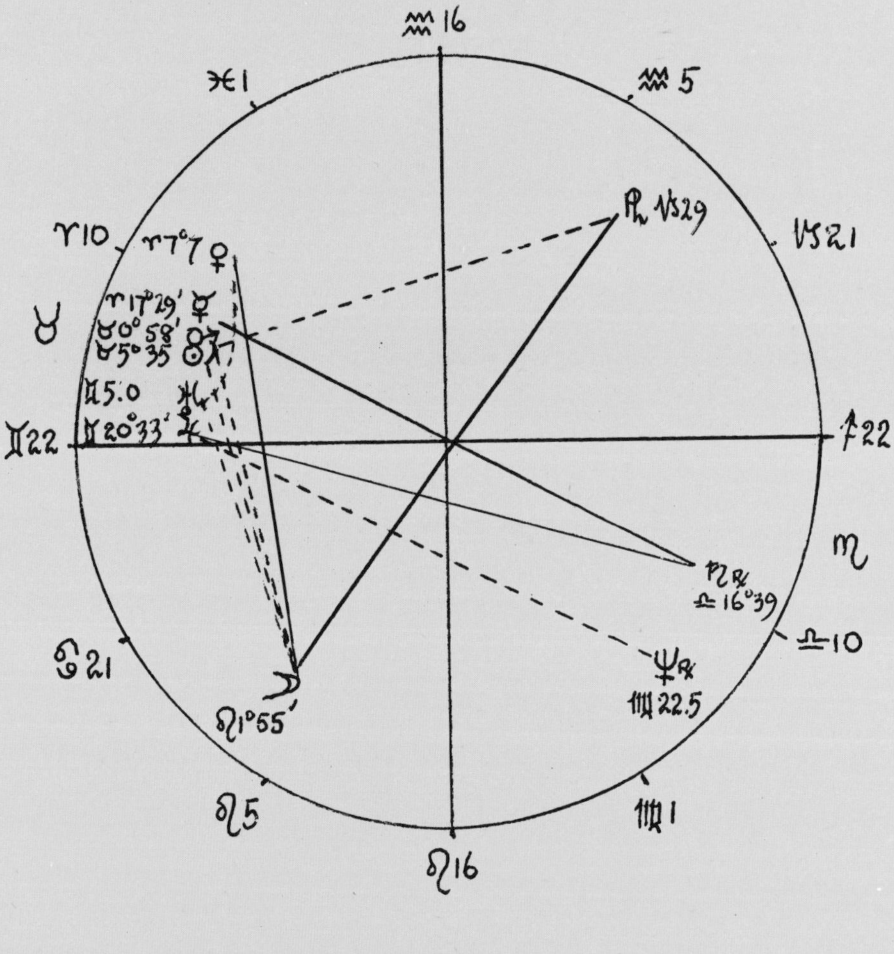

The London Gazette, Numb. 11660
From Tuesday April 23, to Saturday April 27 1776

The Queen's Palace, St. James's Park, April 27. On Thursday last, about Seven o'clock in the Morning, the Queen was happily delivered of a Princess.

PRINCESS SOPHIA 1777.11.3

5th daughter & 12th child of George III of Great Britain and Charlotte Sophia of Mecklenburg-Strelitz. She died unmarried on 27 May 1848, but was the mother of Captain Garth (it is said) by General Garth, an equerry in attendance on George III, very much older than herself. She is always described as beautiful.

Calculated for London, Monday 3 November 1777, at 9 p.m. apparent time, from The Coelestial Atlas; Or, A New Ephemeris For the Year of our Lord 1777. (&c.) By Robert White, Teacher of the Mathematicks. The Twenty-Eighth Impression. London.

Tropical zodiac
VP: 8°17'
Campanus houses
RA MC: 354°22'
☊ : ♋ 11°49'
℞ : ♑ 28°

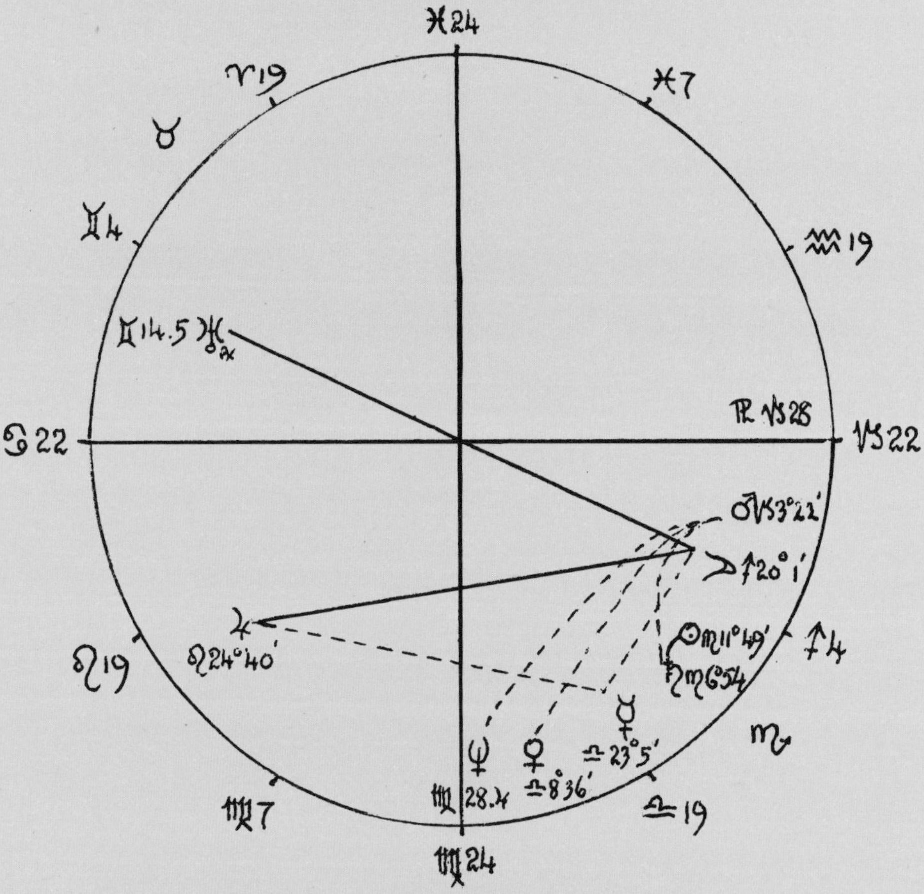

The London Gazette, Numb. 11819
From Saturday November 1, to Tuesday November 4, 1777.

The Queen's Palace, St. James's Park, November 4. Last night, about Nine o'clock, the Queen was happily delivered of a Princess.

"The Princess and her sisters lived at the Lower Lodge at Windsor: the King and Queen, with their attendants, of whom, of course, General Garth was one, lived at the Upper Lodge. (The Royal Family lived in these lodges while Windsor Castle was being restored.) On one occasion the Princess Sophia was unwell, and was moved up to the Upper Lodge to a bedroom immediately over General Garth's. The King and Queen went up to London and General Garth remained at Windsor. Nine months later the Princess was brought to bed. The scandal was thought to have been kept from George III by telling him that the Princess had been dropsical but had suddenly recovered, thanks to 'the roast-beef cure,' which he used to tell to people as 'a very extraordinary thing.'"

Royal Dukes, by Roger Fulford (1948), page 240-241.

It was believed by some that General Garth knew what had taken place but was not the father—because he was too old an ugly.

PRINCESS AMELIA 1783.8.7

6th daughter and 15th child of George III of Great Britain and Charlotte Sophia of Mecklenburg-Strelitz. She died on 2 November 1810, deeply in love with General the Hon. Charles Fitzroy, a descendant of Charles II and Barbara Villiers.

Calculated for Windsor, Thursday 7 August 1783, at 0h.45m. in the morning, apparent time, from The Coelestial Atlas; Or, A new Ephemeris For the Year of our Lord 1783. (&c.) By Robert White, Teacher of the Mathematicks. The Thirty-Fourth Impression. New planets from Schoch and Foelsch.

Tropical zodiac
VP: 8°12′
Campanus houses
RA MC: 358°2′
☊: 20 ♓ 28
♇: ♒ 9

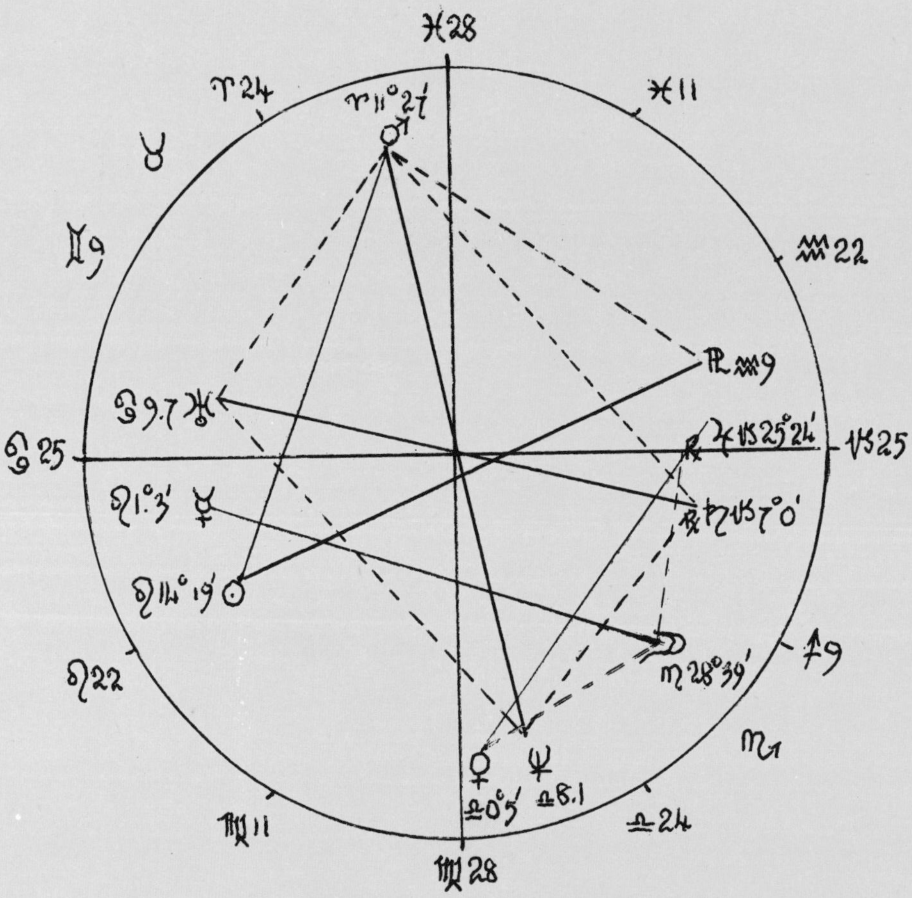

The London Gazette, Numb. 12464
From Tuesday August 5, to Saturday August 9, 1783.

Windsor Castle, August 7
This Morning, at a Quarter before One o'clock, the Queen was happily delivered of a Princess.

FRANZ PETER SCHUBERT 1797.1.31

Celebrated musician and composer, the 12th child and 8th son of a schoolmaster named Franz Schubert. He died in Vienna as a result of typhus on 19 November 1828.

Calculated for Vienna 48N14 16E23, Tuesday 31 January 1797 at 1h.30m p.m. apparent time, from The Coelestial Atlas; Or, A New Ephemeris For the Year of our Lord 1797. (&c.) By Robert White, Teacher of the Mathematicks. The Forty-Eighth Impression. London. New planets from Schoch & Foelsch.

Tropical zodiac
VP: 8°0′
Campanus houses
RA MC: 337°12′
☊ : ♊29°38′
♇ : ♒28°

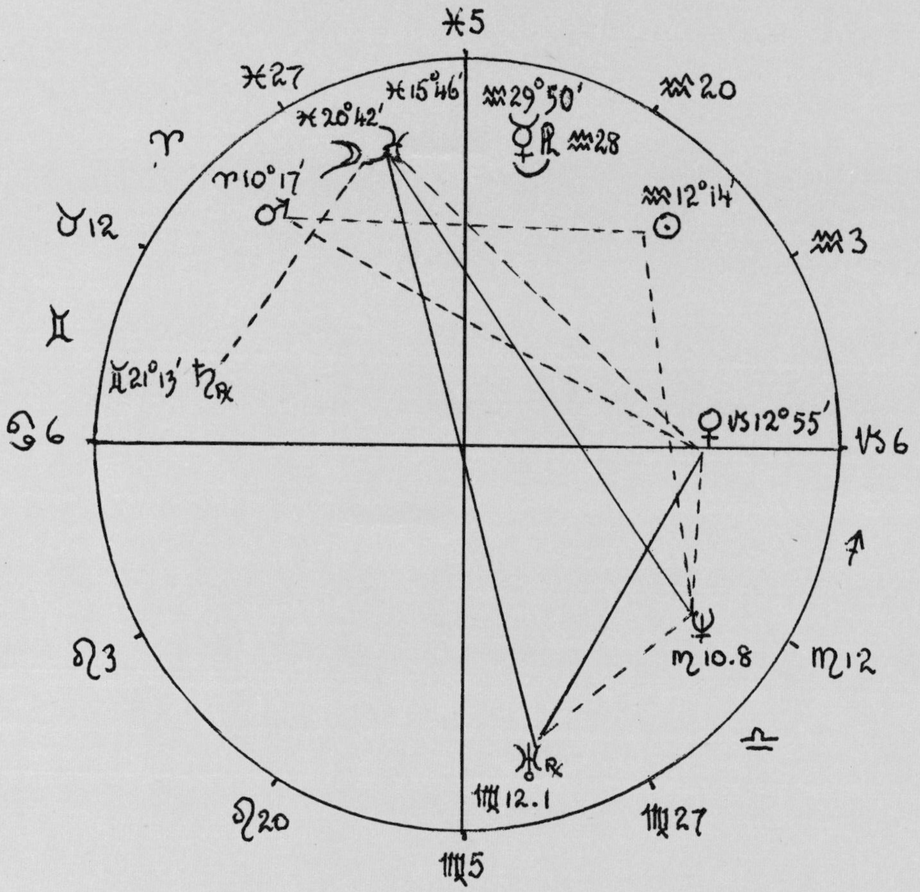

Franz Schubert
By Otto Erich Deutsch
Translated by Eric Blom: Dent, London, 1946

Franz Peter, born 31st January 1797, 1.30 p.m.
baptised 1st February.

This is from a family register of births and deaths.

DOM PEDRO DE ALCANTARA 1798.10.12

3rd child & 2nd son of Dom João VI of Portugal & his queen D. Carlota Joaquina. After his father returned from Brazil to Portugal in 1821 he remained behind, declaring Brazil's independence in 1822 and becoming Emperor shortly after. On the death of his father in 1826 he became king of Portugal but abdicated in favour of his daughter D. Maria II. He had five children by his first Empress, D. Maria Leopoldina of Austria (1797-1826) and one by his second Empress, D. Amelia of Leuchtenberg (1812-1873) who survived him. He was deposed in 1831 and died in his birthplace in Portugal on 24 September 1834. His title was Dom Predro I do Brazil and, after his abdication, Dom Pedro de Bragança.

Calculated for Lisboa 38N44 9W9, Friday 12 October 1798 at 6h.30m. a.m. apparent time, from The Coelestial Atlas; Or, A New Ephemeris For the Year of our Lord 1798. (&c.) By Robert White, Teacher of the Mathematicks. The Forty-Ninth Impression. London. Neptune is from Schoch and Pluto from Foelsch.

Tropical zodiac
VP: 7°59′
Campanus houses
RA MC: 115°12′
☊: ♉26°50′
♇: ♓0°.1

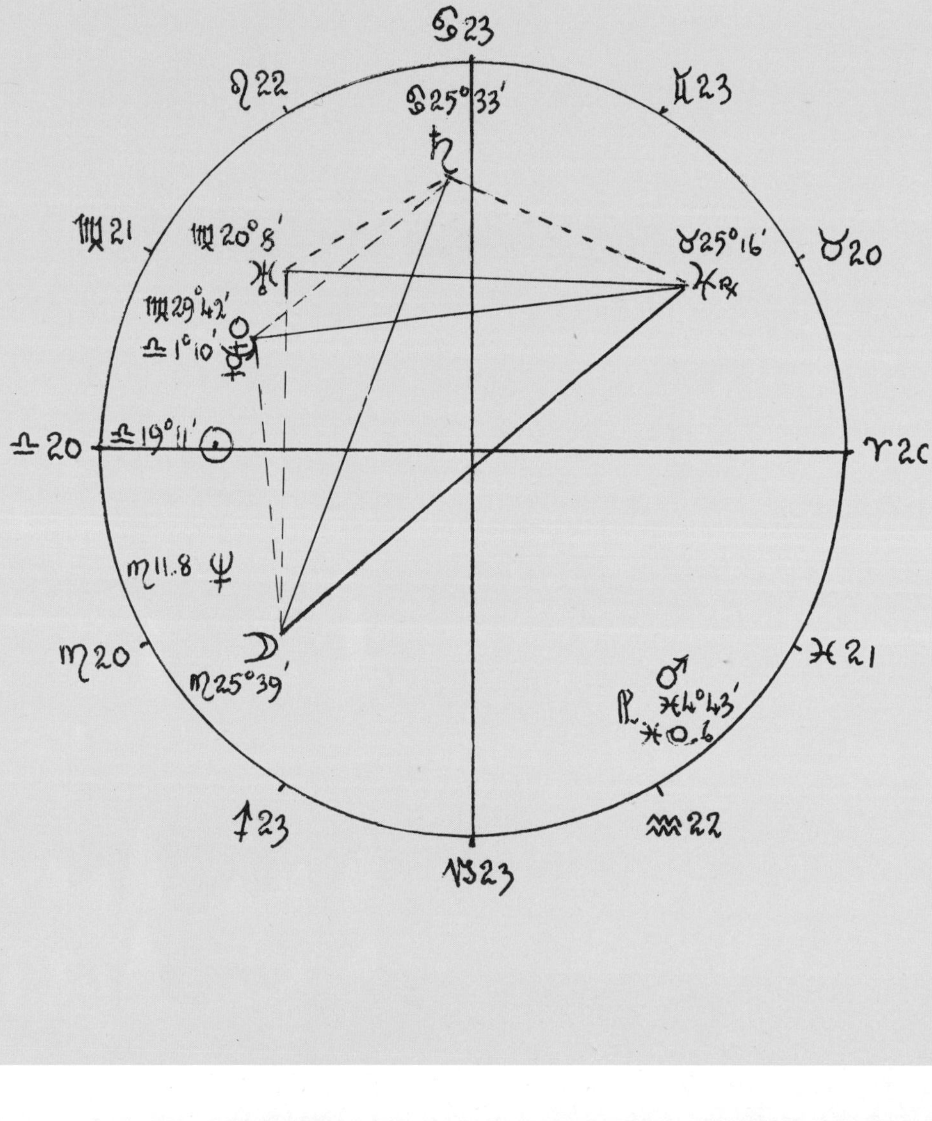

__Archivo Nobiliarchico Brasileiro__
Ed.: Barão Smith de Vasconcellos
Lausanne, 1918.

Nasceu o Senhor Dom Pedro I, no Real Paço de Queluz, a 12 de Outubro de 1793, pelas seis e meia horas da manhã ....

HONORÉ DE BALZAC 1799.5.20

Celebrated French writer, whose collected works run to 45 volumes under the title La Comédie Humaine. He began to publish early, but did not become at all well known until 1829. In 1835 he began a correspondence with a Polish lady named Countess Eveline de Hanska, but did not visit her until about fifteen years later, when he married her. His books are noted for their profound knowledge of human nature. He died in 1850.

Calculated for Tours 47N20 0E40, Monday 20 May 1799, at 11h.0m. a.m. apparent time, from The Coelestial Atlas; Or, A New Ephemeris For the Year of our Lord 1799. (&c) By Robert White, Teacher of the Mathematicks. The Fiftieth Impression. London. New planets from Schoch and Foelsch.

Tropical zodiac
VP: 7°58′
Campanus houses
RA MC: 42°8′
☊: ♉15°11′
℞: ♓3°

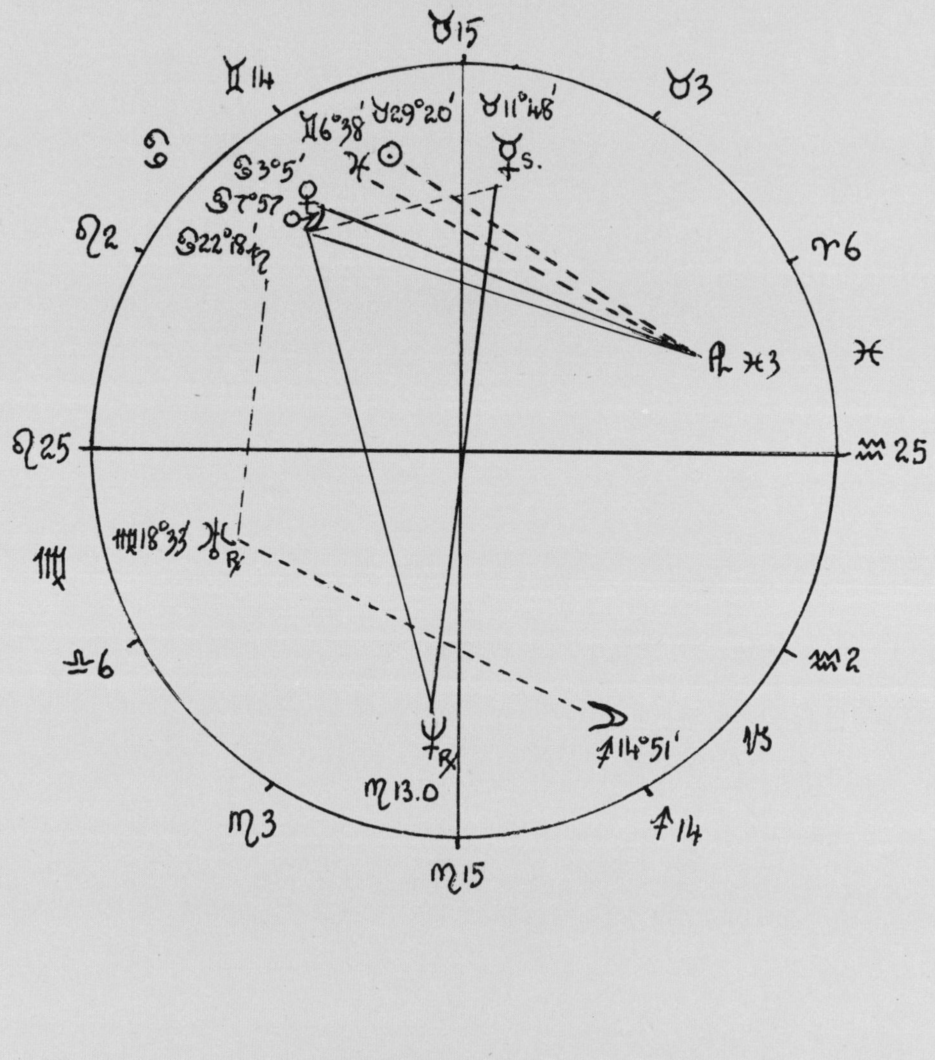

Balzac, por Stefan Zweig
Traduzido pelo Dr. Odilon Galotti
Editora Guanabara, Rio de Janeiro, 1946

Hoje, segundo pradial do sétimo ano da República Francesa, se apresentou a mim, Pierre-Jacques Duvivier, oficial do registro civil, abaixo assinado, o cidadão Bernard-François Balzac, proprietário, residente nesta localidade, rue de l'Armée d'Italie, Section du Chardonnet n.º25, a fim de notificar o nascimento de um filho. O subredito Balzac declarou que a criança tem o nome de Honoré Balzac e nasceu hoje às 11 horas da manhã, na casa do declarante.

DOM MIGUEL DE PORTUGAL 1802.10.26

2nd son of Dom João VI de Portugal and his Queen D. Carlota Joaquina of Spain. After the death of his father he took over the country and denied the claim of D. Maria da Gloria, leading to the intervention of his elder brother, Dom Pedro, late Emperor of Brazil, and the defeat of D. Miguel after a bitter civil war.

Calculated for 38N44 9N09 (Lisbon, in lieu of Queluz where he was born) for Tuesday, 26 October 1802, at 6h.5m. a.m., from The Coelestial Atlas; Or, A New Ephemeris For the Year of our Lord 1802 (&c.) By Robert White. Teacher of the Mathematicks. The Fifty-Third Impression. London: Printed for the Company of Stationers... (Price One Shilling and Nine Pence stitched.)

Tropical zodiac
VP: 7º55′
Campanus houses
RA MC: 130º29′
☊ 8♓47

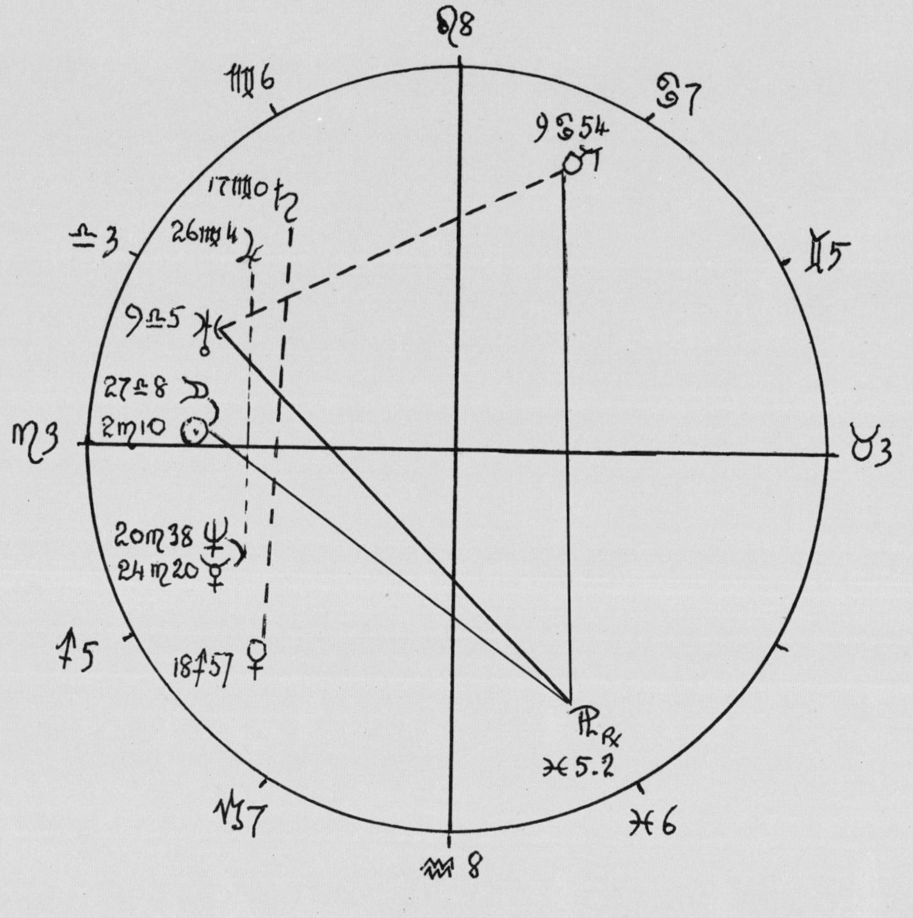

SUPPLEMENTO Á GAZETA DE LISBOA
Com Privilegio de Sua Alta Real
Numero XLIII
Sexta-feira 29 d'outubro de 1802

> Preencheo-se a 26 deste mez a impaciente expectação dos Portuguezes por ter a princeza Nossa Senhora nesta manhã pouco depois das 6 horas dado felizmente á luz hum robusto infante. O bom successo de S.A.R. se annunciou logo com fogo do ar, de girandolas formadas desde o real sitio de Queluz de Lisboa com salvas do castello de todos os sinos dessa capital.

Sent to me by my old friend C.J.B.. Windsor, who looked into the records of the Biblioteca Nacional de Lisboa on Friday, 28 April 1972.

WILHELMINE SCHROEDER-DEVRIENT 1804.12.6

The famous and beautiful German soprano who, as Leonore, greatly pleased Beethoven when <u>Fidelio</u> was revived in 1822. She was then only eighteen. In the following year she joined the Dresden Court Opera, and soon afterwards married Karl Devrient, an actor from whom she separated in 1828. She had two more husbands before dying in Coburg in 1860. Erotic memoires of hers, "Aus den Memoiren einer Sangerin", said to have been found among her papers by a nephew, came out in two volumes, in 1862 and 1870, but their authenticity is doubted.

Although she was born in Hamburg, the places shown below are for noon in London on Thursday, 6 December 1804, from The Coelestial Atlas; Or, A New Ephemeris For the Year of our Lord 1804. (&c.) By Robert White. Teacher of the Mathematicks. The Fifty-Fifth Impression. London. Printed for the Company of Stationers... (Price One Shilling and Nine Pence stitched.)

Tropical zodiac
VP: 8°53′
☊ ♑28

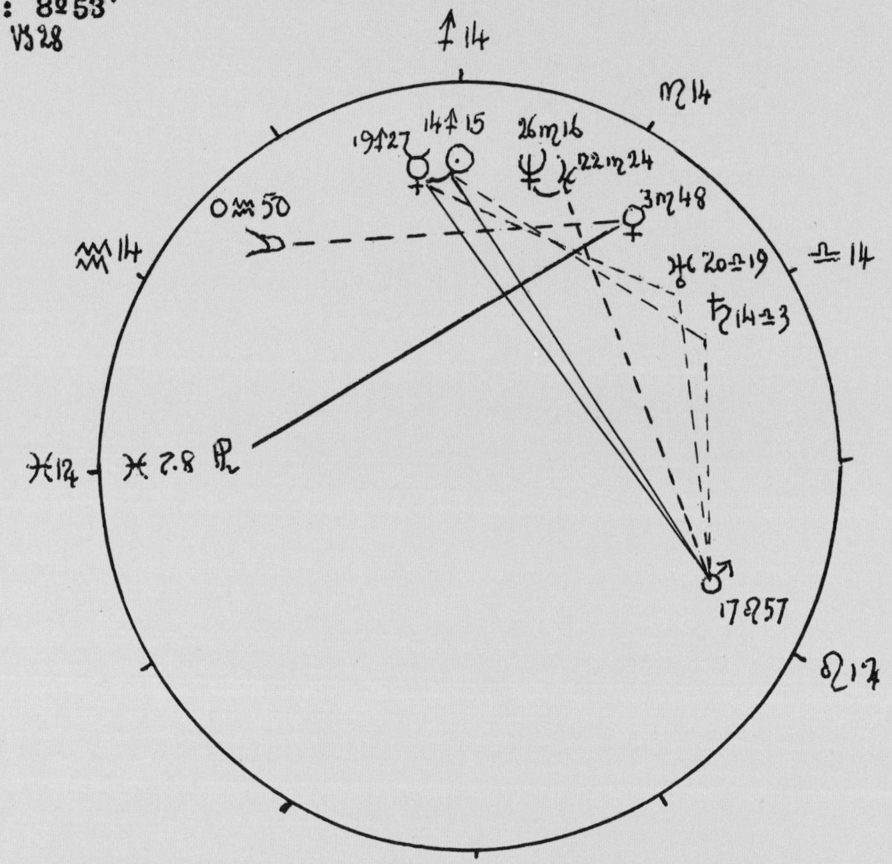

The Translator's prologue to the Portuguese edition, Leipzig 1932, says that there is no documentary evidence of her authorship of the famous memoirs, but the assertion rests on the authority of Pisano Fraxi, Index librorum prohibitorum. All her marriages were unhappy; she is said to have been of an impetuous nature, given to sentimental adventure and easily going to extremex. Her friend, Mme. Claire de Gluemer, wrote a biography.

KARL MARX 1818.05.05

Calculated from the Ephemerides of Robert White, Raphael, and Foelsch for Trier 49N45 6E48, May 5, 1818, 2 a.m. LMT

Moving zodiac
Equatorial houses

Compare with William of Nassau

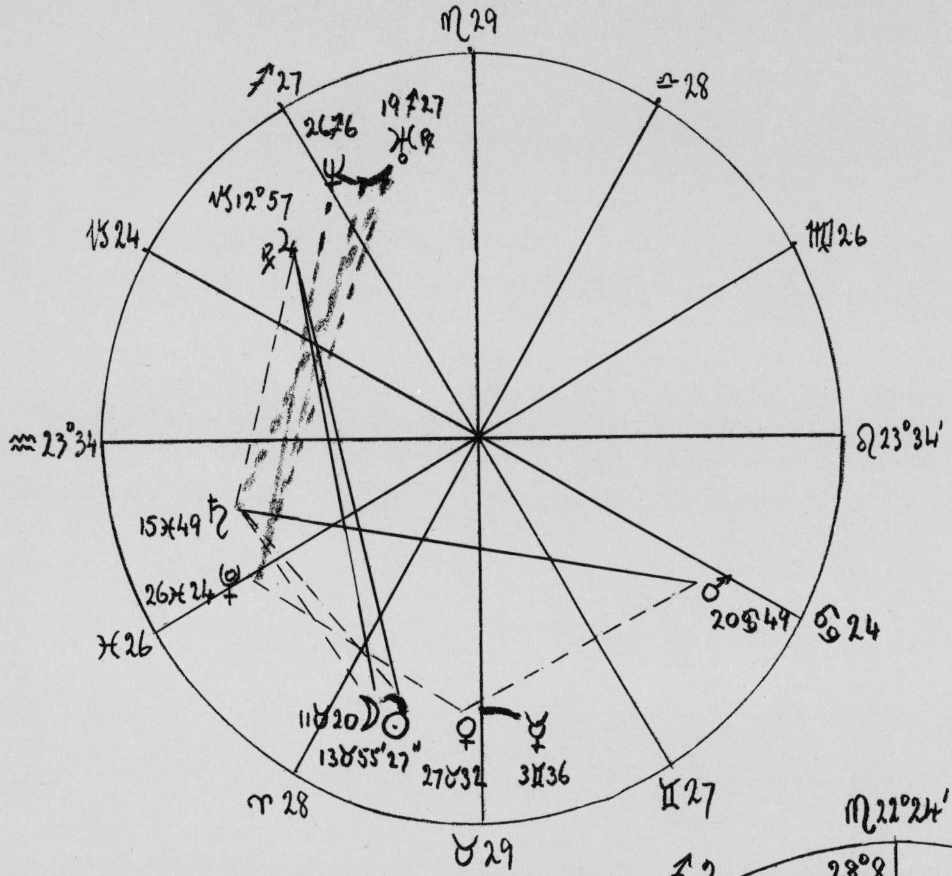

Spica Virginis zodiac
8°41'28"
Campanus houses

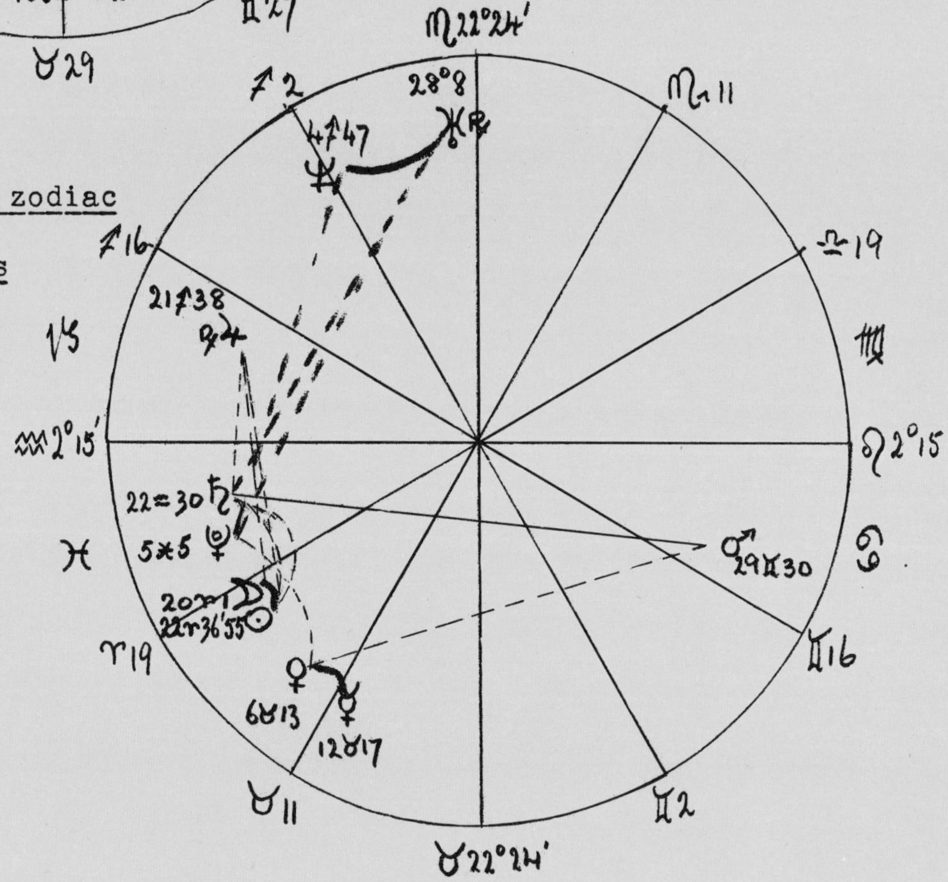

Data from *Famous Nativities*, by Maurice Wemyss, Modern Astrology, London, 1938, No.157, "born at Trier, on 5th May, 1818, at 2 a.m., as recorded.

JOHN RUSKIN 1819.02.08

Art critic

Calculated by J.M.H. for London, Monday February 8, 1819, 7.30 a.m. LMT, from The Coelestial Atlas; or a New Ephemeris for the Year of Our Lord 1819, by Robert White, Raphael's Neptune, & Foelsch's Pluto.

Moving zodiac
Equatorial houses

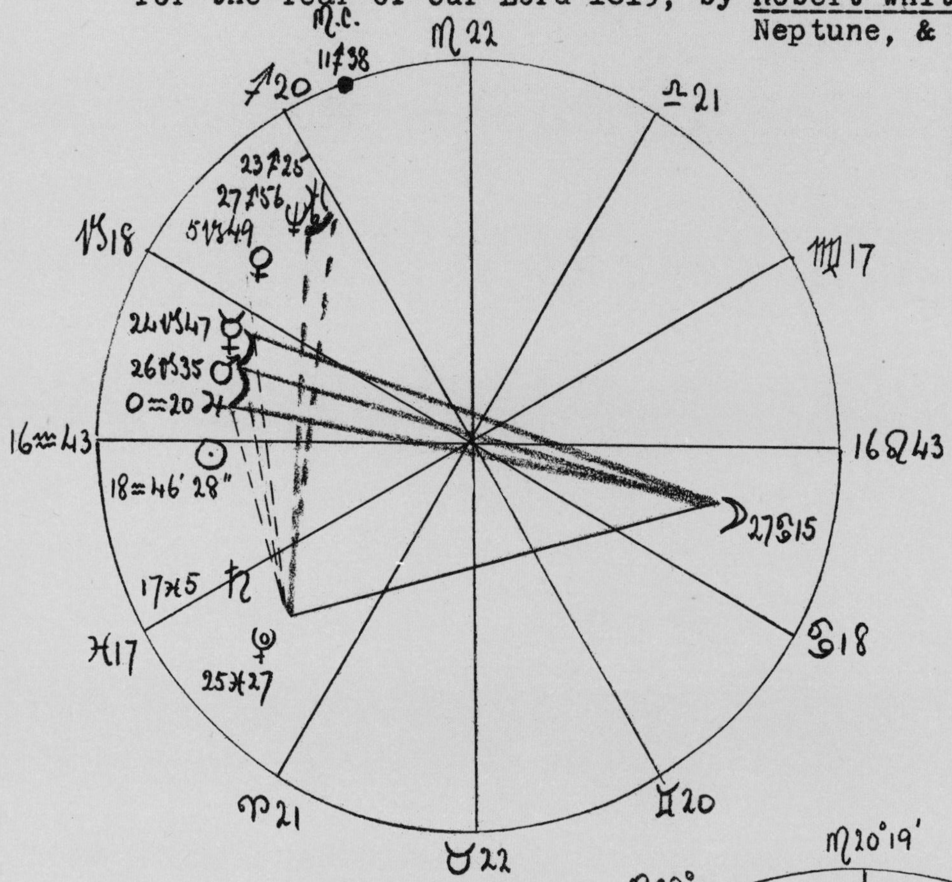

Spica Virginis zodiac
8°40'31"
Campanus houses

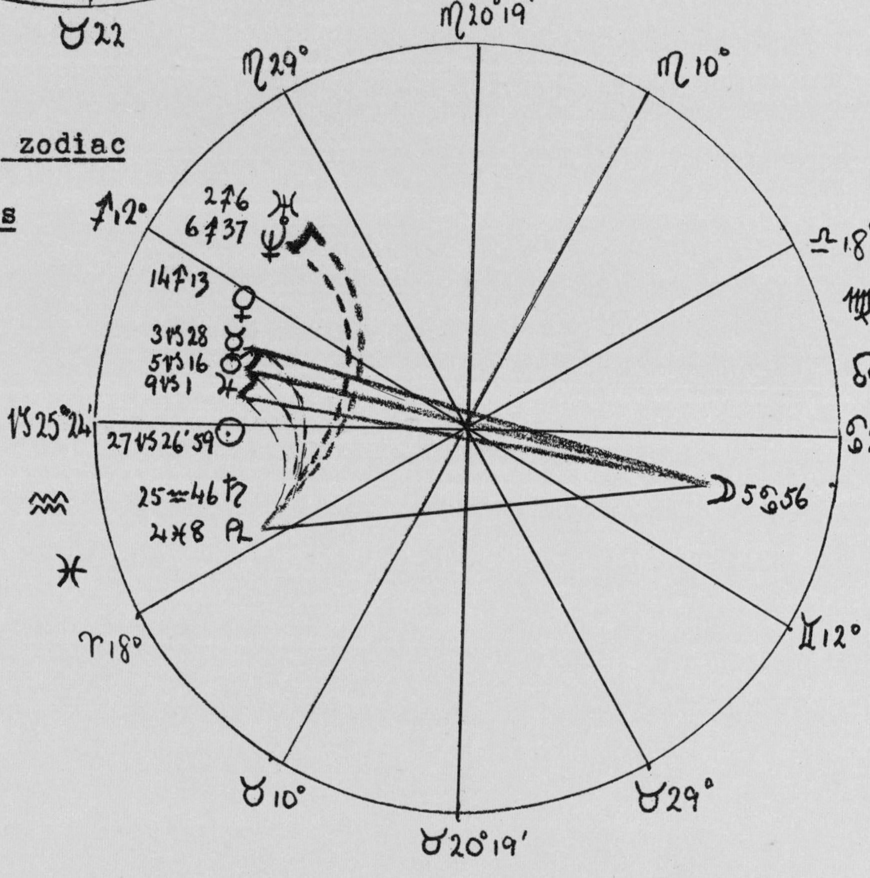

"Into this family John Ruskin was born, on February 8th, 1819, at half-past seven in the morning."
The Life & Works of John Ruskin, by W.G.Collingwood
Methuen & Co., London, 1900

"He was born at 7.30 in the morning of 8th February 1819, in London...Ruskin was agreeably disposed towards the idea of planetary influence in human life, for, although he confessed entire ignorance of the subject himself, he was always willing that others should have the full benefit of his experience and views, and he readily gave his birth data to those who sought it for the purpose of astrological calculations. His assertion that 'there is more in it than is generally supposed' was doubtless the opinion he formed of the science from experience; and if it does not carry the weight of scientific criticism, it stamps Ruskin, at all events, as a man of fearless integrity of thought."
Directional Astrology, by Sepharial (W. Gorn Old)
William Rider & Son, Limited, London, 1921

SIR RICHARD BURTON 1821.03.19

Linguist, translator, explorer

Calculated by J.M.H. for March 19, 1821, 9h.30m. p.m. local solar time. Birth was at Barham House, Hertfordshire, but tables for London were used for the sake of convenience. "The Coelestial Atlas; or, a new Ephemeris for the year of our Lord 1821." By Robert White.

Neptune: Raphael
Pluto: Foelsch
Moving zodiac
Equatorial houses

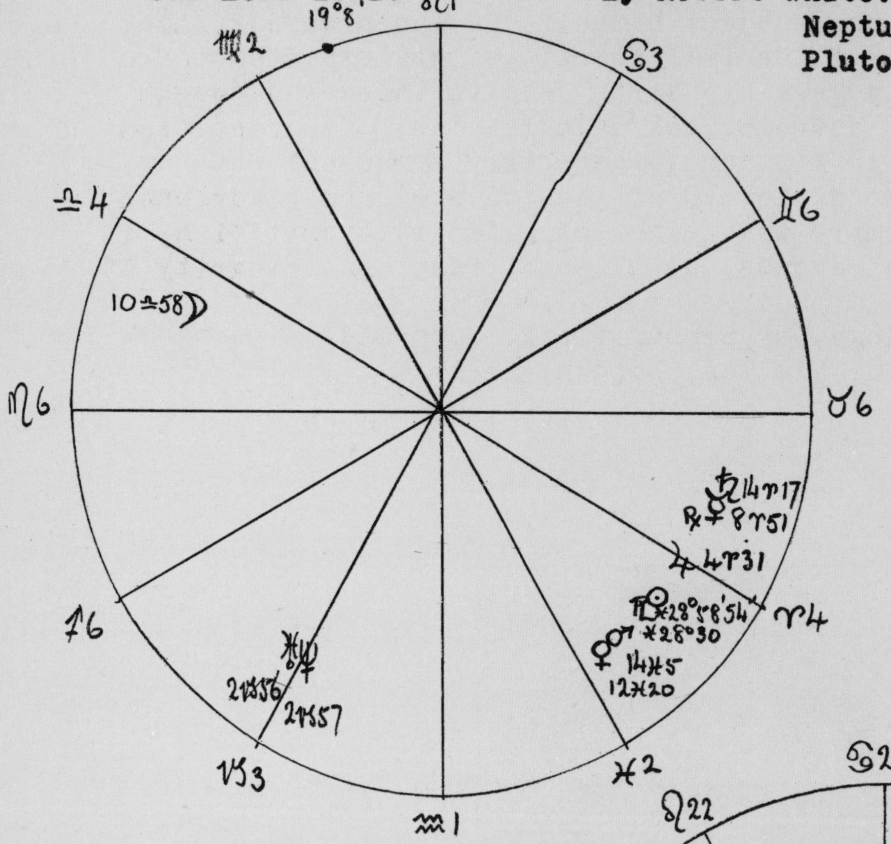

Fixed zodiac
8°39'47"
Campanus houses

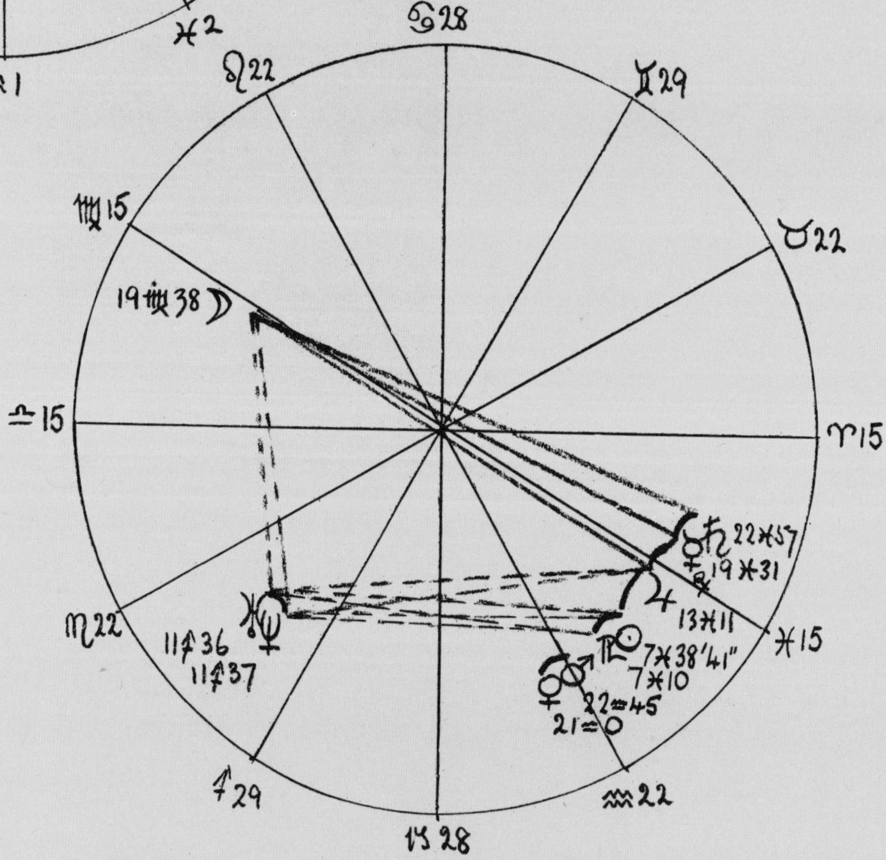

Data are from Miss Isabelle M. Pagan's "From Pioneer to Poet", third edition, page 286:

> "Born March 19th, 1821, at Barham House, Hertfordshire, 9.30 p.m. Time given by Burton himself in the autobiographical sketch included in the well known biography by his wife."

STEPHEN FOSTER 1826.07.04

Composer of American "traditional" airs

Calculated by J.M.H. for 40N27, 80W0, July 4 1826, 30m. after noon L.M.T., from Robert White's "The Coelestial Atlas; or, a new and improved Ephemeris for the Year of our Lord 1826, &c.". The new planets are from Raphael for Neptune and Foelsch for Pluto.

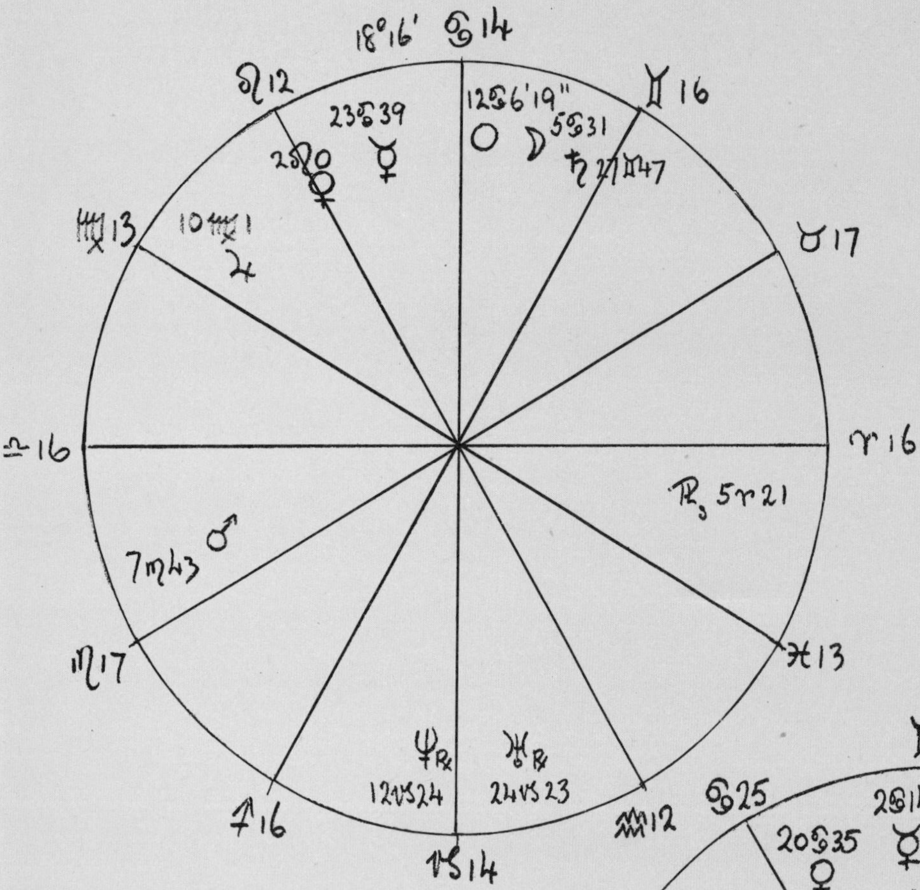

Moving zodiac
Equatorial houses

Fixed zodiac
8°34'30"
Campanus houses

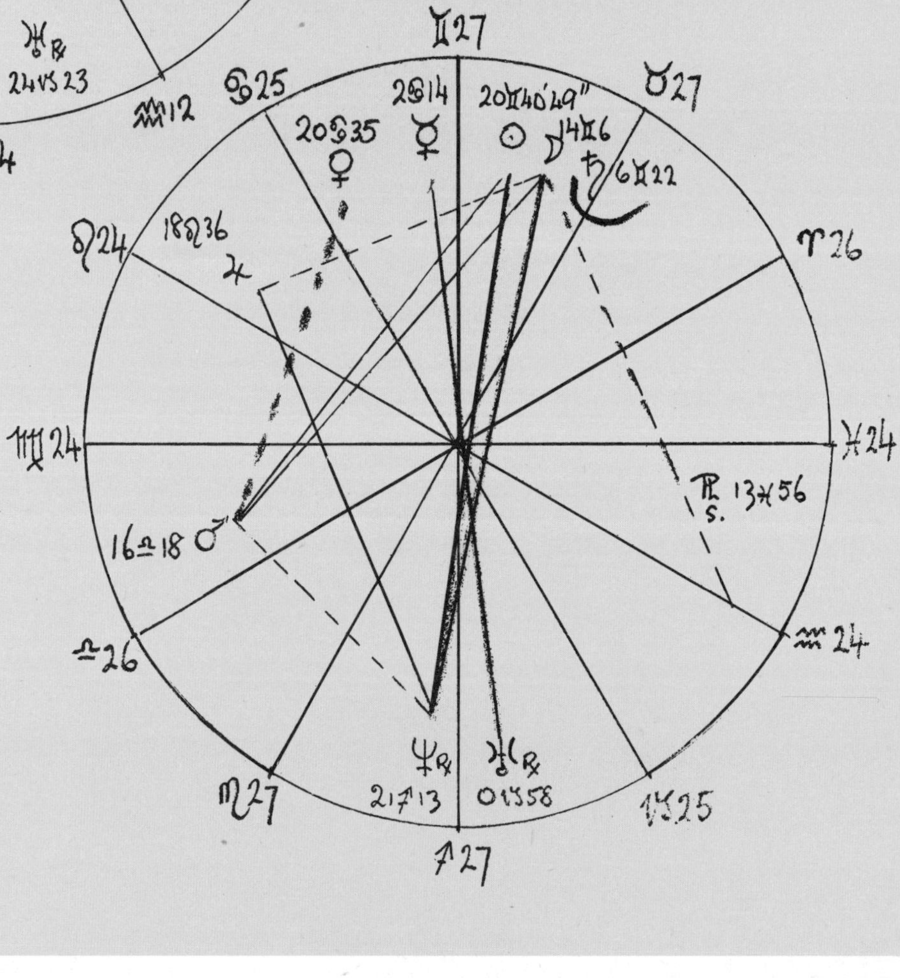

"...the horoscope of Stephen Foster, Father of American Folk-Song, the birth-hour has been very accurately given in Bio. "Stephen Foster, America's Troubadour" by John Tasker Howard, published by Thomas Y. Crowell Co., New York City - 1934. The Time given in the family bible is July 4, 1826, at exactly 30 minutes past 12 o'clock Noon, Lawrenceville, a suburb of Pittsburg, Pennsylvania, Lat. 40:27 North; Long. 80 West. ..."

Letter to me from Ralph Kraum, 410 N. Hollywood Way, Burbank, California, dated February 1, 1949. Kraum published an article on this geniture in "The Astrological Bulletina, Vol. 31, p.219, Jul-Aug-Sep. 1938, Llewellyn Publications Limited, 8921 National Blvd., Los Angeles (Palms), California.

ALGERNON CHARLES SWINBURNE 1837.4.5
English poet

Calculated for London on April 5, 1837 at 5h.0m. a.m. GMT

Hypsomatic zodiac
VP 7°25'34"

Tropical zodiac
Campanus houses

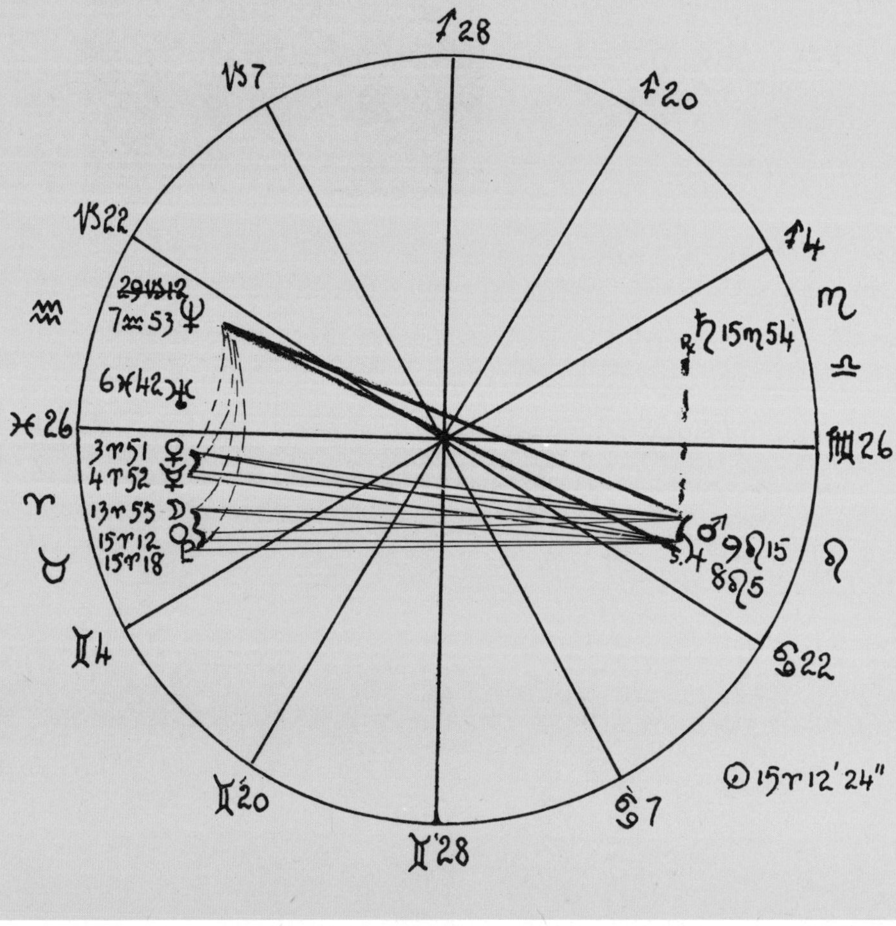

"Algernon Charles Swinburne was born at No. 7 Chester Street, Grosvenor Place, at five A.M. on 5th April 1837. He was the eldest of the six children of Charles Henry Swinburne, a captain in the Royal Navy of two years' seniority, and at this time forty years of age, and of his wife, Lady Jane Hamilton, fourth daughter of George, third Earl of Ashburnham, now aged twenty-eight. His parents had been married two years."

"Swinburne A Biographical Approach" by Humphrey Hare, London H. F. & G. Witherby Limited 1949

VICTORIA ADELAIDE: Princess Royal 1840.11.21

Firstborn of Queen Victoria & Prince Albert.
In 1858 she married the Crown Prince of Prussia who in 1888 became German Emperor with the style of Frederick III. She was the mother of Emperor Wilhelm II. Died 1901.

Calculated for London, Saturday 21 November 1840, at 1h.50m. p.m. LMT, from Raphael's Astronomical Ephemeris of the Planets' Places For 1840. Pluto from Hugh MacCraig's The 200 Year Ephemeris.

Tropical zodiac
VP: 7°22′
Campanus houses
RA MC: 268°8′
☊: ♒ 22°

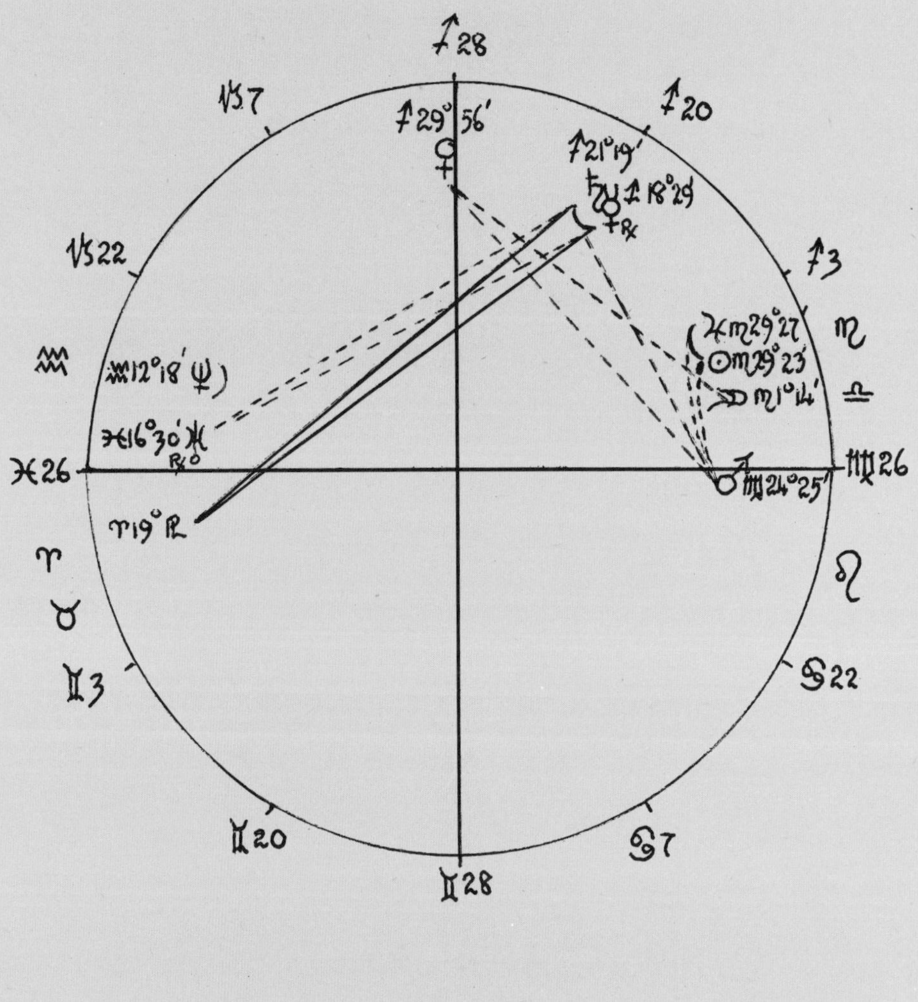

Buckingham-Palace, Novemger 21, 1840. This Afternoon, at ten minutes before two, the Queen was happily delivered of a Princess (&c).
The London Gazette, No. 19919. Extraordinary.
Saturday, November 21, 1840.

There is a short but good biography of her in *Royal Daughters* by E. Thornton Cook and Catherine Moran. London, 1935.

ROBERT BONTINE CUNNINGHAME GRAHAM 1852.05.24
Man of letters, rancher, politician

Calculated by J.M.H. for London, May 24, 1852, 2h. a.m. GMT

Equatorial houses
Moving zodiac

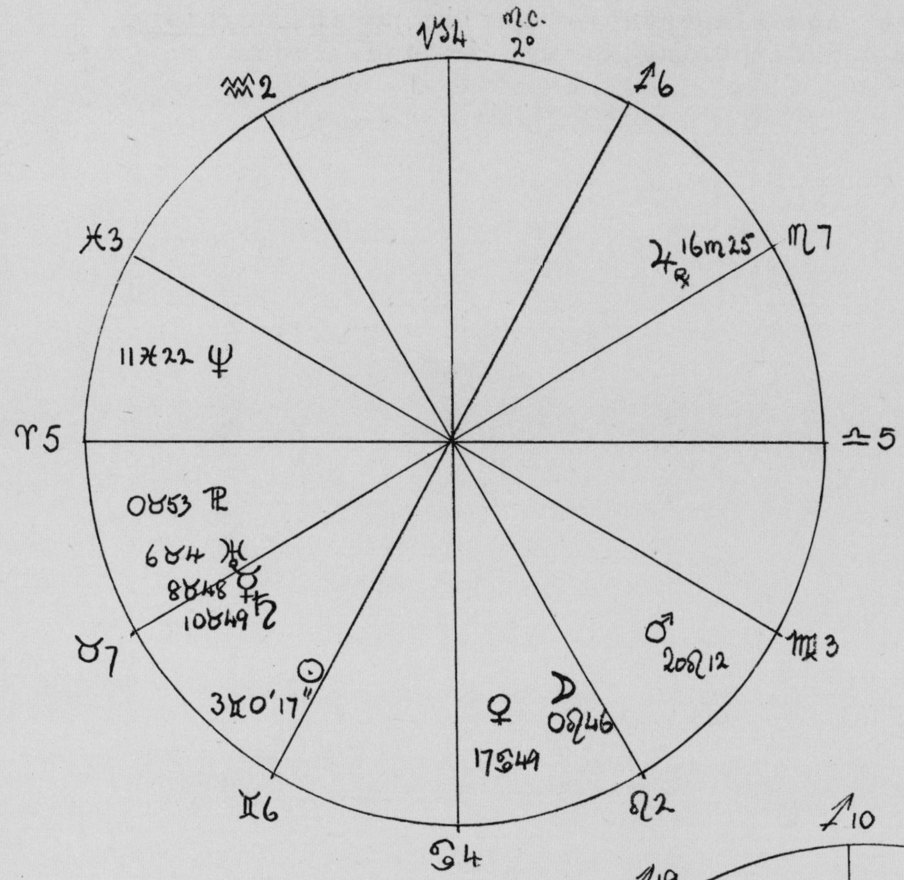

Fixed zodiac
8°13'8"
Campanus houses

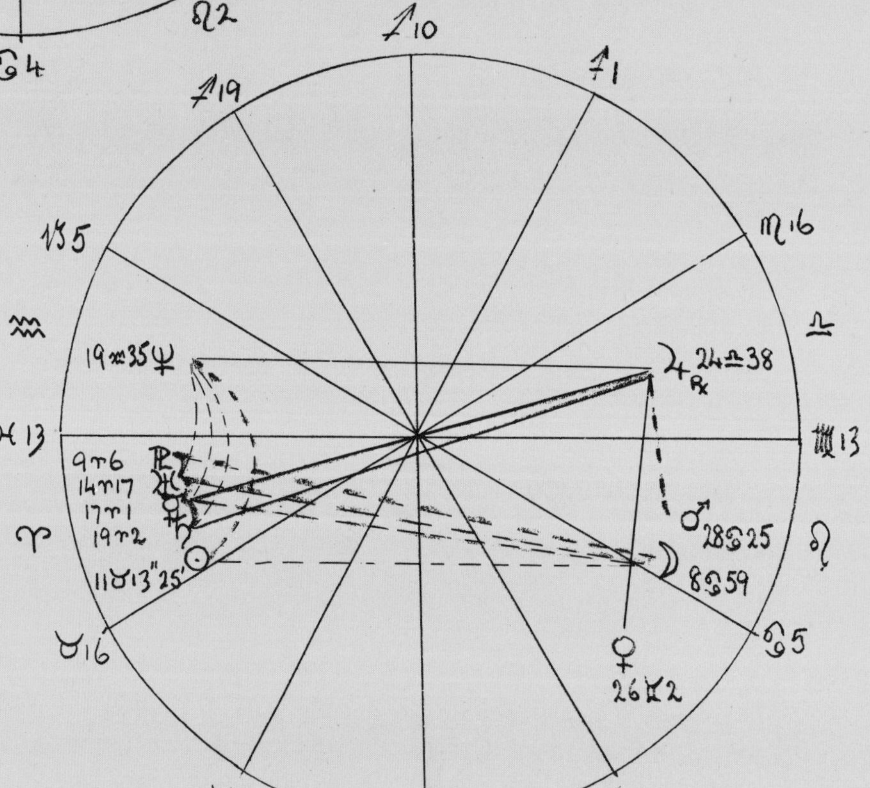

"This is the horoscope of Robert Bontine Cunninghame Grahame, and calculated from the data given by the gentleman himself. He was born in London 24th May, 1852, at 1h. 48m. 17s. a.m. by rectified time, the hour given being that of 2 a.m. The native is of one of the oldest families in Scotland, descended from Sir John the Graham, who fell at Falkirk: the bosom friend of the immortal Sir William Wallace. It has been said, and truly, too, that he is the greatest living Scotsman of to-day, brilliant with the spirit of patriotism, filled with the soul of the pioneer, and the blood of martyrs and of heroes flowing in his veins."

James Harvey (not J.M.H.) writing in The British Journal of Astrology, Vol. XXV, No.4, January 1932.

According to the above writer, he took part in some riots in Traf algar Square, in some popular cause, and was wounded in the head. During the first war (1914) he worked for the government as a buyer of horses. In 1886 he won his seat in parliament for Mid-Lanark. In 1906 his wife (presumably so, she is referred to as "Madame Graham") died: apparently she was talented at literat ure also. He started his literary activity in 1895 and published a book every year up to 1929. He had a varied career in various lands, and was once the capitive of brigands in Morocco. He was one of the founders of the National Party of Scotland.

ALBERT VICTOR 1864.1.8

Firstborn to Edward, Prince of Wales (later Edward VII), and Princess Alexandra of Denmark. He was Duke of Clarence and Avondale, and Earl of Athlone, and died unmarried on 14 January 1892. According to an article in The Criminologist of November 1970, by the surgeon Thomas Stowell (in his eighties) Prince Albert Victor was the notorious murderer known as "Jack the Ripper".

Calculated for Frogmore Lodge (Windsor), 51N30, 2W22, Friday 8 January 1864, 8h. 58m. G.M.T. p.m. from Die Deutsche Ephemeride & Eduard Koppenstätter's Pluto Ephemeride für die Jahre 1840-1940.

Tropical zodiac
Campanus houses
V.P.: 7° 3′
☊ 25 ♍ 1

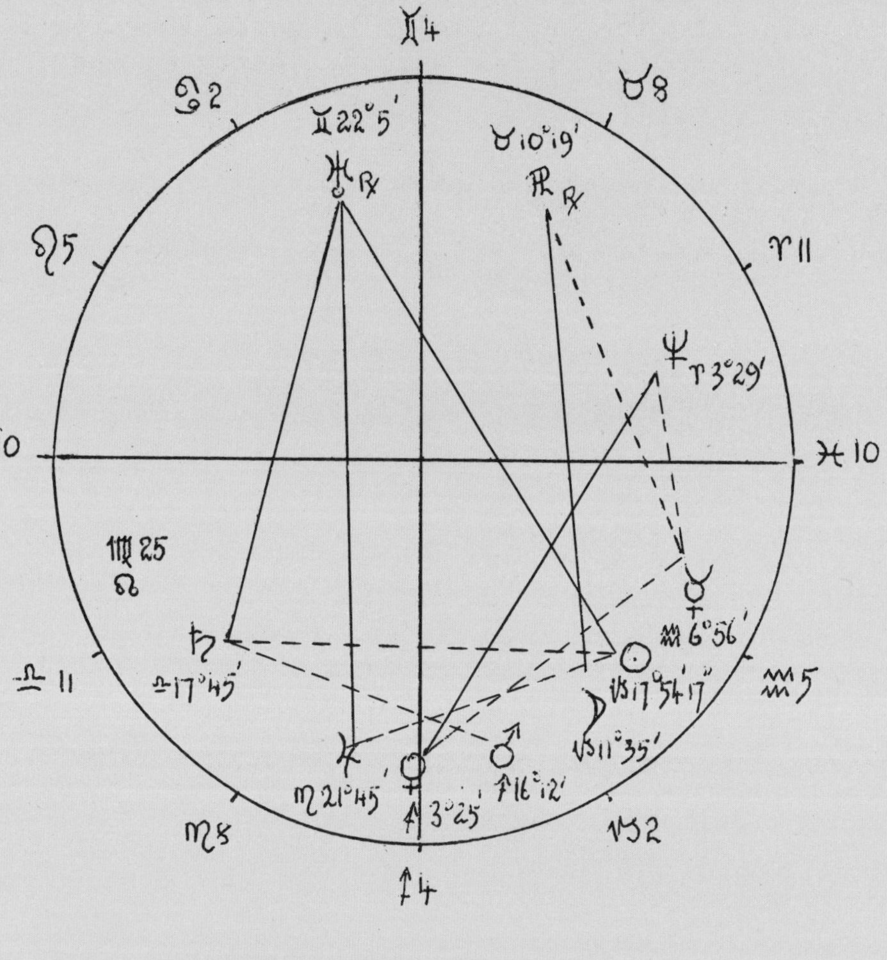

THE LONDON GAZETTE
No. 22805. Extraordinary. Saturday, January 9, 1864.

Frogmore Lodge, January 9, 1864.
Yesterday evening, at two minutes before nine o'clock, Her Royal Highness the Princess of Wales was happily delivered of a Prince.

Who noted the Gazette's time of birth? Perhaps a Doctor from London, looking at his watch set to London time; perhaps someone else (or even the Doctor), glancing at a clock in the bedroom on local time adjusted ultimately from a sundial, with or without correction to mean time.

Always remembering the official record of 8.58 p.m. at Windsor, a clock on apparent time would give RA MC 63°55′ or ♊6°; on LMT, RA MC 62° 0′ or ♊4°; on GMT (LMT 8h.56m. p.m.) RA MC 61°31′ or ♊3½°. I have guessed at GMT; but bearing in mind the possibility of a bedroom clock ultimately regulated by sundial with no adjustment to LMT.

Times in the last century were not always as precise as they look, as I discovered in 1948, in correspondence with Mr. R. W. Symonds, L.R.I.B.A., Chartered Architect, author of a charming History of English Clocks (King Penguin, 1947). The following, partly a summary, is of interest here:-

> Mean Time only became common very gradually after the introduction of railways in 1840. To standardize railway time (before the telephone) watches in sealed cases set to GMT were entrusted to Guards who adjusted station clocks on their routes. "I do not think people paid much attention to the equation of time. It was a clock maker's refinement to please the wealthy aristocracy; the average citizen set his clock by the church or town clock, which clock in turn was set by the sundial with no reference to an equation table to convert it to mean time. The fact that the equation tables are so very rare today is, I think, proof of this.

GMT was not legalized until 1880, and even then was not compulsory.

One must also bear in mind the inaccuracy of most clocks. During the early 1920s, I worked in Rio de Janeiro for one of the Eastern & Associated Cable Companies. Early each morning, main lines were cleared for the London time-si nal. Although the Instrument Room clocks were not chronometers, they were of renowned workmanship; yet adjustments were usual, sometimes of more than one minute. Not long afterwards, these clocks were replaced by very accurate electric clocks, but the time-signal from London continued all the same as a check.

HENRI DE TOULOUSE-LAUTREC: painter 1864.11.24

Calculated for Albi, 43N55 2E10, Thursday 24 November 1864 at 6h.0m. LMT from Die Deutsche Ephemeride, Pluto from Koppenstätter.

Tropical zodiac
VP: 7º3′
Campanus
RA MC: 153º30′
☊: 8♍2

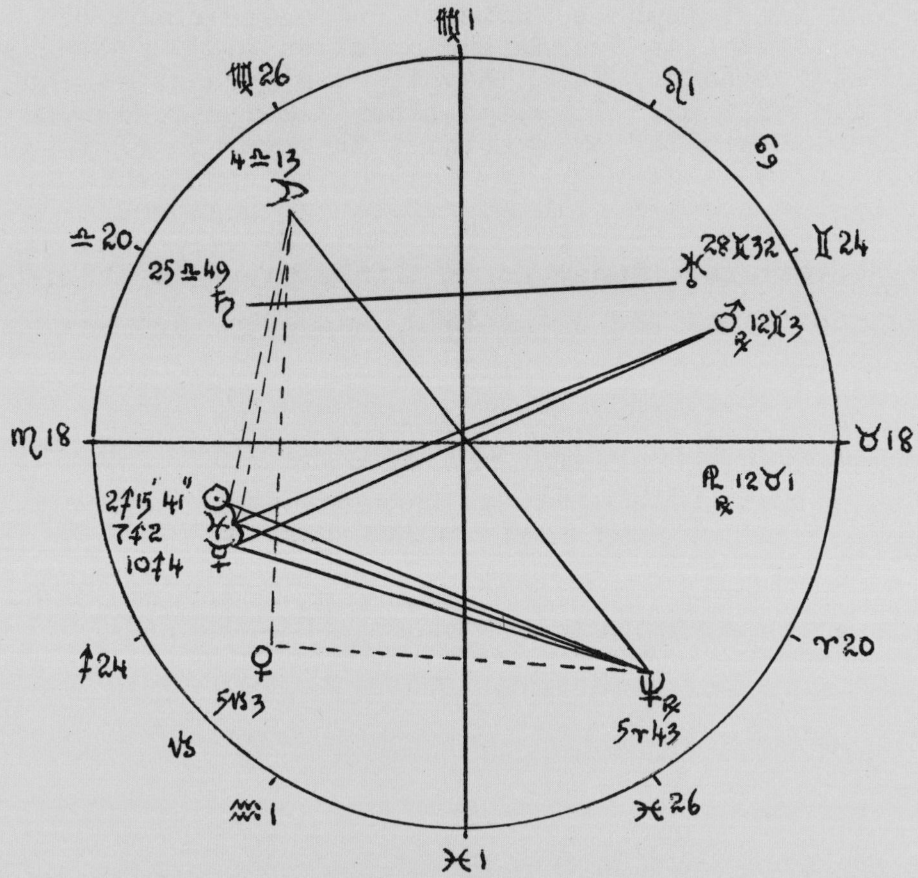

Data from birth certificate, according to *Recueil de Peintres* by Francesca Snethlage & André Barbault, published by Centre International d'Astrologie, Paris.

En esa noche del 24 de noviembre de 1864, la tormenta, uno de esos violentos huracanes de otoño, estalló bruscamente. Un diluvio cae del cielo. Sobre los techos, los relámpagos trazan sus zigzags ...

El parto, dificil, se prolonga. Torturada en su carne, la joven mujer gime, anhelante, a cada trueno. Casada el año anterior, en mayo, con su primo hermano el conde Alphonse, entonces oficial, cuyo uniforme turbó sus veintiún años, aguarda su primer bebé ...

En medio de las detonaciones de la tormenta, la condesa Adèle le trae al mundo un varón ...

La vie de Toulouse-Lautrec par Henri Perruchot
Spanish translation by Horacio A. Maniglia, Buenos Aires, 1959.

EDITH SITWELL
Poet & writer.

Margaret Legge of the Dartmouth family

1887.09.07

Through a mutual friend, Miss Sitwell was reported to Margaret Legge as saying that she was born at Sheffield (53N28: 1W28), on Wednesday, 7 September 1887, at one hour and thirty minutes after noon, presumably G.M.T.

Among Edith Sitwell's works is FANFARE FOR ELIZABETH, Macmillan & Co.Ltd., London, 1946, which deals with the girlhood of Elizabeth Tudor, later queen of England. Edith Sitwell's birth day is the same date in N.S. as Elizabeth's was in O.S., which perhaps explains initial interest, but there are other odd similarities apart from Sun's position in Virgo. E.S.'s Moon is only two degrees removed from E.T.'s; Venus falls in Libra 5° in both genitures; while in each case two malefics are near the cusp of the seventh house.

Placidus

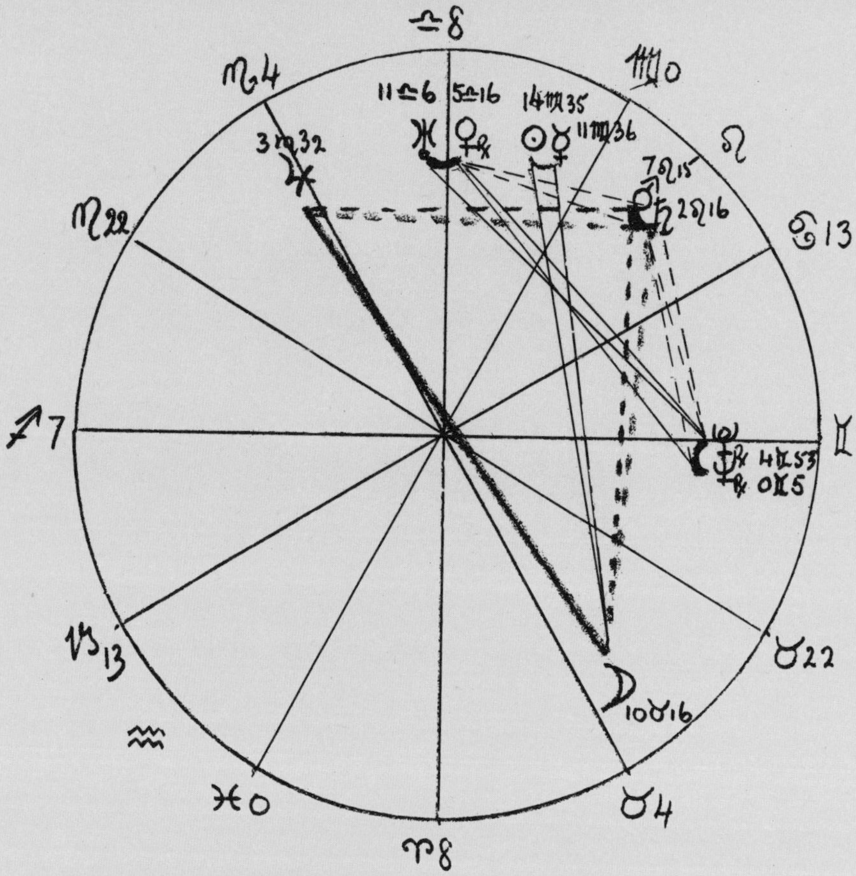

Equatorial

♐6
♑5
♒3
♓3
♈6
♉8

REIMAR VON BULOW RADUM 1889.5.5

Pianist, mystic, recluse

Calculated for Freiburg Baden 47N59 7E51 on Sunday May 5 1889 at 5h.30m. a.m. LMT from Die Deutsche Ephemeride and Koppenstatter.

Hypsomatic zodiac
6°42'9"

Reimar, himself an astrologer, gave me the time himself and said that he found it in a letter written on the day of his birth to his father in São Paulo: 'this morning a son was born to you at half past five'.

Tropical zodiac
Campanus houses

RA MC 305°45'
☊ ♋15

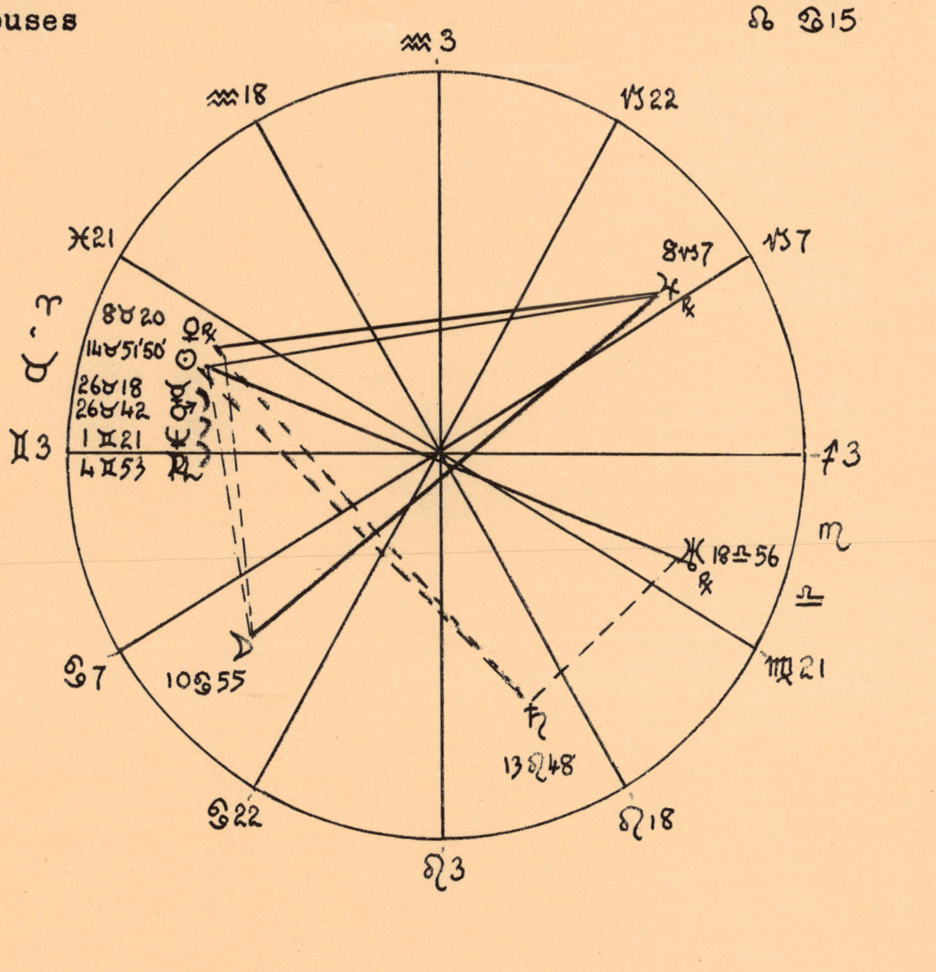

GENERAL CHARLES DE GAULLE **1890.11.22**

The great Frenchman who eventually became the virtual Dictator of France.

Calculated for Lille, 50N38 3E00, Saturday, 22 November 1890, 4h.0m. a.m. LMT, from the Die Deutsche Ephemeride, with Koppenstätter for Pluto.

Tropical zodiac
VP: 6º42′
Campanus houses
RA MC: 121º15′
☊ 15♉18

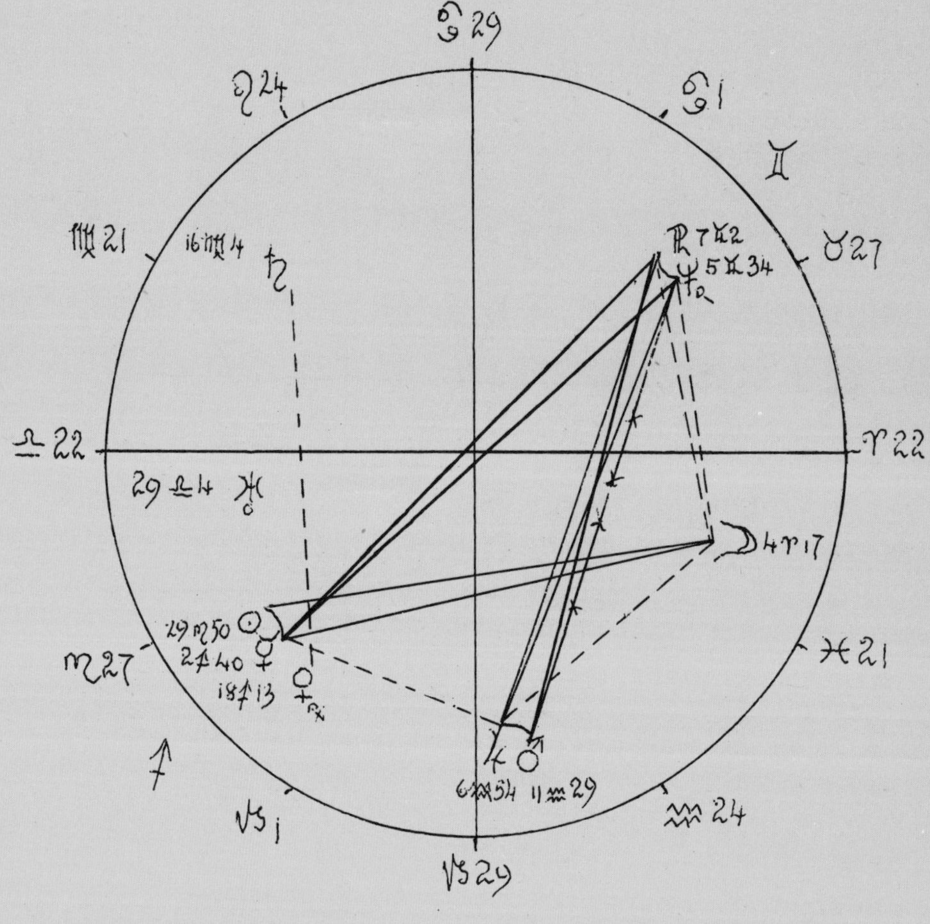

"General de Gaulle was born on November 22nd, 1890, in the Rue Princesse in Lille, at 4 a.m. This is the officially registered hour of his birth and was sent me by the President of the Académie Nationale d'Astrologie, who resides in Lille; it should therefore be taken as approximately correct—approximately because the officials in French mairies are inclined to register all births to the nearest hour, or at most to the nearest half-hour, and therefore a margin of error of 30 or occasionally even 40 minutes must be allowed for, since the father, in registering the birth, may only have said to the employee: "Some time between 3 and 4 o'clock."

"It is tempting to rectify the horoscope by the following aspects: For May 1940, MC converse trine Mars; For August 1944, MC converse trine Jupiter. I have not however adopted any rectification in the annexed chart, which is drawn for 4 a.m. L.M.T. (the legal standard of that period) and is, in my opinion, pretty nearly correct; it might perhaps be five minutes earlier, not more."

The Horoscope of General de Gaulle, by Rupert Gleadow, M.A. (Oxon.), ASTROLOGICAL BULLETIN, edited by G. C. Nixon, Vol.2, Nº10, December 1948, page 5.

CYRIL FAGAN 1896.05.22

Rediscoverer of the Fixed Zodiac

"According to his mother's testimony, the infant Cyril was born about '11:45 a.m.' Local Mean Time, on May 22, 1896, in Dublin, Ireland, (53N21; 6W15).

AFA BULLETIN, vol.10, no.1, 1948.01.11, when announcing that Fagan had been made a Fellow of Astrology by the American Federation of Astrologers."

Equinoctial Zodiac
Equatorial Houses

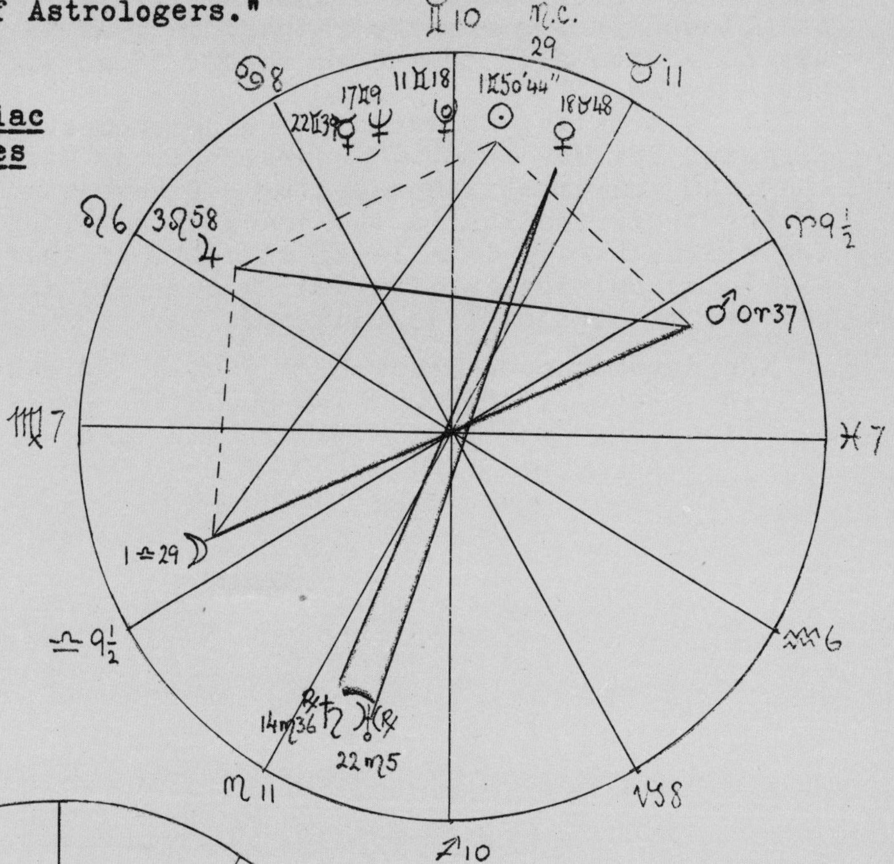

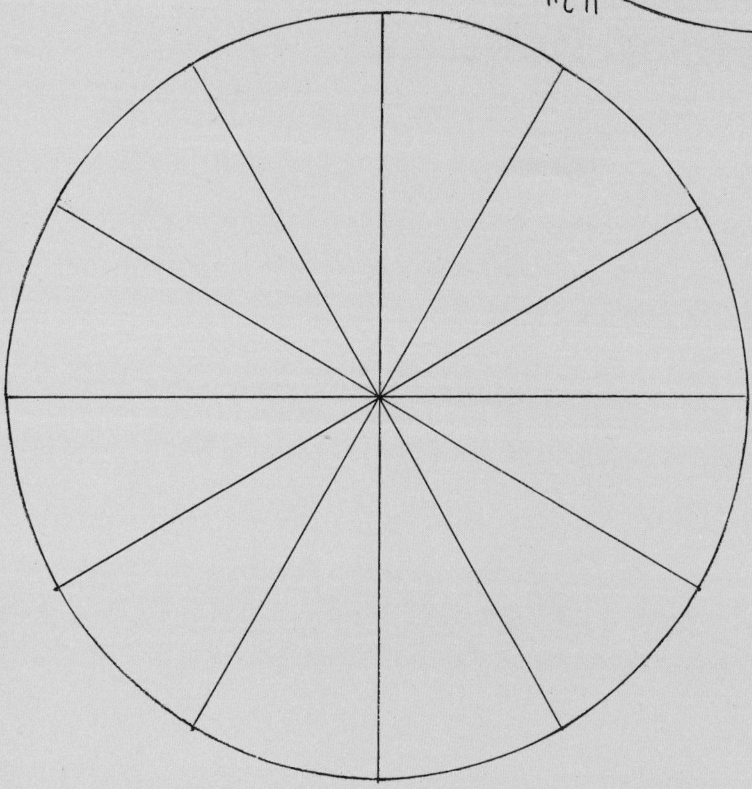

Fixed Zodiac
Campanus Houses

ERNA BASTIAN 1911.12.28

She was a brilliant interpretive astrologer with whom I collaborated for some years in experiments with blind readings of historical persons, including Dom João I of Portugal, Henry the Navigator, Richard II of England, Edward III of England, and others.

Calculated for Simbach am Inn, Bavaria, 48N16, Thursday, 26 December 1911, 4h.30m. a.m. Central European Time, from Die Deutsche Ephemeride (II. 1890-1930), Pluto being from Koppenstätter.

Tropical zodiac
VP: 6°23'
Campanus houses

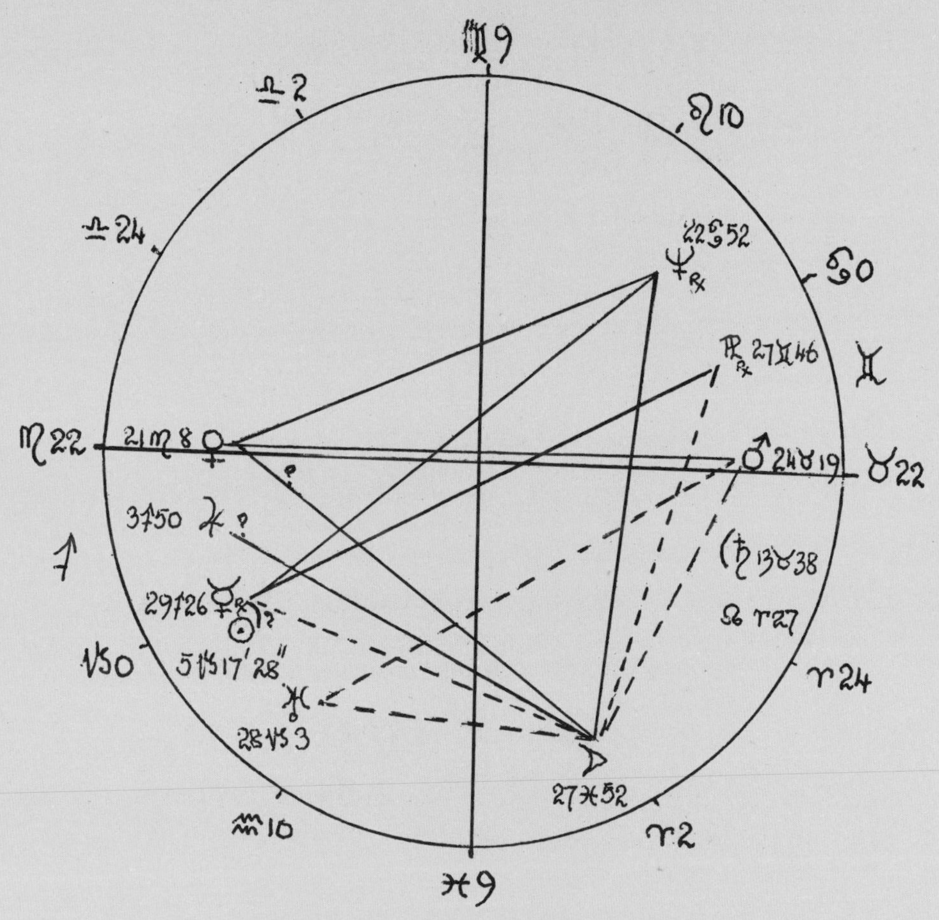

The birth data are from Erna herself. Her birth certificate gives the hour of birth as 5h. a.m.; but her mother said that the time was 4h.30m. a.m. I have preferred the mother's testimony.

If 4h.45m. a.m. were taken, to reconcile these two times, the Midheaven would be in Virgo 13° and the Ascendant in Scorpio 25°.

CHRISTIAN ASTROLOGY MODESTLY Treated of in three Books.

The *first* containing the use of an EPHEMERIS, the erecting of a Scheam of Heaven; nature of the twelve Signs of the Zodiack, of the Planets; with a most easie Introduction to the whole Art of ASTROLOGY.

The *second*, by a most Methodicall way, Instructeth the Student how to Judge or Resolve all manner of Questions contingent unto Man, *viz.* of Health, Sicknesse, Riches, Marriage, Preferment, Journies, &c. Severall Questions inserted and Judged.

The *third*, containes an exact Method, whereby to Judge upon Nativities; severall wayes how to rectifie them; How to judge the generall fate of the Native by the twelve Houses of Heaven, according to the naturall influence of the STARS; How his particular and Annuall Accidents, by the Art of Direction, and its exact measure of Time by Profections, Revolutions, Transits. A Nativity Judged by the Method preceding.

By WILLIAM LILLY Student in Astrology.

Omne meum, nil meum: Nihil dictum, quod non dictum prius.

LONDON:
Printed by *Tho. Brudenell* for *John Partridge* and *Humph. Blunden*, in *Black-friers* at the Gate going into *Carter-lane*, and in *Cornhil*, 1647.

COMPLETE LIST, IN CHRONOLOGICAL ORDER, OF THE NATIVITIES RESEARCHED BY THE AUTHOR: year, month, day, name (*in the first volume; in the second volume nativities from the year 1133 to 1596; in this book, nativities from the year 1600 to 1911)

*LISTA COMPLETA, EM ORDEM CRONOLÓGICA, DAS NATIVIDADES LEVANTADAS PELO AUTRO : ano, mês, dia, nome (*constantes do 1º volume; no 2º volume estão as natividades do ano 1133 ao ano 1596; neste volume estão as natividades do ano 1600 ao ano 1911)*

*1133.03.05 - Henry II of England, surnamed Fitzempress
1155.02.28 - Henry the Young King
*1157.09.08 - Richard Cor Leonis
1158.09.23 - Geoffrey of Brittany
1162.10.13 - Eleanor Queen of Castille
*1165.08.21 - Philip II of France
*1167.12.24 - John "Lackland", King of England
1187.09.03 - Lewis VIII of France, surnamed The Lion
1207.10.01 - Henry of Winchester
1208.02.01 - D. Jaime de Aragon
1209.01.05 - Richard of Cornwall
1239.06.17 - Edward I of England
1242.06.25 - Beatrice, duchess of Brittany
1245.01.16 - Edmund, surnamed Crouchback
1245.04.30 - Philip III of France (Le Hardy)
1273.11.23 - Alfonso of Bayonne
1274.07.11 - Robert the First of Scotland, "The Bruce"
1279.03.11 - Mary of Windsor
*1284.04.25 - Edward II of England
1300.06.01 - Thomas of Brotherton
1301.08.05 - Edmund of Woodstock
1304.07.20 - Franceys Petrak (Francesco Petrarca)
1306.05.06 - Eleanor (3rd. child of Edward I and his 2nd. wife)
*1312.11.13 - Edward of Windsor
1315.08.15 - John of Eltham
1320.04.18 - D. Pedro I de Portugal
*1330.06.15 - Edward of Woodstock
*1338.01.21 - Charles V de France
1338.11.29 - Lionel of Antwerp
1345.10.31 - D. Fernando de Portugal
*1355.01.07 - Thomas of Woodstock
1355.08.16 - Philippa of Clarence
1358.04.11 - D. João I de Portugal
1366.04.04 - Henry of Lancaster

1367.01.06 - Richard II of England
1368.12.03 - Charles VI of France
1371.05.28 - Jean Sans Peur
1372.03.13 - Lewis, duke of Orleans
*1386.09.16 - Henry V of England
1389.11.09 - Isabel de France, 2nd. Quenn of Richard II
1392.12.09 - D. Pedro de Aviz K.G.
1394.03.04 - D. Henrique de Portugal K.G.
*1401.10.27 - Catherine de Valois
1403.02.22 - Charles VII of France
1421.12.06 - Henry VI of England
1423.07.03 - Lewis XI of France
*1428.11.22 - Richard Neville, Earl of Warwick
1432.01.15 - D. Afonso V de Portugal
1439.08.10 - Ann Plantagenet, duchess of Exeter
1442.04.28 - Edward IV of England
1443.05.17 - Edmund Plantagenet of York
1443.05.31 - Margaret Beaufort
1444.09.22 - Elizabeth Plantagenet of York
1446.05.03 - Margaret Plantagenet of York
1449.10.21 - George Plantagenet, duke os Clarence
*1452.03.10 - D. Fernando V de España
*1452.09.21 - Girolamo Savonarola
1452.10.02 - Richard III of England
1455.05.04 - João II of Portugal
1456.06.11 - Ann Neville
1457.01.28 - Henry Tudor (The Usurper)
1456.12.08 - Leonor Queen of Portugal
1462.06.27 - Lewis XII of France
1466.02.11 - Elizabeth Plantagenet fo York
*1469.07.01 - D. Manuel I de Portugal
1470.06.30 - Charles VIII of France
1470.11.02 - Edward V of England
1476.01.26 - Anne de Bretagne
1476.09.11 - Louise de Savoie
*1478.02.07 - Sir Thomas More
1480.04.18 - Lucrezia Borgia
1486.09.20 - Arthur Tudor
*1489.11.28 - Margaret Tudor, Queen of Scotland
*1491.06.28 - Henry Tudor

1492.04.11 - Margaret of Agouleme
1492.04.20 - Pietro Aretino
1492.07.02 - Elizabeth Tudor
1494.09.12 - Francis I of France
1496.03.18 - Mary Tudor
1499.02.21 - Edmundo Tudor
1499.10.13 - Claude of France
1500.02.24 - The Emperor Carlos V of Germany
1500.11.02 - Benvenuto Cellini
1502.06.06 - João III of Portugal
1503.02.02 - Katherine Tudor
1506.04.08 - Fatidicae Mulieris (an example from Hieronymus Cardanus)
1511.01.01 - Henry Tudor
*1512.01.31 - Cardinal Dom Henrique of Portugal
1512.04.10 - James Stuart
1515.10.08 - Lady Margaret Douglas
*1516.02.18 - Mary I of England ("Blood Mary")
1516.03.11 - Henry Brandon, Earl of Lincoln
1517.07.16 - Frances Brandon
1519.03.31 - Henry II of France
*1519.04.13 - Catherine de Medici
1520.08.10 - Magdelaine de France, Queen of Scotland
1520.09.13 - Sir Willian Cecil, K.G., Lord Burghley
1521.06.08 - Infanta Da. Maria de Portugal, "a sempre noiva"
1527.05.21 - Philip II of Spain
*1533.02.28 - Michel D'Ayquem, Sieur de Montaigne
1533.04.24 - Willian of Nassau, surnamed "The Silent"
*1533.09.07 - Elizabeth I of England, "Ther Virgin Queen"
1534.09.07 - Robert Dudley, Earl of Leicester
1536.01.29 - male Tudor stillborn, son of Ann Bullen by Henry VIII
1537.10.12 - Edward VI of England
1540.09.17 - Walter Devereux, Earl of Essex
*1542.12.07 - Mary Stuart
*1544.01.19 - Sir George Carey
1549.11.01 - Anna of Austria
1550.06.27 - Charles IX of France
*1551.09.19 - Henri III de France, the last Valois
*1552.12.31 - Dr. Simon Forman, astrologer and conjuror
1553.05.14 - Marguerite de Valois

1553.12.14 - Henri IV of France
1554.01.20 - D. Sebastião de Portugal
1554.06.05 - Donna Elizabeth of Austria
1555.04.22 - Jane Fromonds (Dr. John Dee's 2nd. wife)
1558.08.08 - George Clifford
1560.07.08 - Margaret Clifford, née Russell
1563.03.05 - Sir John Coke
1563.63.23 - Joan Cooper, wife of Sir Edward Kelley
1564.11.22 - Henry Brooke
1566.06.19 - James Stuart
1566.11.10 - Robert Devereus, 2nd. Earl of Essex
1573.10.07 - Willian Laud
*1575.04.26 - Maria de Medici
1564.08.21 - Winifred Goose (client of Dr. Johnm Dee)
1577.02.06 - Beatrice Cenci
1578.07.27 - Frances Howard
1583.03.03 - Edward Lord Herbert of Cherbury
*1588.04.05 - Thomas Hobbes Malmesburiensis
1590.05.31 - Lady Frances Howard
1591.01.11 - Robert Devereux, 3rd. Earl of Essex
1592.08.29 - George Villiers
*1593.01.18 - William Backhouse, alchemist
1593.04.13 - Thomas Wentworth
1594.02.19 - Henry Frederick Stuart, Prince of Wales
1595.04.20 - Henri II, Duc de Montmorency
1596.08.06 - Frederick V, Count Palatine of the Rhine
1596.08.19 - Elizabeth Stuart, Princess Royal of Great Britain
*1599.04.25 - Oliver Cromwell
1600.11.19 - Charles Stuart, "The Martir"
*1601.03.24 - John Booker, astrologer
*1601.09.17 - Lewis XIII of France, "Le Juste"
*1602.05.01 - Willian Lilly, astrologer
*1602.11.22 - Elizabeth of France
*1603.07.11 - Sir Kenelm Digby
1605.04.08 - Mary Stuart (who died in infancy)
*1606.02.10 - Chrétienne de France, Madame Royale
*1607.04.16 - Monsier, Duc d'Orleans (never had a christian name)
1607.07.14 - Wenceslaus Holler, artist
*1608.04.25 - Gaston Jean-Baptiste de France, Duc d'Orleans, Monsieur
1608.12.08 - George Monk, duke of Albermale, K.G.

1608.12.09 - John Milton, poet
1609.02.18 - Edward Hyde, Earl of Clarendon
*1609.11.15 - Henriette Marie de France, La Reine Malheureuse
1610.10.19 - James Butler, 12th Earl and 1st duke of Ormonde
*1611.03.01 - John Pell, D.D., linguist and mathematician
1615.11.12 - The Rev. Richard Baxter
1618.07.14 - Cornet George Joyce of Whale's Regiment
1619.09.19 - Major-General John Lambert
1619.12.17 - Prince Rupert of The Rhine, K.G.
1621.01.06 - Prince Maurice of the Rhine
1621.07.22 - Sir Anthony Ashley Cooper
1625.07.27 - Admiral Sir Edward Montagu, K.G.
*1626.03.12 - John Aubrey, Esquire, F.R.S.
*1626.12.08 - Queen Christina of Sweden
1627.05.29 - Anne Maria Louise d'Orléans, la Grande Mademoiselle
1627.01.01 - (1628?) John Gadbury, physician and astrologer
1628.01.30 - George Villiers, 2nd. duke of Buckingham
1628.07.11 - Henry Howard of Norfolk, F.R.S.
*1628.09.14 - Dr. Francis Bernard, physician
1628.12.26 - Mrs. John Gadbury (1st. wife)
1629.04.29 - Ruth Nedham (3dr. wife os William Lilly)
1629.05.13 - Charles James Stuart
1629.11.20 - Ernst August of Guelph
1630.05.29 - Charles II of Great Britain and Ireland
1630.10.13 - Sophia, Electress of Hanover
1631.08.09 - John Dryden, dramatist and poet
1631.11.04 - Mary Stuart, Princess Royal, Princess of Orange
1632.12.17 - Anthony Wood, historian
1633.10.14 - James II of Great Britain and Ireland
1635.12.28 - Elizabeth Stuart
1637.03.17 - Anne Stuart
*1638.09.05 - Louis XIV de France et de Navarre, le Roi Soleil
1638.11.25 - Dona Catarina de Bragança
*1640.01.01 - Arthur Coga (English pioneer in blood transfusion)
1640.07.08 - Henry of Oatlands, Earl of Cambridge, Duke of Gloucester
1640.09.21 - Philippe d'Anjou, "Mounsier", Duc d'Orléans
1641.05.12 - Barbara Villiers
1642.03.03 - Hester Davenport, comedian
1642.03.15 - Anna Maria Brudenell, countess of Shrewsbury
1643.08.21 - D. Afonso VI de Portugal

1643.01.24 - Charles Sackville, courtier and poet
1644.06.16 - Henrietta Anne d'Angleterra, duchesse d'Orléans
*1644.08.06 - Louise-Françoise de la Vallière
1645.03.29 - Mary Davis
1645.04.26 - John Gadbury's mistress
1646.08.31 - Louise Renée de Pénancoet de Kéroualle
1646.12.01 - Jane Bickerton
*1647.04.04 - Grinling Gibbons, sculptor and carver
1648.04.26 - D. Pedro II de Portugal
1649.08.31 - Charles Pamphlin
*1650.02.02 - Nell Gwyn, comédienne of The King's Playhouse, Drury Lane
1650.11.14 - Willian III of Orange and Great Britain
1651.02.11 - Ann Scott, duchess of Monmouth and Buccleuch
*1654.08.09 - George Parker, astrologer and maker of ephemerides
*1655.04.11 - Matthew Tindal, English deist and philosopher
1660.05.28 - George Lewis
1660.05.29 - Sarah Jennings, duchess of Malborough
1660.08.11 - Henrietta baroness Wentworth
1662.04.30 - Mary Stuart
1664.03.20 - Madam Taylor
1665.02.06 - Anne Stuart
1674.08.02 - Philippe, Duc d'Orléans, Régent de France
1688.06.10 - James Francis Stuart
1689.10.22 - Dom João V de Portugal
1707.01.20 - Frederick Lewis, Prince of Wales
*1707.05.13 - Carl von Linné or Linnaeus, Swedish botanist
1709.10.22 - Princess Anne
*1710.02.15 - Louis XV de France
1710.03.16 - Louise-Julie de Mailly-Nesle
1711.05.30 - Princess Amelia Sophia Eleanor (Emily)
1713.05.30 - Princess Caroline Elizabeth
1714.05.26 - Dom José I de Portugal
1717.11.02 - George William
1721.04.15 - William Augustus, duke of Cumberland
1722.12.29 - Jeanne-Antoinette Poisson, marquise de Pompadour
1723.02.22 - Mary (4th. daughter of George II of Gt. Britain)
1724.12.07 - Louisa (5th. daughter of George II of Gt. Britain)
*1729.04.21 - Catherine the Great of Russia
1732.02.11 - George Washington

1734.12.06 - Dona Maria I de Portugal
1737.07.31 - Princess Augusta
1738.05.24 - Prince George William Frederick
1739.03.14 - Edward Augustus
1740.12.30 - Elizabeth Caroline
1743.08.19 - Jeanne Béqus, Madame la Comtesse du Barry
1743.11.14 - William Henry, duke of Gloucester and Edinburgh
1745.10.27 - Henry Frederick, duke of Cumberland and Strathern
1749.03.08 - Louisa Anne
1750.05.13 - Frederick William
1751.07.11 - Caroline Matilda
1756.01.27 - Wolfgang Amadeus Mozart
1758.05.06 - Maximilien-Marie-Isidore de Robespierre
1758.11.27 - Mary Robinson, née Darby
1762.08.12 - George Augustus Frederick
1763.08.16 - Frederick, duke of York
1765.08.21 - Willialm Henry, duke of Clarence
1767.05.13 - Dom João VI de Portugal
1767.11.02 - Edward Augustus, duke of Kent
1768.05.17 - Princess Carolina Amelia Elizabeth
1768.11.08 - Princess Augusta Sophia
1770.12.16 - Ludwig Van Beethoven
1771.06.05 - Ernest Augustus, duke of Cumberland
1773.01.24 - Augustus Frederick, duke of Sussex
1774.02.24 - Adolphus Frederick, duke of Cambridge
1776.04.25 - Princess Mary (4th. daughter of George III of Gt. Britain)
1777.11.03 - Princess Sophia (5th. daughter of George III)
1783.08.07 - Princess Amelia (6th. daughter of George III)
*1786.01.25 - Benjamin Robert Haydon, painter
1797.01.31 - Franz Peter Schubert
1798.10.12 - Dom Pedro de Alcantara, Dom Pedro I do Brasil
1799.05.20 - Honoré de Balzac
1802.10.26 - Dom Miguel de Portugal
1804.12.06 - Wilhelmine Schroeder-Devrient, German soprano
*1805.04.02 - Hans Christian Andersen, writer of fairy tales
1818.05.05 - Karl Marx
1819.02.08 - John Ruskin, art critic
1821.03.19 - Sir Richard Burton, linguist, translator, explorer
*1825.12.02 - Dom Pedro II do Brasil
1826.07.04 - Stephen Foster, composer of American folk song

1837.02.23 - Maria Rosalia Rita de Castro, Spanish poet
1837.04.05 - Algernon Charles Swinburne, English poet
1840.11.21 - Victoria Adelaide, Princess Royal
*1846.07.29 - Dona Isabel, Princess Imperial of Brasil
1852.05.24 - Robert Bontine Cunninghame Graham
1864.01.08 - Albert Victor
1864.11.24 - Henry de Toulouse-Lautrec
*1867.05.26 - Mary of Teck
*1674.11.30 - Sir Winston Churchill, K.G.
1887.09.07 - Edith Sitwell, poet and writer
1889.05.05 - Reimar Von Vullow Radum, pianist mystic, recluse
1890.11.22 - General Charles de Gaulle
1896.05.22 - Cyril Fagan, rediscoverer of the Fixed Zodiac
1911.12.28 - Erna Bastian, astrologer